Vorzugsaktie und KGaA

# Schriften zum Gesellschafts-, Bilanz- und Unternehmensteuerrecht

Herausgegeben von Joachim Hennrichs

Band 16

*Zur Qualitätssicherung und Peer Review der vorliegenden Publikation*

Die Qualität der in dieser Reihe erscheinenden Arbeiten wird vor der Publikation durch den Herausgeber der Reihe geprüft.

*Notes on the quality assurance and peer review of this publication*

Prior to publication, the quality of the work published in this series is reviewed by the editor of the series.

Jan Winzen

# Vorzugsaktie und KGaA

## Instrumente zur Kontrollerhaltung bei der Eigenkapitalfinanzierung

Unter besonderer Berücksichtigung der Vereinheitlichung von Aktiengattungen

PL ACADEMIC RESEARCH

**Bibliografische Information der Deutschen Nationalbibliothek**
Die Deutsche Nationalbibliothek verzeichnet diese Publikation in der Deutschen Nationalbibliografie; detaillierte bibliografische Daten sind im Internet über http://dnb.d-nb.de abrufbar.

Zugl.: Köln, Univ., Diss., 2013

Gedruckt auf alterungsbeständigem,
säurefreiem Papier.

D 38
ISSN 1867-500X
ISBN 978-3-631-65055-4 (Print)
E-ISBN 978-3-653-04108-8 (E-Book)
DOI 10.3726/978-3-653-04108-8


PL Academic Research ist ein Imprint der Peter Lang GmbH.

Peter Lang – Frankfurt am Main · Bern · Bruxelles · New York · Oxford · Warszawa · Wien



Dieses Buch erscheint in einer Herausgeberreihe bei PL Academic Research und wurde vor Erscheinen peer reviewed.

www.peterlang.com

*Für meine Eltern*

**Vorwort**

Die Kommanditgesellschaft auf Aktien ist eine komplexe Rechtsform. In ihr vereinen sich aktienrechtliche Kapitalschutz- und Strukturprinzipien mit personengesellschaftsrechtlicher Gestaltungsfreiheit. Für den Rechtsanwender ergeben sich daraus Gestaltungsmöglichkeiten, die dem Aktienrecht prinzipiell fremd sind. Führungsstrukturen können durch Einsatz dieser Rechtsform unabhängig von der Stimmrechtsmacht konserviert werden. Die KGaA wurde deshalb als funktionales Äquivalent zur stimmrechtslosen Vorzugsaktie bezeichnet und jüngst gar als Mittel für deren Abschaffung eingesetzt. Die vorliegende Arbeit unternimmt einen Versuch, damit im Zusammenhang stehende Fragestellungen einer Lösung zuzuführen.

Die Arbeit wurde im Sommersemester 2013 als Dissertationsschrift bei der Rechtswissenschaftlichen Fakultät der Universität zu Köln eingereicht und befindet sich nun auf dem Stand von Oktober 2013.

Besonderer Dank gilt meinem Doktorvater, Herrn Prof. Dr. *Michael Schlitt*, nicht nur für wertvolle Anregungen und Hinweise zu diesem praxisnahen Thema, sondern auch für eine konstante Betreuung, die Gewährung der notwendigen Freiräume sowie die rasche Erstellung des Erstgutachtens. Für die ebenfalls zügige Erstellung des Zweitgutachtens danke ich Frau Prof. Dr. *Barbara Grunewald*. Herrn Prof. Dr. *Joachim Hennrichs* danke ich für die Aufnahme meiner Arbeit in seine Schriftenreihe. Allen anderen, die mich durch Information, Diskussion und Kritik unterstützt haben, vor allem aber den Herren Dr. *Andreas Meyer* und Dr. *Ulrich Brandt* aus der Rechtsabteilung der Deutsche Bank AG sowie Herrn Dr. *Christian Ries* von Hogan Lovells International LLP, sei an dieser Stelle ebenfalls herzlich gedankt. Für die praktische und finanzielle Hilfe bei der Drucklegung gebührt schließlich ausdrücklicher Dank meinem Bruder Herrn Dr. *Thomas Winzen* und meinem Vater Herrn Dr. *Ulrich Winzen*.

Frankfurt am Main, im Januar 2014 *Jan Winzen*

**Inhaltsverzeichnis**

## Literaturverzeichnis (abgekürzt zitierte Literatur)

### A


| | |
|---|---|
| Adenäuer,Claus/ Haunschild, Ljuba | Anmerkungen zur Eigenkapitalquote im deutschen Mittelstand: Ein Arbeitspapier, Institut für Mittelstandsforschung Working Paper, No. 02/08, abrufbar unter https://www.econstor.eu/dspace/bitstream/10419/51346/1/670734829.pdf, zitiert: *Adenäuer*/Haunschild |
| Aderhold, Lutz/ Grunewald, Barbara/ Klingberg, Dietgard/ Paefgen, Walter G. (Hrsg.) | Festschrift für Harm Peter Westermann, 2008, zitiert: *Bearbeiter*, in: FS Westermann |
| Adolff, Johannes / Tieves, Johannes | Über den rechten Umgang mit einem entschlusslosen Gesetzgeber: Die aktienrechtliche Lösung des BGH für den Rückzug von der Börse, BB 2003, 797 |
| Albach, Horst/ Corte, Christiane/ Friedewald, Rolf/ Lutter, Marcus/ Richter, Wolf (Hrsg.) | Deregulierung des Aktienrechts: Das Drei-Stufen-Modell 1988, zitiert: *Albach/Corte/Friedewald/Lutter/Richter* |
| Altmeppen, Holger | Umwandlung von Vorzugsaktien in Stammaktien gegen Zuzahlung, NZG 2005, 771 |
| Angersbach, Carsten/ von der Chevallerie, Albrecht/ Ulbricht, Julia | Prospektfreie Börsenzulassung von neuen Aktien aus einer reinen Bezugsrechtskapitalerhöhung ohne Volumenbegrenzung nach § 4 II Nr. 7 WpHG, ZIP 2009, 1302 |
| Apfelbacher, Gabriele/ Kopp, Thomas | Pflichtwandelanleihen als sonstiges (hybrides) Kernkapital, CFL 2011, 21 |

| | |
|---|---|
| Arnold, Arnd | Die GmbH & Co. KGaA,<br>2001,<br>zitiert: *Arnold* |
| Assmann, Heinz-Dieter | Unternehmenszusammenschlüsse und Kapitalmarktrecht,<br>ZHR 172 (2008), 635 |
| Assmann, Heinz-Dieter/<br>Schlitt, Michael/<br>von Kopp-Colomb, Wolf<br>(Hrsg.) | Wertpapierprospektgesetz – Verkaufsprospektgesetz,<br>2. Auflage 2010,<br>zitiert: *Bearbeiter*, in: Assmann/Schlitt/v.Kopp-Colomb |
| Assmann, Heinz-Dieter/<br>Schneider, Uwe H.<br>(Hrsg.) | Wertpapierhandelsgesetz,<br>6. Auflage 2012,<br>zitiert: *Bearbeiter*, in: Assmann/Schneider |
| Assmann, Heinz-Dieter/<br>Schütze, Rolf A. (Hrsg.) | Handbuch des Kapitalanlagerechts<br>3. Auflage 2007,<br>zitiert: *Bearbeiter*, in: Assmann/Schütze |
| Assmann, Heinz-Dieter/<br>Pötzsch, Thorsten/<br>Schneider, Uwe H.<br>(Hrsg.) | Wertpapiererwerbs- und Übernahmegesetz,<br>2005,<br>zitiert: *Bearbeiter*, in: Assmann/Pötzsch/Schneider |

**B**

| | |
|---|---|
| Bachmann, Gregor | Kapitalmarktrechtliche Probleme bei der Zusammenführung von Unternehmen,<br>ZHR 172 (2008), 597 |
| Bachmann, Gregor | Anmerkung zum Urteil des EuGH vom 28.6.2012, Az. C-19/11 – Zur publizitätspflichtigen Insiderinformation bei gestrecktem Sachverhalt,<br>EWiR 2012, 467 |
| Bachmann, Gregor/<br>Veil, Rüdiger | Grenzen atypischer stiller Beteiligung an einer Aktiengesellschaft,<br>ZIP 1999, 348 |

| | |
|---|---|
| Balz, Karl Friedrich | Reform des SchVG – Hig Yield Bonds zukünftig nach deutschem Recht?, ZBB 2009, 401 |
| Bauckhage-Hoffer, Florian/ Rupietta, Dirk | Implementierung von Mitbestimmungssystemen bei grenzüberschreitenden Verschmelzungen, EWS 2012, 417 |
| Baum, Harald | Rückerwerbsangebote für eigene Aktien – übernahmerechtlicher Handlungsbedarf?, ZHR 167 (2003), 580 |
| Baumbach, Adolf/ Hopt, Klaus J. (Hrsg.) | Handelsgesetzbuch, 35. Auflage 2012, zitiert: *Bearbeiter*, in: Baumbach/Hopt |
| Baums, Theodor | Der unwirksame Hauptversammlungsbeschluss, ZHR 142 (1978), 582 |
| Baums, Theodor | Reform der unternehmerischen Mitbestimmung in Deutschland, NJW-Spezial 2009, 410 |
| Baums. Theodor/ Thoma, Georg F. (Hrsg.) | WpÜG, 6. Ergänzungslieferung 2011, zitiert: *Bearbeiter*, in: Baums/Thoma |
| Bayer, Walter | Kein Abschied vom Minderheitenschutz durch Information, ZGR 1995, 613 |
| Bayer, Walter | Aktienrecht in Zahlen: Studien des Instituts für Rechtstatsachenforschung der Friedrich-Schiller-Universität Jena zum Recht der Aktiengesellschaft AG-Sonderheft 2010, zitiert: *Bayer*, Aktienrecht in Zahlen |
| Bayer, Walter/ Hoffmann, Thomas | Rechtstatsachen zu Kommanditgesellschaften auf Aktien, AG Report 2009, R 151 |
| Bayer, Wilhelm F. | Der Anwendungsbereich des Mitbestimmungsgesetzes, ZGR 1977, 173 |

| | |
|---|---|
| Bayreuther, Frank | Die Kapitalgesellschaft & Co. KGaA,<br>JUS 1999, 651 |
| Becker, Bernhard/<br>Brackschulze, Kai/<br>Müller, Stefan | Basel II und Kreditkonditionen für den Mittelstand - Die kritische Hürde „BB",<br>DStR 2004, 740 |
| Becker, Bernhard/<br>Müller, Stefan | Chancen im Mittelstand durch strategische Partnerschaften<br>Praktische Anwendungsbeispiele für erfolgreiche Kooperationen,<br>DStR 2007, 733 |
| Becker, Bernhard/<br>Böttger, Peter/<br>Ergün, Ismail/<br>Müller, Stefan | Basel III und die möglichen Auswirkungen auf die Unternehmensfinanzierung,<br>DStR 2011, 375 |
| Becker, Bernhard/<br>Böttger, Peter/<br>Müller, Stefan | Einflüsse der Konjunktur auf das Rating von Unternehmen im Rahmen der Kreditvergabe,<br>DStR 2012, 1197 |
| Beermann, Marcel/<br>Masucci, Axel | Motive und Umsetzung eines Going Private,<br>FB 2000, 705 |
| Berrar, Carsten/<br>Meyer, Andreas/<br>Müller, Cordula/<br>Schnorbus, York/<br>Singhof, Bernd/<br>Wolf, Christoph | Frankfurter Kommentar zum WpPG und zur EU-ProspektVO,<br>2011,<br>zitiert: *Bearbeiter*, in:<br>Berrar/Meyer/Müller/Schnorbus/Singhof/Wolf |
| Bezzenberger, Tilman | Vorzugsaktien ohne Stimmrecht,<br>1991,<br>zitiert: *T.Bezzenberger* |
| Binz, Mark K./<br>Mayer, Gerd | Anteilsvinkulierung bei Familienunternehmen,<br>NZG 2012, 201 |
| Binz, Mark K./<br>Sorg, Martin H. | Vermögensteuerliche Folgen des going public von Familien-Unternehmen,<br>BB 1987, 1996 |

| | |
|---|---|
| Binz, Mark K./<br>Sorg, Martin H. | Die GmbH & Co Kommanditgesellschaft auf Aktien,<br>BB 1988, 2041 |
| Binz, Mark K./<br>Sorg, Martin H. | Aktuelle Fragen der Bewertung von Stamm- und Vorzugsaktien im Steuerrecht,<br>DStR 1994, 993 |
| Binz, Mark K./<br>Sorg, Martin H. | Die KGaA mit beschränkter Haftung - quo vadis?,<br>DB 1997, 313 |
| Blättchen, Wolfgang | Emissionsberatung beim Börsengang mittelständischer Unternehmen,<br>DStR 1997, 1547 |
| Blättchen, Wolfgang | Going Public von Familienunternehmen,<br>FB 1999, 38 |
| Blättchen, Wolfgang/<br>Nespethal, Uwe | Anleihenemission mittelständischer Unternehmen,<br>CFB 2010, 496 |
| Bock, Volker | Steuerliche und bilanzielle Aspekte mezzaniner Nachrang-Darlehen,<br>DStR 2005, 1067 |
| Böswald, Tobias/<br>Figlin, German | Rückzugsmöglichkeit ausländischer Kapitalgesellschaften vom US-amerikanischen Eigenkapitalmarkt,<br>AG 2006, 66 |
| Borio, Claudio E.V. | Leverage and financing of non-financial companies: an international perspective,<br>1990,<br>abrufbar unter http://www.bis.org<br>zitiert: *Borio* 1990 |
| Born, Felix | Die abhängige Kommanditgesellschaft auf Aktien,<br>2004,<br>zitiert: *Born* |
| Bosch, Ulrich/<br>Groß, Wolfgang | Das Emissionsgeschäft,<br>2004,<br>zitiert: *Bosch/Groß* |

Brandes, Stephan | Mitbestimmungsvermeidung mittels grenzüberschreitender Verschmelzungen, ZIP 2008, 2193

Brause, Christian | Stimmrechtslose Vorzugsaktien bei Umwandlungen, 2002, zitiert: *Brause*

Breithaupt, Joachim/ Ottersbach, Jörg H. (Hrsg.) | Kompendium Gesellschaftsrecht, 2010, zitiert: *Bearbeiter*, in: Breithaupt/Ottersbach

Bumiller, Ursula/ Harders, Dirk | FamFG – Freiwillige Gerichtsbarkeit, 10. Auflage 2011, zitiert: *Bumiller/Harders*

Bungert, Hans/ Wettich, Carsten | Kleine Aktienrechtsnovelle 2011 - Kritische Würdigung des Referentenentwurfs aus der Sicht der Praxis, ZIP 2011, 160

Butzke, Volker | Die Hauptversammlung der Aktiengesellschaft, 5. Auflage 2011, zitiert: *Butzke*

Bürgers, Tobias/ Körber, Torsten (Hrsg.) | Aktiengesetz, 2. Auflage 2011, zitiert: *Bearbeiter*, in: Bürgers/Körber

C

Cahn, Andreas | Die Änderung der Satzungsbestimmungen nach § 281 AktG bei der Kommanditgesellschaft auf Aktien, AG 2001, 579

Cahn, Andreas/ Senger, Michael | Das Gesetz zur Regelung von öffentlichen Angeboten zum Erwerb von Wertpapieren und von Unternehmensübernahmen, FB 2002, 277

Cahn, Andreas/ Simon, Stefan/ Theiselmann, Rüdiger | Dept Equity Swap zum Nennwert!, DB 2010,1629

| | |
|---|---|
| Cahn, Andreas/ Simon, Stefan/ Theiselmann, Rüdiger | Forderungen gegen die Gesellschaft als Sacheinlage?, CFL 2010, 238 |
| Cichy, Patrick/ Jander-McAlister, Heiko | Minderheitsbeteiligungen von Finanzinvestoren an Familienunternehmen, BB 2012, 723 |
| Claussen, Carsten Peter | Überlegungen zur Rechtsform der GmbH, GmbHR 1996, 73 |
| von der Crone, Hans Caspar/ Weber, Rolf H./ Zäch, Roger/ Zobl, Dieter (Hrsg.) | Festschrift für Peter Forstmoser zum 60. Geburtstag, 2003, zitiert: *Bearbeiter*, in: FS Forstmoser |

**D**

| | |
|---|---|
| Damm, Reinhard | Einstweiliger Rechtsschutz im Gesellschaftsrecht, ZHR 154 (1990), 413 |
| Dauner-Lieb, Barbara | Aktuelle Vorschläge zur Präsenzsteigerung in der Hauptversammlung, WM 2007, 9 |
| Dauner-Lieb, Barbara/ Simon, Stefan (Hrsg.) | Kölner Kommentar zum UmwG, 2009, zitiert: *Bearbeiter*, in: Kölner Kommentar UmwG |
| Decher, Christian E. | Die Überwindung der Registersperre nach § 16 Abs 3 UmwG, AG 1997, 388 |
| Diekmann, Hans/ Nolting, Andre | Aktienrechtsnovelle 2011, NZG 2011, 6 |
| Dirksen, Dirk/ Möhrle, Florian | Die kapitalistische Kommanditgesellschaft auf Aktien, ZIP 1998, 1377 |

| | |
|---|---|
| Dreisow, Rudolf | Die Kommanditgesellschaft auf Aktien als echte Einmanngesellschaft,<br>WPg 1976, 658 |
| Drinhausen, Florian/<br>Keinath, Astrid | Die grenzüberschreitende Verschmelzung inländischer Gesellschaften nach Erlass der Richtlinie zur grenzüberschreitenden Verschmelzung von Kapitalgesellschaften in Europa,<br>RIW 2006, 81 |
| Drinhausen, Florian/<br>Keinath, Astrid | Referentenentwurf einer „kleinen Aktienrechtsnovelle",<br>BB 2011, 11 |
| Drinhausen, Florian/<br>Keinath, Astrid | Regierungsentwurf zur Aktienrechtsnovelle 2012,<br>BB 2012, 395 |
| Drukarczyk, Jochen | Finanzierung,<br>10. Auflage 2008 |
| Durchlaub, Wolfgang | Mitwirkung der Hauptversammlung und des Aufsichtsrats bei Geschäftsführungsmaßnahmen in der Kommanditgesellschaft auf Aktien,<br>BB 1977, 1581 |

**E**

| | |
|---|---|
| Ebenroth, Thomas/<br>Boujong, Karlheinz/<br>Joost, Detlev/<br>Strohn, Lutz (Hrsg.) | Handelsgesetzbuch,<br>2. Auflage 2008,<br>zitiert: *Bearbeiter,* in:<br>Ebenroth/Boujong/Joost/Strohn |
| Eckert, Thomas | Der Formwechsel einer Kapitalgesellschaft in eine Personengesellschaft und seine Auswirkungen auf öffentlich-rechtliche Erlaubnisse,<br>ZIP 1998, 1950 |
| Ege, Andreas/<br>Grzimek, Philipp/<br>Schwarzfischer, Benjamin | Zementierungseffekt bei der Mitbestimmung bei Gründung einer SE und grenzüberschreitender Verschmelzung,<br>DB 2011, 1205 |

Ehricke, Ulrich/ Ekkenga, Jens/ Oechsler, Jürgen (Hrsg.)
WpÜG – Wertpapiererwerbs- und Übernahmegesetz,
2003,
zitiert: *Bearbeiter*, in: Ehricke/Ekkenga/Oechsler

Eidenmüller, Horst/ Engert, Andreas/ Hornuf, Lars
Vom Wert der Wahlfreiheit: Eine empirische Analyse der Societas Europaea als Rechtsformalternative,
AG 2009, 845

Eilers, Stephan/ Rödding, Adalbert/ Schmalenbach, Dirk (Hrsg.)
Unternehmensfinanzierung,
2008,
zitiert: *Bearbeiter*, in: Eilers/Rödding/Schmalenbach

Ellrott, Helmut/ Förschle, Gerhart/ Grottel, Bernd/ Kozikowski, Michael/ Schmidt, Stefan/ Winkeljohann, Norbert (Hrsg.)
Beck'scher Bilanzkommentar,
8. Auflage 2012,
zitiert: *Bearbeiter*, in: Beck'scher Bilanzkommentar

Emmerich, Volker/ Habersack, Mathias
Aktien- und GmbH-Konzernrecht,
6. Auflage 2010,
zitiert: *Bearbeiter*, in: Emmerich/Habersack

Engelhardt, Helmut/ Sternal, Werner (Hrsg.)
Keidel – FamFG,
17. Auflage 2011,
zitiert: *Bearbeiter*, in: Keidel

Erchinger, Holger/ Melcher, Winfried
Neuregelung der SEC zur Beendigung der Registrierung von Wertpapieren an US-Börsen für Foreign Private Issuers,
DB 2007, 1123

**F**

Farnschläder, Marion/ Dörschmidt, Beate
Die ertragsteuerneutrale Übertragung des Betriebs einer GmbH & Co. KG auf eine GmbH & Co. KGaA,
DB 1999, 1923

Fett, Torsten/ Förl, Thomas | Die Mitwirkung der Hauptversammlung einer KGaA bei der Veräußerung wesentlicher Unternehmensteile – Zugleich Besprechung von OLG Stuttgart, NZG 2003, 778, NZG 2004, 210

Fischer, Lothar | Die Kommanditgesellschaft auf Aktien nach dem Mitbestimmungsgesetz, 1982, zitiert: *Fischer*

Fischer, Robert | Vertragsfreiheit und Sozialbindung, DRiZ 1974, 209

Fischer, Robert/ Möhring, Philipp/ Westermann, Harry (Hrsg.) | Festschrift für Hans Carl Barz zum 65. Geburtstag, 1974, zitiert: *Bearbeiter*, in: FS Barz

Fleischer, Holger | Directors Dealings, ZIP 2002, 1217

Fleischer, Holger | Das Vierte Finanzmarktförderungsgesetz, NJW 2002, 2977

Fleischer, Holger | Vorstandspflichten bei rechtswidrigen Hauptversammlungsbeschlüssen, BB 2005, 2025

Fleischer, Holger (Hrsg.) | Handbuch des Vorstandsrecht 2006, zitiert: *Bearbeiter*, in: Fleischer

Fleischer, Holger/ Körber, Torsten | Der Rückerwerb eigener Aktien und das Wertpapiererwerbs- und Übernahmegesetz, BB 2001, 2591

Fleischer, Holger/ Schneider, Stephan | Tag along- und Drag along-Klauseln in geschlossenen Kapitalgesellschaften, DB 2012, 961

Flume, Werner/ Raisch, Peter/ Steindorff, Ernst (Hrsg.) | Festschrift fur Kurt Ballerstedt zum 70. Geburtstag, 1975, zitiert: *Bearbeiter*, in: FS Ballerstedt

| | |
|---|---|
| Forst, Gerrit | Die Beteiligungsvereinbarung nach § 21 SEBG, 2010, zitiert: *Forst* |
| Forst, Gerrit | Zur Größe des mitbestimmten Organs einer kraft Beteiligungsvereinbarung mitbestimmten SE, AG 2010, 350 |
| Forst, Gerrit | Unternehmerische Mitbestimmung im Konzern unter Beteiligung supranationaler Rechtsformen, Der Konzern 2010, 151 |
| Francfort, Alfred J./ Rudolph, Bernd | Zur Entwicklung der Kapitalstrukturen in Deutschland und den Vereinigten Staaten von Amerika, zfbf 1992, 1059, abrufbar unter http://epub.ub.uni-muenchen.de/10392/1/10392.pdf. |
| Franke, Günter/ Hax, Herbert | Finanzwirtschaft des Unternehmens und Kapitalmarkt, 6. Auflage 2009, zitiert: *Franke/Hax* |
| Frey, Kaspar/ Hirte, Heribert | Vorzugsaktionäre und Kapitalerhöhung, DB 1989, 2465 |
| Friedl, Markus J. | Der Tausch von Anleihen in Aktien, BB 2012, 1102 |
| Füchsel, Hans | Probleme des Bezugsrechtsausschlusses im deutschen Aktienrecht, BB 1972, 1533 |

G

| | |
|---|---|
| Gaiser, Anja Sofia | Die Umwandlung und die Auswirkungen auf personenbezogene öffentlich-rechtliche Erlaubnisse – Ein unlösbarer Konflikt zwischen Umwandlungsrecht und Gewerberecht?, DB 2000, 361 |

| | |
|---|---|
| Ganske, Joachim | Umwandlungsrecht – Regierungsentwürfe des Gesetzes zur Bereinigung des Umwandlungsrechts und des Gesetzes zur Änderung des Umwandlungsrechts – Texte mit amtlichen Begründungen,<br>2. Auflage 1995,<br>zitiert: *Ganske* |
| Geck, Reinhard | Überlegungen zur Verwendung der GmbH & Co. KGaA in der mittelständischen Wirtschaft,<br>NZG 1998, 586 |
| Geibel, Stephan/<br>Süßmann, Rainer (Hrsg.) | Wertpapiererwerbs- und Übernahmegesetz (WpÜG),<br>2. Auflage 2008,<br>zitiert: *Bearbeiter*, in: Geibel/Süßmann |
| von Gerkan, Hartwin | Gesellschafterbeschlüsse, Ausübung des Stimmrechts und einstweiliger Rechtsschutz,<br>ZGR 1985, 167 |
| Gesellschaftsrechtliche Vereinigung (VGR) (Hrsg.) | Gesellschaftsrecht in der Diskussion 1998,<br>1999,<br>zitiert: *Bearbeiter*, in: Gesellschaftsrecht in der Diskussion 1998 |
| Geßler, Ernst/<br>Hefermehl, Wolfgang/<br>Eckardt, Ulrich/<br>Kropff, Bruno | Kommentar zum Aktiengesetz,<br>1984,<br>zitiert: *Bearbeiter*, in:<br>Geßler/Hefermehl/Eckardt/Kropff |
| von Godin, Reinhard/<br>Wilhelmi, Hans | Aktiengesetz Kommentar,<br>4. Auflage 1971,<br>zitiert: *v.Godin/ Wilhelmi* |
| Göthel, Stephan R. | Erwerb von Familienunternehmen durch Familienfremde – potenzielle Erwerber und Verfahrensablauf,<br>BB 2012, 726 |
| Goette, Wulf | Anmerkung zu BGH, Beschluß vom 24. 2. 1997 – II ZB 11/96,<br>DStR 1997, 1014 |

| | |
|---|---|
| Goette, Wulf/<br>Habersack, Mathias<br>(Hrsg.) | Münchener Kommentar zum Aktiengesetz,<br>3. Auflage 2008 ff.,<br>zitiert: *Bearbeiter*, in: MüKo AktG |
| Götze, Cornelius/<br>Arnold, Michael/<br>Carl, Peter Steffen | Der Regierungsentwurf der Aktienrechtsnovelle<br>2012 - Anmerkungen aus der Praxis,<br>NZG 2012, 321 |
| Götze, Cornelius/<br>Winzer, Thomas/<br>Arnold, Michael | Unternehmerische Mitbestimmung - Gestaltungs-<br>optionen und Vermeidungsstrategien,<br>ZIP 2009, 245 |
| Gonnella, Robert/<br>Mikic, Sanja | Die Kapitalgesellschaft & Co. KGaA als „Einheits-<br>gesellschaft",<br>AG 1998, 508 |
| Gosch, Dietmar (Hrsg.) | Körperschaftssteuergesetz,<br>2. Auflage 2009,<br>zitiert: *Bearbeiter*, in: Gosch |
| Gottwald, Peter (Hrsg.) | Insolvenzrechts-Handbuch,<br>4. Auflage 2010,<br>zitiert: *Bearbeiter*, in: Gottwald |
| Goutier, Klaus/<br>Knopf, Otto/<br>Tulloch, Anthony (Hrsg.) | Kommentar zum Umwandlungsrecht,<br>1996,<br>zitiert: *Bearbeiter*, in: Goutier/Knopf/Tulloch |
| Graf, Helmut Andreas | Kapitalgesellschaft & Co. KG auf Aktien,<br>1993,<br>zitiert: *Graf* |
| Grobys, Marcel | SE-Betriebsrat und Mitbestimmung in der Europä-<br>ischen Gesellschaft,<br>NZA 2005, 84 |
| Groß, Wolfgang | Der Inhalt des Bezugsrechts nach § 186 AktG,<br>AG 1993, 449 |
| Groß, Wolfgang | Bookbuilding<br>ZHR 162 (1998), 318 |
| Groß, Wolfgang | Rechtsprobleme des Delisting,<br>ZHR 165 (2001), 141 |

| | |
|---|---|
| Groß, Wolfgang | Kapitalmarktrecht,<br>5. Auflage 2012,<br>zitiert: *Groß* |
| Grunewald, Barbara | Rückverlagerung von Entscheidungskompetenzen der Hauptversammlung auf den Vorstand,<br>AG 1990, 133 |
| Grunewald, Barbara/ Westermann, Harm Peter (Hrsg.) | Festschrift für Georg Maier-Reimer zum 70. Geburtstag,<br>2010,<br>zitiert: *Bearbeiter*, in: FS Maier-Reimer |
| Gummert, Hans/ Weipert, Lutz (Hrsg.) | Münchener Handbuch des Gesellschaftsrechts, Band 1,<br>BGB-Gesellschaft - Offene Handelsgesellschaft - Partnerschaftsgesellschaft - Partnerreederei - EWIV,<br>3. Auflage 2009,<br>zitiert: *Bearbeiter*, in: Münchener Hdb PersG |

**H**

| | |
|---|---|
| Haarmann, Wilhelm/ Schüppen, Matthias (Hrsg.) | Frankfurter Kommentar zum WpÜG,<br>3. Auflage 2008,<br>zitiert: *Bearbeiter*, in: Haarmann/Schüppen |
| Haase, Karsten | Die Vorteile der GmbH oder der GmbH & Co. KGaA in gesellschaftsrechtlicher Sicht,<br>GmbHR 1997, 917 |
| Habel, Michael/ Strieder, Thomas | Ist die Kommanditgesellschaft auf Aktien eine geeignete Rechtsform für einen Börsengang von Vereinen der Fußball-Bundesliga?<br>NZG 1998, 929 |
| Habersack, Mathias | Genußrechte und sorgfaltswidrige Geschäftsführung,<br>ZHR 155 (1991), 378 |
| Habersack, Mathias | Grenzen der Mehrheitsherrschaft in Stimmrechtskonsortien,<br>ZHR 164 (2000), 1 |

| | |
|---|---|
| Habersack, Mathias | Auf der Suche nach dem gerechten Preis – Überlegungen zu § 31 WpÜG,<br>ZIP 2003, 1123 |
| Habersack, Mathias | Grundsatzfragen der Mitbestimmung in SE und SCE sowie bei grenzüberschreitender Verschmelzung,<br>ZHR 171 (2007), 613 |
| Habersack, Mathias/<br>Hommelhoff, Peter/<br>Hüffer, Uwe/<br>Schmidt, Karsten (Hrsg.) | Festschrift für Peter Ulmer zum 70. Geburtstag,<br>2003,<br>zitiert: *Bearbeiter*, in: FS Ulmer |
| Habersack, Mathias/<br>Joeres, Hans-Ulrich/<br>Krämer, Achim (Hrsg.) | Festschrift für Gerd Nobbe,<br>2009,<br>zitiert: *Bearbeiter*, in: FS Nobbe |
| Habersack, Mathias/<br>Mülbert, Peter O./<br>Schlitt, Michael (Hrsg.) | Unternehmensfinanzierung am Kapitalmarkt,<br>3. Auflage 2013,<br>zitiert: *Bearbeiter*, in: Habersack/Mülbert/Schlitt |
| Häuselmann, Holger | Bilanzielle und steuerliche Erfassung von Hybridanleihen,<br>BB 2007, 931 |
| Häuselmann, Holger/<br>Wagner, Siegfried | Steuerbilanzielle Erfassung aktienbezogener Anleihen: Options-, Wandel-, Umtausch- und Aktienanleihen,<br>BB 2002, 2431 |
| Häuser, Franz/<br>Hammen, Horst/<br>Hennrichs, Joachim/<br>Steinbeck, Anja/<br>Siebel, Ulf R./<br>Welter, Reinhard (Hrsg.) | Festschrift für Walther Hadding zum 70. Geburtstag,<br>2004,<br>zitiert: *Bearbeiter*, in: FS Hadding |
| Halasz, Christian/<br>Kloster, Lars/<br>Kloster, Anja | Die GmbH & Co. KGaA,<br>GmbHR 2002, 77 |

Hanke, Kerstin/ Socher, Oliver — Fachbegriffe aus M & A und Corporate Finance Syndizierung von Krediten, NJW 2010, 1435

Happ, Wilhelm (Hrsg.) — Aktienrecht - Handbuch-Mustertexte-Kommentar, 3. Auflage 2007, zitiert: *Bearbeiter*, in: Happ

Haritz, Detlef — GmbH-Beratung, GmbHR 1997, 590

Hartel, Ulrich M. — Umwandlung einer GmbH & Co. KG in eine KG auf Aktien DB 1992, 2329

Hasselbach, Kai/ Jakobs, Janis — Die Unabhängigkeit von Aufsichtsratsmitgliedern, BB 2013, 643

Haußleiter, Martin (Hrsg.) — FamFG - Gesetz über das Verfahren in Familiensachen und in den Angelegenheiten der freiwilligen Gerichtsbarkeit 2011, zitiert: *Bearbeiter*, in: Haußleiter

Heermann, Peter W. — Unentziehbare Mitwirkungsrechte der Minderheitsaktionäre bei außergewöhnlichen Geschäften in der GmbH & Co. KGaA, ZGR 2000, 61

Heidel, Thomas (Hrsg.) — Aktienrecht und Kapitalmarktrecht, 3. Auflage 2011, zitiert: *Bearbeiter*, in: Heidel

Hellner, Thorwald/ Steuer, Stephan (Hrsg.) — Bankrecht und Bankpraxis, 101. Ergänzungslieferung 2013, zitiert: *Bearbeiter*, in: BuB

Hellwig, Hans-Jürgen/ Bormann, Michael — Die Abfindungsregeln beim Going Private - Der Gesetzgeber ist gefordert, ZGR 2002, 465

Hennerkes, Brun-Hagen/ Lorz, Rainer — Roma locuta causa finita - Die GmbH & Co KGaA ist zulässig, DB 1997, 1388

| | |
|---|---|
| Hennerkes, Brun-Hagen/ May, Peter | Noch einmal - Die GmbH & Co KG auf Aktien als Rechtsform für börsenwillige Familienunternehmen?, BB 1988, 2393 |
| Hennerkes, Brun-Hagen/ May, Peter | Überlegungen zur Rechtsformwahl im Familienunternehmen (Teil II), DB 1988, 537 |
| Hennerkes, Brun-Hagen/ May, Peter | Die GmbH & Co KGaA - eine ideale Rechtsform für börsenwillige Familienunternehmen?, StBJB 1988/1989, 303 |
| Henssler, Martin | Bewegung in der deutschen Unternehmensmitbestimmung - Reformdruck durch Internationalisierung der Wirtschaft RdA 2005, 330 |
| Henssler, Martin/ Strohn, Lutz (Hrsg.) | Gesellschaftsrecht, 2011, zitiert: *Bearbeiter*, in: Henssler/Strohn |
| Henssler, Martin/ Willemsen, Heinz J./ Kalb, Heinz-Jürgen (Hrsg.) | Arbeitsrecht Kommentar, 5. Auflage 2012, zitiert: *Bearbeiter*, in: Henssler/Willemsen/Kalb |
| Henze, Hartwig/ Timm, Wolframm/ Westermann, Harm Peter (Hrsg.) | RWS Forum Gesellschaftsrecht, 1995, zitiert: *Bearbeiter*, in: RWS Forum Gesellschaftsrecht 1995 |
| Herfs, Achim | Die Kapitalgesellschaft & Co. KGaA als Rechtsformoptimierung für mittelständische Unternehmen, WiB 1997, 688 |
| Herfs, Achim | Vereinbarungen zwischen der KGaA und ihren Komplementären, AG 2005, 589 |

| | |
|---|---|
| Herzig, Norbert/<br>Ebeling, Ralf Michael | Substanzsteuerliche Folgen der Börseneinführung stimmrechtsloser Vorzugsaktien,<br>AG 1989, 221 |
| Herzog, Roman/<br>Scholz, Rupert/<br>Herdegen, Matthias/<br>Klein, Hans H. (Hrsg.) | Maunz/Dürig,<br>Grundgesetz Kommentar,<br>67. Auflage 2013,<br>zitiert: *Bearbeiter*, in: Maunz/Dürig |
| Hesselmann, Malte | Die kapitalistische Kommanditgesellschaft auf Aktien,<br>BB 1989, 2344 |
| Hirte, Heribert | Genußscheine mit Eigenkapitalcharakter in der Aktiengesellschaft<br>ZIP 1988, 477 |
| Hirte, Heribert/<br>von Bülow Christoph (Hrsg.) | Kölner Kommentar zum WpÜG,<br>2. Auflage 2010,<br>zitiert: *Bearbeiter*, in: Kölner Kommentar WpÜG |
| Hirte, Heribert/<br>Möllers, Thomas J.M. (Hrsg.) | Kölner Kommentar zum WpHG,<br>2. Auflage 2013,<br>zitiert: *Bearbeiter*, in: Kölner Kommentar WpHG |
| Hoffmann-Becking, Michael | Der Einfluß schuldrechtlicher Gesellschaftervereinbarungen auf die Rechtsbeziehungen in der Kapitalgesellschaft,<br>ZGR 1994, 442 |
| Hoffmann-Becking, Michael (Hrsg.) | Münchener Handbuch des Gesellschaftsrechts,<br>Band 4,<br>Aktiengesellschaft,<br>3. Auflage 2007,<br>zitiert.: *Bearbeiter*, in: Münchener Hdb AG |
| Hoffmann-Becking, Michael/<br>Hommelhoff, Peter/<br>Graf von Westphalen, Friedrich (Hrsg.) | Festschrift für Hans-Jürgen Hellwig zum 70. Geburtstag,<br>2011,<br>zitiert: *Bearbeiter*, in: FS Hellwig |

| | |
|---|---|
| Hoffmann-Becking, Michael/ Hüffer, Uwe/ Reichert, Jochem (Hrsg.) | Liber amicorum für Martin Winter, 2011, zitiert: *Bearbeiter*, in: Liber amicorum Martin Winter |
| Hommel, Ulrich/ Schneider, Hilmar/ Nohtse, Karsten | Programm-Mezzanine – Quo Vadis?, Eine empirische Untersuchung der Refinanzierungsproblematik aus Unternehmenssicht, EBS Business School/IKB Deutsche Industriebank AG, Studie 2010, zitiert: *Hommel/Schneider/Nohtse*, EBS Studie 2010 |
| Hommelhoff, Peter | Satzungsmäßige Eignungsvoraussetzungen für Vorstandsmitglieder einer Aktiengesellschaft, BB 1977, 323 |
| Hommelhoff, Peter | Mitbestimmungsvereinbarungen zur Modernisierung der deutschen Unternehmensmitbestimmung, ZGR 2010, 48 |
| Hommelhoff, Peter/ Rawert, Karsten/ Schmidt, Karsten (Hrsg.) | Festschrift für Hans-Joachim Priester Zum 70. Geburtstag, 2007, zitiert: *Bearbeiter*, in: FS Priester |
| Hommelhoff, Peter/ Röhricht, Volker (Hrsg.) | RWS Forum Gesellschaftsrecht 1997, 1998, zitiert: *Bearbeiter*, in: RWS Forum Gesellschaftsrecht 1997 |
| Hommelhoff, Peter/ Schmidt-Diemitz, Rolf/ Sigle, Axel (Hrsg.) | Festschrift für Walter Sigle zum 70. Geburtstag, 2000, zitiert: *Bearbeiter*, in: FS Sigle |
| Hoppe, Christian/ Fuhlrott, Michael | Die nationale Mitbestimmung im Unternehmen: Ein Überblick, ArbRAktuell 2011, 235 |
| Hopt, Klaus J./ Wiedemann, Herbert (Hrsg.) | Großkommentar zum Aktiengesetz, 4. Auflage 1992 ff., zitiert: *Bearbeiter*, in: Großkommentar AktG |

Hölters, Wolfgang (Hrsg.) Aktiengesetz-Kommentar,
2011,
zitiert: *Bearbeiter*, in: Hölters

Holzborn, Tobias (Hrsg.) WpPG: Wertpapierprospektgesetz mit EU-Prospektverordnung und weiterführenden Vorschriften,
2008,
zitiert: *Bearbeiter*, in: Holzborn

Horbach, Matthias Der Gewinnverzicht des Großaktionärs,
AG 2001, 78

Horn, Norbert Das neue Schuldverschreibungsgesetz und der Anleihemarkt,
BKR 2009, 446

Hüffer, Uwe Aktiengesetz,
10. Auflage 2012,
zitiert: *Hüffer*

Hutter, Stephan/ Leppert, Michael Das 4. Finanzmarktförderungsgesetz aus Unternehmenssicht,
NZG 2002, 649

**I**

Ihrig, Hans-Christoph/ Erwin, Holger Zur Anwendung des Freigabeverfahrens nach § 246a AktG auf Altbeschlüsse und bereits eingetragene Beschlüsse,
BB 2005, 1973

Ihrig, Hans-Christoph/ Streit, Georg Aktiengesellschaft und Euro Handlungsbedarf und Möglichkeiten der Aktiengesellschaften anläßlich der Euro-Einführung zum 1. 1. 1999,
NZG 1998, 201

Immenga, Ulrich/ Möschel, Wernhard/ Reuter, Dieter (Hrsg.) Festschrift für Ernst-Joachim Mestmäcker zum siebzigsten Geburtstag,
1996,
zitiert: *Bearbeiter*, in: FS Mestmäcker

J

Jakobs, Horst-Heinrich (Hrsg.) — Festschrift Fur Werner Flume Zum 70. Geburtstag, 2 Bände, 1978, zitiert: *Bearbeiter*, in FS Flume

Jaques, Henning — Börsengang und Führungskontinuität durch die kapitalistische KGaA - Zugleich ein Beitrag zur Frage der gesellschaftsrechtlichen Treuepflichten in der KGaA und der Anwendbarkeit der Grundsätze über die Publikums-KG, NZG 2000, 401

Jesch, Thomas A./ Striegel, Andreas/ Boxberger, Lutz (Hrsg.) — Rechtshandbuch Private Equity, 2010, zitiert: *Bearbeiter*, in: Jesch/Striegel/Boxberger

Joost, Detlev — Mitbestimmung in der kapitalistischen Kommanditgesellschaft auf Aktien, ZGR 1998, 334

Joost, Detlev/ Oetker, Hartmut/ Paschke, Marian (Hrsg.) — Festschrift für Franz Jürgen Säcker zum 70. Geburtstag, 2011, zitiert: *Bearbeiter*, in: FS Säcker

Jostarndt, Philipp/ Wagner, Stefan — Kapitalstrukturen börsennotierter Aktiengesellschaften - Deutschland und USA im Vergleich, Munich School of Management Discussion Paper 2006-17, abrufbar unter http://epub.ub.uni-muenchen.de/1266/1/jostarndt_wagner.pdf, zitiert: *Jostarndt/Wagner*

Jung, Axel/ Wachtler, Frank — Die Kursdifferenz zwischen Stamm- und Vorzugsaktien, AG 2001, 513

Just, Clemens/ Voß, Thorsten/ Ritz, Corinna/ Zeising, Michael (Hrsg.) — Wertpapierprospektgesetz (WpPG), 2009, zitiert: *Bearbeiter*, in: Just/Voß/Ritz/Zeising

**K**

| | |
|---|---|
| Kallmeyer, Harald | Rechte und Pflichten des Aufsichtsrats in der Kommanditgesellschaft auf Aktien,<br>ZGR 1983, 57 |
| Kallmeyer, Harald | Die Kommanditgesellschaft auf Aktien - eine interessante Rechtsformalternative für den Mittelstand?,<br>DStR 1994, 977 |
| Kallmeyer, Harald | Kallmeyer - Umwandlungsgesetz<br>4. Auflage 2013,<br>zitiert: *Bearbeiter*, in: Kallmeyer |
| Karollus, Martin | Die Umwandlung von Geldkrediten in Grundkapital - eine verdeckte Sacheinlage?,<br>ZIP 1994, 589 |
| Kaserer, Christoph/<br>Fey, Gerrit/<br>Kuhn, Norbert | Kapitalmarktorientierung und Finanzierung mittelständischer Unternehmen,<br>Studie 2011,<br>zitiert: *Kaserer/Fey/Kuhn* |
| Kaserer, Christoph/<br>Lenz, Ulrich | Wachstum und Unabhängigkeit durch Eigenkapitalfinanzierung,<br>Studie 2009,<br>zitiert: *Kaserer/Lenz* |
| Keßler, Jürgen/<br>Kühnberger, Manfred<br>(Hrsg.) | Umwandlungsrecht,<br>2009,<br>zitiert: *Bearbeiter*, in: Keßler/Kühnberger |
| Kessler, Alexander | Die Entwicklung des Binnenrechts der KGaA seit BGHZ 134, 392 = NJW 1997, 1923,<br>NZG 2005, 145 |
| Kessler, Alexander | Die rechtlichen Möglichkeiten der Kommanditaktionäre einer GmbH & Co. KGaA zur Einwirkung auf die Geschäftsführung, 2003,<br>zitiert: *Kessler* |

| | |
|---|---|
| Kessler, Wolfgang/ Kröner, Michael/ Köhler, Stefan (Hrsg.) | Konzernsteuerrecht, 2. Auflage 2008, zitiert.: *Bearbeiter*, in: Kessler/Kröner/Köhler |
| Kiem, Roger | Die Stellung der Vorzugsaktionäre bei Umwandlungsmaßnahmen, ZIP 1997, 1627 |
| Kindler, Peter/ Koch, Jens/ Ulmer, Peter/ Winter, Martin (Hrsg.) | Festschrift für Uwe Hüffer zum 70. Geburtstag, 2010 zitiert: *Bearbeiter*, in: FS Hüffer |
| Klausing, Friedrich | Gesetz über Aktiengesellschaften und Kommanditgesellschaften auf Aktien (Aktiengesetz) nebst Einführungsgesetz und „Amtlicher Begründung" 1937, zitiert: *Klausing* |
| Kleidt, Benjamin/ Schiereck, Dirk | Mandatory Convertibles, BKR 2004, 18 |
| Kleindiek, Detlef | Funktion und Geltungsanspruch des Pflichtangebots nach dem WpÜG, ZGR 2002, 546 |
| Kley, Max D./ Sünner, Eckart/ Willemsen, Arnold (Hrsg.) | Festschrift für Wolfgang Ritter zum 70. Geburtstag, 1997, zitiert: *Bearbeiter*, in: FS Ritter |
| Koch, Stefan | Mitwirkungsrechte der Kommanditaktionäre bei der GmbH & Co. KGaA: Grenzen satzungsmäßiger Einschränkung, DB 2002, 1701 |
| Kölling, Lars | Gestaltungsspielräume und Anlegerschutz in der kapitalistischen KGaA, 2005, zitiert: *Kölling* |
| Kösters, Friedrich | Das Unbedenklichkeitsverfahren nach § 16 Abs. 3 UmwG WM 2000, 1921 |

Koller, Ingo/ Roth, Wulf-Henning/ Morck, Winfried (Hrsg.) | HGB, 7. Auflage 2011, zitiert: *Bearbeiter*, in: Koller/Roth/Morck

Kollmorgen, Alexander/ Feldhaus, Heiner | Neues von der Prospektpflicht für Mitarbeiterbeteiligungsprogramme – Abgrenzung von Beschäftigtenschutz und Anlegerschutz, BB 2007, 2756

Kornblum, Udo | Bundesweite Rechtstatsachen zum Unternehmens- und Gesellschaftsrecht (Stand 1.1.2011), GmbHR 2011, 692

Kort, Michael | Pflichten von Vorstands- und Aufsichtsratsmitgliedern beim Erwerb eigener Aktien zwecks Vorstandsvergütung, NZG 2008, 823

Krafka, Alexander/ Willer, Heinz/ Kühn, Ulrich (Hrsg.) | Registerrecht, 8. Auflage 2010, zitiert: *Krafka/Willer/Kühn*

Kraft, Ernst Thomas | Die Abgrenzung von Eigen- und Fremdkapital nach IFRS, ZGR 2008, 324

Krebs, Walter (Hrsg.) | Liber amicorum Hans Uwe Erichsen, 2004, zitiert: *Bearbeiter*, in: Liber amicorum Hans-Uwe Erichsen

Krieger, Gerd | Corporate Governance und Corporate Governance Kodex in Deutschland, ZGR 2012, 202

Krieger, Gerd/ Lutter, Marcus/ Schmidt, Karsten (Hrsg.) | Festschrift für Michael Hoffmann-Becking zum 70. Geburtstag, 2013, zitiert: *Bearbeiter*, in: FS Hoffmann-Becking

| | |
|---|---|
| Kropff, Bruno | Aktiengesetz – Textausgabe des Aktiengesetzes vom 6. 9. 1965 mit Begründung des Regierungsentwurfs und Bericht des Rechtsausschusses des Deutschen Bundestags, 1965, zitiert: *Kropff* |
| Krüger, Dirk | Erwerb eigener Aktien durch die Gesellschaft, IstR 2002, 552 |
| Krummow, Jürgen/ Gramlich, Ludwig/ Lange, Thomas A./ Dewner, Thomas M. (Hrsg.) | Gabler Bank Lexikon, 13. Auflage 2002, zitiert: Gabler Bank Lexikon |
| Kruse, Hermann/ Berg, Erika/ Weber, Martin | Erklären unternehmensspezifische Faktoren den Kursunterschied von Stamm- und Vorzugsaktien?, ZBB 1983, 23 |
| Kübler, Friedrich/ Mertens, Hans-Joachim/ Werner, Winfried (Hrsg.) | Festschrift für Theodor Heinsius zum 65. Geburtstag, 1991, zitiert: *Bearbeiter*, in: FS Heinsius |
| Küting, Peter | Nachhaltige Präsenzmehrheiten als hinreichendes Kriterium zur Begründung eines Konzerntatbestands?, DB 2009, 73 |
| Kunold, Uta/ Schlitt, Michael | Die neue EU-Prospektrichtlinie, BB 2004, 501 |

**L**

| | |
|---|---|
| Ladwig, Peter/ Motte, Frank | Die Kommanditgesellschaft auf Aktien – Eine Alternative für börsenwillige mittelständische Unternehmen? (Teil I), DStR 1996, 800 |
| Ladwig, Peter/ Motte, Frank | Die GmbH & Co KGaA nach der Zulassung durch den BGH – die neue Rechtsform für den Mittelstand?, DStR 1997, 1539 |

| | |
|---|---|
| Land, Volker/ Hasselbach, Kai | Going Private und squeeze-out nach deutschem Aktien-, Börsen- und Übernahmerecht, DB 2000, 557 |
| Larenz, Karl | Methodenlehre der Rechtswissenschaft 6. Auflage 1991, zitiert: *Larenz* |
| Lehmann-Tolkmitt, Arno/ Knöll, André/ Elmers, Norman | Mezzanine-Kapital – Bilanz und Lehren der Standardprogramme, Hauck & Aufhäuser Unternehmer-Studie 2010, zitiert: *Lehmann-Tolkmitt/Knöll/Elmers*, Hauck & Aufhäuser Studie 2010 |
| Lenenbach, Markus | Kapitalmarktrecht, 2. Auflage 2010, zitiert: *Lenenbach* |
| Lenz, Jürgen/ Behnke, Thorsten | Das WpÜG im Praxistest Ein Jahr Angebotsverfahren unter der Regie des neuen Gesetzes, BKR 2003, 43 |
| Lenz, Susanne | Steigerung der Hauptversammlungsteilnahme durch monetäre Anreize?, NZG 2006, 534 |
| Liebscher, Thomas | Umgehungsresistenz von Vinkulierungsklauseln, ZIP 2003, 825 |
| Lieder, Jan | Staatliche Sonderrechte in Aktiengesellschaften, ZHR 172 (2008), 306 |
| Lunk, Stefan/ Hinrichs, Lars | Die Mitbestimmung der Arbeitnehmer bei grenzüberschreitenden Verschmelzungen nach dem MgVG, NZA 2007, 773 |
| Lutter, Marcus | Der Anwendungsbereich des Mitbestimmungsgesetzes, Koreferat, ZGR 1977, 195 |

| | |
|---|---|
| Lutter, Marcus | Materielle und förmliche Erfordernisse eines Bezugsrechtsausschlusses – Besprechung der Entscheidung BGHZ 71, 40 (Kali und Salz), ZGR 1979, 401 |
| Lutter, Marcus | Das neue „Gesetz für kleine Aktiengesellschaften und zur Deregulierung des Aktienrechts", AG 1994, 429 |
| Lutter, Marcus/ Grunewald, Barbara | Zur Umgehung von Vinkulierungsklauseln in Satzungen von Aktiengesellschaften und Gesellschaften mbH, AG 1989, 109 |
| Lutter, Marcus/ Hommelhoff, Peter (Hrsg.) | SE-Kommentar, 2008, zitiert: *Bearbeiter*, in: Lutter/Hommelhoff, SE-Kommentar |
| Lutter, Marcus/ Hommelhoff, Peter (Hrsg.) | GmbH-Gesetz, 18. Auflage 2012, zitiert: *Bearbeiter*, in: Lutter/Hommelhoff |
| Lutter, Marcus/ Krieger, Gerd (Hrsg.) | Rechte und Pflichten des Aufsichtsrats, 5. Auflage 2009, zitiert: *Lutter/Krieger* |
| Lutter, Marcus/ Leinekugel, Rolf | Der Ermächtigungsbeschluss der Hauptversammlung zu grundlegenden Strukturmaßnahmen – zulässige Kompetenzübertragung oder unzulässige Selbstentmachtung?, ZIP 1998, 805 |
| Lutter, Marcus/ Mertens, Hans-Joachim/ Ulmer, Peter (Hrsg.) | Festschrift für Walter Stimpel zum 68. Geburtstag, 1985, zitiert: *Bearbeiter*, in: FS Stimpel |
| Lutter, Marcus/ Schneider, Uwe .H. | Die Beteiligung von Ausländern an inländischen Aktiengesellschaften, ZGR 1975, 182 |
| Lutter, Marcus/ Scholz, Manfred/ Sigle, Walter (Hrsg.) | Festschrift für Martin Peltzer zum 70. Geburtstag, 2001, zitiert: *Bearbeiter*, in: FS Peltzer |

| | |
|---|---|
| Lutter, Marcus/<br>Winter, Martin (Hrsg.) | Lutter - Umwandlungsgesetz,<br>4. Auflage 2009,<br>zitiert: *Bearbeiter*, in: Lutter |

**M**

| | |
|---|---|
| Maidl, Johannes/<br>Kreifels, Rainer | Beteiligungsverträge und ergänzende Vereinbarungen,<br>NZG 2003, 1091 |
| Manne, Henry G. | Mergers and the Market for Corporate Control,<br>The Journal of Political Economy, Vol. 73, No. 2. (Apr., 1965), 110,<br>abrufbar unter<br>http://are.berkeley.edu/~cmantinori/prclass/Manne.pdf,<br>zitiert: *Manne* |
| Marsch-Barner, Reinhard | Die Erleichterung des Bezugsrechtsausschlusses nach § 186 Abs 3 Satz 4 AktG,<br>AG 1994, 532 |
| Marsch-Barner, Reinhard/<br>Schäfer, Frank A. (Hrsg.) | Handbuch börsennotierte AG,<br>2. Auflage 2009,<br>zitiert: *Bearbeiter*, in: Marsch-Barner/Schäfer |
| Martens, Klaus-Peter | Der Beirat in der Kommanditgesellschaft auf Aktien,<br>AG 1982, 113 |
| Martens, Klaus-Peter | Die Vergleichs- und Abfindungsbefugnis des Vorstandes gegenüber opponierenden Aktionären,<br>AG 1988, 118 |
| Martens, Klaus-Peter | Erwerb und Veräußerung eigener Aktien im Börsenhandel,<br>AG 1996, 337 |
| May, Peter | Die Sicherung des Familieneinflusses auf die Führung der börsengehandelten Aktiengesellschaft,<br>1992,<br>zitiert: *May* |

Mayer, Dieter — Der Komplementär in der GmbH & Co. KGaA, MittBayNot 1997, 329

Mayer, Dieter — Grenzen von Aktionärsvereinbarungen, MittBayNot 2006, 281

Mayer-Fiedrich, Matija/ Müller, Stefan — Perspektiven für die Anschlussfinanzierung/ -sanierung bei auslaufenden Mezzanine-Programmen mittelständischer Unternehmen, BB 2013, 171

Meilicke, Heinz — Inwieweit können Verluste aus Genußscheinen steuerlich geltend gemacht werden? BB 1989, 465

Merkner, Andreas/ Schmidt-Bendun, Rüdiger — Die Aktienrechtsnovelle 2012 - Überblick über den Regierungsentwurf, DB 2012, 98

Meyer-Landrut, Andreas/ Kiem, Roger — Der Formwechsel einer Publikumsaktiengesellschaft - Erste Erfahrungen aus der Praxis, WM 1997, 1361

Michalski, Lutz (Hrsg.) — GmbHG, 2. Auflage 2010, zitiert: *Bearbeiter*, in: Michalski

Möslein, Florian — Inhaltskontrolle aktienrechtlicher Entsendungsrechte - Europäische Anforderungen und Ausgestaltung im deutschen Aktienrecht, AG 2007, 770

Mülbert, Peter O./ Steup, Steffen — Emittentenhaftung für fehlerhafte Kapitalmarktinformation am Beispiel der fehlerhaften Regelpublizität, WM 2005, 1633

Müller, Welf/ Winkeljohann, Norbert (Hrsg.) — Beck'sches Handbuch der GmbH, 4. Auflage 2009, zitiert: *Bearbeiter*, in: Müller/Winkeljohann

Müller, Welf/ Rödder, Thomas (Hrsg.) — Beck'sches Handbuch der AG, 2. Auflage 2009, zitiert: *Bearbeiter*, in: Beck'sches Handbuch der AG

| | |
|---|---|
| Müller-Bonani, Thomas/ Müntefering, Michael | Arbeitnehmerbeteiligung bei SE-Gründung und grenzüberschreitender Verschmelzung im Vergleich, BB 2009, 1699 |
| Müller-Bonani, Thomas/ Müntefering, Michael | Grenzüberschreitende Verschmelzung ohne Arbeitnehmerbeteiligung? Praxisfragen zum Anwendungsbereich und Beteiligungsverfahren des MgVG, NJW 2009, 2347 |
| Müller-Eising, Karsten | Aktienrechtsnovelle 2011 - Änderungen zur Vorzugsaktie und zum bedingten Kapital für Wandelanleihen, GWR 2010, 591 |
| Müller-Eising, Karsten | Aktienrechtsnovelle 2012 - Was bringt sie Neues?, GWR 2012, 77 |
| Müller-Glöge, Rudi/ Preis, Ulrich/ Schmidt, Ingrid (Hrsg.) | Erfurter Kommentar zum Arbeitsrecht, 13. Auflage 2013, zitiert: *Bearbeiter*, in: Erfurter Kommentar |
| Münch, Christof | Der gekreuzte Bezugsrechtsausschluß im Recht der Aktiengesellschaft, DB 1993, 769 |
| Myers, Stewart C./ Majluf, Nicholas S. | Corporate Financing and Investment Decisiones when Firms have Information that Investors do not have, Journal of Financial Economics 13 (1984), 187 |

**N**

| | |
|---|---|
| Nasall, Wendt | Die Inhaltskontrolle des Gesellschaftsvertrages der "kupierten" Publikums-Kommanditgesellschaft, BB 1988, 286 |
| Niedner, Jochen/ Kusterer, Stefan | Die atypisch ausgestaltete Familien-KGaA als Instrument zur Gestaltung des Generationenwechsels in mittelständischen Unternehmen, DB 1997, 2010 |

Niedner, Jochen/ Kusterer, Stefan — Gesellschaftsrechtliche Wege aus der Personengesellschaft in die GmbH & Co. KGaA, DB 1998, 2405

Niewiarra, Manfred — Verträge zwischen Vorstand und Aktionär, BB 1998, 1961

Nikoleyczik, Tobias/ Führ, Thorsten — Mitbestimmungsgestaltung im grenzüberschreitenden Konzern, DStR 2010, 1743

Noack, Ulrich — Gesellschaftervereinbarungen bei Kapitalgesellschaften, 1994, zitiert: *Noack*

Nodoushani, Manuel — CoCo-Bonds in Deutschland – Die neue Wandelschuldverschreibung, ZBB 2011, 143

Nölling, Philipp/ Jendruschewitz, Boris — Hybrid-Anleihen: Dauerhafte Alternative in der Unternehmensfinanzierung? FB 2006, 435

O

Ockenga, Tim — Rating und Eigenkapitalkredit von Hybridanleihen, VW 2010, 942

Odenthal, Hans-Jörg — Das Schicksal personenbezogener gewerberechtlicher Erlaubnisse bei der Umwandlung von Gesellschaften, GewArch 2005, 132

Oetker, Hartmut — Das Recht der Unternehmensmitbestimmung im Spiegel der neueren Rechtsprechung, ZGR 2000, 19

Otte, Daniel — Die AG & Co. KGaA: Eine Rechtsformstudie, 2011, zitiert: *Otte*

L

Otto, Hans-Joachim | Gebundene Aktien – Vertragliche Beschränkungen der Ausübung und Übertragbarkeit von Mitgliedschaftsrechten zugunsten der AG, AG 1991, 369

**P**

Papenstein, Bend/ Rams, Andreas/ Lüke, Christian | Fälligkeit Standard-Mezzanin – Herausforderung für den Mittelstand?, Studie der PricewaterhouseCoopers AG im Auftrag des Bundesministeriums für Wirtschaft und Technologie, 2011, zitiert: *Papenstein/Rams/Lüke*, PWC Studie 2011

Paschos, Nikolaos/ Goslar, Sebastian | Unabhängigkeit von Aufsichtsratsmitgliedern nach den neuesten Änderungen des Deutschen Corporate Governance Kodex, NZG 2012, 1361

Pellens, Bernhard/ Hillebrandt, Franca | Vorzugsaktien vor dem Hintergrund der Corporate Governance-Diskussion, AG 2001, 57

Perridon, Louis/ Steiner, Manfred/ Rathgeber, Andreas W. (Hrsg.) | Finanzwirtschaft der Unternehmung 15. Auflage 2009, zitiert: *Perridon/Steiner/Rathgeber*

Pflug, Hans-Joachim | Der persönlich haftende Gesellschafter in der Kommanditgesellschaft auf Aktien, NJW 1971, 345

Plepelits, Marc O. | The High Yield Bond Covenant Package – Introduction and Overview of Market Trends, CFL 2010, 119

Pluskat, Sorika | Das vollständige Delisting im Spannungsfeld von Gesellschafts- und Kapitalmarktrecht, FB 2002, 592

Pluskat, Sorika | „Das kalte Delisting", BKR 2007, 54

Polte, Marcel — Aktiengattungen - eine rechtsvergleichende Untersuchung zum deutschen, US-amerikanischen und englischen Recht, 2005, zitiert: *Polte*

Prätsch, Joachim/ Schikorra, Uwe/ Ludwig, Eberhard — Finanzmanagement, 4. Auflage 2012 zitiert: *Prätsch/ Schikorra/ Ludwig*

Preuße, Thomas (Hrsg.) — SchVG - Gesetz über Schuldverschreibungen aus Gesamtemissionen, 2011, zitiert: *Bearbeiter*, in: Preuße, SchVG

Priester, Hans-Joachim — Die Kommanditgesellschaft auf Aktien ohne natürlichen Komplementär, ZHR 160 (1996), 250

Priester, Hans-Joachim — Jahresabschlussfeststellung bei Personengesellschaften Grundlagengeschäft? - Mehrheitsregeln - Thesaurierung im Konzern, DStR 2007, 28

Priester, Hans-Joachim — Grundsatzfragen des Rechts der Personengesellschaften im Spiegel der Otto-Entscheidung des BGH, DStR 2008, 1386

Priester, Hans-Joachim — Debt-Equity-Swap zum Nennwert?, DB 2010, 1445

**R**

Raiser, Thomas/ Veil, Rüdiger — Mitbestimmungsgesetz und Drittelbeteiligungsgesetz, 5. Auflage 2009, zitiert: *Raiser/ Veil*, Mitbestimmung

Raiser, Thomas/ Veil, Rüdiger — Recht der Kapitalgesellschaften, 5. Auflage 2010, zitiert: *Raiser/ Veil*

Rauscher, Thomas/ Wax, Peter/ Wenzel, Joachim (Hrsg.) — Münchner Kommentar zur Zivilprozessordnung, 3. Auflage 2008 ff., 4. Auflage 2012 ff., zitiert: *Bearbeiter*, in: MüKo ZPO

Reckinger, Gabriele — Vorzugsaktien in der Bundesrepublik, AG 1983, 216

Rehberg, Markus — Die missbräuchliche Verkürzung der unternehmerischen Mitbestimmung durch die Societas Europaea, ZGR 2005, 859

Rehbinder, Eckart — Das Mitbestimmungsurteil des Bundesverfassungsgerichts aus unternehmensrechtlicher Sicht, ZGR 1979, 471

Reiche, Klaus — Instrumente zur Verminderung der Informationsasymmetrie beim Unternehmenskauf, DStR 2000, 2056

Reichert, Jochem (Hrsg.) — Sudhoff GmbH & Co. KG, zitiert: *Bearbeiter*, in: Sudhoff

Reichert, Jochem/ Harbarth, Stephan — Stimmrechtsvollmacht, Legitimationszession und Stimmrechtsausschlußvertrag in der AG, AG 2001, 447

Reiner, Günter — Formwechsel einer SE in eine KGaA und »vernünftige« Zweifel an der Auslegung des Art. 66 SE-VO, Der Konzern 2011, 135

Rubner, Daniel/ Leuering, Dieter — Die stimmrechtslose Vorzugsaktie als Gestaltungsinstrument, NJW-Spezial 2013, 207

Reich, Norbert/ Lewerenz, Karl-Jochen — Das neue Mitbestimmungsgesetz, AuR 1976, 261

| | |
|---|---|
| Reuter, Dieter | Welche Maßnahmen empfehlen sich, insbesondere im Gesellschafts- und Kapitalmarktrecht, um die Eigenkapitalausstattung der Unternehmen langfristig zu verbessern?,<br>Gutachten B für den 55. DJT,<br>zitiert: Gutachten DJT |
| Reuter, Dieter | Genuß ohne Reue?<br>AG 1985, 104 |
| Reuter, Dieter/<br>Körnig, Jürgen | Mitbestimmung und gesellschaftsrechtliche Gestaltungsfreiheit,<br>ZHR 140 (1976), 494 |
| Richard, Jörg/<br>Weinheimer, Stefan | Der Weg zurück: Going Private,<br>BB 1999, 1613 |
| Rieble, Volker | Schutz vor paritätischer Unternehmensmitbestimmung,<br>BB 2006, 2018 |
| Ringleb, Henrik-Michael/<br>Kremer, Thomas/<br>Lutter, Marcus/<br>v.Werder, Axel (Hrsg.) | Deutscher Corporate Governance Kodex,<br>4. Auflage 2010,<br>zitiert: *Bearbeiter*, in:<br>Ringleb/Kremer/Lutter/v.Werder |
| Ringleb, Henrik-Michael/<br>Kremer, Thomas/<br>Lutter, Marcus/<br>v.Werder, Axel | Die Kodex-Änderungen vom Mai 2012,<br>NZG 2012, 1081 |
| Rittig, Franziska | Der gekreuzte Bezugsrechtsausschluss in der Höchstbetragskapitalerhöhung,<br>NZG 2012, 1292 |
| Römermann, Volker<br>(Hrsg.) | Münchener Anwalts-Handbuch GmbH-Recht,<br>2. Auflage 2009,<br>zitiert: *Bearbeiter*, in: Römermann |

| | |
|---|---|
| von Rosen, Rüdiger (Hrsg.) | Deutsches Aktieninstitut, Verhalten und Präferenzen deutscher Aktionäre, Eine Befragung privater und institutioneller Anleger zu Informationsverhalten, Dividendenpräferenz und Wahrnehmung von Stimmrechten, Studien des Deutschen Aktieninstituts, Heft 29, 2005, zitiert: Deutsches Aktieninstitut, Studie |
| Roth, Günter H./ Altmeppen, Holger (Hrsg.) | Gesetz betreffend die Gesellschaften mit beschränkter Haftung (GmbHG), 7. Auflage 2012, zitiert: *Bearbeiter*, in: Roth/Altmeppen |
| Rowedder, Heinz/ Schmidt-Leithoff, Christian (Hrsg.) | Gesetz betreffend die Gesellschaften mit beschränkter Haftung (GmbHG), 4. Auflage 2002, zitiert: *Bearbeiter*, in: Rowedder/Schmidt-Leithoff |
| Rozijn, Michael | „Wandelanleihe mit Wandlungspflicht" – eine deutsche equity note?, ZBB 1998, 77 |

**S**

| | |
|---|---|
| Sachverständigenrat zur Begutachtung der gesamtwirtschaftlichen Entwicklung | Die Chancen nutzen – Reformen mutig voranbringen, Jahresgutachten 2005/06, zitiert: Sachverständigenrat Gutachten |
| Säcker, Franz Fürgen/ Rixecker, Roland (Hrsg.) | Münchener Kommentar zum Bürgerlichen Gesetzbuch: BGB, 6. Auflage 2012 f., 5. Auflage 2006 ff., zitiert: *Bearbeiter*, in: MüKo BGB |
| Sagasser, Bernd/ Bula, Thomas/ Brünger, Thomas R. (Hrsg.) | Umwandlungen, 4. Auflage 2011, zitiert: *Bearbeiter*, in: Sagasser/Bula/Brünger |

| | |
|---|---|
| Schaber, Mathias/<br>Isert, Dietmar | Bilanzierung von Hybridanleihen und Genussrechten nach IFRS,<br>BB 2006, 2401 |
| Schäfer, Carsten | Mehrheitserfordernisse bei Stimmrechtskonsortien,<br>ZGR 2009, 768 |
| Schäfer, Frank A. | Genußscheine mit Eigenkapitalcharakter,<br>WM 1991, 1941 |
| Schäfer, Frank A./<br>Hamann, Uwe (Hrsg.) | Kapitalmarktgesetze,<br>2. Auflage 2012,<br>zitiert: *Bearbeiter*, in: Schäfer/Hamann |
| Schanz, Kay-Michael | Börseneinführung,<br>3. Auflage 2007,<br>zitiert: *Schanz* |
| Schaumburg, Harald | Die KGaA als Rechtsform für den Mittelstand?,<br>DStZ 1998, 525 |
| Schaumburg, Harald/<br>Schulte, Christoph | Die KGaA,<br>2000,<br>zitiert: *Schaumburg/Schulte* |
| Scheifele, Bernd | Zur Praxis des gekreuzten Bezugsrechtsausschlusses,<br>BB 1990, 497 |
| Scherer, Stephan | Familienunternehmen: Zivil- und steuerrechtliche Besonderheiten bei der Gestaltung des Gesellschaftsvertrags,<br>BB 2010, 323 |
| Schierenbeck, Henner/<br>Wöhle, Claudia B. | Grundzüge der Betriebswirtschaftslehre<br>18. Auflage 2012,<br>zitiert: *Schierenbeck/Wöhle* |
| Schilling, Wolf Ulrich | Die GmbH & Co. KGaA zwischen Unternehmergeist und Aktionärs- bzw. Anlegerschutz,<br>BB 1998, 1905 |

| | |
|---|---|
| Schimansky, Herbert/ Bunte, Hermann-Josef/ Lwowski, Hans-Jürgen (Hrsg.) | Bankrechts-Handbuch, 4. Auflage 2011, zitiert: *Bearbeiter*, in: Schimansky/Bunte/Lwowski |
| Schlitt, Michael | Die Informationsrechte des stillen Gesellschafters, 1996, zitiert: Informationsrechte |
| Schlitt, Michael | Die Satzung der Kommanditgesellschaft auf Aktien, 1999 |
| Schlitt, Michael | Die gesellschaftsrechtlichen Voraussetzungen des regulären Delisting – Macroton und die Folgen, ZIP 2004, 533 |
| Schlitt, Michael/ Brandi, Tim Oliver/ Schröder, Jan/ Gemmel, Heiko/ Ernst, Cornelia | Aktuelle Entwicklungen bei Hybridanleihen, CFL 2011, 105 |
| Schlitt, Michael/ Hekmat, Sina R./ Kasten, Roman A. | Aktuelle Entwicklungen bei High-Yield Bonds, AG 2011, 429 |
| Schlitt, Michael/ Kasten, Roman A. | Börsennotierte Anleihen mittelständischer Unternehmen – ein Überblick über die neuen Anleihesegmente, CFL 2011, 97 |
| Schlitt, Michael/ Löschner, Ramin | Abgetrennte Optionsrechte und Naked Warrants, BKR 2002, 150 |
| Schlitt, Michael/ Schäfer, Susanne | Alte und neue Fragen im Zusammenhang mit 10%-Kapitalerhöhungen, AG 2005, 67 |
| Schlitt, Michael/ Schäfer, Susanne | Die Restrukturierung von Anleihen nach dem neuen Schuldverschreibungsgesetz, AG 2009, 477 |

| | |
|---|---|
| Schlitt, Michael/ Seiler, Oliver | Einstweiliger Rechtsschutz im Recht der börsennotierten Aktiengesellschaft, ZHR 166 (2002), 544 |
| Schlitt, Michael/ Seiler, Oliver | Aktuelle Rechtsfragen bei Bezugsrechtsemissionen, WM 2003, 2175 |
| Schlitt, Michael/ Seiler, Oliver/ Singhof, Bernd | Aktuelle Rechtsfragen und Gestaltungsmöglichkeiten im Zusammenhang mit Wandelschuldverschreibungen, AG 2003, 254 |
| Schlitt, Michael/ Singhof, Bernd/ Schäfer, Susanne | Aktuelle Rechtsfragen und neue Entwicklungen im Zusammenhang mit Börsengängen, BKR 2005, 251 |
| Schlitt, Michael/ Winzen, Jan | Besonderheiten der börsennotierten KGaA, CFL 2012, 261 |
| Schmeisser, Wilhelm/ Claussen, Lydia | Mezzanines Kapital für den Mittelstand zur Verbesserung des Ratings, DStR 2008, 688 |
| Schmidt, Hartmut/ Prigge, Stefan/ Suckel, Robert | Erste Erfahrungen mit dem Übernahmegesetz, ZBB 2003, 460 |
| Schmidt, Karsten | Konzernrechtliche Wirksamkeitsvoraussetzungen für typische stille Beteiligungen an Kapitalgesellschaften? ZGR 1984, 295 |
| Schmidt, Karsten | Deregulierung des Aktienrechts durch Denaturierung der Kommanditgesellschaft auf Aktien?, ZHR 160 (1996), 265 |
| Schmidt, Karsten | Gesellschaftsrecht, 4. Auflage 2002, zitiert: *K.Schmidt* |

| | |
|---|---|
| Schmidt, Karsten | „Schutzgemeinschaftsvertrag II" - ein gesellschaftsrechtliches Lehrstück über Stimmrechtskonsortien,<br>ZIP 2009, 737 |
| Schmidt, Karsten (Hrsg.) | Münchener Kommentar zum Handelsgesetzbuch,<br>3. Auflage 2010 ff.,<br>2. Auflage 2007 ff.,<br>zitiert: *Bearbeiter*, in MüKo HGB |
| Schmidt, Karsten/<br>Lutter, Marcus (Hrsg.) | Aktiengesetz Kommentar,<br>2. Auflage 2010,<br>zitiert: *Bearbeiter*, in: K.Schmidt/Lutter |
| Schmidt, Mario/<br>Schlitt, Michael | Debt Equity Swap - Eine attraktive Form der Restrukturierung,<br>Der Konzern 2009, 279 |
| Schmitt, Christoph | Die Begebung von Mittelstandsanleihen als Alternative zum Bankkredit - Voraussetzungen und praktische Hinweise,<br>BB 2012, 1079 |
| Schmitt, Christoph | Schuldscheindarlehen als Alternative zum Bankkredit - Voraussetzungen und praktische Hinweise,<br>BB 2012, 2039 |
| Schmitt, Joachim/<br>Hörtnagel, Robert/<br>Stratz, Rolf-Christian | Umwandlungsgesetz - Umwandlungssteuergesetz,<br>5. Auflage 2009,<br>zitiert: *Bearbeiter*, in: Schmitt/Hörtnagl/Stratz |
| Schmolke, Klaus Ulrich | Der gemeinsame Vertreter im Referentenentwurf eines Gesetzes zur Neuregelung des Schuldverschreibungsgesetzes - Bestellung, Befugnisse, Haftung,<br>ZBB 2009, 8 |

| | |
|---|---|
| Schneider, Uwe. H./ Hommelhoff, Peter/ Schmidt, Karsten/ Timm, Wolframm/ Grunewald, Barbara/ Drygala, Tim (Hrsg.) | Festschrift für Marcus Lutter zum 70. Geburtstag, 2000, zitiert: *Bearbeiter*, in: FS Lutter |
| Schnorbus, York | Die prospektfreie Platzierung von Wertpapieren nach dem WpPG, AG 2008, 389 |
| Scholz, Franz (Hrsg.) | GmbHG, 10. Auflage 2010, zitiert: *Bearbeiter*, in: Scholz |
| Scholz, Ingo | Das Übernahme- und Pflichtangebot bei der KGaA, NZG 2006, 445 |
| Schubert, Claudia | Die Mitbestimmung der Arbeitnehmer bei grenzüberschreitender Verschmelzung, RdA 2007, 9 |
| Schubert, Werner/ Hommelhoff, Peter | 100 Jahre modernes Aktienrecht, Eine Sammlung von Texten und Quellen zur Aktienrechtsreform 1884 mit zwei Einführungen, ZGR Sonderheft 1985, zitiert: *Schubert/Hommelhoff* |
| Schüppen, Matthias/ Schaub, Bernhard (Hrsg.) | Münchener Anwalts-Handbuch Aktienrecht, 2. Auflage 2010, zitiert: *Bearbeiter*, in: Schüppen/Schaub |
| Schürmann, Walter/ Körfgen, Kurt | Familienunternehmen auf dem Weg zur Börse, 3. Auflage 1997, zitiert: *Schürmann/Körfgen* |
| Schütz, Carsten/ Bürgers, Tobias/ Riotte, Michael (Hrsg.) | Die Kommanditgesellschaft auf Aktien, 2004, zitiert: *Bearbeiter*, in: Schütz/Bürgers/Riotte |
| Schulze-Osterloh, Joachim | Das Rech der Unternehmensverträge und die stille Beteiligung an einer Aktiengesellschaft, ZGR 1974, 427 |

Schwark, Eberhard/ Zimmer, Daniel (Hrsg.) — Kapitalmarktrechts-Kommentar, 4. Auflage 2010, zitiert: *Bearbeiter*, in: Schwark/Zimmer

Seibert, Ulrich/ Böttcher, Leif — Der Regierungsentwurf der Aktienrechtsnovelle 2012, ZIP 2012, 12

Seibert, Ulrich/ Kiem, Roger/ Schüppen, Matthias (Hrsg.) — Handbuch der kleinen AG, 5. Auflage 2008, zitiert: *Seibert/Kiem/Schüppen*

Seibt, Christoph H. — Rechtsschutz im Übernahmerecht, ZIP 2003, 1865

Seibt, Christoph H./ Voigt, Hans-Christoph — Kapitalerhöhungen zu Sanierungszwecken, AG 2009, 133

Semler, Franz-Jörg — Einstweilige Verfügungen bei Gesellschafterauseinandersetzungen, BB 1979, 1533

Semler, Johannes/ Stengel, Arndt (Hrsg.) — Umwandlungsgesetz, 3. Auflage 2012, zitiert: *Bearbeiter*, in: Semler/Stengel

Semler, Johannes/ Volhard, Rüdiger/ Reichert, Jochem (Hrsg.) — Arbeitshandbuch für die Hauptversammlung, 3. Auflage 2011, zitiert: *Bearbeiter*, in: Semler/Volhard/Reichert

Senger, Michael/ Vogelmann, Axel — Die Umwandlung von Vorzugsaktien in Stammaktien, AG 2002, 193

Sethe, Rolf — Sethe Aufsichtsratsreform mit Lücken - Die Einbeziehung der Kommanditgesellschaft auf Aktien in die gegenwärtige Reformdiskussion, AG 1996, 289

Sethe, Rolf — Bewegung im Recht der Kommanditgesellschaft auf Aktien?, ZIP 1996, 2053

Sethe, Rolf — Die personalistische Kapitalgesellschaft mit Börsenzugang,
1996,
zitiert: *Sethe*

Siebel, Ulf R. — Vorzugsaktien als „Hybride" Finanzierungsform und ihre Grenzen,
ZHR 161 (1997), 628

Simon, Stefan/ Burg, Michael — Zum Anwendungsbereich des § 29 Abs. 1 Satz 1 UmwG beim "kalten Delisting",
Der Konzern 2009, 214

Sosnitza, Olaf — Das Unbedenklichkeitsverfahren nach § 16 Absatz 3 UmwG, Bestandsaufnahme eines gesellschaftsrechtlichen Rechtsschutzinstruments im Lichte der jüngsten Rechtsprechung,
NZG 1999, 965

Spindler, Gerald — Die Reform der Hauptversammlung und der Anfechtungsklage durch das UMAG,
NZG 2005, 825

Spindler, Gerald/ Stilz, Eberhard (Hrsg.) — Kommentar zum Aktiengesetz ,
2. Auflage 2010,
zitiert: *Bearbeiter*, in: Spindler/Stilz

von Staudinger, Julius (Begr.) — Kommentar zum Bürgerlichen Gesetzbuch (BGB) mit Einführungsgesetz und Nebengesetzen,
13. Auflage ff. 1993 ff.,
zitiert: *Bearbeiter*, in: Staudinger

Steck, Kai-Uwe — "Going private" über das UmwG,
AG 1998, 460

Steinmeyer, Roland/ Häger, Michael (Hrsg.) — WpÜG: Wertpapiererwerbs- und Übernahmegesetz,
2. Auflage 2007,
zitiert: *Bearbeiter*, in: Steinmeyer/Häger

Stelkens, Paul/ Bonk, Heinz Joachim/ Sachs, Michael (Hrsg.) — Verwaltungsverfahrensgesetz,
7. Auflage 2008,
zitiert: *Bearbeiter*, in: Stelkens/Bonk/Sachs

| | |
|---|---|
| Strieder, Thomas/ Habel, Michael | Die Kommanditgesellschaft auf Aktien als Lösungsansatz zur Eigenkapitalproblematik bei Genossenschaften, BB 1995, 1857 |
| Süßmann, Rainer | Unerwünschte Übernahmen, NZG 2011, 1281 |
| **T** | |
| Teichmann, Christoph | Verhandelte Mitbestimmung für Auslandsgesellschaften, ZIP 2009, 1787 |
| Terbrack, Christoph | Kapitalherabsetzende Maßnahmen bei Aktiengesellschaften, RnotZ 2003, 89 |
| Theiselmann, Rüdiger (Hrsg.) | Praxishandbuch des Restrukturierungsrechts 2010, zitiert: *Bearbeiter*, in: Theiselmann |
| Theiselmann, Rüdiger | Syndizierte Kredite – ein alternatives Instrument zur Fremdfinanzierung, GmbH-StB 2012, 119 |
| Tieves, Johannes | Der Unternehmensgegenstand der Kapitalgesellschaft, 1998, zitiert: *Tieves* |
| Timm, Wolframm | Die Aktiengesellschaft als Konzernspitze, 1980, zitiert: *Timm* |
| Timm, Wolframm | Einige Zweifelsfragen zum neuen Umwandlungsrecht, ZGR 1996, 247 |
| Trapp, Christoph | Erleichterter Bezugsrechtsausschluß nach § 186 Abs 3 S 4 AktG und Greenshoe, AG 1997, 115 |

**U**

Ulmer, Peter (Hrsg.) — Hachenburg - Gesetz betreffend die Gesellschaften mit beschränkter Haftung (GmbHG), 7. Auflage 1985, zitiert: *Bearbeiter*, in: Hachenburg

Ulmer, Peter (Hrsg.) — Die GmbH & Co. KGaA nach dem Beschluss, BGHZ 134, 392, 1997, zitiert: *Bearbeiter*, in: Ulmer

Ulmer, Peter/ Habersack, Mathias/ Henssler, Martin (Hrsg.) — Mitbestimmungsrecht, 2. Auflage 2006, zitiert: *Bearbeiter*, in: Ulmer/Habersack/Henssler

Ulmer, Peter/ Habersack, Mathias/ Winter, Martin (Hrsg.) — GmbHG - Großkommentar, 2005 ff., zitiert: *Bearbeiter*, in: Ulmer/Habersack/Winter

Ullrich, Thomas — Unternehmensmitbestimmung in der kapitalistischen Kommanditgesellschaft auf Aktien, 2002, zitiert: *Ulrich*

**V**

Vater, Hendrik — Ewige Anleihen - Funktionsweise, Einsatzzweck und Ausgestaltung, FB 2006, 44

Veil, Rüdiger — Klagemöglichkeiten bei Beschlussmängeln der Hauptversammlung nach dem UMAG, AG 2005, 567

Vögele, Alexander/ Borstell, Thomas/ Engler, Gerhard (Hrsg.) — Verrechnungspreise 3. Auflage 2011, zitiert: *Bearbeiter*, in: Vögele/Borstell/Engler

Vollmer, Lothar/ Grupp, Alexander — Der Schutz der Aktionäre beim Börseneintritt und Börsenaustritt, ZGR 1995, 459

**W**


| | |
|---|---|
| Wambach, Martin/ Kirchmer, Thomas | Unternehmensrating: Weit reichende Konsequenzen für mittelständische Unternehmen und für Wirtschaftsprüfer, BB 2002, 400 |
| Wehrhahn, Torsten | Finanzierungsinstrumente mit Aktienerwerbsrechten: Die gesellschaftsrechtlichen Grundlagen von Convertible Securities und wandelbaren Wertpapieren in Deutschland und den USA, 2004, zitiert: *Wehrhahn* |
| Wehrhahn, Torsten | Unternehmensfinanzierung durch Schuldscheindarlehen, BKR 2012, 363 |
| Wlotzke, Otfried/ Wißmann, Hellmut/ Koberski, Wolfgang/ Kleinsorge, Georg | Mitbestimmungsrecht, 4. Auflage 2011, zitiert: *Wlotzke/Wißmann/Koberski/Kleinsorge* |
| Werner, Winfried | Die Beschlußfassung der Inhaber von stimmrechtslosen Vorzugsaktien, AG 1971, 69 |
| Werner, Winfried | Schwerpunkte der Novellierung des Kreditwesengesetzes ZHR 149 (1985), 236 |
| Westermann, Harm Peter/ Mock, Klaus (Hrsg.) | Festschrift für Gerold Bezzenberger zum 70. Geburtstag, 2000, zitiert: *Bearbeiter*, in: FS Bezzenberger |
| Westermann, Harm Peter/ Rosener, Wolfgang (Hrsg.) | Festschrift für Karlheinz Quack zum 65. Geburtstag, 1991, zitiert: *Bearbeiter*, in: FS Quack |
| Wichert, Joachim | Die GmbH & Co. KGaA nach dem Beschluss BGHZ 134, 392, AG 2000, 268 |

Widmann, Siegfried/ Mayer, Dieter (Hrsg.) | Umwandlungsrecht, 136. Ergänzungslieferung 2013, zitiert: *Bearbeiter*, in: Widmann/Mayer

Wiedemann, Herbert | Identität beim Rechtsformwechsel, ZGR 1999, 568

Wiese, Tobias/ Dammer, Thomas | Zusammengesetzte Finanzinstrumente der AG Hybride Kapitalmaßnahmen, strukturierte Anleihen und Kreditderivate im Bilanz-, Ertragsteuer- und Aktienrecht – Ein Überblick, DStR 1999, 867

Dr. Wieselhuber & Partner GmbH (Hrsg.) | Börseneinführung mit Erfolg, 2. Auflage 2001, zitiert: *Bearbeiter*, in: Wieselhuber

Wiesner, Georg | Die Enthaftung ausgeschiedener persönlich haftender Gesellschafter einer KGaA, ZHR 148 (1984), 56

Wirth, Gerhard/ Arnold, Michael | Umwandlung von Vorzugsaktien in Stammaktien, ZGR 2002, 859

Wittig, Arne (Hrsg.) | Bank- und Kapitalmarktrecht, 4. Auflage 2011, zitiert: *Bearbeiter*, in: Kümpel/Wittig

Wittmann, Markus/ Ruß, Stephan | Bilanzierung alternativer Finanzierungsformen nach HGB, Stbg 2011, 127

Wöhe, Günter | Einführung in die Allgemeine Betriebswirtschaftslehre, 23. Auflage 2008, zitiert: *Wöhe*

Wöhe, Günter/ Bilstein, Jürgen/ Ernst, Dietmar/ Häcker, Joachim (Hrsg.) | Grundzüge der Unternehmensfinanzierung, 14. Auflage, 2009, zitiert: *Wöhe/Bilstein/Ernst/Häcker*

Wollburg, Ralph/ Banerjea, Nirmal Robert | Die Reichweite der Mitbestimmung in der Europäischen Gesellschaft, ZIP 2005, 277

**Z**

Zahn, Andreas/ Lemke, Rudolf | Anleihen als Instrument der Finanzierung und Risikosteuerung, BKR 2002, 527

Ziemons, Hildegard | Die aktienbezogenen Regelungen des RegE "Aktienrechtsnovelle 2012", BB 2012, 523

Zöllner, Wolfgang | Aktienrechtsreform in Permanenz - Was wird aus den Rechten des Aktionärs?, AG 1994, 336

Zöllner, Wolfgang/ Noack, Ulrich (Hrsg.) | Kölner Kommentar zum Aktiengesetz, 3. Auflage 2004 ff., zitiert: *Bearbeiter*, in: Kölner Kommentar AktG

Zutt, Jürg | Einstweiliger Rechtsschutz bei Stimmbindungen, ZHR 155 (1991), 190

**Abkürzungsverzeichnis**

Für alle im Übrigen verwendeten Abkürzungen wird verwiesen auf:
Kirchner, Hildebert: Das Abkürzungsverzeichnis der Rechtssprache, 6. Auflage 2008

## A. Einführung

Aus Sicht der hinter einem Unternehmen stehenden Personen, wird sich früher oder später die Frage stellen, wie die positive Geschäftsentwicklung fortgesetzt werden kann, wenn etwa die Expansion in neue Märkte oder die Erschließung neuer Geschäftsfelder größere finanzielle Investitionen erfordern. Die Wahl der richtigen Finanzierung hängt dabei von unterschiedlichen Faktoren ab. Von besonderer Bedeutung, vor allem für Traditions- und Familienunternehmen, die sich nicht selten seit Generationen in der Hand einer geringen Anzahl von Gesellschaftern befinden, ist dabei die Wahrung der unternehmerischen Unabhängigkeit. Sind die Altgesellschafter nicht gewillt oder nicht in der Lage, weiteres Kapital zuzuschießen, geht die Eigenkapitalfinanzierung mit der Aufnahme neuer Gesellschafter und der Gewährung von Einflussnahmemöglichkeiten einher. Herkömmlicherweise werden Einwirkungsmöglichkeiten durch Einräumung von Stimmrechten gewährt. Das deutsche Aktienrecht sieht alternativ die Ausgabe stimmrechtloser Vorzugsaktien (**Vorzugsaktien**) vor (§ 139 Abs. 1 AktG). Die Ausgabe von Vorzugsaktien ermöglicht es der Gesellschaft, bei Aufnahme neuer Gesellschafter, bestehende Machtverhältnisse zu konservieren.[1] Die Gewährung von Eigenkapital wird dabei durch das Versprechen einer - gegenüber den Altgesellschaftern - erhöhten Dividende erkauft. Da die Ausgabe von Aktien, die keine Stimmrechte vermitteln, nur bis zur Hälfte des Grundkapitals zulässig ist (§ 139 Abs. 2 AktG), kann es bei weiterem Finanzierungsbedarf zu einer Blockadesituation kommen. Hat die Gesellschaft bereits so viele Vorzugsaktien ausgegeben, dass eine erneute Ausgabe nicht ohne gleichzeitige Erhöhung der auf die Stammaktien entfallenden Grundkapitalziffer möglich ist, hängt die Umsetzung von Finanzierungsentscheidungen der Verwaltung allein von der Teilnahmebereitschaft der stimmberechtigten Stammaktionäre ab - hierbei handelt es sich nicht selten um wenige oder gar einen einzelnen Großaktionär. Sind diese aber gerade nicht bereit oder wirtschaftlich nicht in der Lage, eine Eigenkapitalmaßnahme durch Zeichnung neuer Anteile mit zu tragen, scheitert die geplante Finanzierung, weil die alleinige Ausgabe neuer Vorzugsaktien an das Publikum rechtlich nicht möglich und die Ausgabe der Stammaktien an Dritte ohne Zustimmung der Altgesellschafter nicht umsetzbar ist. Da Vorzugsaktien in der Vergangenheit vielfach als besonders geeignet für den renditeorientierten Anlegeraktionär angesehen wurden,[2] ist die beschriebene Konstellation vornehmlich bei Gesellschaften anzutreffen, die sich bereits dem Anlegerpublikum mittels der Ausgabe von Vorzugsaktien geöffnet haben.[3] Für diese kann

---

1 *Franke/Hax*, 599.

2 Siehe dazu *Pellens/Hildebrandt*, AG 2001, 57, 58; *Reckinger*, AG 1983, 216, 220; *Volhard*, in: MüKo AktG, 2. Auflage, § 139 Rn. 2; *Spindler*, in: K.Schmidt/Lutter § 139 Rn. 2.

3 So ist etwa das Grundkapital der der Porsche Automobil Holding SE und der Villeroy & Boch AG zu exakt gleichen Teilen in Stammaktien und Vorzugsaktien aufgeteilt.

die Abschaffung der Vorzugsaktien von besonderer Bedeutung sein. Dabei spielt neben der Verbesserung der Finanzierungssituation vor allem die Steigerung der Attraktivität der Aktie des Unternehmens eine gewichtige Rolle.[4]

Zuletzt gelang es sowohl der ProSiebenSat1 Media AG als auch der HUGO BOSS AG, ihre historische Aktienstruktur durch Umwandlung sämtlicher Vorzugsaktien in Stammaktien zu vereinheitlichen. Bis einschließlich 15.06.2012 war etwa das Grundkapital der HUGO BOSS AG paritätisch in Stamm- und Vorzugsaktien eingeteilt. Am 15.06.2012 wurden die Vorzugsaktien nach Börsenschluss in Stammaktien umgewandelt. Das Grundkapital der Gesellschaft besteht seither aus 70.400.000 Stammaktien.[5] Im Bericht des Vorstandes zu dem Beschluss betreffend die Umwandlung heißt es exemplarisch:

> „Die Stammaktionäre erfahren zwar eine Schmälerung ihrer anteiligen Stimmrechtsquote. Dem steht jedoch die mit dem Wegfall des Gewinnvorzugs der Vorzugsaktie erhöhte relative Gewinnbeteiligung gegenüber. Darüber hinaus führt die Vereinheitlichung der Aktiengattungen zu einer zugunsten aller Aktionäre erhöhten Liquidität der HUGO BOSS-Aktie. Davon profitieren auch die Stammaktien, deren Liquidität bislang eingeschränkt war".[6]

Die angesprochene Schmälerung der Stimmrechtsquote der Stammaktionäre resultiert aus dem Umstand, dass die Beseitigung des mit der Vorzugsaktie verknüpften Gewinnvorzugs von Gesetzes wegen zum Aufleben des Stimmrechts aus den Aktien führt (§ 141 Abs. 4 AktG). Eine Umwandlung in Stammaktien ist also grundsätzlich immer mit einer – für manchen Großaktionär unliebsamen – Verschiebung der Machtverhältnisse innerhalb der Gesellschaft verbunden.

Dieses Hindernis im Umgang mit der Abschaffung von Vorzugsaktien wurde in der Praxis deshalb jüngst einer Lösung zugeführt, die den Einsatz einer in Praxis und Schrifttum in der jüngeren Vergangenheit wenig beachteten Rechtsform mit sich brachte.[7] Als erste börsennotierte Gesellschaft machte die

---

4 Siehe dazu unten E. I. 3.

5 Pressemitteilung der HUGO BOSS AG vom 12.06.2012, abrufbar unter http://group.hugoboss.com/files/20120612_Share_Conversion_d.pdf.

6 Ziffer 6 des Vorstandsberichts zu TOP 6 und TOP 7 der ordentlichen Hauptversammung der HUGO BOSS AG am 03.05.2012; siehe zur jüngsten Aktienumwandlung der ProSiebenSat1 Media AG die Pressemitteilung der Gesellschaft vom 13.08.2013, abrufbar unter http://www.prosiebensat1.de/de/presse/pressemeldungen/presselounge/prosiebensat1-media-ag/2013/8/prosiebensat1-vorzugsaktien-werden-am-16-august-2013-in-stammaktien-umgewandelt.

7 Dass die KGaA in der Gestaltungspraxis gleichwohl eine Rolle spielt, dokumentiert der Umstand, dass die jüngsten Beiträge aus dem Schrifttum zur KGaA der Feder namhafter Transaktionsanwälte entstammen: *Marsch-Barner*, in: FS Hoffmann-Becking, 777; *Wollburg*, in: FS Hoffmann-Becking, 1425; *Schlitt/Winzen*, CFL 2012, 261; *Krause*, in: Liber amicorum Martin Winter, 351; *Marsch-Barner*, in: Liber amicorum Martin Winter, 467; *Schnorbus*, in: Liber amicorum Martin Winter, 627.

Fresenius Medical Care AG im Februar 2006 von der Möglichkeit des Formwechsels in die Rechtsform der Kommanditgesellschaft auf Aktien (**KGaA**) Gebrauch und entledigte sich dabei nahezu aller ausgegebenen Vorzugsaktien.[8] Noch einen Schritt weiter ging im Jahre 2011 die Fresenius SE, die andere börsennotierte Gesellschaft des in Bad Homburg ansässigen Fresenius Konzerns. Sie vollzog den Rechtsformwechsel in die Fresenius SE & Co. KGaA und schaffte dabei die Gattung stimmrechtsloser Vorzugsaktien vollständig ab.[9]

Die Rechtsform der KGaA gewährt - anders als die durch Satzungsstrenge (vgl. § 23 Abs. 5 Satz 1 AktG) gekennzeichnete Aktiengesellschaft (**AG**) - weitgehende Freiheit bei der Ausgestaltung der Kompetenzordnung der Gesellschaft. Anders als bei der AG kann ein Großaktionär in der KGaA die Geschicke der Gesellschaft im Grundsatz auch ohne Stimmenmehrheit kontrollieren. Die Aufnahme von Eigenkapital führt bei der KGaA nicht zwingend zu einer Veränderung der Machtverhältnisse in der Gesellschaft.

So plausibel dieser Weg als Mittel zur Abschaffung von Vorzugsaktien und damit einhergehender Verbesserung der Finanzierungssituation erscheint, so wenig erprobt ist er in der Praxis. Es stellen sich zahlreiche gesellschafts- und kapitalmarktrechtliche Zweifelsfragen, die sich gerade aus der Kombination von Formwechsel und Aktienumwandlung ergeben. Dies gilt aber nicht bloß für den Weg in die KGaA, sondern auch für das rechtliche Dasein als börsennotierte KGaA.

Die vorliegende Arbeit unternimmt den Versuch, einige dieser Zweifelsfragen einer Lösung zuzuführen. Fragestellungen, die allein die Rechtsform der KGaA betreffen, werden indessen lediglich - und nur, sofern deren Beantwortung zum besseren Verständnis beiträgt - am Rande angesprochen. Dabei wird in der vorliegenden Arbeit die eingangs beschriebene Finanzierungssituation zu Grunde gelegt. Es wird von einer börsennotierten deutschen Publikumsgesellschaft, deren börsennotiertes Grundkapital zu gleichen Teilen in Stamm- und Vorzugsaktien aufgeteilt ist, ausgegangen. Sofern, wie bei einzelnen Gesellschaften, nur ein geringerer Teil des Grundkapitals auf stimmrechtslose Vorzugsaktien entfällt, besteht aus Finanzierungssicht kein dringender Handlungsbedarf.

Im Aufbau folgt die Darstellung einer Abschichtung vom Allgemeinen zum Besonderen. Zunächst werden auf abstrakter Basis die wirtschaftlichen Hin-

---

8 Pressemitteilung der Fresenius Medical Care AG & Co. KGaA vom 13.02.2006: Fresenius Medical Care schließt die Umwandlung der Vorzugsaktien und den Formwechsel in KGaA erfolgreich ab, abrufbar unter http://www.fmc-ag.de/619.htm.

9 Pressemitteilung der Fresenius SE & Co. KGaA vom 28.01.2011: Fresenius schliesst Aktienumwandlung und Rechtsformwechsel erfolgreich ab - Erster Handelstag der Stammaktien der Fresenius SE & Co. KGaA am 31.01.2011, abrufbar unter http://www.fresenius.de/3432_3516.htm.

tergründe der Unternehmensfinanzierung erläutert und die wesentlichen Instrumente dargestellt.[10] Auf der nächsten Stufe wird die Eigenkapitalfinanzierung in den Kontext jüngerer Entwicklungen im deutschen Finanzierungsumfeld gestellt und auf dieser Grundlage deren Bedeutungszuwachs aufgezeigt.[11] Die praktische Relevanz der Materie wird sodann durch Herstellung des Zusammenhangs zwischen der - für größeren Investitionsbedarf unverzichtbaren - Eigenkapitalfinanzierung und dem damit einhergehenden Verlust unternehmerischer Kontrolle begründet.[12] Auf eine Darstellung der wesentlichen Instrumente zur Erhaltung eben dieser Kontrolle,[13] folgt eine vertiefte Auseinandersetzung mit dem Instrument der Vorzugsaktie.[14] Auf Grundlage der gewonnenen Erkenntnisse wird sodann die Rechtsform der KGaA näher beleuchtet.[15]

Nach einer ausführlichen Untersuchung der Grenzen des Finanzierungsinstruments Vorzugsaktie,[16] widmet sich der Hauptteil der Arbeit der - vor dem beschriebenen Hintergrund notwendigen - Umwandlung von Vorzugsaktien in Stammaktien. Zunächst werden Wege untersucht, die das Aktienrecht zu diesem Zweck bereitstellt.[17] Das Ziel der Abschaffung einer kompletten Aktiengattung lässt sich indessen aktienrechtlich nicht ohne eine erhebliche Verwässerung der vormaligen Stammaktionäre erreichen. In einem zweiten Schritt wird deshalb der Rechtsformwechsel in die KGaA untersucht und gezeigt, dass eine Aktienumwandlung bei gleichzeitiger Aufrechterhaltung der Kontrollsituation auf diesem Wege umsetzbar ist.[18] In einem letzten Schritt wird untersucht, welche Besonderheiten sich aus der Gestaltungsfreiheit im Innenrecht der KGaA im Hinblick auf die für die Eigenkapitalfinanzierung bedeutsame kapitalmarktrechtliche Behandlung ergeben.[19]

Die Arbeit schließt mit einer Zusammenfassung der gewonnenen Ergebnisse in Thesenform.[20]

---

10 Unter B. I. bis III.
11 Unter B. IV. und V.
12 Unter C.
13 Unter D. I.
14 Unter D. II. 1.
15 Unter D. II. 2.
16 Unter E.
17 Unter F. I.
18 Unter F. II.
19 Unter F. II. 4.
20 Unter G.

## B. Wirtschaftliche Hintergründe der Unternehmensfinanzierung

Im Folgenden sollen in der für den Zweck dieser Darstellung gebotenen Kürze wirtschaftliche Hintergründe und grundlegende Begrifflichkeiten der Unternehmensfinanzierung erläutert werden. Dabei erfolgen zunächst überblicksartig eine Systematisierung der verschiedenen Finanzierungsformen[21] und eine Darstellung der wesentlichen Entscheidungsparameter[22]. Zur besseren Einordnung des Untersuchungsgegenstandes erfolgt sodann eine kurze systematische Darstellung wesentlicher Finanzierungsinstrumente.[23] In einem weiteren Schritt wird die Bedeutung der Eigenkapitalfinanzierung in Deutschland untersucht.[24]

### I. Systematisierung der Unternehmensfinanzierung

Die grundsätzliche Unterscheidung zwischen Eigenfinanzierung und Fremdfinanzierung eines Unternehmens ist nur eine von verschiedenen denkbaren Unterteilungen der Finanzierungsmittel.[25] Im Folgenden soll eine mehrschichtige Systematisierung der Finanzierungsmittel vorgenommen werden.

#### 1. Herkunft der Finanzierungsmittel

Unterschieden nach der Herkunft der Finanzierungsmittel gliedert sich der Begriff der Unternehmensfinanzierung zunächst in die Außenfinanzierung und die Innenfinanzierung eines Unternehmens.[26]

Außenfinanzierung liegt vor, wenn dem Unternehmen von außen, zusätzliche Finanzmittel zugeführt werden. Dabei ist es gleichgültig, ob diese Finanzmittel von den bisherigen Gesellschaftern, weiteren (neuen) Anteilseignern oder von Fremdkapitalgebern kommen.[27] Spiegelbildlich liegt Innenfinanzierung vor, wenn die Geldmittel intern aus dem betrieblichen Umsatzprozess aufgebracht werden.[28] Hier kann es sich um eine Finanzierung aus (einbehaltenen) Gewinnen (Thesaurierung)[29] bzw. Rücklagen oder um eine Finanzierung aus Rückstellungen[30] und Abschreibungsgegenwerten[31] handeln.[32]

---

21 B. I.
22 B. II.
23 B. III.
24 B. IV. und V.
25 *Fleischer*, in: Michalski Syst. Darstellung 5 Rn. 91.
26 *Wöhe/Bilstein/Ernst/Häcker*, 14; *Perridon/Steiner/Rathgeber*, 359.
27 *Wöhe/Bilstein/Ernst/Häcker*, 14; *Perridon/Steiner/Rathgeber*, 359 f.
28 *Wöhe/Bilstein/Ernst/Häcker*, 14; *Perridon/Steiner/Rathgeber*, 359.
29 *Krieger*, in: Münchener Hdb AG § 55 Rn. 1.
30 Zu den Einzelheiten, vgl. *Perridon/Steiner/Rathgeber*, 483.
31 Der Finanzierungseffekt einer Abschreibung resultiert aus dem Umstand, dass mit der gleichen Menge an finanziellen Mitteln durch Änderung des Altersaufbaus der zu finanzierenden Anlagen die Anzahl der Anlagen, die gleichzeitig Nutzungen abgeben

Ferner können Finanzierungsmittel auch aus einer Kapitalumschichtung bzw. Umfinanzierung stammen. Dabei handelt es sich um Fälle, in denen sich ein Unternehmen für eine andere als die bislang verwendete Finanzierungsform entscheidet. Zu nennen ist hier vor allem die meist in Sanierungssituationen[33] anzutreffende Umschichtung von Fremdkapital - etwa in Form eines Darlehens - in Eigenkapital - etwa in Form von Aktien - (*dept equity swap*)[34]. Üblich ist weiterhin die Umfinanzierung durch einen langfristigen Kredit, der einen kurzfristigen Kredit ablöst, etwa weil die kurzfristige Finanzierung einer langfristigen Investition nicht genügt.[35] Hierbei handelt es sich um eine Umschichtung von einer Art des Fremdkapitals in eine andere. Eine Umschichtung von Eigenkapital in anderes Eigenkapital erfolgt etwa, wenn eine Aktiengesellschaft bisher als offene Rücklagen ausgewiesenes Eigenkapital im Wege einer Kapitalerhöhung aus Gesellschaftsmitteln in Grundkapital umwandelt.[36]

## 2. Qualität der Kapitalgeber

Die Kategorien der Außen- und Innenfinanzierung lassen sich weiter nach der Rechtsstellung der Kapitalgeber aufteilen in Eigenfinanzierung und Fremdfinanzierung.[37]

Außenfinanzierung in Form der Eigenfinanzierung liegt vor, wenn Eigenkapital - etwa durch die Ausgabe von Aktien - zur Verfügung gestellt wird (auch Beteiligungsfinanzierung).[38] Wird dagegen - etwa durch die Aufnahme von Bankkrediten oder die Ausgabe von Schuldverschreibungen - Fremdkapital zur Verfügung gestellt, handelt es sich um eine Maßnahme der Fremdfinanzierung.[39] Als dritte Grundform der Unternehmensfinanzierung durch Außenfinanzierung sind solche Finanzierungsformen zu nennen, die Eigenkapital- (z.B. Teilhabe an den stillen Reserven des Unternehmens, erfolgsabhängige Verzinsung) und Fremdkapitalelemente (z.B. handelsrechtlicher Verbindlichkeitsausweis) miteinander verbinden.[40] Diese sog. hybriden Finanzierungs-

---

können, vergrößert werden kann, vgl. *Wöhe/Bilstein/Ernst/Häcker*, 19; Einzelheiten bei *Perridon/Steiner/Rathgeber*, 478 ff.

32 *Wöhe/Bilstein/Ernst/Häcker*, 14; *Hefermehl/Bungeroth*, in: Geßler/Hefermehl/Eckhardt/Kropff Vor § 182 Rn. 19 ff.; *Lutter*, in: Kölner Kommentar AktG Vor § 182 Rn. 7; *Peifer*, in: MüKo AktG Vor § 182 Rn. 11.

33 Siehe etwa die Ad-hoc-Mitteilung vom 17.12.2010 zur Kapitalerhöhung der Conergy AG, abrufbar unter http://conergy-group.com/desktopdefault.aspx/tabid-159/96_read-894/.

34 Siehe zur Eigenkapitalstärkung in der Krise *Schlitt/Ries*, in: Theiselmann Kap. 9 und speziell zum Debt to Equity Swap *Schmidt/Schlitt*, Der Konzern 2009, 279.

35 *Wöhe/Bilstein/Ernst/Häcker*, 15.

36 *Wöhe/Bilstein/Ernst/Häcker*, 15.

37 *Wöhe/Bilstein/Ernst/Häcker*, 15; *Perridon/Steiner/Rathgeber*, 357.

38 *Wiedemann*, in: Großkommentar AktG Vor § 182 Rn. 50.

39 Gabler Bank Lexikon, 100.

40 *Eilers*, in: Eilers/Rödding/Schmalenbach A I. Rn. 4.

formen (auch Mezzaninekapital genannt)[41] sind gesetzlich nicht ausdrücklich geregelte Instrumente der Unternehmensfinanzierung, die - neben der Kapitalbeschaffung - durch individuelle Ausgestaltung vielfältige weitere Funktionen für ein Unternehmen erfüllen können.[42]

Im Bereich der Innenfinanzierung spricht man von Eigenfinanzierung, wenn Eigenkapital durch Thesaurierung oder Bildung stiller Reserven[43] generiert wird.[44] Innenfinanzierung kann aber auch als Fremdfinanzierung erfolgen, namentlich, wenn Fremdkapital durch die Einstellung in Pensionsrückstellungen gebildet wird.[45]

## II. Entscheidungsparameter

Im folgenden Abschnitt werden die wesentlichen Implikationen der einzelnen Finanzierungsformen dargestellt. Diese gelten im Grundsatz unabhängig von den vielfältigen rechtlichen Vorgaben für die jeweilige Form der Unternehmensfinanzierung. Solche ergeben sich insbesondere aus der jeweiligen Rechtsform[46] des zu finanzierenden Unternehmens und aus den steuerlichen Rahmenbedingungen[47].

---

41 Zur näheren begrifflichen Konkretisierung *Gleske/Laudenklos*, in: Eilers/Rödding/Schmalenbach D. I. Rn. 1.

42 Siehe dazu noch unter B. II. 3.

43 Die Bildung stiller Reserven durch die Ausübung von Bilanzierungs- und Bewertungswahlrechten seitens der Geschäftsleitung wurde durch das Gesetz zur Modernisierung des Bilanzrechts (Bilanzrechtsmodernisierungsgesetz - BilMoG) vom 26.05.2009, BGBl. I 2009, 1102, erheblich eingeschränkt. Insbesondere wurde das insoweit bedeutende Abschreibungswahlrecht für Vermögensgegenstände des Anlage- oder Umlaufvermögens (§ 253 Abs. 4 HGB a.F.) - das für Kapitalgesellschaften allerdings schon vor Erlass des BilMoG nicht anwendbar war (§ 279 Abs. 1 HGB aF) - gestrichen.

44 *Peifer*, in: MüKo AktG Vor §§ 182 ff. Rn. 11.

45 *Wöhe/Bilstein/Ernst/Häcker*, 19; Gabler Bank Lexikon, 706.

46 Allgemein zu den zivilrechtlichen Rahmenbedingungen der Unternehmensfinanzierung *Eilers*, in: Eilers/Rödding/Schmalenbach A V. Rn. 40 ff. und zu rechtformspezifischen Anforderungen an die Eigenkapitalausstattung etwa den Überblick bei *Aleth/Reichel*, in: Eilers/Rödding/Schmalenbach B I. Rn. 2 ff.

47 So ist etwa die Ausgestaltung der steuerlichen Rahmenbedingungen für die generelle Wahl zwischen Fremd- und Eigenkapitalfinanzierung von Bedeutung: Die Besteuerung von Gewinneinkommen benachteiligt für sich genommen die Eigenkapitalfinanzierung, wenn die zu entrichtenden Fremdkapitalkosten steuerlich als Aufwendung geltend gemacht werden können. Dem stehen die Kosten der zusätzlichen Verschuldung in Form von Insolvenzkosten und höheren Fremdkapitalzinsen bei verschlechterter Kreditwürdigkeit gegenüber, vgl. Monatsbericht der Deutschen Bundesbank 01/2012, 15; siehe zu steuerrechtlichen Rahmenbedingungen im Einzelnen *Eilers*, in: Eilers/Rödding/Schmalenbach, Unternehmensfinanzierung A VI. Rn. 50 ff.

### 1. Eigenfinanzierung

Unabhängig davon, ob die Eigenfinanzierung im Wege der Innenfinanzierung aus erwirtschafteten Gewinnen oder als Außenfinanzierung, durch die Aufnahme von Beteiligungskapital, erfolgt, gewährt diese Art der Finanzierung die im Vergleich zur Fremdfinanzierung größere unternehmerische Unabhängigkeit gegenüber Dritten.[48] Im Gegensatz zu der Ausgabe neuer Anteile erfordert die Eigenfinanzierung nicht die Gewährung unternehmerischer Einflussmöglichkeiten. Weil keine festen Zinszahlungen anfallen, tritt zudem - anders als bei der Fremdfinanzierung durch Kredite - keine Belastung der Liquidität des Unternehmens ein.[49] Mangels einer zu besichernden Forderung entfällt eine etwaige Pflicht zur Sicherheitsleistung.[50] Darüber hinaus ist das Unternehmen keinen (festen) Rückzahlungsterminen ausgesetzt, da das Eigenkapital dem Unternehmen auf Dauer ohne feste Laufzeit, regelmäßig bis zur Liquidation, zur Verfügung steht und eine einseitige Kündigung durch den Kapitalgeber ausgeschlossen ist.[51] Ansprüche der Eigenkapitalgeber werden vielmehr dadurch gekennzeichnet, dass sie stets - sowohl im Hinblick auf laufende Zahlungen, als auch hinsichtlich einer Rückzahlung des Kapitals - von der wirtschaftlichen Lage des Unternehmens abhängig sind.[52] Eine gestärkte Eigenkapitalbasis trägt nicht nur zur Verringerung der Krisenanfälligkeit bei, sondern verbessert auch die Bonität des Unternehmens und kann so die zukünftige Fremdkapitalaufnahme erleichtern.[53] Spiegelbildlich kann eine unzureichende Eigenkapitalausstattung die Kreditversorgung hemmen und dazu führen, dass risikobehaftete Investitionen unterbleiben müssen und so das Unternehmenswachstum gehemmt wird.[54] Innenfinanzierung kann zudem zukünftig eine kontinuierliche Gewinnausschüttung sicherstellen und so das Emissions-Standing des Unternehmens verbessern.[55]

Aus Sicht der Geschäftsleiter ist Eigenfinanzierung auch deshalb vorteilhaft, weil die zum Abbau von Informationsasymetrien bei Beteiligungsfinanzierung und Kreditfinanzierung erforderlichen Regelungen, die die Geschäftsleiter in ihrer Handlungsfreiheit mitunter stark einschränken können, bei der Eigenfi-

---

48 *Perridon/Steiner/Rathgeber*, 477.

49 *Lutter*, in: Kölner Kommentar AktG Vor § 182 Rn. 4; *v.Dryander/Niggemann*, in: Hölters Vor § 182 Rn. 17.

50 *Perridon/Steiner/Rathgeber*, 477.

51 Siehe auch *Lenenbach* 10.5; *Lutter*, in: Kölner Kommentar AktG Vor § 182 Rn. 4; *Peifer*, in: MüKo AktG Vor § 182 Rn. 11; *Perridon/Steiner/Rathgeber*, 477.

52 *v.Dryander/Niggemann*, in: Hölters Vor § 182 AktG Rn. 3.

53 *Mayer-Friedrich/Müller*, BB 2013, 171, 172; *Wiedemann*, in: Großkommentar AktG Vor § 182 Rn. 52; *Lutter*, in: Kölner Kommentar AktG Vor § 182 Rn. 4; *Ladwig/Motte*, DStR 1996, 800, 801; *Haase*, GmbHR 1997, 917, 918; *Perridon/Steiner/Rathgeber*, 477; *Meyer*, in: Marsch-Barner/Schäfer § 7 Rn. 4.

54 *Hennerkes/May*, BB 1988, 2393, 2394; *Priester*, ZHR 160 (1996), 250, 252; *Ladwig/Motte*, DStR 1996, 800.

55 *Perridon/Steiner/Rathgeber*, 477.

nanzierung nicht beachtet werden müssen.[56] Stimmen in der Finanzierungslehre gehen deshalb davon aus, dass Geschäftsleiter grundsätzlich nur dann zu einer Beteiligungsfinanzierung greifen, wenn die Aktien des Unternehmens nach ihrer Ansicht überbewertet sind. Die Pecking Order Theorie nach *Myers* (1984) hat diese Erkenntnisse zu einer modelltheoretischen Rangfolge der Finanzierungsformen weiterentwickelt, an deren Spitze die Eigenfinanzierung steht. Danach beanspruchen Unternehmen externe Finanzierungsquellen erst dann, wenn die durch Thesaurierung gewonnenen Eigenmittel nicht den zur Durchführung aller Investitionsprojekte nötigen Kapitalbedarf decken können.[57] Wenn eine externe Finanzierung notwendig ist, nehmen Unternehmen zunächst Fremdkapital auf. Eine Kapitalerhöhung wird als letztes Mittel verwendet.

Den genannten Vorteilen der Eigenfinanzierung stehen aus Sicht der Verwaltung allerdings Nachteile gegenüber. Spiegeln die Aktienkurse - bei der Annahme ineffizienter Märkte - den wirklichen Wert des Unternehmens nicht zutreffend wieder, weil stille Reserven bei der Preisbildung am Markt noch nicht berücksichtigt wurden,[58] kann das betreffende Unternehmen zum Übernahmekandidaten werden.[59] Bei einem funktionierenden Kapitalmarkt sind professionelle Anleger durchaus in der Lage, stille Reserven in börsennotierten Unternehmen zu erkennen und zu beurteilen, ob die Aktienkurse den Wert des betreffenden Unternehmens noch angemessen reflektieren. Ist dies nicht der Fall, macht eine Unterbewertung das Unternehmen zum Übernahmekandidaten.[60] Was aus Sicht des Anlegers, der an einen maximalen Wert seiner Beteiligung interessiert ist, wünschenswert sein dürfte, mag hier nicht im Interesse der Verwaltung liegen.

Erfolgt Eigenfinanzierung durch Thesaurierung, kann sich aus Sicht des Unternehmens nachteilig auswirken, dass die Finanzierungsentscheidung im Hinblick auf Renditechancen und Verlustrisiken der geplanten Investitionen - anders als im Falle einer Finanzierung über den Markt - nicht zwingend durch den Markt überprüft wird.[61] Die Eigenfinanzierung wird gesamtwirtschaftlich kritisch gesehen, weil die einbehaltenen Mittel dem Kapitalmarkt vorenthalten und nicht dessen regulierender Wirkung unterworfen werden (aufgrund der Zinsverpflichtung bei Aufnahme einer Kapitalmarktfinanzierung werden Investitionen mit Renditechancen unterhalb des Zinssatzes unterbleiben).[62]

Eigenfinanzierung wird zudem steuerlich benachteiligt. Im Gegensatz zu den Zinszahlungen auf Fremdkapital, sind ausgeschüttete Dividenden für das Un-

---

56 *Perridon/Steiner/Rathgeber*, 477.
57 *Myers/Majluf*, Journal of Financial Economics 13 (1984), 187.
58 *Hopt*, in: Baumbach/Hopt § 252 HGB Rn. 16.
59 *Peifer*, in: MüKo AktG Vor § 182 Rn. 24.
60 *Peifer*, in: MüKo AktG Vor § 182 Rn. 24.
61 *Perridon/Steiner/Rathgeber*, 477 f.; *Drukarczyk*, 404 f.
62 *Perridon/Steiner/Rathgeber*, 477.

ternehmen nämlich nicht steuerlich abzugsfähig, sondern unterliegen erst auf der Ebene der Eigentümer der niedrigeren Besteuerung für Kapitalerträge.[63] Aufgrund dieser unterschiedlichen steuerlichen Behandlung von Eigen- und Fremdfinanzierung stellt letztere aus Sicht des Unternehmens den vergleichsweise kostengünstigeren Weg der Kapitalbeschaffung dar.[64]

## 2. Fremdfinanzierung

Spiegelbildlich zur Eigenfinanzierung sind die verschiedenen Formen der Fremdfinanzierung mit einer größeren (wirtschaftliche) Abhängigkeit von den jeweiligen Kapitalgebern verbunden. Diese haben zwar keine mitgliedschaftlichen Rechte wollen aber gerade aus diesem Grund eine sichere und möglichst hohe Gegenleistung für das hingegebene Kapital erzielen und lassen sich zu diesem Zweck regelmäßig in den zugrundeliegenden Finanzierungsverträgen umfangreiche Rechte einräumen.[65] Das zu finanzierende Unternehmen wird sich darüber hinaus in der Regel zur Einhaltung bestimmter Finanzdaten während der Laufzeit einer Finanzierungsmaßnahme verpflichten müssen (*financial covenants*).[66] Die Kontrollrechte der Kapitalgeber gegenüber der Geschäftsführung nehmen dabei tendenziell zu, wenn sich die wirtschaftliche Lage des Unternehmens verschlechtert.[67]

Darüber hinaus können im Falle der Kreditfinanzierung Zinszahlungen und Tilgungsraten die Liquidität des Unternehmens belasten.[68] Dies gilt insbesondere, wenn die Kreditkosten infolge eines schlechten Ratings, etwa wegen einer schwachen Eigenkapitalausstattung des Unternehmens, hoch sind. Der Vergütungsanspruch des Fremdkapitalgebers in Form von Zinszahlungen besteht in der Regel unabhängig vom Unternehmenserfolg und ist steuerlich abziehbar.[69] Im Gegensatz zur Eigenfinanzierung unterliegt die Fremdfinanzierung regelmäßig festen Rückzahlungsterminen, deren Einhal-

---

63 Etwa *Mühlhäuser*, in: Römermann § 17 Rn. 76.

64 *Fleischer*, in: Michalski Syst. Darstellung 5 Rn. 30.

65 *Drukarczyk*, 226 ff. Inwieweit die bei einer Beteiligungsfinanzierung entstehenden mitgliedschaftlichen Mitspracherechte zu einer stärkeren Einschränkung der Dispositionsfreiheit des Unternehmens führen als bei einer Kreditfinanzierung, kann nur im Einzelfall beurteilt werden; ob sich hieraus ein Vorteil oder Nachteil ergibt, hängt zum einen von der Streuung der mitgliedschaftlichen Mitspracherechte und zum anderen davon ab, wieviel Einflussmöglichkeiten den Gläubigern im Falle einer Kreditfinanzierung – je nach Marktmacht und Umfang der Kreditfinanzierung – eingeräumt werden müssten, vgl. *Wiedemann*, in: Großkommentar AktG Vor § 182 Rn. 52; *Fleischer*, in: Michalski Syst. Darstellung 5 Rn. 32.

66 Dazu *Drukarczyk*, 238 ff. und *Perridon/Steiner/Rathgeber*, 394 f.

67 *Drukarczyk*, 5.

68 *Lutter*, in: Kölner Kommentar Vor § 182 Rn. 4, 34; *Peifer*, in: MüKo AktG Vor § 182 Rn. 25; *Perridon/Steiner/Rathgeber*, 383.

69 *v.Dryander/Niggemann*, in: Hölters Vor § 182 Rn. 4.

tung Gegenstand eines Tilgungsplans ist.[70] Eine Beteiligung am Erfolg des Unternehmens steht Fremdkapitalgebern regelmäßig nicht zu. Zudem verlangen Kreditgeber je nach Eigenkapitalausstattung des Unternehmens mehr oder weniger umfangreiche und möglichst leicht verwertbare Sicherheiten.[71]

Kapitalmarktorientierten Unternehmen bieten sich im Bereich der Fremdfinanzierung weitere Möglichkeiten.[72] Zu nennen ist hier insbesondere die Emission von Anleihen. Hier sind vielfältige Gestaltungen anzutreffen.[73] Dem Vorteil großer Flexibilität in der Strukturierung dieser Kapitalmarktinstrumente stehen - im Vergleich etwa zur klassischen Kreditfinanzierung - hohe, aus der regulatorischen Komplexität des Kapitalmarktumfeldes und der Vermarktung resultierende Emissionskosten gegenüber.[74]

### 3. Mezzaninfinanzierung

Mezzanine Finanzierungsinstrumente zeichnen sich dadurch aus, dass die jeweilige Maßnahme zwar formal entweder der Eigen- oder Fremdkapitalfinanzierung zuzuordnen ist, nach ihrer wirtschaftlichen Bedeutung aber zugleich Elemente der jeweils anderen Form aufweist.[75] Für die Zuordnung im Einzelfall ist die Ausgestaltung der vertraglichen Bedingungen entscheidend.[76] Motivation für die Wahl eines solchen Instruments ist meist, Vorteile des Eigen- und des Fremdkapitals miteinander zu kombinieren, bzw. einzelne Nachteile einer Finanzierungsform zu vermeiden.[77]

Die Rückführung des überlassenen Kapitals erfolgt regelmäßig entweder durch Rückzahlung am Ende der vereinbarten Laufzeit oder in Tranchen. Da die Kapitalgeber nicht Gesellschafter des Unternehmens werden, tritt keine Verwässerung der Anteile ein und es bedarf auch keiner kostspieligen Unternehmensbewertung im Vorfeld der Finanzierungsmaßnahme.[78] Mezzaninkapital steht zudem grundsätzlich längerfristig zur Verfügung und bindet - anders als klassisches Fremdkapital - keine Sicherheiten. Aufgrund der Nachrangigkeit gegenüber Fremdkapital erhöht Mezzaninekapital aber das wirtschaftliche Eigenkapital des Unternehmens und damit regelmäßig auch dessen Bonität.[79] Trotz der wirtschaftlichen Eigenkapitalqualität gilt Mezzani-

---

70 *Perridon/Steiner/Rathgeber*, 383.

71 *Perridon/Steiner/Rathgeber*, 386 ff.

72 Sachverständigenrat Gutachten, 480.

73 Siehe dazu ausführlich, *Kaulamo*, in: Habersack/Mülbert/Schlitt § 17 und außerdem den Überblick bei *Kilgus*, in: Schüppen/Schaub § 49 Rn. 28 ff.

74 *Jetter*, in: Eilers/Rödding/Schmalenbach C I. Rn. 1.

75 *Häuselmann*, in: Kessler/Kröner/Köhler § 10 Rn. 200; *Gleske*, in: Habersack/Mülbert/Schlitt § 19 Rn. 1; *Bock*, DStR 2005, 1067, 1067.

76 *Raiser/Veil* § 17 Rn. 4.

77 *Peifer*, in: MüKo AktG Vor § 182 Rn. 27; *Wiedemann*, in: Großkommentar AktG Vor § 182 Rn. 91.

78 Sachverständigenrat Gutachten, 480; *Wöhe/Bilstein/Ernst/Häcker*, 172.

79 Sachverständigenrat Gutachten, 480; *Wöhe/Bilstein/Ernst/Häcker*, 173.

ne Kapital für steuerliche Zwecke als Fremdkapital, so dass Zinsen als gewinnmindernde Betriebsausgaben abgesetzt werden können.[80]

Mezzaninkapital kann über verschiedene Finanzierungsinstrumente, wie Genussrechte, (typische oder atypische) stille Beteiligungen, partiarische Darlehen und Anleihen in Form von Wandel- und Optionsanleihen, aufgenommen werden.[81]

## III. Ausgewählte Finanzierungsinstrumente

Nach Systematisierung und Darstellung wichtiger Entscheidungsparameter der Unternehmensfinanzierung erfolgt im nächsten Abschnitt der Darstellung eine Betrachtung wesentlicher Instrumente der Eigen- und Fremdfinanzierung.

### 1. Eigenfinanzierung

Wie dargestellt lässt sich die Eigenfinanzierung in Innen- und Außenfinanzierung untergliedern. Instrument der Innenfinanzierung ist vor allem die Thesaurierung. Das klassische Instrument der Eigenfinanzierung in Form von Außenfinanzierung ist die Ausgabe neuer Beteiligungstitel in Form von Aktien.

#### a) Innenfinanzierung

Innenfinanzierung ist Selbstfinanzierung. Das Unternehmen erwirtschaftet eigene Mittel durch betriebliche Leistungserstellung und Leistungsverwertung.[82] Mittel der Selbstfinanzierung ist vor allem die Thesaurierung. Technisch erfolgt die Thesaurierung im Wege der Gewinnverwendung (vgl. § 174 Abs. 2 Nr. 3 AktG), namentlich durch die Bildung von Gewinnrücklagen (§ 272 Abs. 3 HGB). Das Interesse der Verwaltung an der Selbstfinanzierung seines Unternehmens steht dabei in einem gewissen Widerspruch zu dem Interesse der Aktionäre an der Ausschüttung erwirtschafteter Gewinne.[83]

##### aa) Zuständigkeiten

Die für die Thesaurierung relevanten Zuständigkeiten ergeben sich aus dem HGB. Zu unterscheiden ist zwischen der Aufstellung des Jahresabschlusses), seiner Feststellung und schließlich der eigentlichen Beschlussfassung über die Gewinnverwendung.

---

80 *Wöhe/Bilstein/Ernst/Häcker*, 173.

81 Siehe dazu die Übersichten bei *Peifer*, in: MüKo AktG Vor § 182 Rn. 28 ff. und *Wiedemann*, in: Großkommentar AktG Vor § 182 Rn. 92 ff.

82 *Perridon/Steiner/Rathgeber*, 472, 478; *Wöhe/Bilstein/Ernst/Häcker*, 398, 410; *Peifer*, in: MüKo AktG Vor § 182 Rn. 23.

83 *Hüffer* § 58 Rn. 1.

Die Aufstellung des Jahresabschlusses ist Aufgabe des Vorstandes, als gesetzlicher Vertreter der AG (§§ 242, 264 Abs. 1 Satz 1 HGB).[84] Der Jahresabschluss besteht im Kern aus Bilanz und Gewinn- und Verlustrechnung für den Schluss des Geschäftsjahres und bedarf nach seiner Aufstellung noch der Billigung (Feststellung) durch den Aufsichtsrat (§ 172 Satz 1 AktG).[85] Dabei legt der Vorstand dem Aufsichtsrat auf Grundlage eines Vorstandsbeschlusses den von ihm aufgestellten Jahresabschluss vor und fordert den Aufsichtsrat so konkludent zu dessen Billigung auf.[86] Der Vorstand hat dabei nach Maßgabe des § 170 Abs. 2 AktG einen Vorschlag vorzulegen, den er der Hauptversammlung für die Verwendung des Bilanzgewinns machen will.[87] Nach erfolgter Prüfung durch den Aufsichtsrat (§ 171 Abs. 1 Satz 1 AktG) ist der Gewinnverwendungsvorschlag, zusammen mit dem regelmäßig übereinstimmenden Vorschlag des Aufsichtsrats, der Hauptversammlung zur Beschlussfassung zu unterbreiten (§ 124 Abs. 3 Satz 1 AktG). Zur Entscheidung über die Verwendung des Bilanzgewinns ist sodann ausschließlich die Hauptversammlung berufen (§§ 119 Abs. 1 Nr. 2, 174 Abs. 1 Satz 1 AktG). Sie kann von dem - durch den Aufsichtsrat gebilligten - Gewinnverwendungsvorschlag des Vorstandes zwar abweichen, ist aber an den festgestellten Jahresabschluss und den darin ausgewiesenen Bilanzgewinn gebunden (§ 174 Abs. 1 Satz 2 AktG).[88]

#### bb) Materielle Grenzen

Materielle Regelungen über die Gewinnverwendung, die den eingangs beschriebenen Interessenkonflikt zwischen Verwaltung und Aktionariat zum Ausgleich bringen sollen, enthält § 58 AktG.[89] Kern der Regelung ist der sog. Halbteilungsgrundsatz[90]. Danach dürfen regelmäßig Vorstand und Aufsichtsrat bei der Feststellung des Bilanzgewinns bis zur Hälfte des Bilanzgewinns in

---

84 *Hoffmann-Becking*, in: Münchener Hdb AG § 43 Rn. 1; *Raiser/Veil* § 18 Rn. 8.

85 In drei Fällen kann sich eine Kompetenz der Hauptversammlung ergeben: Trotz Billigung des Jahresabschlusses beschließen Aufsichtsrat und Vorstand seine Feststellung der Hauptversammlung zu überlassen (§ 172 Satz 1, 2. Fall AktG). Erklärt der Aufsichtsrat gemäß § 171 Abs. 2 Satz 4 den Jahresabschluss nicht zu billigen, ergibt sich eine Kompetenz der Hauptversammlung aus § 173 Abs. 1, 2. Fall AktG. Schließlich wird die Nichtbilligung durch den Aufsichtsrat gemäß § 171 Abs. 3 Satz 3 AktG fingiert, wenn dieser seine aus § 171 Abs. 2 AktG folgende Berichtspflicht auch innerhalb der ihm gesetzten Nachfrist nicht erfüllt. In diesem Fall ergibt sich die Zuständigkeit der Hauptversammlung also ebenfalls aus § 173 Abs. 1, 2. Fall AktG, vgl. dazu *Hüffer* § 172 Rn. 1. Zur abweichenden Kompetenzverteilung in der KGaA, siehe unter D. II. 2. c) cc).

86 *Ellrott/Hoffmann*, in: Beck'scher Bilanzkommentar § 172 AktG Rn. 72.

87 *Hoffmann-Becking*, in: Münchener Hdb AG § 46 Rn. 1a.

88 *Hoffmann-Becking*, in: Münchener Hdb AG § 46 Rn. 14; *Hüffer* § 174 Rn. 3.

89 Siehe die Gesetzesbegründung bei *Kropff*, 75; ferner *Hüffer* § 58 Rn. 1; *Bayer*, in: MüKo AktG § 58 Rn. 2; *Waclawik*, in: Hölters § 58 Rn. 1.

90 *Waclawik*, in: Hölters § 58 Rn. 1.

andere Gewinnrücklagen einstellen (vgl. § 58 Abs. 2 Satz 1 AktG). Die Regelung begründet beachtliche Selbstfinanzierungsmöglichkeiten[91] und ermöglicht es schon der Verwaltung einen erheblichen Teil des Gewinns dem Zugriff der Aktionäre zu entziehen.[92] Die Hauptversammlung kann nämlich nur noch über den verbleibenden Betrag entscheiden (§ 58 Abs. 3 AktG).[93] Zwar kann dieser grundsätzlich mit einfacher Mehrheit zur Ausschüttung an die Aktionäre gebracht werden. Es steht der Hauptversammlung aber frei, weitere Einstellungen in Gewinnrücklagen vorzunehmen (vgl. §§ 174 Abs. 2, 58 Abs. 3 Satz 1 AktG).[94] Da der Gewinnverwendungsbeschluss der Hauptversammlung in Ermangelung abweichender Satzungsbestimmungen mit einfacher Mehrheit gefasst werden kann (§ 133 Abs. 1 AktG), haben Großaktionäre die Möglichkeit eine Ausschüttung an die Aktionäre nahezu gänzlich zu Gunsten einer verbesserten Kapitalausstattung ihres Unternehmens zu verhindern.[95]

Der vor diesem Hintergrund erforderliche Schutz der Minderheitsaktionäre vor „Aushungerung"[96] durch eine übermäßige Thesaurierungspolitik der Mehrheit erfolgt über § 254 Abs. 1 AktG.[97] Danach kann eine Minderheit, deren Anteile zusammen 5% des Grundkapitals oder den anteiligen Betrag von 500.000 Euro erreichen (§ 254 Abs. 2 Satz 3 AktG), den Gewinnverwendungsbeschlusses der Hauptversammlung anfechten, falls die gebildeten Rücklagen bei vernünftiger kaufmännischer Beurteilung nicht notwendig sind, um die Lebens- und Widerstandsfähigkeit der Gesellschaft für einen hinsichtlich der wirtschaftlichen und finanziellen Notwendigkeiten übersehbaren Zeitraum zu sichern. Zu § 254 Abs. 1 AktG liegen kaum verwertbare Judikate vor. Das OLG Hamm erklärte den Beschluss einer GmbH-Gesellschafterversammlung, der 65 % des Bilanzgewinns in Gewinnrücklagen einstellte und die verbleibenden 35 % an die Gesellschafter ausschüttete, für mit der gesellschaftsrechtlichen Treuepflicht unvereinbar.[98] Die zugrunde liegende Satzungsbestimmung sah vor, dass 75 % den Geschäftsanteilen zuwachsen "wenn dieses erforderlich ist". Das Kriterium der Erforderlichkeit lässt sich mit dem der Notwendigkeit des § 254 Abs. 1 AktG vergleichen.[99] Das Interesse der Gesellschaft an der Rücklagenbildung und das berechtigte Interesse der Aktionärsminderheit an einer hohen Ausschüttung sind gegeneinander abzuwägen, wobei die gesamten wirtschaftlichen und finanziellen Verhältnisse der betroffenen Gesellschaft

---

91 *Peifer*, in: MüKo AktG Vor § 182 Rn. 24.

92 *Waclawik*, in: Hölters § 58 Rn. 1.

93 *Ellrott/Hoffmann*, in: Beck'scher Bilanzkommentar § 58 AktG Rn. 52.

94 *Hoffmann-Becking*, in: Münchener Hdb AG § 46 Rn. 14.

95 *Hüffer* § 58 Rn. 23.

96 Der Begriff wird ausdrücklich in der Gesetzesbegründung zu § 254 AktG genannt, siehe *Kropff*, 340; ferner etwa *Waclawik*, in: Hölters § 254 Rn. 6 und *Hüffer* § 254 Rn. 1.

97 *Ellrott/Hoffmann*, in: Beck'scher Bilanzkommentar § 58 AktG Rn. 53.

98 OLG Hamm, Urteil vom 03.07.1991 - 8 U 11/91 Tz. 9 (juris) = BB 1992, 33.

99 Ähnlich *Stilz*, in: Spindler/Stilz § 254 AktG Rn. 3.

zu berücksichtigen sind.[100] Nach Ansicht des LG Frankfurt steht dem weiten unternehmerischen Ermessensspielraum der Mehrheit ein - sich aus der Systematik der §§ 58, 254 AktG ergebender - Anspruch der Minderheit auf die höchst mögliche Gewinnausschüttung gegenüber.[101] Auf Seiten der Gesellschaft lassen sich etwa die bereits vorhandene Ausstattung mit Eigenkapital, insbesondere die Höhe und Verfügbarkeit schon vorhandener Rücklagen, die (daraus resultierende) Kreditfähigkeit, die Art der Ausschöpfung aufgenommener Kredite, sowie deren Laufzeit, die allgemeine Wirtschaftslage und Marktsituation sowie Prognosen für den betroffenen Wirtschaftszweig in die Abwägung einstellen.[102] Übersteigen etwa bereits die vorhandenen Gewinnrücklagen die bilanziell ausgewiesenen kurzfristigen Verbindlichkeiten, ist eine übermäßige Rücklagenbildung in Ermangelung besonderer unternehmerisch nachvollziehbarer Gründe, regelmäßig unzulässig.[103]

### b) Außenfinanzierung

Die Eigenfinanzierung im Wege der Außenfinanzierung umfasst grundsätzlich alle Formen der Einlagen- und Beteiligungsfinanzierung. Gemeint ist die Beschaffung von Eigenkapital durch Kapitaleinlagen von bereits vorhandenen oder neu hinzutretenden Gesellschaftern. Zu unterscheiden ist zwischen der Beteiligungsfinanzierung von Unternehmen ohne Zugang zum Kapitalmarkt - auf die hier nur am Rande eingegangen werden soll - und der Unternehmensfinanzierung börsennotierter Publikumsgesellschaften.

#### aa) Ohne Börsenzugang

Einzelunternehmen, Personengesellschaften und GmbH ist der Kapitalmarktzugang für die Beteiligungsfinanzierung - vor allem wegen der fehlenden Fungibilität ihrer Anteile - schon von Gesetztes wegen verbaut (vgl. die Voraussetzungen der §§ 32 Abs. 3, 34 BörsG, §§ 1 ff. BörsZulV). Auch kleinere Aktiengesellschaften verfügen aber oftmals nicht über einen Zugang zum Kapitalmarkt.[104] Aus Sicht potentieller Anleger bedeutet das Fehlen eines organisierten Marktes mangelnde Fungibilität und damit Schwierigkeiten bei der Liquidation ihrer Beteiligung. Die Beteiligungen werden zudem - anders als Kredite - nicht durch die Stellung von Sicherheiten geschützt.[105]

Zwischen den Veräußerern und den Erwerbern von Unternehmensbeteiligungen bestehen nach herkömmlicher Sichtweise im Ausgangspunkt Information-

---

100 OLG Hamm, Urteil vom 03.07.1991 - 8 U 11/91 Tz. 9 (juris) = BB 1992, 33.

101 LG Frankfurt, Urteil vom 10.12.2007 - 3-5 O 141/07 Tz. 15 (juris) = AG 2008, 300.

102 In Anlehnung an OLG Hamm, Urteil vom 03.07.1991 - 8 U 11/91 Tz. 9 (juris) = BB 1992, 33.

103 OLG Hamm, Urteil vom 03.07.1991 - 8 U 11/91 Tz. 10 (juris) = BB 1992, 33.

104 *Perridon/Steiner/Rathgeber*, 362.

105 Zu den Vor- und Nachteilen einer Beteiligungsfinanzierung aus Sicht von Kapitalgeber und Kapitalnehmer, siehe oben unter B. II. 1.

sasymetrien.[106] Die Veräußerer kennen das Unternehmen und besitzen deshalb einen Informationsvorsprung. Der potentielle Erwerber muss annehmen, dass zu den Veräußerungsmotiven möglicherweise auch verschlechterte Ertragsaussichten zählen.[107] Die daraus resultierenden Schwierigkeiten bei der Eigenkapitalfinanzierung nicht börsennotierter Unternehmen sind hinlänglich bekannt und empirisch belegt.[108] Lösungsvorschläge sind zum einen rechtspolitischer Natur und umfassen die gesetzliche Fungibilisierung von GmbH-Anteilen in einem eigens dafür zu schaffenden Marktsegment[109] und die Schaffung einer "kleinen" Aktiengesellschaft mit einer gestuften Reduzierung der Regelungsdichte je nach Anlegerstruktur der Gesellschaft[110]. Zum anderen wird versucht, nicht börsenfähigen Unternehmen die Eigenkapitalfinanzierung im Rahmen der bestehenden rechtlichen und wirtschaftlichen Möglichkeiten zu erleichtern:

Zu nennen ist hier zunächst die Ausgabe von Genussscheinen, die auf schuldrechtlicher Basis einzelne Vermögensrechte gegenüber der Gesellschaft denen von Gesellschaftern nachbilden und am Kapitalmarkt gehandelt werden können.[111] Hier darf allerdings nicht übersehen werden, dass solche Instrumente zum einen in Konkurrenz zu den standardisierten und weitgehend akzeptierten Genussscheinen großer Publikumsgesellschaften treten und dadurch auf Akzeptanzprobleme stoßen.[112] Zum anderen relativiert sich in der Praxis auch der theoretische Vorteil fehlender Mitwirkungsrechte: Weil Mitwirkungsrechte die aus einer Beteiligung herrührenden Risiken erheblich zu dämpfen vermögen, werden sie auch bei Genussscheinen nicht gänzlich entfallen, sondern durch Informations- und Kontrollrechte der Genussscheininhaber ersetzt werden.[113]

Von größerer Bedeutung für die Eigenkapitalausstattung nicht börsennotierter Unternehmen ist vor diesem Hintergrund die Einschaltung von Finanzie-

---

106 Siehe etwa *Reiche*, DStR 2000, 2056, 2056.

107 Zu dieser ökonomischen Begründung mit Hilfe der sog. Lemon Theory nach *Akerlof*, *Perridon/Steiner/Rathgeber*, 365.

108 Sachverständigenrat Gutachten, 474 ff. und *Fleischer*, in: Michalski Syst. Darstellung 5 Rn. 105 ff. mit weiteren Nachweisen.

109 *Fleischer*, in: Michalski Syst. Darstellung 5 Rn. 110; *Drukarczyk*, 318 f.

110 *Albach/Corte/Friedewald/Lutter/Richter*. Der Gesetzgeber hat Teile dieses Vorschlags im Gesetz für kleine Aktiengesellschaften und zur Deregulierung des Aktienrechts vom 02.08.1994 aufgegriffen, vgl. dazu *Fleischer*, in: Michalski Syst. Darstellung 5 Rn. 117 und ausführlich zur kleinen Aktiengesellschaft *Seibert/Kiem/Schüppen*.

111 Zur rechtlichen Statthaftigkeit solcher Instrumente *Lutter*, in: Lutter/Hommelhoff § 55 Rn 44.

112 *Lutter*, in: Lutter/Hommelhoff § 55 Rn. 59; *Fleischer*, in: Michalski Syst. Darstellung 5 Rn. 115.

113 *Fleischer*, in: Michalski Syst. Darstellung 5 Rn. 115.

rungsintermediären.[114] Diese werben bei geeigneten Investoren wie Kreditinstituten, Versicherungsgesellschaften, Unternehmen mit erheblichem Finanzanlagevermögen, Family Offices oder vermögenden Privatanlegern Kapital für die Investition in mittelständische Unternehmen ein. Allgemein wird von einem Markt für privates Beteiligungskapital gesprochen.[115] Wenn auch die Grenzen fließend sind, wird üblicherweise zwischen Kapitalbeteiligungs- und Wagnisfinanzierungsgesellschaften (Venture Capital Gesellschaften) unterschieden.[116] Venture Capital Gesellschaften treten vor allem in der Frühphasenfinanzierung (*early stage financing*) junger innovativer Unternehmen des Hochtechnologiebereichs in Erscheinung.[117] Ihre wesentliche Ertragsquelle sind Wertsteigerungen der Beteiligung. Kapitalbeteiligungsgesellschaften haben dagegen typischerweise die Spätphasenfinanzierung (*late stage financing*) langjährig bestehender Unternehmen in traditionellen Bereichen wie Maschinen- und Anlagebau zum Gegenstand und profitieren in erster Linie von den laufenden Gewinnausschüttungen der Unternehmen.[118]

Gemeinsames Motiv der beschriebenen Formen der privaten Beteiligungsfinanzierung ist es, den mit der Bereitstellung des Kapitals verfolgten Wertzuwachs des Unternehmens nach einer gewissen Zeitspanne durch Abgabe der Beteiligung zu realisieren.[119] Für die Liquidation der Beteiligung bieten sich im Wesentlichen drei Wege an: Eine Desinvestition durch einen Rückverkauf an die Gründer (*buy back*), ein außerbörslicher Verkauf an ein interessiertes Industrieunternehmen, das entweder auf dem Gebiet des Unternehmens bereits tätig ist oder diversifizieren möchte (*trade sale*) oder einen Finanzinvestor, der das Unternehmen in der folgenden Finanzierungsphase betreut (*secondary sale*) oder eine Börseneinführung.[120]

Als eine weitere Spielart der Wachstumsfinanzierung jüngerer Unternehmen sind sog. strategische Partnerschaften zu nennen.[121] Die Begrifflichkeit ist weit zu verstehen und bezeichnet jede Beteiligung eines strategischen Investors, z.B. eines Wettbewerbers, der einen Aufschlag für die Beteiligung zahlt, weil er sich – im Unterschied zu Finanzinvestoren, die an der Optimierung ihrer

---

114 *Fleischer*, in: Michalski Syst. Darstellung 5 Rn. 118; zur wachsenden Bedeutung von Finanzinvestoren für die Eigenkapitalfinanzierung von Familienunternehmen im Lichte der Finanzkrise, vgl. *Cichy/Jander-McAlister*, BB 2012, 723.

115 *Fleischer*, in: Michalski Syst. Darstellung 5 Rn. 118; *Perridon/Steiner/Rathgeber*, 365.

116 *Fleischer*, in: Michalski Syst. Darstellung 5 Rn. 118; *Perridon/Steiner/Rathgeber*, 365.

117 Siehe dazu etwa die Darstellung bei *Gabrysch*, in: Breithaupt/Ottersbach § 1 Rn. 22 ff.; ferner *Fleischer*, in: Michalski Syst. Darstellung 5 Rn. 118 f; *Perridon/Steiner/Rathgeber*, 365.

118 Siehe dazu *Gabrysch*, in: Breithaupt/Ottersbach § 2 Rn. 60 ff.; *Fleischer*, in: Michalski Syst. Darstellung 5 Rn. 118 f.; *Perridon/Steiner/Rathgeber*, 365.

119 *Fleischer*, in: Michalski Syst. Darstellung 5 Rn. 119.

120 *Gabrysch*, in: Breithaupt/Ottersbach § 1 Rn. 28; Perridon/Steiner/Rathgeber, 366.

121 Zur betriebswirtschaftlichen Sichtweise und den Erscheinungsformen strategischer Partnerschaften im Einzelnen, *Becker/Müller*, DStR 2007, 733.

Rendite interessiert sind - Synergieeffekte verspricht.[122] Durch die Zusammenführung von Prozessen kann die Wirtschaftlichkeit durch Erzielung von Rationalisierungseffekten und Kostensenkungen erhöht, die Wettbewerbsfähigkeit durch Verbesserung der Marktstellung gegenüber Abnehmern, Lieferanten oder potenziellen Kreditgebern gestärkt und die Risiken der betrieblichen Tätigkeit durch Aufteilung des Risikos auf mehrere Partner gemindert werden.[123]

### bb) Börsengang

Als Börsengang wird gemeinhin die Erstnotierung (*listing*) der Aktien einer Gesellschaft an einer Wertpapierbörse und die damit im Zusammenhang stehende Platzierung dieser Aktien bei Investoren bezeichnet.[124] Wirtschaftlich im Vordergrund steht bei einem Börsengang indessen nicht die - wenngleich zwingend erforderliche - technische Erlangung der Börsennotierung, sondern vielmehr das erste öffentliche Angebot der Aktien an einen breiten Investorenkreis (*initial public offering* - **IPO**)[125]. Typischerweise wurden bei einem IPO zum Zwecke der Erschließung einer breiten Investorenbasis und der Gewinnung neuer Finanzmittel, neue Aktien im Wege einer Erhöhung des Grundkapitals der Gesellschaft geschaffen und angeboten (Neuemission).[126] Parallel zu einer solchen Neuemission kommt die Veräußerung von Aktien aus dem Bestand eines oder mehrerer Altaktionäre in Betracht.[127] Die jüngst verstärkt zu beobachtende ausschließliche Veräußerung von Aktien eines Altaktionärs oder mehrerer Altaktionäre im Rahmen eines IPO spielt indessen unter dem Gesichtspunkt der Unternehmensfinanzierung nur eine mittelbare Rolle. Beim

---

122 *Gabrysch*, in: Breithaupt/Ottersbach § 2 Rn. 72.

123 *Becker/Müller*, DStR 2007, 733, 733.

124 *Brandt*, in: Kümpel/Wittig Rn. 15.479; *Meyer*, in: Marsch-Barner/Schäfer § 7 Rn. 1.

125 *Meyer*, in: Marsch-Barner/Schäfer § 7 Rn. 1.

126 *Meyer*, in: Marsch-Barner/Schäfer § 7 Rn. 1; so wurden etwa die im Rahmen des Börsengangs der Talanx AG platzierten Aktien ausschließlich aus einer Kapitalerhöhung bereit gestellt, vgl. die Pressemitteliung der Talanx AG vom 20.09.2012: Talanx setzt Börsengang fort und gibt Preisspanne bekannt, abrufbar unter http://www.talanx.com/presse/unternehmensmeldungen/2012/20-09-2012.aspx?sc_lang=de-DE.

127 *Meyer*, in: Marsch-Barner/Schäfer § 7 Rn. 8; beim Börsengang der GSW Immobilien AG erhielt die Gesellschaft etwa lediglich rund EUR 115 Mio. des Gesamtplatzierungsvolumen von rund EUR 468 Mio. Der Großteil floss aber den abgebenden Altaktionären zu, vgl. die Ad-hoc Meldung der GSW Immobilien AG vom 14.04.2011, abrufbar unter http://www.presseportal.de/pm/78650/2026471/eans-adhoc-gsw-immobilien-ag-platziert-aktien-zu-eur-19-00/rss; ähnlich lag es beim Börsengang der NORMA Group AG, bei dem EUR 189 Mio, des Bruttoemissionserlöses in Höhe von EUR 386 Mio. den abgebenden Aktionären zuflossen, vgl. die Ad-hoc Meldung der NORMA Group AG vom 07.04.2011, abrufbar unter http://investors.normagroup.com/cgi-bin/show.ssp?companyName=normagroup&language=German&id=8300&newsID=1053994.

Verkauf durch Altaktionäre fließt der Gesellschaft zwar zunächst kein Kapital zu, jedoch werden die Voraussetzungen für eine zukünftige Eigenkapitalfinanzierung über den Kapitalmarkt geschaffen. Damit dient der Börsengang auch in diesem Fall zumindest mittelbar der Eigenkapitalbeschaffung.[128] Der der Gesellschaft zufließende und damit für die Finanzierung unmittelbar relevante Teil des Emissionserlöses stammt allein aus der Ausgabe neuer Aktien.[129] Die durch einen erfolgreichen Börsengang erschlossenen zusätzlichen Finanzierungsmöglichkeiten können zudem zukünftigen, aus einer restriktiver werdenden Kreditvergabe der Banken resultierenden Finanzierungslücken vorbeugen.[130]

### cc) Börsennotierte Unternehmen

Eine Börsennotierung führt - wie dargestellt - zu einer verbesserten Ausgangsposition für die zukünftige Eigenkapitalfinanzierung. Dies gilt vor allem für anschließende Kapitalerhöhungen und die damit verbundene Platzierung der neuen Aktien am Kapitalmarkt. Das deutsche Aktienrecht bietet für die Strukturierung einer Kapitalerhöhung verschiedene Möglichkeiten, die je nach Zielsetzung der Finanzierung eingesetzt werden können:

Eine ordentliche, durch die Hauptversammlung der Aktionäre beschlossene Kapitalerhöhung (§§ 182 ff. AktG) erfordert dabei regelmäßig den größten zeitlichen Vorlauf.[131] Alternativ zu einer direkten Beschlussfassung über die Kapitalerhöhung, kann die Hauptversammlung den Vorstand auch für höchstens fünf Jahre nach Eintragung der entsprechenden Satzungsänderung ermächtigen, mit Zustimmung des Aufsichtsrats eine Kapitalerhöhung durchzuführen (sog. Genehmigtes Kapital, §§ 202 ff. AktG).[132] Diese Variante erlaubt es dem Vorstand, schneller auf sich bietende Marktchancen zu reagieren. Zudem unterliegt der Ausnutzungsbeschluss des Vorstandes - anders als ein Direktbeschluss der Hauptversammlung - keinem Anfechtungsrisiko.[133] Das Volumen einer solchen Ermächtigung ist allerdings auf 50 % des zur Zeit der Ermächtigung bestehenden Grundkapitals begrenzt (§ 202 Abs. 3 Satz 1 AktG).

---

128 *Meyer*, in: Marsch-Barner/Schäfer § 7 Rn. 1 und 4 ff.; jüngst wurden etwa beim Börsengang der LEG Immobilien AG ausschließlich Aktien aus dem Bestand der Altaktionäre angeboten, vgl. die Pressemitteilung der LEG Immobilien AG vom 07.01.2013: Gesellschafter und LEG Immobilien GmbH bestätigen Plan für Börsengang, abrufbar unter http://www.leg-nrw.de/unternehmen/investor-relations/news-publikationen/ir-news-details/2013-01-07-gesellschafter-und-leg-immobilien-gmbh-bestaetigen-plan-fuer-boersengang/.

129 Siehe dazu ausführlich *Schäcker/Kunze/Wohlgefahrt*, in: Habersack/Mülbert/Schlitt § 3 Rn. 16 ff.

130 Siehe dazu etwa *Ladwig/Motte*, DStR 1996, 800, 802 und unter B. V. 1.

131 *K.Schmidt* § 29 III 2. c).

132 *K.Schmidt* § 29 III 2. c).

133 *Schlitt/Schäfer*, AG 2005, 67, 67.

Da das deutsche Aktienrecht eine Eigenkapitalfinanzierung in Form der Ausgabe neuer Aktien grundsätzlich nur zulässt, wenn sichergestellt ist, dass alle Altaktionäre durch Teilnahme an der Kapitalerhöhung ihren bisherigen mitgliedschaftlichen Einfluss wahren können, muss der Vorstand der Gesellschaft die neuen Aktien stets zunächst den Altaktionären - zumindest mittelbar mit Hilfe einer oder mehrerer Emissionsbanken -[134] zum Bezug anbieten (§ 186 Abs. 1 Satz 1 AktG). Da die Aktionäre einer börsennotierten Gesellschaft aber regelmäßig ihren Einfluss auch durch Zukauf über die Börse wahren können,[135] sieht das AktG speziell für börsennotierte Gesellschaften eine weitere Form der Kapitalerhöhung vor.[136] Sofern das Volumen der Kapitalerhöhung nicht mehr als 10 % des Grundkapitals der Gesellschaft beträgt und der Ausgabepreis der neuen Aktien den Börsenpreis[137] nicht wesentlich unterschreitet, kann der Vorstand die Kapitalerhöhung durchführen ohne die neuen Aktien zuvor den Altaktionären anzubieten (§ 186 Abs. 3 Satz 4 AktG). Die neuen Aktien können dabei sowohl aus einem genehmigten Kapital stammen als auch auf Grundlage eines Direktbeschlusses der Hauptversammlung ausgegeben werden,[138] wobei die letztgenannte Variante dem Zweck einer schnellen und flexiblen Eigenkapitalaufnahme widerspricht und deshalb die Ausnahme darstellt.[139] Für die Ausübung eines genehmigten Kapitals spricht also insbesondere die kurzfristige Durchführbarkeit. 10 %-Kapitalerhöhungen nach § 186 Abs. 3 Satz 4 AktG werden üblicherweise entweder zur kurzfristigen Liquiditätsbeschaffung durch breite Platzierung oder zur Vorbereitung einer Unternehmenskooperation durch Platzierung bei Einzelinvestoren eingesetzt. Eine unwesentliche Unterschreitung des Börsenpreises liegt ausweislich der Gesetzesbegründung vor, wenn der Abschlag nicht mehr als 5 % beträgt.[140] Nach Sinn und Zweck der Bestimmung kann Referenzkurs insoweit nur ein Kurs sein, der zum einen die Information über die bevorstehende Kapitalerhöhung bereits eingepreist hat und zum anderen dem tatsächlichen Kurs zum Zeitpunkt der Aktienausgabe möglichst nahe kommt. Es ist deshalb grundsätzlich auf den volumengewichteten Durchschnittskurs am Tag der Preisfestsetzung abzustellen.[141]

---

134 Dazu *Raiser/Veil* § 20 Rn. 23.

135 *Schlitt/Schäfer*, AG 2005, 67, 67.

136 BT-Drucks. 12/6721, 10 f. und ausführlich *Schlitt/Schäfer*, AG 2005, 67, 67 ff.

137 Die Notiz im Freiverkehr ist nach weit überwiegender Ansicht ausreichend, vgl. *Schlitt/Schäfer*, AG 2005, 67, 68; *Krause*, in: Habersack/Mülbert/Schlitt § 7 Rn. 33 (unter Hinweis auf § 24 Abs. 1 Satz 2 BörsG); *Hüffer* § 186 Rn. 39c; *Marsch-Barner*, AG 1994, 532, 533; *Peifer*, in: MüKo AktG § 186 Rn. 87; a.A. *Wiedemann*, in: Großkommentar AktG § 186 Rn. 53.

138 *Schlitt/Schäfer*, AG 2005, 67, 67.

139 *Zöllner*, AG 1994, 336, 341; *Schlitt/Schäfer*, AG 2005, 67, 67; *Hüffer* § 186 Rn. 39b.

140 BT-Drucks. 12/7848, 9 reSp.

141 So auch *Busch*, in: Marsch-Barner/Schäfer § 42 Rn. 86; *Krieger*, in: Münchener Hdb AG § 56 Rn. 90; *Groß*, ZHR 162 (1998), 318, 337 f.; *Trapp*, AG 1997, 115, 120; *Marsch-Barner*,

Im Übrigen richtet sich der Ausschluss des Bezugsrechts nach §§ 186 Abs. 3, 203 Abs. 1 AktG und ist nur unter Beachtung zwingender formeller (insbesondere Hauptversammlungsbeschluss mit Drei-Viertel Mehrheit) und materieller Voraussetzungen (sachliche Rechtfertigung) möglich.[142]

Ein Sonderfall der Kapitalerhöhung ist die bedingte Kapitalerhöhung (§§ 192 ff. AktG). Dabei handelt es sich um eine Kapitalerhöhung mit einem Volumen von maximal der Hälfte des bisherigen Grundkapitals, die auf Grundlage eines Hauptversammlungsbeschlusses nur so weit durchgeführt wird, wie von zu einem bestimmten Zweck gewährten Umtausch- oder Bezugsrechten Dritter Gebrauch gemacht wird.[143] Für Zwecke der Unternehmensfinanzierung besonders hervorzuheben ist die Bedienung der Bezugsrechte aus Wandel- und Optionsanleihen (§ 192 Abs. 2 Nr. 1 AktG).[144] Ein Bezugsrecht der Aktionäre besteht nicht.[145] Bei der Ausgabe von Wandel- und Optionsanleihen, zu deren Bedienung ein bedingtes Kapital geschaffen wird, erhalten die Aktionäre allerdings insoweit ein Bezugsrecht (§ 221 Abs. 4 AktG).[146] Auf weitere Einzelheiten soll bei der Behandlung der entsprechenden Instrumente eingegangen werden.

### 2. Fremdfinanzierung

Fremdfinanzierung lässt sich ebenfalls aufteilen in Innenfinanzierung und die für die Fremdfinanzierung typische Form der Außenfinanzierung.

#### a) Innenfinanzierung

Fremdfinanzierung in Form der Innenfinanzierung erfolgt namentlich durch die Bildung von Pensionsrückstellungen.[147] Gemäß § 249 Abs. 1 Satz 1 HGB

---

AG 1994, 532, 536 f., *Schlitt/Schäfer*, AG 2005, 67, 71; a.A. etwa *Servatius*, in: Spindler/Stilz § 186 Rn. 59 (Börsenkurs im Zeitpunkt der Einladung zur Hauptversammlung).

142 Siehe im Einzelnen *Raiser/Veil* § 20 Rn. 16 ff. und zur Entwicklung der Rechtsprechung *K.Schmidt* § 29 III 2. d).

143 *K.Schmidt* § 29 III 2. b).

144 Darüber hinaus nennt das Gesetz als zulässige Zwecke die Vorbereitung des Zusammenschlusses mehrerer Unternehmen (§ 192 Abs. 2 Nr. 2 AktG) und die Gewährung von Bezugsrechten an Arbeitnehmer und Mitglieder der Geschäftsführung der Gesellschaft oder eines verbundenen Unternehmens (§ 192 Abs. 2 Nr. 3 AktG). Eine Erweiterung möglicher Zwecke eines bedingten Kapitals führte in einem Spezialbereich § 7a Abs. 1 Satz 1 FMStBG ein. Danach kann eine bedingte Kapitalerhöhung im Zusammenhang mit einer Rekapitalisierung nach § 7 FMStFG auch zur Gewährung von Umtausch- oder Bezugsrechten an den Fonds als stillen Gesellschafter beschlossen werden.

145 BGH, AG 2006, 246, 247; *Habersack*, in: MüKo AktG § 221 Rn. 162.

146 *Habersack*, in: MüKo AktG § 221 Rn. 162; *Hüffer* § 192 Rn. 3.

147 Rechtlich entsteht eine Pensionsverpflichtung dem Grunde nach vor allem durch Einzelvertrag (Pensionszusage) oder Gesamtzusage (Pensions- oder Versorgungsordnung, einheitsvertragliche Zusagen) an eine Personengesamtheit, Betriebsvereinbarung (§ 87 BetrVG), Tarifvertrag oder Besoldungsordnung (unmittelbare Versorgungszusage

hat das Unternehmen u.a. Rückstellungen für ungewisse Verbindlichkeiten - wozu auch Pensionsverbindlichkeiten zählen -[148] zu bilden. Eine Pensionsrückstellung erfolgt in Höhe des (abgezinsten) Betrags, der nach vernünftiger kaufmännischer Beurteilung vom Unternehmen zur Erfüllung der künftigen Pensionszahlungen und ähnlichen Versorgungsleistungen wahrscheinlich notwendig sein wird (siehe auch § 253 Abs. 1 Satz 2 HGB).[149] Je nach Umfang der Pensionszusagen, der Größe der Belegschaft und ihrer Altersstruktur können die Pensionsrückstellungen ein erhebliches Volumen erreichen.[150]

Der Finanzierungseffekt einer Rückstellung ist vor dem Hintergrund der Fristigkeit der Rückstellung zu sehen.[151] Für den Zeitraum zwischen Bildung und erfolgswirksamer Auflösung einer Rückstellung stehen dem Unternehmen finanzielle Mittel zur Verfügung (die Rückstellungen verringern den Unternehmensgewinn und führen so zu einer niedrigeren Steuerbelastung und Gewinnausschüttung).[152] Dies gilt zwar grundsätzlich für sämtliche Rückstellungen. Wegen ihrer - im Normalfall - kurzfristigen erfolgswirksamen Auflösung, ist der Finanzierungseffekt jedoch meist gering.[153] Pensionsrückstellungen sind insoweit wegen ihrer langen Laufzeit von besonderer Bedeutung.[154] Voraussetzung des Finanzierungseffektes ist allerdings, dass die Gegenwerte auf der Aktivseite der Bilanz über den Umsatzprozess des Unternehmens in liquider Form eingehen[155] und außerdem nicht gleichzeitig entsprechende Pensionsauszahlungen vorgenommen werden müssen.[156] Aus diesem Grund tritt der Finanzierungseffekt von Pensionsrückstellungen vornehmlich in einer Phase ein, in der ein Unternehmen seiner Belegschaft erstmals Pensionszusagen erteilt.[157]

### b) Außenfinanzierung

Während die Innen-Fremdfinanzierung aus dem betrieblichen Umsatzprozess erfolgt, wird dem Unternehmen bei der Außenfinanzierung in klassischer

---

durch den Arbeitgeber), vgl. *Ellrott/Rhiel*, in: Beck'scher Bilanz-Kommentar § 249 HGB Rn. 158.

148 *Merkt*, in: Baumbach/Hopt § 249 HGB Rn. 1; *Ballwieser*, in: MüKo HGB § 249 Rn. 26 ff.; *Morck*, in: Koller/Roth/Morck § 249 Rn. 13.

149 *Ellrott/Rhiel*, in: Beck'scher Bilanz-Kommentar § 249 HGB Rn. 151.

150 *Prätsch/Schikorra/Ludwig*, 176.

151 *Perridon/Steiner/Rathgeber*, 484.

152 *Perridon/Steiner/Rathgeber*, 484; *Prätsch/Schikorra/Ludwig*, 176.

153 *Schierenbeck/Wöhle*, 540, danach ist der Finanzierungseffekt einer Rückstellung umso stärker, je größer der zeitliche Abstand zwischen der Bildung der Rückstellung und ihrer Inanspruchnahme ist.

154 *Perridon/Steiner/Rathgeber*, 484; *Schierenbeck/Wöhle*, 540.

155 *Perridon/Steiner/Rathgeber*, 485.

156 *Prätsch/Schikorra/Ludwig*, 179 f.

157 Instruktiv dazu *Prätsch/Schikorra/Ludwig*, 176 ff.

Weise Fremdkapital von Dritten zugeführt.[158] Dies erfolgt typischerweise durch die Aufnahme von Krediten. Eine weitere Spielart der Außen-Fremdfinanzierung stellen - in jüngerer Zeit häufiger genutzte -[159] Schuldscheindarlehen dar. Während die genannten Formen der Außenfinanzierung unter Einschaltung eines überschaubaren Personenkreises erfolgen, wird bei der Ausgabe von Anleihen Fremdkapital über den Kapitalmarkt aufgenommen. In jüngerer Vergangenheit wird auch im Mittelstand ein genereller Trend zur kapitalmarkorientierten Fremdfinanzierung beobachtet.[160]

### aa) Kreditfinanzierung

Im Bereich der Fremdfinanzierung wird der Bankkredit als die klassische und nach wie vor häufigste Form der Unternehmensfinanzierung in Deutschland angesehen.[161] Grund dafür ist zum einen der traditionelle Fokus auf die Bankenfinanzierung[162] in der deutschen Unternehmenslandschaft und zum anderen die weitreichende Flexibilität der Kreditfinanzierung im Hinblick auf Volumen, Laufzeit, Zweck und Verzinsung.[163] Im Vergleich zur Fremdfinanzierung über den Kapitalmarkt mittels einer Anleihe, verursacht der Bankkredit geringere Fixkosten, da insbesondere die Erstellung eines Prospekts entbehrlich ist. Außerdem findet üblicherweise ein regelmäßiger und unmittelbarer Dialog mit der oder den kreditgebenden Banken statt.[164] Auf diese Weise lässt sich eine unter Umständen erforderliche Restrukturierung des Kredits bzw. eine Anpassung der Konditionen in der Regel schneller und kostengünstiger erreichen als bei einer Anleihe.[165]

Den genannten Vorteilen einer Kreditfinanzierung stehen jedoch typischerweise Nachteile in Form vertragliche Nebenabreden gegenüber, die den Kreditnehmer zur Einhaltung vielfältiger Vorgaben der kreditgebenden Banken verpflichten. Diese sog. Covenants[166] dienen aus Sicht der kreditgebenden Banken vor allem der Risikofrüherkennung oder -vermeidung.[167] Von besonderer Bedeutung sind dabei Covenants, die die Einhaltung bestimmter Finanzkennzahlen, etwa betreffend den Cash Flow, das Eigenkapital oder den

---

158 *Prätsch/Schikorra/Ludwig*, 176.

159 Nach *Petrie*, Börsen-Zeitung vom 02.03.2013, 9 stieg das Schuldscheinvolumen im Jahr 2012 von von 9 Mrd. auf 12,5 Mrd. Euro an.

160 So etwa *Schmitt*, BB 2012, 2039, 2039.

161 *Jetter*, in: Eilers/Rödding/Schmalenbach C I. Rn. 1; *Eilers* in: Eilers/Rödding/Schmalenbach A X. Rn. 82.

162 Dazu und zu den neueren Entwicklungen, siehe unten B. IV.

163 *Jetter*, in: Eilers/Rödding/Schmalenbach C I. Rn. 1.

164 *Jetter*, in: Eilers/Rödding/Schmalenbach C I. Rn. 1.

165 *Jetter*, in: Eilers/Rödding/Schmalenbach C I. Rn. 1.

166 Umfassend zu Erscheinungsformen von Covenants *Drukarczyk/Schöntag*, in: Gottwald § 3 Rn. 18 ff.

167 *Merkel/Tetzlaff*, in: Schimansky/Bunte/Lwowski § 98 Rn. 174.

Verschuldungsgrad des Unternehmens vorsehen.[168] In Folge der Nichteinhaltung bestimmter Covenants wird die kreditgebende Bank typischerweise die weitere Auszahlung des Kredits verweigern, Zinsmargen erhöhen, bestellte Sicherheiten verwerten und als ultima ratio den Kredit außerordentlich kündigen dürfen.[169] Andererseits ist die Missachtung eines Covenant aber auch als Krisenindikatoren zu verstehen, der rechtzeitig Nachverhandlungen auslösen und so Nachteile für beide Parteien verhindern kann.[170]

Während man typischerweise zwischen kurz- (bis zu 365 Tage),[171] mittel- (ein bis drei Jahre) und langfristigen (vier Jahre und mehr) Krediten unterscheidet,[172] sind im Bereich der Unternehmensfinanzierung Kredite mit einer Laufzeit zwischen drei und fünf Jahren die Regel.[173] Neben der Überlassung eines Geldbetrages kann die Bank dem Kreditnehmer auch ihre eigene Kreditwürdigkeit zur Verfügung stellen, in dem sie ihm etwa eine Bankgarantie stellt oder Akkreditive eröffnet.[174] Als Oberbegriff für eine Vielzahl von Erscheinungsformen, lässt sich der Bankkredit weiter aufteilen. Hierzu bieten sich verschiedene Abgrenzungen an.[175] Im Folgenden soll ein Überblick über die gängigen Formen des Bankkredits gegeben werden.

#### (i) Abgrenzung nach der Bonität des zu finanzierenden Unternehmens

Die Bonität eines kapitalsuchenden Unternehmens beschreibt dessen Kreditwürdigkeit und Zahlungsfähigkeit. Die Einstufung in verschiedene Bonitätsklassen erfolgt entweder extern durch Ratingagenturen (wie z. B. Standard & Poor's, Moody's oder Fitch) oder - falls ein solches Rating nicht zur Verfügung steht - durch interne Verfahren der kreditgebenden Banken, die insbesondere die Ermittlung des Verschuldungsgrades und der Ausfallwahrscheinlichkeit des Unternehmens zum Gegenstand haben.[176] Während externe Ratings Bedingung für den Zugang zu kapitalmarktnahen Finan-

---

168 *Merkel/Tetzlaff*, in: Schimansky/Bunte/Lwowski § 98 Rn. 174.

169 *Merkel/Tetzlaff*, in: Schimansky/Bunte/Lwowski § 98 Rn. 175; umfassend zu Sanktionen bei Nichteinhaltung von Covenants *Drukarczyk/Schöntag*, in: Gottwald § 3 Rn. 26 ff.

170 *Drukarczyk/Schöntag*, in: Gottwald § 3 Rn. 18.

171 Zu den Erscheinungsformen der kurzfristigen Kreditfinanzierung *Perridon/Steiner/Rathgeber*, 423 ff.

172 *Perridon/Steiner/Rathgeber*, 384.

173 *Eilers*, in: Eilers/Rödding/Schmalenbach A X. Rn. 82.

174 Bei einer solchen Kreditleihe wird statt eines Zinssatzes eine sogenannte Avalprovision vereinbart, die regelmäßig der Marge bei einem Geldkredit entspricht, vgl. *Eilers*, in: Eilers/Rödding/Schmalenbach A X. Rn. 82.

175 Zur Unterscheidung nach der Verwendungsart, siehe *Perridon/Steiner/Rathgeber*, 384.

176 *Jetter*, in: Eilers/Rödding/Schmalenbach C I. Rn. 3; *Brüninghaus*, in: Vögele/Borstell/Engler O Rn. 64; zur Struktur bankinterner Ratingsysteme, siehe *Becker/Böttger/Müller*, DStR 2012, 1197, 1197 ff.

zierungsformen (wie insbesondere der Begebung von Anleihen)[177] sind und daher vornehmlich der öffentlichen Information dienen, erfolgt die Erstellung interner Ratings durch die Banken allein aus informatorischen Gründen.[178] Der kreditnehmenden Gesellschaft wird das interne Rating in der Regel nicht offengelegt.[179]

Die Bonität hat entscheidenden Einfluss auf alle weiteren Einzelheiten der Kreditfinanzierung. Schlechte Bonität führt regelmäßig im Ausgangspunkt zu erhöhten Fremdfinanzierungskosten in Form höherer Zinsbelastung und vermehrter vertraglicher Auflagen (vor allem in Form von Covenants) für den Kreditnehmer. Die Bonität ist auch bedeutsam für die Besicherung des Kredits. Während Unternehmen mit hoher Bonität selbst für langfristige Kredite meist keine Sicherheiten stellen müssen, hängt dies für schlechter eingestufte Unternehmen zwar auch von der Art der zu finanzierenden Investition und der Laufzeit des Kredits ab, ist aber regelmäßig erforderlich.[180] Während der Laufzeit des Kredits kann das Herabsinken auf ein bestimmtes schlechteres Rating auch dazu führen, dass innerhalb der Bank die Zuständigkeit für die Verwaltung des Kredits und damit die kaufmännische Betrachtung des Engagements wechselt.[181] Wird das Kreditmanagement etwa der der Sanierungsabteilung übertragen, rücken Risikoabbaugesichtspunkte in den Vordergrund. Dies kann etwa zur Folge haben, dass Kreditlinien auf das notwendigste Maß gekürzt werden und dem Unternehmen bei verbesserter Nachfragesituation so die erforderliche Liquidität fehlt.[182] Die Abgrenzung nach der Bonität des kreditsuchenden Unternehmens ist für eine Systematisierung im Ergebnis eher aus Sicht der kreditgewährenden Bank von Bedeutung.

#### (ii) Abgrenzung nach der Abrufbarkeit der Fremdmittel

Nach der Abrufbarkeit der Mittel kann zwischen Laufzeitkrediten (*term loan facilities*) und revolvierenden Krediten (*revolving credit facilities*) unterschieden werden.[183]

Laufzeitkredite werden üblicherweise zur Finanzierung von Investitionen (etwa zur Beschaffung zusätzlicher oder zum Ersatz veralteter Produktionsanlagen, zum Bau oder Erwerb von Geschäftsgebäuden)[184] eingesetzt. Die Inanspruchnahme muss innerhalb einer festgelegten Zeit erfolgen. Nicht in Anspruch genommene Mittel stehen nach Ablauf der Frist nicht mehr zur Ver-

---

177 Siehe dazu *Kaulamo*, in: Habersack/Mülbert/Schlitt § 17 Rn. 12.
178 *Brüninghaus*, in: Vögele/Borstell/Engler O Rn. 67.
179 *Brüninghaus*, in: Vögele/Borstell/Engler O Rn. 66.
180 *Jetter*, in: Eilers/Rödding/Schmalenbach C I. Rn. 4.
181 *Becker/Böttger/Müller*, DStR 2012, 1197, 1202.
182 *Becker/Böttger/Müller*, DStR 2012, 1197, 1202.
183 *Jetter*, in: Eilers/Rödding/Schmalenbach C I. Rn. 6.
184 *Wöhe/Bilstein/Ernst/Häcker*, 226.

fügung.[185] Tilgung und Verzinsung sind flexibel gestaltbar. Üblich ist entweder eine Tilgung in vereinbarten Raten innerhalb der Laufzeit oder als Einmalzahlung bei Endfälligkeit. Die Verzinsung erfolgt jeweils am Ende vorher - durch den Kreditnehmer - festgelegter Zinsperioden.[186]

Ein revolvierender Kredit sieht abgesehen von der vereinbarten Laufzeit keine Frist für die Inanspruchnahme vor. Der Kreditnehmer kann vielmehr je nach Liquiditätsbedarf von einem ihm eingeräumten Betrag durch Abruf (mehrmals) Gebrauch machen.[187] Verzinsung und Tilgung des jeweils abgerufenen Teilbetrages erfolgen am Ende der Periode, für die der Betrag in Anspruch genommen wurde (regelmäßig ein, zwei, drei oder sechs Monate).[188] Dem Kreditnehmer kann auch das Recht eingeräumt werden, den getilgten Betrag ununmittelbar wieder in Anspruch zu nehmen (*roll-over loan*).[189] Revolvierende Kredite werden üblicherweise zur Deckung des Betriebsmittelbedarfs eingesetzt.[190]

### (iii) Abgrenzung nach der Art der Verzinsung

Nach der Art ihrer Verzinsung können Kredite aufgeteilt werden in fest- und variabel verzinsliche Kredite. Aus Sicht der kreditgebenden Banken sind festverzinsliche Kredite weniger attraktiv, weil diese je nach aktuellem Refinanzierungszinssatz nicht handelbar sein und das Portfolio belasten könnten. Wird der Zinssatz dagegen in regelmäßigen Abständen an einen Referenzzinssatz angepasst, hat die Bank die Möglichkeit ihre Forderungen aus dem Kreditvertrag an eine andere Bank, die sich über den Interbankenmarkt günstiger refinanzieren kann, zu übertragen. Bankkredite werden aus diesem Grund heute üblicherweise variabel verzinst.[191] Der variable Zinssatz setzt sich dabei aus dem Interbankenzinssatz (für Ziehungen in Euro regelmäßig EURIBOR), einer Marge und eventuell anfallenden weiteren Kosten zusammen.[192]

### (iv) Abgrenzung nach der Zahl der Kreditgeber

Unterschieden wird weiter zwischen einer Kreditvergabe durch einen Kreditgeber an einen oder mehrere Kreditnehmer (bilateraler Kredit) und der Kre-

---

185 *Jetter*, in: Eilers/Rödding/Schmalenbach C I. Rn. 6.
186 *Jetter*, in: Eilers/Rödding/Schmalenbach C I. Rn. 6.
187 *Wunderlich*, in: Schimansky/Bunte/Lwowski § 75 Rn. 29.
188 *Jetter*, in: Eilers/Rödding/Schmalenbach C I. Rn. 6.
189 *Jetter*, in: Eilers/Rödding/Schmalenbach C I. Rn. 6.
190 *Jetter*, in: Eilers/Rödding/Schmalenbach C I. Rn. 6.
191 *Eilers*, in: Eilers/Rödding/Schmalenbach A X. Rn. 82.
192 Siehe zum Ganzen *Jetter*, in: Eilers/Rödding/Schmalenbach C I. Rn. 7.

ditvergabe durch mehrere Kreditgeber (syndizierter Kredit oder Konsortialkredit).[193]

Erreicht das Kreditvolumen eine gewisse Größenordnung, wird der Kredit aus Gründen der Portfoliomischung und Risikostreuung der Banken üblicherweise von einem Konsortium (*syndicate*) unter der Führung einer oder mehrerer Banken (*mandated lead arranger*) bereitgestellt.[194] Aus Sicht des zu finanzierenden Unternehmens bietet der Konsortialkredit eine stabilere Finanzierungsbasis als eine Vielzahl bilateraler Kredite. Hierfür wird gemeinhin eine mit der Zugehörigkeit zu dem Konsortium verbundene disziplinierende Wirkung verantwortlich gemacht.[195] Für den Kreditnehmer bietet die Finanzierung über ein Konsortium zudem die Möglichkeit, Kontakte und Reputation im Hinblick auf eine spätere Kapitalmarktfinanzierung aufzubauen.[196] Andererseits mag die Finanzierung über einen syndizierten Kredit, statt einer (wie möglicherweise bislang üblichen) bilateralen Finanzierung zu Lasten der Kundenbeziehung mit der Hausbank des Unternehmens gehen.[197] Zudem verursacht die Organisation des Konsortiums vergleichsweise höhere Kosten: Führungsbanken müssen ausgewählt und die Rahmenbedingungen für die Kreditvergabe in einem Term Sheet verhandelt werden.[198] Auf Grundlage des Term Sheets und eines Informationsmemorandums, aus dem die wesentlichen Informationen über die Finanzlage und das Geschäft des Kreditnehmers hervorgehen, erfolgt die Syndizierung.[199] Dabei werden weitere Banken eingeladen, sich an dem Konsortium durch die Übernahme eines Teils des Kreditvolumens (*ticket*) zu beteiligen. Die Banken signalisieren ihre Bereitschaft zur Teilnahme durch Abgabe von Finanzierungszusagen (*commitments*).[200] Erfolgt nur eine Risikoübernahme im Innenverhältnis, ohne, dass die Bank Partei des Kreditvertrages wird, spricht man von einer Unterbeteiligung (*subparticipation*).[201]

Auf Grundlage der eingegangenen Zusagen kann sodann die Zuteilung erfolgen und die vollständige Dokumentation erstellt und den Konsortialbanken zur Unterzeichnung zugeleitet werden.[202] Wie bei der Platzierung einer Kapitalerhöhung sind im Rahmen der Syndizierung, je nach Zweck der Finanzierung, verschiedene Gestaltungen denkbar. Benötigt das Unternehmen den

---

193 *Jetter*, in: Eilers/Rödding/Schmalenbach C I. Rn. 7; *Schaffelhuber/Sölch*, in: Münchener Hdb PersG § 31 Rn. 1.
194 *Jetter*, in: Eilers/Rödding/Schmalenbach C I. Rn. 8; *Schaffelhuber/Sölch*, in: Münchener Hdb PersG § 31 Rn. 1.
195 *Jetter*, in: Eilers/Rödding/Schmalenbach C I. Rn. 10.
196 *Jetter*, in: Eilers/Rödding/Schmalenbach C I. Rn. 10.
197 *Schaffelhuber/Sölch*, in: Münchener Hdb PersG § 31 Rn. 1.
198 *Jetter*, in: Eilers/Rödding/Schmalenbach C I. Rn. 11.
199 *Jetter*, in: Eilers/Rödding/Schmalenbach C I. Rn. 11.
200 *Jetter*, in: Eilers/Rödding/Schmalenbach C I. Rn. 11.
201 *Hanke/Socher*, NJW 2010, 1435, 1436.
202 *Jetter*, in: Eilers/Rödding/Schmalenbach C I. Rn. 11.

vollen Kreditbetrag zu einem fixen Zeitpunkt (also etwa anlässlich einer Aquisitionsfinanzierung am Tag der Kaufpreisfälligkeit), kann etwa die Führungsbank dies gegen Zahlung einer Gebühr (*underwriting fee*) garantieren und damit das Risiko der Bereitstellung übernehmen.[203]

### bb) Schuldscheindarlehen

Schuldscheindarlehen sind mittel- bis langfristige Großkredite, die in ihrer Ausgestaltung dem Konsortialkredit ähneln und diesen in einigen Sektoren weithin verdrängt haben.[204] Die Verbriefung des zu Grunde liegenden Darlehens in einem Schuldschein hat lediglich beweisrechtliche Bedeutung (§ 371 ZPO)[205] und ist damit nicht zwangsläufig erforderlich.[206] Das Schuldscheindarlehen ist deshalb zwar kein Wertpapier. Dennoch verlangen Investoren überwiegend unbeschränkte Übertragbarkeit.[207] Insofern ähnelt das Instrument eher der Anleihe als dem Konsortialkredit (der meist so ausgestaltet ist, dass er nur mit Zustimmung des Kreditgebers übertragen werden kann).[208] Ähnlich wie eine Anleihe, werden auch Schuldscheindarlehen in der Regel nicht dinglich besichert.[209]

Schuldscheindarlehen werden von Kapitalsammelstellen - insbesondere von Versicherungsunternehmen und Kreditinstituten, die langfristiges Kapital aus ihrem Deckungsstock anlegen wollen - an Unternehmen ausgereicht.[210] Anders als Anleihen, die in Fällen eines öffentlichen Angebots auch privaten Anlegern angeboten werden können, sind Gläubiger eines Schuldscheindarlehens regelmäßig nur große institutionelle Investoren.[211] Zudem erreichen Schuldscheindarlehen hinsichtlich Liquidität und der jederzeitigen Verfügbarkeit von Marktpreisen nicht den Standard von Anleihen.[212]

---

203 *Jetter*, in: Eilers/Rödding/Schmalenbach C I. Rn. 11; *Hanke/Socher*, NJW 2010, 1435, 1436.

204 *Freitag/Mülbert*, in: Staudinger § 488 Rn. 556; *Schmitt*, BB 2012, 2039, 2039; vgl. auch "Hinweise zum Rundschreiben 15/2005 (VA) Teil A.III. 3.c) zur Anlage in Unternehmensdarlehen" der BaFin vom 22.03.2010 unter II.

205 OLG Stuttgart WM 2005, 969, 970; *Berger*, in: MüKo BGB § 488 Rn. 152; *Hopt*, in: Baumbach/Hopt G Kreditgeschäft Rn. 24; *Schmitt*, BB 2012, 2039, 2039.

206 Nach *Berger*, in: MüKo BGB Vor § 488 Rn. 51 handelt es sich um die Verwendung einer in der Praxis überkommenen Begrifflichkeit; oft wird gar kein Schuldschein mehr begeben, vgl. *Früh/Müller-Arends*, in: BuB Rn. 3/264; vgl. auch *Wöhe/Bilstein/Ernst/Häcker*, 268.

207 *Wehrhahn*, BKR 2012, 363, 364.

208 *Wehrhahn*, BKR 2012, 363, 364.

209 *Schmitt*, BB 2012, 2039, 2041; *Mülbert/Bernauer*, in: Habersack/Mülbert/Schlitt § 21 Rn. 1.

210 *Mülbert/Bernauer*, in: Habersack/Mülbert/Schlitt § 21 Rn. 1.

211 *Wöhe/Bilstein/Ernst/Häcker*, 269.

212 So die "Hinweise zum Rundschreiben 15/2005 (VA) Teil A.III. 3.c) zur Anlage in Unternehmensdarlehen" der BaFin vom 22. 3. 2010 unter II.; *Perridon/Steiner/Rathgeber*, 413.

Aus diesem Grund übersteigt die Verzinsung eines Schuldscheindarlehens die Verzinsung einer Anleihe regelmäßig um 25 % bis 50 %.[213]

Regelmäßig kommen Schuldscheindarlehen durch Vermittlung eines Arrangeurs (Kreditinstitut oder Finanzmakler) zustande.[214] Dabei beschränkt sich die Tätigkeit des Arrangeurs entweder auf die Vermittlung des Darlehens (ohne dass der Arrangeur selbst Partei des Darlehensvertrages wird). Der Abschluss des Darlehensvertrags (Kreditbedingungen, Darlehensschuldschein) erfolgt dann von vornherein zwischen dem oder den (mehreren) Kreditgebern und dem Kreditnehmer (sogenanntes direktes System).[215] Beim in der Praxis häufiger anzutreffenden indirekten System schließt der Arrangeur dagegen den Darlehensvertrag zunächst selbst ab, reicht das Darlehen aber vor Valutierung noch in Teilbeträgen gestückelt (Teil-Rückzahlungsforderung und anteilige Zinsansprüche) im Wege der Abtretung oder mittels einer Vertragsübernahme gegen eine Vergütung an die endgültigen Investoren weiter.[216] Die endgültigen Kreditgeber übernehmen die Darlehensteilforderungen üblicherweise langfristig für die gesamte Laufzeit des Kredits.

Das indirekte System ermöglicht ähnlich wie der Konsortialkredit Gestaltungen, die - ähnlich wie bei der Kapitalerhöhung - den Parteien unterschiedliche Risiken zuweisen. Der Arrangeur kann namentlich im Wege eines Best Efforts Underwritings tätig werden - dann hängt die Darlehenshöhe von der Anzahl der durch ihn eingeworbenen Investoren und den von ihnen zugesagten Beträgen ab - oder er verpflichtet sich im Rahmen eines Back Stop Underwritings fest zur Auszahlung des Darlehens in einer bestimmten Höhe - dann muss er die Darlehenssumme bei mangelnder Nachfrage selbst aufbringen und trägt das Refinanzierungsrisiko.[217]

Besonderheiten im Hinblick auf die Qualität des Schuldners[218] und die Besicherung[219] der Darlehensforderungen gelten für die Vergabe von Schuld-

---

213 *Wöhe/Bilstein/Ernst/Häcker*, 270; *Perridon/Steiner/Rathgeber*, 413.

214 *Mülbert/Bernauer*, in: Habersack/Mülbert/Schlitt § 21 Rn. 1.

215 *Freitag/Mülbert*, in: Staudinger § 488 Rn. 557; *Berger*, in: MüKo BGB Vor § 488 Rn. 51; *Wöhe/Bilstein/Ernst/Häcker*, 271.

216 *Freitag/Mülbert*, in: Staudinger § 488 Rn. 557; *Wehrhahn*, BKR 2012, 363, 365; *Berger*, in: MüKo BGB Vor § 488 Rn. 51; *Müller*, in: Kümpel/Wittig 15.265; *Wöhe/Bilstein/Ernst/Häcker*, 271.

217 *Freitag/Mülbert*, in: Staudinger § 488 Rn. 558.

218 Das gebundene Vermögen kann in Darlehen an Unternehmen nur angelegt werden, wenn aufgrund der bisherigen und der zu erwartenden künftigen Entwicklung der Ertrags- und Vermögenslage des Unternehmens die vertraglich vereinbarte Verzinsung und Rückzahlung gewährleistet erscheinen (§§ 54 Abs. 3 VAG, 2 Abs. 1 Nr. 4 a) AnlV).

219 Darlehen an Unternehmen müssen ausreichend durch erstrangige Grundpfandrechte, durch verpfändete oder zur Sicherung übertragene Forderungen oder zum Handel zugelassene oder an einem anderen organisierten Markt nach § 2 Abs. 5 WpHG zugelassene oder in diesen einbezogene Wertpapiere oder in vergleichbarer Weise gesichert sein (§§ 54 Abs. 3 VAG, 2 Abs. 1 Nr. 4 a) aa) bis cc) AnlV); eine Verpflichtungserklä-

scheindarlehen durch Versicherungsunternehmen (vgl. § 54 Abs. 2 Satz 1 Nr. 1 VAG, § 2 Abs. 2 Nr. 3 und 4 AnlV).[220] Diese dürfen ihr gebundenes Vermögen nur unter Beachtung der versicherungsaufsichtsrechtlichen Bestimmungen in Darlehensforderungen anlegen.[221] Diese Bestimmungen haben bereits das arrangierende Kreditinstitut als erster Kreditgeber und der Kreditnehmer zu beachten, wenn auch Versicherungen als Investoren angesprochen werden sollen.[222]

Im Verhältnis zur kapitalmarktorientierten Fremdfinanzierung über Anleihen, hat die Kapitalaufnahme über Schuldscheindarlehen den Vorteil, dass die Anzahl der Kreditgeber geringer und diese nicht anonym sind, was eine flexiblere Ausgestaltung der Kreditbedingungen, insbesondere der Tilgungsmodalitäten ermöglicht.[223] Die formellen Voraussetzungen und Publizitätspflichten einer Anleiheemission müssen nicht berücksichtigt werden.[224] Dadurch verringert sich der Zeitaufwand für die Mittelbeschaffung und es vermindern sich die fixen Kosten für die Kapitalaufnahme.[225] Insofern gilt nichts anderes als für den Konsortialkredit. Anders als Anleihen können Schuldscheindarlehen nicht im Wege des Rückerwerbs vorzeitig getilgt wer-

---

rung des Darlehensnehmers gegenüber dem Versicherungsunternehmen (Negativerklärung) kann eine Sicherung des Darlehens nur ersetzen, wenn und solange der Darlehensnehmer bereits aufgrund seines Status die Gewähr für die Verzinsung und Rückzahlung des Darlehens bietet. Sind diese Voraussetzungen nicht erfüllt, kommt gemäß §§ 54 Abs. 3 VAG, 2 Abs. 3 AnlV noch eine Genehmigung durch die BaFin in Betracht.

220 *Freitag/Mülbert*, in: Staudinger § 488 Rn. 560.

221 Eine Konkretisierung der in §§ 54 Abs. 3 VAG, 2 Abs. 1 Nr. 4 a) AnlV enthalten Vorgaben im Hinblick auf eine Besicherung durch Negativklasuel erfolgte durch das Rundschreiben 15/2005 (VA) der BaFin vom 20. 8. 2005 unter A.III. 3 und die ergänzenden "Hinweise zum Rundschreiben 15/2005 (VA) Teil A.III. 3.c) zur Anlage in Unternehmensdarlehen" vom 22. 3. 2010. Danach beanstandet es die BaFin nicht, wenn Darlehensnehmer mit einem Langfristrating von A- (Fitch, S&P), A3 (Moody's) als besonders bonitätsstark bewertet werden und das Versicherungsunternehmen die herausragende Stellung des Darlehensnehmers in seiner Branche nachweisen kann. Das Versicherungsunternehmen hat dieses bei Darlehensvergabe entsprechend zu dokumentieren. Daneben erwartet die Aufsicht bei Darlehensnehmern, die nicht gleichzeitig mit notierten Schuldverschreibungen am Kapitalmarkt vertreten sind, weiterhin eine uneingeschränkte Negativklausel, bei der die Zusage des Darlehensnehmers keinen anderen Gläubigern bessere Rechte oder Sicherheiten einzuräumen als der Darlehensgeberin, sich auf alle Darlehensverbindlichkeiten bezieht und nicht auf „Kapitalmarktverbindlichkeiten" oder „Finanzverbindlichkeiten" begrenzt ist.

222 *Freitag/Mülbert*, in: Staudinger § 488 Rn. 560.

223 *Freitag/Mülbert*, in: Staudinger § 488 Rn. 561; *Perridon/Steiner/Rathgeber*, 412.

224 *Perridon/Steiner/Rathgeber*, 412; *Wehrhahn*, BKR 2012, 363, 363; *Schmitt*, BB 2012, 2039, 2041.

225 *Freitag/Mülbert*, in: Staudinger § 488 Rn. 561; *Berger*, in: MüKo BGB Vor § 488 Rn. 51; *Wöhe/Bilstein/Ernst/Häcker*, 270.

den.[226] Dem Kreditnehmer verbleibt allein die (nur ausnahmsweise mögliche) ordentliche Kündigung, die in der Regel zur Zahlung einer Vorfälligkeitsentschädigung - entweder gesetzlich (§ 490 BGB) oder auf Grundlage einer Vereinbarung mit den Kreditgebern - verpflichtet.[227]

### cc) Anleihen

Eine weitere Form der Fremdkapitalfinanzierung stellt die Begebung einer Anleihe dar. Anleihen sind Schuldverschreibungen (vgl. § 793 BGB)[228] (auch *bonds* oder Obligationen) die einen Rückzahlungsanspruch gegen den Emittenten verbriefen.[229] Der Rückzahlungsanspruch ist typischerweise mit einem Anspruch auf Zinszahlung verknüpft.[230] Wirtschaftlich ist die Finanzierung mittels einer Anleihe mit einem Darlehen vergleichbar, das eine einzelne Bank nicht einzuräumen bereit oder in der Lage ist und das deshalb von einer Mehrzahl einzelner Gläubiger aufgebracht wird.[231] Zu diesem Zweck wird die Anleihe in Teilschuldverschreibungen zerlegt und in einer je nach angesprochenem Investorenkreis angemessenen Stückelung am Kapitalmarkt platziert.[232]

Unter den Anleihebegriff fallen unterschiedlichste Erscheinungsformen.[233] Zunächst kann grundsätzlich nach der Art der Emission unterschieden werden zwischen Anleihen, die im Rahmen eines Emissionsprogramms (*debt issuance programm*) über einen längeren Zeitraum großvolumig ausgegeben werwerden und Anleihen, die im Rahmen einer einmaligen Emission am Markt platziert werden (*stand alone*).[234] Nach der Art der Verzinsung kann weiter differenziert werden zwischen festverzinslichen (*straight bond*)[235] bzw. variabel

---

226 *Freitag/Mülbert*, in: Staudinger § 488 Rn. 561.

227 *Freitag/Mülbert*, in: Staudinger § 488 Rn. 561.

228 In der Regel sind Anleihen als Inhaberschuldverschreibungen (§ 793 BGB) ausgestaltet, da Namensschuldverschreibungen jeweils nur den in der Schuldverschreibung als Forderungsinhaber Bezeichneten berechtigen und deshalb nicht in gleicher Weise wie Inhaberschuldverschreibungen, die den jeweiligen Inhaber der Schuldverschreibung berechtigen, umlauffähig sind. Zudem ist die Ausgabe von Namensschuldverschreibungen in der Regel erlaubnispflichtiges Bankgeschäft (vgl. § 1 Abs. 1 Satz 2 Nr. 1 KWG) und deshalb für die Unternehmensfinanzierung von geringer Bedeutung, vgl. *Eilers*, in: Eilers/Rödding/Schmalenbach A X. Rn. 80.

229 Anleihe in dem hier zugrunde gelegten Sinne meint den klassischen Anleihebegriff, dem eine Kreditaufnahme durch den Emittenten zugrunde liegt. In der Praxis haben sich indessen zahlreiche weitere Formen der Verbriefung von Forderungen - als Anleihen (im weiteren Sinne) - herausgebildet, vgl. *Horn*, BKR 2009, 446, 447.

230 *Kaulamo*, in: Habersack/Mülbert/Schlitt § 17 Rn. 2; *Perridon/Steiner/Rathgeber*, 395.

231 *Wöhe/Bilstein/Ernst/Häcker*, 273; *Kaulamo*, in: Habersack/Mülbert/Schlitt § 17 Rn. 2.

232 *Perridon/Steiner/Rathgeber*, 395 f.

233 *Kaulamo*, in: Habersack/Mülbert/Schlitt § 17 Rn. 5 ff.

234 *Kaulamo*, in: Habersack/Mülbert/Schlitt § 17 Rn. 19 ff.

235 *Kaulamo*, in: Habersack/Mülbert/Schlitt § 17 Rn. 40.

verzinslichen (*floating rate*)[236] Anleihen und solchen, die während ihrer Laufzeit überhaupt nicht (*zero coupon*)[237] oder besonders hoch (*high yield*) verzinst werden.[238] Dabei stellen über die gesamte Laufzeit festverzinsliche Anleihen, deren Rückzahlung zum Nennbetrag erfolgt, traditionell die meist begebene Anleiheform dar.[239] Sie geben Investoren und Emittenten zwar einerseits eine verlässliche Berechnungsbasis für Zinserträge und Zinsaufwendungen. Andererseits tragen die Investoren ein Zinsänderungsrisiko, das sich materialisiert, wenn der Marktzins während der Laufzeit der Anleihe steigt.[240] Dieses Risiko besteht nicht, wenn die Anleihe mit einem variablen Zinssatz ausgestattet und dieser in regelmäßigen Abständen an den jeweiligen Marktzins angepasst wird.[241] Variabel verzinsliche Anleihen weisen aus diesem Grund gegenüber festverzinslichen Anleihen geringere Kursschwankungen auf.[242] Bei Zero Coupon Anleihen wird der Zinseffekt nicht durch regelmäßig wiederkehrende Zinszahlungen, sondern durch einen erhöhten Rückzahlungskurs erreicht.[243] Der Rückzahlungskurs bestimmt sich dabei nach den fiktiv anfallenden Zinsen ausgehend von dem Zinsniveau im Zeitpunkt der Emission. Während aus Sicht des Emittenten während der Laufzeit der Anleihe kein Liquiditätsabfluss eintritt, können Anleger auf fallende Marktzinsen setzen und so bei Rückzahlung überdurchschnittliche Kursgewinne erzielen.[244]

Die Anleihe als Finanzierungsinstrument ist in jüngerer Vergangenheit nicht zuletzt deshalb attraktiver geworden, weil mit Inkrafttreten des neuen Schuldverschreibungsgesetzes (Gesetz zur Neuregelung der Rechtsverhältnisse bei Schuldverschreibungen aus Gesamtemissionen und zur verbesserten Durchsetzbarkeit von Ansprüchen von Anlegern aus Falschberatung – SchVG)[245] am 05.08.2009 Regelungen zur vereinfachten Restrukturierung einer Anleihe geschaffen wurden.[246]

---

236 *Kaulamo*, in: Habersack/Mülbert/Schlitt § 17 Rn. 41.

237 *Bosch/Groß* Rn. 10/179.

238 Dazu und zu weiteren Gestaltungen *Perridon/Steiner/Rathgeber*, 408 ff.; ferner *Sagasser/Schlösser*, in: Assmann/Schütze § 26 Rn. 477.

239 *Kaulamo*, in: Habersack/Mülbert/Schlitt § 17 Rn. 40.

240 *Hutter*, in: Habersack/Mülbert/Schlitt, 2. Auflage, § 15 Rn. 16; *Perridon/Steiner/Rathgeber*, 408.

241 Siehe zu den Einzelheiten der Anpassung *Hutter*, in: Habersack/Mülbert/Schlitt, 2. Auflage, § 15 Rn. 17.

242 *Hutter*, in: Habersack/Mülbert/Schlitt, 2. Auflage, § 15 Rn. 16.

243 *Perridon/Steiner/Rathgeber*, 408; *Kaulamo*, in: Habersack/Mülbert/Schlitt § 17 Rn. 44; *Bosch/Groß* Rn. 10/179.

244 *Hutter*, in: Habersack/Mülbert/Schlitt, 2. Auflage, § 15 Rn. 19.

245 Gesetz über Schuldverschreibungen aus Gesamtemissionen (Schuldverschreibungsgesetz - SchVG) vom 31.07.2009, BGBl. I 2009, 2512.

246 *Schlitt/Schäfer*, in: FS Maier-Reimer, 615, 618 ff.; *Kaulamo*, in: Habersack/Mülbert/Schlitt § 17 Rn. 1.

Eine Restrukturierung kann aus verschiedenen Gründen erforderlich sein. Insbesondere in der Krise des Unternehmens stellen die Zahlung der fälligen Zinsen und die Rückzahlung einer fälligen Anleihe Emittenten mit eingeschränkter Liquidität vor existentielle Schwierigkeiten.[247] Es bedarf dann zunächst etwa einer Herabsetzung oder Stundung des Zinssatzes und unter Umständen eines Aufschiebens der Endfälligkeit, bevor die eigentliche Umschuldung, etwa in Form eines Tauschs der Anleihe in Eigenkapital (*debt equity swap*) oder andere Vermögensgegenstände, überhaupt durchgeführt werden kann.[248] Für die Anleger kann eine Restrukturierung wirtschaftlich sinnvoll sein, weil sie im Falle einer Insolvenz des Emittenten auf die möglicherweise geringe Insolvenzquote verwiesen sind.[249]

Die Durchführung der genannten Maßnahmen war jedoch unter Geltung des SchVG 1899[250] nur unter sehr engen Voraussetzungen möglich.[251] Dies war vor allem dem Umstand geschuldet, dass das Organ der Anleihegläubiger (Gläubigerversammlung) erst kurz vor der Insolvenzantragstellung durch die Geschäftsleitung des Unternehmens, mithin zu einem Zeitpunkt, zu dem es für die Umsetzung erfolgsversprechender Sanierungs- und Strukturmaßnahmen regelmäßig zu spät sein dürfte, über eine Änderung der Anleihebedingungen abstimmen konnte (vgl. § 11 SchVG 1899).[252] Zudem war es nicht möglich, durch Mehrheitsbeschluss der Anleihegläubiger eine Änderung der Anleihebedingungen bzw. wesentliche Restrukturierungsmaßnahmen für sämtliche (auch opponierende) Gläubiger derselben Anleihe zu beschließen.[253] Das neue Schuldverschreibungsgesetz brachte hier erhebliche Erleichterungen. Nunmehr ist insbesondere eine umfassende Änderung der Anleihebedingungen durch Mehrheitsbeschluss mit kollektiver Bindung für alle Anleihegläubiger auch schon im Vorfeld einer Krise möglich (vgl. § 5 Abs. 1 Satz 1, Abs. 2 Satz 1 SchVG).[254] Die Wahrnehmung der Interessen der Anleihegläubiger im Verhältnis zur Emittentin und ihren anderen Gläubigern durch den gemeinsamen

---

247 *Schlitt/Schäfer*, AG 2009, 477.

248 *Schlitt/Schäfer*, AG 2009, 477, 478; zum Dept Equity Swap als Restrukturierungsinstrument umfassend *Schmidt/Schlitt*, Der Konzern 2009, 279 und *Friedl*, BB 2012, 1102.

249 *Schlitt/Schäfer*, AG 2009, 477, 478.

250 Gesetz betreffend die gemeinsamen Rechte der Besitzer von Schuldverschreibungen vom 04.12.1899, RGBl. I 1899.

251 Siehe zur alten Rechtslage *Schlitt/Schäfer*, AG 2009, 477, 478.

252 *Tetzlaff*, in: Schimansky/Bunte/Lwowski § 88 Rn. 20.

253 *Tetzlaff*, in: Schimansky/Bunte/Lwowski § 88 Rn. 21.

254 Durch Mehrheitsbeschluss ist nach Maßgabe des § 5 Abs. 3 Satz 1 SchVG nunmehr etwa eine Herabsetzung oder Stundung des Zinssatzes (Nr. 1), das Aufschieben der Endfälligkeit (Nr. 2) bzw. die Verringerung des Volumens (Nr. 3) der Hauptforderung oder die Umwandlung der Anleihen in Aktien der Gesellschaft (Nr. 5) möglich, vgl. dazu auch *Schlitt/Schäfer*, in: FS Maier-Reimer, 615, 618 und *Kaulamo*, in: Habersack/Mülbert/Schlitt § 17 Rn. 82.

Vertreter (vgl. §§ 7, 8 SchVG) wurde zudem internationalen Standards angepasst.[255] Voraussetzung dafür ist allerdings, dass der Emittent der Anleihe (in Absprache mit den Emissionsbanken) die Geltung der §§ 5 ff. SchVG in den Anleihebedingungen vorsieht.[256]

Für vor Inkrafttreten des SchVG begebene Anleihen besteht aber nach § 24 Abs. 2 SchVG eine Opt-in Möglichkeit. Danach können Gläubiger mit qualifizierter Mehrheit[257] und Zustimmung des Emittenten eine Änderung der Anleihebedingungen oder den Austausch der Schuldverschreibungen gegen neue Schuldverschreibungen mit geänderten Anleihebedingungen beschließen, um von dem Instrumentarium des SchVG Gebrauch machen zu können.[258]

### (i) Mittelstandsanleihen

In jüngerer Vergangenheit hat sich mit der sog. Mittelstandsanleihe eine weitere Erscheinungsform der Anleihe etabliert. Vor allem kleineren Unternehmen war es bislang kaum möglich das Finanzierungsinstrument Anleihe für ihre Zwecke fruchtbar zu machen.[259] Eine erfolgreiche Platzierung verlangte ein den Finanzierungsbedarf mittelständischer Unternehmen deutlich übersteigendes Emissionsvolumen im dreistelligen Millionenbereich.[260] Neben den wirtschaftlichen Rahmenbedingungen (erschwerte Kreditfinanzierung bei gleichzeitig steigendem Kapitalbedarf)[261] haben Maßnahmen verschiedener deutscher Börsen die Emission von Anleihen für Unternehmen attraktiver gemacht.[262] Die Etablierung neuer Börsensegmente der Börsen Stuttgart (Bondm), Düsseldorf (mittelstandsmarkt), München (m:access bonds), Hamburg-Hannover (Mittelstandsbörse Deutschland) und Frankfurt (Entry Standard) zielt auf eine Erleichterung der kapitalmarktbezogenen Fremdfinanzierung vor allem kleinerer mittelständischer Unternehmen.[263] Die Begebung erfolgt hier regelmäßig in einer einzelnen Emission (*stand alone*), festverzinslich und entsprechend dem geringeren Finanzierungsbedarf auch

---

255 *Schmolke*, ZBB 2009, 8, 9.

256 *Horn*, BKR 2009, 446, 449.

257 Gemäß der Legaldefinition des § 5 Abs. 4 Satz 2 SchVG grundsätzlich 75 Prozent der teilnehmenden Stimmrechte.

258 *Kaulamo*, in: Habersack/Mülbert/Schlitt § 17 Rn. 99; siehe dazu aber auch OLG Frankfurt, Beschluss vom 27.03.2012 5 AktG 3/11 Tz. 16 ff. (juris) (Pfleiderer), wonach § 24 Abs. 2 SchVG einschränkend dahingehend auszulegen sein soll, dass die nachträgliche Anwendung nur bei solchen Schuldverschreibungen eröffnet ist, die bereits zuvor nach dem SchVG 1899 einem Mehrheitsentscheid der Gläubigergemeinschaft zugänglich waren.

259 Siehe etwa *Lammersdorf*, Börsen-Zeitung vom 25.09.2010, B2.

260 *Blättchen/Nespethal*, CFB 2010, 496, 497.

261 *Schlitt/Kasten*, CFL 2011, 97; *Schmitt*, BB 2012, 1079, 1079.

262 *Schmitt*, BB 2012, 1079, 1079.

263 *Schlitt/Kasten*, CFL 2011, 97.

mit einem kleineren Volumen.[264] Gegenüber der Kreditfinanzierung enthalten Anleihebedingungen zudem typischerweise weniger Covenants, was dazu führt, dass in der Regel keine Vermögensgegenstände des Unternehmens blockiert werden und die Mittelverwendung flexibler ist.[265]

### (ii) Hochzinsanleihen

Eine weitere Spielart der Fremdfinanzierung mittels verbriefter Kreditforderungen ist die Begebung einer Hochzinsanleihe (*high yield bond*)[266]. Wesensmerkmal der aus den USA stammenden High Yield Bonds ist das erhöhte Ausfallrisiko des Emittenten und - dadurch bedingt - ein gegenüber dem marktüblichen Anleihezins erhöhter Zinssatz.[267] Darüber hinaus werden High Yield Bonds mit einem umfangreichen Katalog aus vom Emittenten und bei Bedarf auch seiner wesentlichen Tochtergesellschaften (*credit circle*) zu beachtender Covenants versehen.[268] Die Covenants betreffen dabei weniger die (bei der Finanzierung mittels syndizierter Darlehen übliche) Einhaltung bestimmter Finanzkennzahlen, als vielmehr die Befolgung zahlreicher Verhaltenspflichten (etwa im Hinblick auf die weitere Fremdkapitalaufnahme, die Aus-Ausschüttungs- bzw. Thesaurierungspolitik und die Mittelverwendung).[269] Dies führt zwar im Ergebnis genauso zu einer nicht unerheblichen Einschränkung der (künftigen) Unternehmensfinanzierung des Emittenten.[270] Für ein Unternehmen mit schwacher Bonität, das wegen des möglicherweise hohen Fremdfinanzierungsbedarfs nicht auf einen bilateralen Kredit zurückgreifen kann, ist die Begebung eines High Yield Bonds regelmäßig die einzige Alternative zur syndizierten Kreditfinanzierung.[271]

Auch im Hinblick auf High Yield Bonds gilt das eingangs zur Reform des Schulverschreibungsrechts Gesagte. Während vor allem der Umstand, dass der in Anleihebedingungen eines High Yield Bond regelmäßig enthaltene Abschnitt über die Möglichkeit einer nachträglichen Änderung der Bedingungen bzw. eines Verzicht auf die Einhaltung einzelner Bedingungen (*amendments and waivers*) durch Mehrheitsbeschluss der Gläubiger, nach deutschem Recht

---

264 *Lammerdorf*, Börsen-Zeitung vom 25.09.2010, B2; als Mindestvolumen nennt *Kaufmann* aus Gründen hinreichender Liquidität EUR 25 Mio., *ders.*, Börsen-Zeitung vom 28.09.2011, 4, 6.

265 *Kaufmann*, Börsen-Zeitung vom 28.09.2011, 4.

266 Ausführlich zu High Yield Bonds, *Hutter*, in: Habersack/Mülbert/Schlitt § 18.

267 *Balz*, ZBB 2009, 401, 401; *Schlitt/Hekmat/Kasten*, AG 2011, 429; *Hutter*, in: Habersack/Mülbert/Schlitt § 18 Rn. 4.

268 *Hutter*, in: Habersack/Mülbert/Schlitt § 18 Rn. 13, 71 und ausführlich zu den einzelnen Covenants, *Plepelits*, CFL 2010, 119, 124 ff.

269 *Balz*, ZBB 2009, 401, 405.

270 Zu weiteren insbesondere die Geschäftstätigkeit des Emittenten betreffenden Covenants, vgl. die Übersicht bei *Schlitt/Hekmat/Kasten*, AG 2011, 429, 430 ff.

271 *Balz*, ZBB 2009, 401, 402.

nicht abgebildet werden konnte (s.o.),[272] die Begebung eines High Yield Bonds in Deutschland in der Vergangenheit weitgehend ausschloss,[273] haben sich die Rahmenbedingungen mit Inkrafttreten des Schuldverschreibungsgesetzes entscheidend verbessert und die Begebung von High Yield Bonds nach deutschem Rechtermöglicht.[274]

Der Bedeutungszuwachs der Fremdfinanzierung durch die Begebung von Hochzinsanleihen[275] ist zudem begünstigt durch die in Folge der Finanzkrise steigende Anzahl von Unternehmen mit sog. Non Investment Grade Rating (sog. Fallen Angels).[276]

### 3. Mezzanine Finanzierungsinstrumente

Charakteristisch für mezzanine Finanzierungsinstrumente ist, dass sie stets sowohl Eigenkapital- als auch und Fremdkapitalmerkmale aufweisen.[277] Die Zuordnung hängt von der Ausgestaltung des Instruments im Einzelfall ab.[278] Die Einordnung als handelsbilanzielles Eigenkapital kommt nur ausnahmsweise in Betracht.[279] Nach Auffassung des Instituts Deutscher Wirtschaftsprüfer (**IDW**) ist Voraussetzung für eine solche Eigenkapitalzurechnung, dass das betreffende Mezzaninkapital langfristig überlassen wird, eine Nachrangerklärung[280] enthält und erfolgsabhängig verzinst wird, wobei auch die Partizipation an Verlusten bis zur vollen Höhe des überlassenen Kapitals eingeschlossen ist (temporäre Haftungsfunktion der Kapitalüberlassung).[281] Eine Einstufung als wirtschaftliches Eigenkapital auf Grundlage internationaler Rechnungsle-

---

272 *Balz*, ZBB 2009, 401, 411.

273 *Balz*, ZBB 2009, 401, 409, 411; *Schlitt/Hekmat/Kasten*, AG 2011, 429, 429 f.

274 Zu den Einzelheiten, siehe Balz, ZBB 2009, 401, 409 ff.; einen Überblick über nach Inkrafttreten des SchVG nach deutschem Recht begebene High Yield Bonds geben *Schlitt/Hekmat/Kasten*, AG 2011, 429, 429 Fn. 3.

275 Siehe dazu etwa den Bericht von *Hippin*, Börsen-Zeitung vom 25.01.2013, 10 und die Auflistung deustcher High Yield Bonds bei *Hutter*, in: Habersack/Mülbert/Schlitt § 18 Rn. 9.

276 So bereits *Balz*, ZBB 2009, 401, 402; siehe auch *Hutter*, in: Habersack/Mülbert/Schlitt § 18 Rn. 4.

277 *Häuselmann*, in: Kessler/Kröner/Köhler § 10 Rn. 200.

278 *Schmeisser/Clausen*, DStR 2008, 688, 688.

279 *Häuselmann*, in: Kessler/Kröner/Köhler § 10 Rn. 210.

280 Im Liquidationsfall kann der Rückzahlungsanspruchs des betreffenden Gläubigers erst nach Befriedigung aller anderen Gläubiger des Unternehmens geltend gemacht werden, vgl. *Kozikowski/Schubert*, in: Beck'scher Bilanzkommentar § 247 HGB Rn. 228; *Häuselmann*, BB 2007, 931, 933.

281 IDW, (HFA 1/1994), WPg 1994, 419; *Mayer-Friedrich/Müller*, BB 2013, 171, 172; ferner *Häuselmann*, in: Kessler/Kröner/Köhler § 10 Rn. 210; *Kozikowski/Schubert*, in: Beck'scher Bilanzkommentar § 247 HGB Rn. 228; ferner allgemein zur Bilanzierung mezzaniner Finanzierungsformen nach dem HGB *Wittman/Ruß*, Stbg 2011, 127.

gungsstandards (**IFRS**)[282], insb. durch interne Ratings von Kreditinstituten, kann sich aber ebenfalls positiv auf die Eigenkapitalquote des betreffenden Unternehmens auswirken und so dessen Finanzierungskonditionen verbessern.[283] Mezzanine Finanzierungen sind auch nicht zuletzt deshalb besonders attraktiv für kapitalsuchende Unternehmen - vor allem, wenn es sich dabei um Inhaber geführte Unternehmen handelt -, weil den Investoren trotz der (wirtschaftlichen) Einstufung als Eigenkapital keine gesellschaftsrechtlichen Mitspracherechte gewährt werden müssen.[284] Sofern mezzanine Finanzierungsinstrumente starke mitgliedschaftliche Elemente, wie insbesondere eine erfolgsabhängige Verzinsung, aufweisen, unterliegen sie dem umwandlungsrechtlichen Verwässerungsschutz des § 23 UmwG.[285]

In den Jahren 2004 bis 2007 wurde Mezzaninkapital in großen Mengen in Form sog. Programm-Mezzanine an mittelständische Unternehmen ausgereicht.[286] Dabei handelte es sich typischerweise um auf Grundlage standardisierter Vertragsdokumentation gewährtes nachrangiges Kapital in Form von Genussrechten und Nachrangdarlehen.[287] Zur Umsetzung wurden diese mezzaninen Instrumente von eigens dazu errichteten Zweckgesellschaften in großer Stückzahl angekauft und durch die Begebung von Anleihen über den Kapitalmarkt refinanziert.[288] Infolge der Finanzkrise kam es zu zahlreichen Zahlungsausfällen auf Seiten der finanzierten Unternehmen und zu einer generellen Zurückhaltung der Investoren gegenüber strukturierten Produkten.[289] Neue Programme dieser Art wurden in der Folgezeit bis heute nicht aufgelegt.[290] Auch zukünftig wird dies nicht erwartet.[291] An dieser Stelle soll auf das Programm-Mezzanine deshalb nicht weiter eingegangen werden. Bezüglich der rechtlichen Ausgestaltung von Mezzaninkapital besteht im Ausgangspunkt Gestaltungsfreiheit. Im Folgenden wird ein Überblick über Instrumente gegeben, die typischerweise als Mezzaninkapital bezeichnet werden.

---

282 Zur Abgrenzung von Eigen- und Fremdkapital nach IFRS, grundlegend *Kraft*, ZGR 2008, 324.

283 *Mayer-Friedrich/Müller*, BB 2013, 171, 171; *Schmeisser/Clausen*, DStR 2008, 688, 688; *Erle/Berberich*, in: Müller/Winkeljohan § 1 Rn. 41; umfassend zur Eigenkapitalqualifizierung von mezzaninen Finanzierungsinstrumenten *Stamm/Ries*, in: Habersack/Mülbert/Schlitt § 24 Rn. 4 ff.

284 *Mayer-Friedrich/Müller*, BB 2013, 171, 171 f.

285 Siehe nur *Kalss*, in: Semler/Stengel § 23 Rn. 4.

286 *Stamm/Ries*, in: Habersack/Mülbert/Schlitt § 24 Rn. 2.

287 *Stamm/Ries*, in: Habersack/Mülbert/Schlitt § 24 Rn. 26.

288 Anschaulich zur Struktur dieser Mezzanin-Programme *Schmeisser/Clausen*, DStR 2008, 688, 690 ff.

289 *Stamm/Ries*, in: Habersack/Mülbert/Schlitt § 24 Rn. 3.

290 *Mayer-Friedrich/Müller*, BB 2013, 171, 172.

291 *Stamm/Ries*, in: Habersack/Mülbert/Schlitt § 24 Rn. 2; *Mayer-Friedrich/Müller*, BB 2013, 171, 171.

### a) Genussrechte

Genussrechte sind gesetzlich nicht näher geregelte Instrumente, die auf vertraglicher Basis - als Dauerschuldverhältnisse eigener Art -[292] aktionärstypische vermögensrechtliche Ansprüche gegen die Gesellschaft nachbilden.[293] Werden die Genussrechte in Form von Wertpapieren verbrieft und - wie häufig - an einer Börse gehandelt, spricht man von Genussscheinen.[294] Sie werden regelmäßig langfristig, d.h. mit einer Laufzeit von mehr als fünf Jahren begeben.[295] In Ermangelung besonderer gesetzlicher Regelungen erlauben sie flexible Gestaltungen und können für vielfältige Zwecke eingesetzt werden.[296] Die größte praktische Bedeutung des Instruments liegt in der Unternehmensfinanzierung.[297] Unter dem Aspekt der Kontrollerhaltung bei der Finanzierung schlägt insoweit - wie eingangs schon angesprochen - insbesondere zu Buche, dass Genussscheine die Stimmverhältnisse in der Gesellschaft nicht verändern.[298]

Der entscheidende Vorteil gegenüber Vorzugsaktien liegt in der grundsätzlichen steuerlichen Abzugsfähigkeit der Ausschüttungen auf Genussrechte als Betriebsausgaben.[299] Da Ausschüttungen auf die Genussscheine steuerlich nicht als Betriebsausgaben gewinnmindernd abgesetzt werden können, wenn mit ihnen das Recht auf Beteiligung am Gewinn und am Liquidationserlös der Gesellschaft verbunden ist (§ 8 Abs. 3 Satz 2 KStG),[300] wird eine Teilnahme am Liquidationserlös regelmäßig nicht gewährt.[301] Unschädlich für die Abzugsfähigkeit sind nach Auffassung der Finanzverwaltung hingegen Nachrangvereinbarungen sowie eine Verlustteilnahme.[302] Letztere ist regelmäßig Bestandteil der Genussscheinbedingungen und derart ausgestaltet, dass sich die Rückzahlungsansprüche der Genussscheininhaber automatisch um einen

---

292 BGHZ 156, 38, 42 ff. = ZIP 2003, 1788.

293 *Habersack*, in: MüKo AktG § 221 Rn. 65; *Groß*, in: Marsch-Barner/Schäfer § 51 Rn. 72; *Seiler*, in: Spindler/Stilz § 221 Rn. 22; *Krieger*, in: Münchener Hdb AG § 63 Rn. 60; *Lutter*, in: Kölner Kommentar AktG § 221 Rn. 25.

294 *Kozikowski/Schubert*, in: Beck'scher Bilanzkommentar § 247 HGB Rn. 227; *Habersack*, in: MüKo AktG § 221 Rn. 63.

295 *Merkt*, in: K.Schmidt/Lutter § 221 Rn. 66; *Seiler*, in: Spindler/Stilz § 221 Rn. 37.

296 *Seiler*, in: Spindler/Stilz § 221 Rn. 27.

297 *Seiler*, in: Spindler/Stilz § 221 Rn. 27; *Haberstock/Greitemann*, in: Hölters § 221 Rn. 20; *Habersack*, in: MüKo AktG § 221 Rn. 80 und Rn. 84 zu weiteren Begebungszwecken.

298 Ausführlich zur Rechtsstellung der Inhaber von Genussrechten, BGHZ 119, 305 (Klöckner) = ZIP 1992, 1542; *Raiser/Veil* § 17 Rn. 17; *Habersack*, in: MüKo AktG § 221 Rn. 80.

299 *Hüffer* § 221 Rn. 31.

300 *Gosch/Roser*, in: Gosch § 8 Rn. 148.

301 *Habersack*, in: MüKo AktG § 221 Rn. 365 ff.; *Seiler*, in: Spindler/Stilz § 221 Rn. 29; *Raiser/Veil* § 17 Rn. 18.

302 BMF Schreiben vom 08.12.1986, BB 1987, 667 f.; BMF Schreiben vom 27.12.1995, DB 1996, 68.

Anteil am Verlust verringern, der dem Verhältnis des Genusskapitals zum gesamten Eigenkapital (einschließlich des Genusskapitals) entspricht (laufende Verlustteilnahme).[303]

Genau wie die Ausgabe neuer Aktien (§§ 182 Abs. 1 Satz 1, 186 Abs. 1 Satz 1 AktG) und die Ausgabe von Wandel- und Gewinnschuldverschreibungen (§ 221 Abs. 1 AktG) bedarf auch die Begebung von Genussrechten - wegen der Konkurrenz der gewinnabhängigen Verzinsung mit dem Dividendenrecht der Aktionäre -, abweichend von der allgemeinen Zuständigkeit des Vorstands für Maßnahmen der Fremdkapitalfinanzierung, eines Hauptversammlungsbeschlusses mit einer Mehrheit von drei Vierteln des bei der Beschlußfassung vertretenen Grundkapitals (§ 221 Abs. 3, 1 Satz 2 AktG). Außerdem ist den Aktionären der Gesellschaft grundsätzlich ein Bezugsrecht einzuräumen (§ 221 Abs. 4 Satz 1 AktG).[304] Die Nähe zu der vermögensrechtlichen Stellung eines Aktionärs führt zudem nach neuer höchstrichterlicher Rechtsprechung dazu, dass die Genussscheinbedingungen bei Abschluss eines Beherrschungs- und Gewinnabführungsvertrags in der Weise anzupassen sind, dass jedenfalls in den Fällen, in denen bei Abschluss des Vertrags davon auszugehen ist, dass die abhängige Gesellschaft in der Zukunft bis zum Ende des Vertrags ohne diesen genügend Gewinn ausgewiesen hätte, um die Genussrechte bedienen zu können, sie dies auch nach Abschluss des Beherrschungs- und Gewinnabführungsvertrags tun muss, ohne dass es auf die dann ausgewiesenen (fiktiven) Gewinne oder Verluste ankommt.[305]

Gestaltungsgrenzen ergeben sich für Genussscheine aus dem Instrument der Vorzugsaktie. Als besondere Aktiengattung unterliegen Letztere den aktienrechtlichen Beschränkungen (§§ 139 ff. AktG).[306] Eine aktiengleiche Ausgestaltung des Genussscheins stellt eine Umgehung dieser Vorschriften auf vertraglicher Grundlage dar und wird überwiegend als unzulässig angesehen.[307] Dies gilt namentlich für Genussscheine, die unkündbar sind, eine rein gewinnorientierte Verzinsung vorsehen und dem Genussrechtsinhaber ledig-

---

303 *Kozikowski/Schubert*, in: Beck'scher Bilanzkommentar § 247 HGB Rn. 229; *Seiler*, in: Spindler/Stilz § 221 Rn. 35.

304 *Raiser/Veil* § 17 Rn. 12; *Habersack*, in: MüKo AktG § 221 Rn. 53.

305 BGH, Urteil vom 28.05.2013 - II ZR 2/12 Tz. 20 ff. (juris).

306 Dazu noch ausführlich unter D II. 1.

307 In der Rechtsprechung bislang offen gelassen von BGHZ 119, 305, 311 f. (Klöckner) = ZIP 1992, 1542; OLG Bremen, AG 1992, 268; OLG Düsseldorf, AG 1991, 438, 439 f.; zur überwiegenden Meinung in der Literatur, vgl. *Habersack*, in: MüKo AktG § 221 Rn. 128; *ders.*, ZHR 155 (1991), 378, 385 f.; *Hirte*, ZIP 1988, 477, 478; *Reuter*, Gutachten DJT, 25; *ders.*, AG 1985, 104 f.; *Schäfer*, WM 1991, 1941, 1943; *Lutter*, in: Kölner Kommentar AktG § 221 Rn. 225 ff.; *Krieger*, in: Münchener Hdb AG § 63 Rn. 67; zur abweichenden Auffassung mit weiteren Nachweisen, vgl. *Hüffer* § 221 Rn. 32 f.

lich eine Beteiligung am Liquidationserlös zusprechen.[308] Für die Gestaltungspraxis ist deshalb darauf zu achten, dass stets eine - wenn auch nur geringfügige - Besserstellung des Genussscheininhabers gegenüber einem Vorzugsaktionär gegeben ist.[309] Ein derartiger nur aktienähnlicher und deshalb zulässiger Genussschein[310] wird etwa angenommen, wenn das Genusskapital - insbesondere auf Grund begrenzter Laufzeit und vorhandener Kündigungsrechte - rückzahlbar ausgestaltet ist,[311] wenn die Genussscheininhaber im Falle der Liquidation im Rang vor den Aktionären am Liquidationserlös zu beteiligen sind,[312] bei Vereinbarung einer gewinnunabhängigen Mindestverzinsung[313] und bei Partizipation an den zu thesaurierenden Teilen des Gewinns.[314]

### b) Partiarische Darlehen

Eine gewisse Ähnlichkeit zum Genussschein weißt das partiarische Darlehen auf.[315] Bei einem partiarischen Darlehen erhält der Darlehensgeber als Vergütung anstelle oder neben einer Zinszahlung eine Beteiligung am Gewinn des Unternehmens.[316] Da Finanzierungsgenussscheine regelmäßig eine Verlustbeteiligung aufweisen, lassen sie sich insoweit rechtssicher von einem (partiarischen) Darlehen, das stets die Rückzahlbarkeit des vollen Darlehensbetrages voraussetzt,[317] abgrenzen.[318] Entsprechendes gilt, wegen der regelmäßig be-

---

308 *Reuter*, Gutachten DJT, 25 f.; *Habersack*, in: MüKo AktG § 221 Rn. 128; *Krieger*, in: Münchener Hdb AG § 63 Rn. 67; *Seiler*, in: Spindler/Stilz § 221 Rn. 29; *Schäfer*, WM 1991, 1941, 1943; vgl. auch OLG Bremen, AG 1992, 268.

309 In der Literatur wird indessen darauf hingewiesen, es handele sich um ein rein akademisches Problem, da aktiengleiche Genussscheine in der Praxis nicht existierten, vgl. *Werner*, ZHR 149 (1985), 236, 240; *Krieger*, in: Münchener Hdb AG § 63 Rn. 67; *Habersack*, in: MüKo AktG § 221 Rn. 128; *Merkt*, in: K.Schmidt/Lutter § 221 Rn. 85.

310 BGHZ 119, 305, 311 (Klöckner) = ZIP 1992, 1542; *Lutter*, in: Kölner Kommentar AktG § 221 Rn. 226 ff.; *Krieger*, in: Münchener Hdb AG § 63 Rn. 67.

311 *Habersack*, in: MüKo AktG § 221 Rn. 128; *Krieger*, in: Münchener Hdb AG § 63 Rn. 67.

312 *Reuter*, in: FS Stimpel, 645, 654 f.; BGHZ 119, 305, 311 (Klöckner) = ZIP 1992, 1542; *Stamm/Ries*, in: Habersack/Mülbert/Schlitt § 24 Rn. 47.

313 *Krieger*, in: Münchener Hdb AG § 63 Rn. 67.

314 *Habersack*, in: MüKo AktG § 221 Rn. 128; *Krieger*, in: Münchener Hdb AG § 63 Rn. 67.

315 *Seiler*, in: Spindler/Stilz § 221 Rn. 31.

316 *Seiler*, in: Spindler/Stilz § 221 Rn. 31; *Peifer*, in: MüKo AktG Vor § 182 Rn. 29; *Stamm/Ries*, in: Habersack/Mülbert/Schlitt § 24 Rn. 40.

317 OLG Stuttgart Urteil vom 14.02.2001 - 4 U 182/00 Tz. 35 ff. (juris) mit weiteren Nachweisen.

318 *Seiler*, in: Spindler/Stilz § 221 Rn. 31; *Peifer*, in: MüKo AktG Vor § 182 Rn. 29; *Schubert*, in: MüKo HGB § 230 Rn. 27; *Gehrlein*, in: Ebenroth/Boujong/Joost/Strohn § 230 Rn. 77; *Stamm/Ries*, in: Habersack/Mülbert/Schlitt § 24 Rn. 40.

grenzten Laufzeit eines partiarischen Darlehens,[319] wenn Genussscheine mit einer unbegrenzten Laufzeit ausgegeben werden.[320]

### c) Stille Beteiligungen

Ein weiteres ähnlich gelagertes Finanzierungsinstrument mit hybridem Charakter ist die stille Gesellschaft (§§ 230 ff. HGB).[321] Bei der Begründung einer stillen Gesellschaft leistet der stille Gesellschafter auf vertraglicher Basis eine Einlage in das Vermögen des Unternehmens (§ 230 Abs. 1 HGB), ohne dafür Anteile an dem Unternehmen zu erhalten.[322] Diese Einlage steht dem Unternehmen grundsätzlich eigenkapitalähnlich auf Dauer - nämlich bis zur Auflösung des Gesellschaftsverhältnisses - ohne feste Verzinsung zur Verfügung und nimmt an Gewinn und Verlust des Unternehmens teil (§§ 231 Abs. 1, 235 Abs. 1 HGB).[323] Entsprechen ist auch eine handelsbilanzielle Einstufung als Eigenkapital möglich.[324] Diese gesetzliche Ausgangskonzeption ist allerdings weitgehend dispositiv. Mindestvoraussetzung ist gleichwohl stets eine gesellschaftsrechtliche auf Gewinnerzielung (§ 231 Abs. 2 Hs. 2 HGB) aus dem Geschäftsbetrieb gerichtete Zweckverbindung.[325]

Insbesondere im Hinblick auf die Verlustbeteiligung sowie Mitsprache- und Kontrollrechte des stillen Gesellschafters sind im Übrigen vielfältige Abweichungen anzutreffen.[326] Die Gestaltungen variieren zwischen einer nur der Kreditaufnahme dienenden, dem Darlehen (§ 488 BGB) angenäherten, stillen Beteiligung und einer eigenkapitalähnlichen schuldrechtlichen Beteiligung am Geschäftsvermögen, die intensive Mitsprache-, Weisungs- und Kontrollrechte eröffnen.[327] Im Einzelfall kann die Abgrenzung zum Genussrecht schwierig sein.[328] Je stärker die Kontroll- und Informationsrechte des stillen Gesellschafters ausgestaltet sind, desto näher liegt die Annahme einer stillen Gesellschaft.[329] Die Vereinbarung eines Festzinses schließt die Qualifikation als Genussrecht gänzlich aus.[330]

---

319 *Schubert*, in: MüKo HGB § 230 Rn. 27; *Hopt*, in: Baumbach/Hopt § 230 HGB Rn. 4.
320 *Peifer*, in: MüKo AktG Vor § 182 Rn. 29.
321 *Peifer*, in: MüKo AktG Vor § 182 Rn. 28.
322 *Wöhe/Bilstein/Ernst/Häcker*, 156.
323 *Peifer*, in: MüKo AktG Vor § 182 Rn. 28.
324 *Häuselmann*, in: Kessler/Kröner/Köhler § 10 Rn. 210.
325 BGHZ 156, 38, 42 ff. = ZIP 2003, 1788; *K.Schmidt*, in: MüKo HGB § 230 Rn. 70.
326 Ausführlich zu den verschiedenen Zwecken und Typen der stillen Gesellschaft, *K.Schmidt*, in: MüKo HGB § 230 Rn. 70 ff.; zu den Informationsrechten des stillen Gesellschafters, vgl. umfassend *Schlitt*, Informationsrechte.
327 *Koller*, in: Koller/Roth/Morck § 230 Rn. 1.
328 BGHZ 156, 38, 42 ff. = ZIP 2003, 1788; *Krieger*, in: Münchener Hdb AG § 72 Rn. 18; nach *Meilicke*, BB 1989, 465 f. sollen Genussrechte stets eine stille Beteiligung begründen.
329 *Stamm/Ries*, in: Habersack/Mülbert/Schlitt § 24 Rn. 42.
330 *Stamm/Ries*, in: Habersack/Mülbert/Schlitt § 24 Rn. 42; *Wagner*, in: Assmann/Schütze § 17 Rn. 22.

Die stille Beteiligung an einer Aktiengesellschaft ist nach heute einhelliger Meinung - wegen der mit dem Abschluss des zu Grunde liegenden Vertrages auch insoweit verbundenen Gefahr einer Verwässerung des Gewinnbezugsrechts der Aktionäre - unabhängig von ihrer Ausgestaltung im Einzelfall als Teilgewinnabführungsvertrag (§ 292 Abs. 1 Nr. 2 AktG) zu qualifizieren, der den besonderen Regelungen der §§ 293 ff. AktG unterliegt.[331] Zur Begründung einer stillen Beteiligung an einer Aktiengesellschaft bedarf es deshalb insbesondere der Zustimmung der Hauptversammlung (§ 293 Abs. 1 Satz 2 AktG) und der Eintragung in das Handelsregister (§ 294 AktG).[332] Ein Bezugsrecht ist den Aktionären der Gesellschaft dagegen nicht zu gewähren, da die §§ 293 ff. AktG insoweit den entsprechenden Regelungen der §§ 186 Abs. 1 Satz 1, 221 Abs. 4 AktG vorgehen (ausdrücklich § 293 Abs. 1 Satz 4 AktG, der den sechsten Teil des ersten Buches des AktG, der auch die §§ 186, 221 AktG enthält, für unanwendbar erklärt).[333]

#### d) Hybridanleihen

Hybridanleihen werden üblicherweise von Banken und Versicherungen,[334] aber auch von (nicht aufsichtsrechtlich regulierten) Unternehmen, etwa aus dem Infrastruktursektor, begeben.[335] Auch für nicht aufsichtsrechtlich regulierte Unternehmen bietet die Begebung einer Hybridanleihe Möglichkeiten, Funktionen des Eigenkapitals mit solchen des Fremdkapitals zu verbinden.[336] Im Vergleich zu herkömmlichen Fremdkapitalinstrumenten verursacht die Emission einer Hybridanleihe höhere Fixkosten (etwa in Form von Rechtsbe-

---

331 BGH, WM 2006, 1154, 1156; BGHZ 156, 38, 42 ff. = ZIP 2003, 1788; OLG Celle, AG 2000, 280; OLG Stuttgart, NZG 2000, 93, 94; OLG Düsseldorf, AG 1996, 473; aus dem Schrifttum grundlegend *Schulze-Osterloh*, ZGR 1974, 427, 431 ff.; ferner *K.Schmidt*, ZGR 1984, 295, 300 ff.; *Bachmann/Veil*, ZIP 1999, 348, 351; *Veil*, in: Spindler/Stilz § 292 Rn. 21; *Emmerich*, in: Emmerich/Habersack § 292 AktG Rn. 29; *Krieger*, in: Münchener Hdb AG § 72 Rn. 18; *Hüffer* § 292 Rn. 15.

332 *Hüffer* § 292 Rn. 15; besondere Bedeutung erlangte die Stille Beteiligung als Finanzierungsinstrument im Rahmen der Finanzmarktkrise. Da die für Unternehmensverträge anwendbaren Regelungen, insbesondere die Notwendigkeit eines Hauptversammlungsbeschlusses und die Eintragung in das Handelsregister, nach Ansicht des Gesetzgebers den Erfolg einer Stabilisierungsmaßnahme in Form einer Stillen Beteiligung des Sonderfonds Finanzmarktstabilisierung an einem Unternehmen des Finanzsektors gefährden könnten, erklärt § 15 Abs. 1 FMStBG in diesem Fall die Regelungen für Unternehmensverträge für unanwendbar, siehe dazu BT-Drucks. 16/10600, 12 liSp; *Veil*, in: Spindler/Stilz § 292 Rn. 21; *Emmerich*, in: Emmerich/Habersack § 292 AktG Rn. 29.

333 BGHZ 156, 38, 42 ff. = ZIP 2003, 1788.

334 Vgl. zur Ausgabe von Hybridanleihen aus der Sicht eines Versicherungsunternehmens, *Ockenga*, VW 2010, 942.

335 *Schlitt/Brandi/Schröder/Gemmel/Ernst*, CFL 2011, 105, auch zum empirischen Befund.

336 Nach *Gleske*, in: Habersack/Mülbert/Schlitt § 19 Rn. 1 hat sich der Markt für - heute weitgehend etablierte - Hybridanleihen nicht regulierter Unternehmen seit 2005 dynamisch entwickelt. Für eine Übersicht zu den jüngsten Emissionen *Gleske*, in: Habersack/Mülbert/Schlitt § 19 Rn. 2 Fn. 4.

ratungskosten, Kosten der Prospekterstellung und Kosten der Börsennotierung).[337] Aus diesem Grund und aus Gründen der Investorenerwartung im Hinblick auf einen liquiden Sekundärmarkt,[338] werden Hybridanleihen üblicherweise von großen kapitalmarktorientierten Unternehmen mit einem Gesamtnennbetrag in Höhe von mehreren 100 Mio. Euro ausgegeben.[339]

Anders als beim Genussrecht kann das durch eine Hybridanleihe aufgenommene Kapital handelsbilanziell regelmäßig nicht dem Eigenkapital zugerechnet werden,[340] weil es weder über die insoweit erforderliche erfolgsabhängige Vergütung noch über eine Verlustteilnahme verfügt.[341] Treiber für die Ausgabe einer Hybridanleihe ist aber auch weniger die Aufnahme handelsbilanziellen Eigenkapitals. Die börsennotierten Emittenten verfolgen vielmehr die Anerkennung des aufgenommenen Kapitals als Eigenkapital durch die maßgeblichen Ratingagenturen - wie Moody's, Standard & Poor's und Fitch - und Fremdkapitalgeber.[342] Für diese ist nicht der handelsbilanzielle Ausweis des Kapitals, sondern eine - an den Kriterien der IFRS (namentlich IAS 32)[343] - orientierte wirtschaftliche Betrachtung maßgeblich.[344] Vor diesem Hintergrund kann eine Hybridanleihen einerseits bilanzielles Fremdkapital sein, was die steuerliche Abzugsfähigkeit des Zinsaufwandes für das Hybridkapital begünstigt,[345] andererseits für Zwecke des Ratings - und damit für die Optimierung der Kapitalstruktur mit Blick auf verbesserte Fremdfinanzierungskonditionen -[346] als Eigenkapital angesehen werden.[347] Anders als im Bilanzrecht, das ein Instrument grundsätzlich entweder als Eigen- oder als Fremdkapital ansieht,[348] wird beim Rating nämlich eine wertende Betrachtung des Instruments vollzogen,[349] deren Ergebnis dessen sog. Equity Credit ist.[350] Rating Agenturen überprüfen das Instrument auf Kriterien wie Laufzeit, Zinszahlungspflicht, Nachrangigkeit im Insolvenzfall, Verlustteilnahme und Vorgaben zur Ersetzung durch gleichrangiges Kapital im Fall

337 *Schlitt/Brandi/Schröder/Gemmel/Ernst*, CFL 2011, 105, 111.

338 *Nölling/Jendruschewitz*, FB 2006, 435, 438.

339 *Schlitt/Brandi/Schröder/Gemmel/Ernst*, CFL 2011, 105, 111.

340 *Häuselmann*, BB 2007, 931, 933; *Gleske*, in Habersack/Mülbert/Schlitt § 19 Rn. 8 Fn. 2.

341 *Häuselmann*, BB 2007, 931, 933.

342 *Gleske*, in: Habersack/Mülbert/Schlitt § 19 Rn. 7.

343 Börsennotierte Unternehmen haben ihren konsolidierten Abschluss nach Maßgabe der IFRS aufzustellen (§ 315a HGB). Siehe im Einzelnen zu IAS 32, *Häuselmann*, in: Kessler/Kröner/Köhler § 10 Rn. 212 und IDW, (IDW RS HFA 9), WPg 2006, 537.

344 *Gleske*, in: Habersack/Mülbert/Schlitt § 19 Rn. 7.

345 *Schlitt/Brandi/Schröder/Gemmel/Ernst*, CFL 2011, 105, 130 ff.

346 *Gleske*, in: Habersack/Mülbert/Schlitt § 19 Rn. 3.

347 *Gleske*, in: Habersack/Mülbert/Schlitt § 19 Rn. 7.

348 *Gleske*, in: Habersack/Mülbert/Schlitt § 19 Rn. 7.

349 *Häuselmann*, in: Kessler/Kröner/Köhler § 10 Rn. 212.

350 *Häuselmann*, BB 2007, 931, 931; *v.Dryander/Niggemann*, in: Hölters Vor § 182 Rn. 6; *Gleske*, in: Habersack/Mülbert/Schlitt § 19 Rn. 7.

der Rückzahlung.[351] Im Ergebnis kann die Eigenkapitalanrechnung zwischen 0 % (reines Fremdkapital) und 100 % (reines Eigenkapital) liegen.[352] Diese Möglichkeit einer partiellen Eigenkapitalqualifikation von Hybridanleihen durch Rating-Agenturen haben sie zu einem interessanten Finanzierungsinstrument gemacht.[353]

Dies ist nicht zuletzt auch aus gesellschaftsrechtlichen Gründen der Fall. Zum einen beeinträchtigt die Ausgabe einer Hybridanleihe, wie im Rahmen der klassischen Fremdkapitalfinanzierung, auch wenn sie einen hohen Equity Credit aufweist, nicht die mitgliedschaftliche Position der Aktionäre.[354] Zum anderen ist weder ein vorheriger Hauptversammlungsbeschluss erforderlich,[355] noch den Aktionären (entsprechend der Situation bei der stillen Beteiligung) ein Bezugsrecht einzuräumen.[356]

Obwohl die Vorgaben des IAS 32 teilweise strenge Anforderungen an die Eigenkapitalzurechnung eines Instruments stellen, die mit den Renditeerwartungen der Investoren kaum vereinbar sind,[357] hat die Gestaltungspraxis Hybridanleihen platziert, die in der IFRS Bilanz als Eigenkapital ausgewiesen werden.[358] Typische Eigenschaften dieser Anleihen sind ihre unbegrenzte Laufzeit,[359] der Ausschluss des Kündigungsrechts der Investoren,[360] Kündigungsrechte des Emittenten, deren Ausnutzung vor Ablauf einer Grundlauf-

---

351 *Gleske*, in: Habersack/Mülbert/Schlitt § 19 Rn. 6.

352 *Gleske*, in: Habersack/Mülbert/Schlitt § 19 Rn. 6; *Häuselmann*, in: Kessler/Kröner/Köhler § 10 Rn. 251.

353 *Vater*, FB 2006, 44; *Häuselmann*, in: Kessler/Kröner/Köhler § 10 Rn. 251.

354 *Häuselmann*, BB 2007, 931, 931; *ders.*, in: Kessler/Kröner/Köhler § 10 Rn. 252; *Gleske*, in: Habersack/Mülbert/Schlitt § 19 Rn. 3.

355 *Häuselmann*, BB 2007, 931, 931; *Schlitt/Brandi/Schröder/Gemmel/Ernst*, CFL 2011, 105, 127 weisen allerdings daraufhin, dass ein Hauptversammlungsbeschluss freilich dann erforderlich sein kann, wenn die Hybridanleihe mit einem Wandlungselement ausgestattet werden soll.

356 *Häuselmann*, BB 2007, 931, 931.

357 So verlangt etwa IAS 32.19, dass Zinszahlungen auf das überlassene Kapital im alleinigen Ermessen des Emittenten stehen.

358 *Gleske*, in: Habersack/Mülbert/Schlitt § 19 Rn. 10.

359 *Schaber/Isert*, BB 2006, 2401, 2401.

360 *Schaber/Isert*, BB 2006, 2401, 2401. Das Recht zur außerordentlichen Kündigung kann indessen jedenfalls für nach deutschem Recht begebene Hybridanleihen nicht ausgeschlossen werden. § 314 BGB statuiert für Dauerschuldverhältnisse ein nicht abdingbares Kündigungsrecht bei Vorliegen eines wichtigen Grundes. Für den praktisch bedeutsamen Fall der Nichterbringung von Zinszahlungen durch den Emittenten, enthalten Anleihebedingungen indessen meist umfangreiche Regelungen, die insbesondere das Recht des Emittenten vorsehen, Zinszahlungen aufzuschieben, ohne dadurch in Zahlungsverzug zu geraten. Macht der Emittent von vertraglich definierten Rechten Gebrauch, fehlt es an einer für eine außerordentliche Kündigung erforderlichen Nichterbringung der Leistung, vgl. *Schlitt/Brandi/Schröder/Gemmel/Ernst*, CFL 2011, 105, 107.

zeit ein Recht der Investoren auf Zahlung einer Vorfälligkeitsentschädigung begründet,[361] geringfügige Zins-Step-ups nach Ablauf der Grundlaufzeit,[362] vertragliche Zinsaufschubmechanismen[363] und Nachrangabreden[364].

### e) Aktienverwandte Produkte (*equity linked*)

Eine weitere Möglichkeit, Eigen- und Fremdkapitalfunktionen der Finanzierung miteinander zu kombinieren, bietet die Ausgabe einer Anleihe, die mit einem Wandlungs- oder Optionsrecht auf Aktien des Emittenten verbunden wird. Auch insoweit wird von mezzaninen oder hybriden Finanzierungsformen (einer eigenständigen Anlageklasse)[365] gesprochen.[366] Ihre Ausgestaltung variiert je nach Zielsetzung der angestrebten Finanzierung. Unterschieden wird im Ausgangspunkt zwischen Wandelanleihen (*convertible bonds*), Optionsanleihen (*bonds with warrants*) und Umtauschanleihen (*exchangeable bonds*).[367]

#### aa) Wandelanleihen

Wandelanleihen sind Inhaberschuldverschreibungen, die wie eine gewöhnliche Anleihe als Teilschuldverschreibungen in einer der Investorennachfrage entsprechenden Stückelung am Kapitalmarkt platziert werden. Anders als gewöhnliche Anleihen gewähren Wandelanleihen den Investoren das Recht, ihren verbrieften Rückzahlungsanspruch in Aktien des Emittenten zu wandeln.[368] Die neuen Aktien werden regelmäßig aus einem - typischerweise gleichzeitig geschaffenen - bedingten Kapital zur Verfügung gestellt (vgl. § 192 Abs. 2 Satz 1 AktG).[369] Wie viele Aktien des Emittenten ein Anleger an

---

361 *Gleske*, in: Habersack/Mülbert/Schlitt § 19 Rn. 23.

362 *Hutter*, in: Habersack/Mülbert/Schlitt, 2. Auflage, § 15 Rn. 18. Hintergrund einer solchen Vereinbarung ist das Interesse der Investoren an einem kalkulierbaren Anlagehorizont. Der Zins-Step-up gibt den Investoren eine gewisse Sicherheit dafür, dass der Emittent von seinem vertraglich eingräumten Kündigungsrecht nach der Grundlaufzeit Gebrauch macht und die Anleihe zurückzahlt, um sich eine günstigere Refinanzierung zu verschaffen, vgl. *Hutter*, in: Habersack/Mülbert/Schlitt, 2. Auflage, § 15 Rn. 18; *Schlitt/Brandi/Schröder/Gemmel/Ernst*, CFL 2011, 105, 109; *Gleske*, in: Habersack/Mülbert/Schlitt § 19 Rn. 23.

363 *Apfelbacher/Kopp*, CFL 2011, 21, 23 und ausführlich zur ihrer Funktionsweise *Gleske*, in: Habersack/Mülbert/Schlitt § 19 Rn. 26 ff.

364 *Gleske*, in: Habersack/Mülbert/Schlitt § 19 Rn. 30.

365 Zu den auf diese Anlageklasse spezialisierten Investoren *Madjlessi/Leopold*, in: Habersack/Mülbert/Schlitt § 11 Rn. 28 ff.

366 Siehe etwa *Madjlessi/Leopold*, in: Habersack/Mülbert/Schlitt § 11 Rn. 1.

367 Siehe darüber hinaus zu weiteren, insbesondere synthetischen Anleihestrukturen, *Schlitt/Hemeling*, in: Habersack/Mülbert/Schlitt, 2. Auflage, § 10 Rn. 39 ff. und *Schlitt/Kammerlohr*, in: Habersack/Mülbert/Schlitt, 2. Auflage, § 11 Rn. 12.

368 *Madjlessi/Leopold*, in: Habersack/Mülbert/Schlitt § 11 Rn. 3.

369 *Schlitt/Hemeling*, in: Habersack/Mülbert/Schlitt § 12 Rn. 33. Die Ausgabe der neuen Aktien aus einem genehmigten Kapital wird einhellig nur als Notbehelf angesehen, da

Stelle einer Rückzahlung erhalten kann, richtet sich nach dem in den Anleihebedingungen festgelegten Wandlungspreis (*conversion price*).[370] Dieser liegt regelmäßig über dem zum Zeitpunkt der Begebung der Wandelanleihe bestehenden Aktienkurs und enthält so eine Wandlungsprämie (*conversion premium*).[371] Deshalb ist für den Anleger eine Aufgabe seiner Gläubigerstellung nur dann wirtschaftlich sinnvoll, wenn der Aktienkurs im Zeitpunkt der Wandlung über dem Wandlungspreis liegt.[372] Gegen eine negative Kursentwicklung ist er durch seinen festen Rückzahlungsanspruch geschützt (*downward protection*).[373]

Das in einer Wandelanleihe enthaltene - aus Anlegersicht attraktive - spekulative Element ist der Grund dafür, dass Wandelanleihen regelmäßig niedriger verzinst werden müssen als gewöhnliche Anleihen.[374] Aus Sicht des Emittenten stellt diese Finanzierungsform also zunächst eine vergleichsweise günstige Fremdfinanzierungsvariante dar, die im Falle einer Wandlung sogar ohne Liquiditätsverlust auskommt.[375] Bei voraussichtlich steigendem Aktienkurs stellt sich zudem die Vermarktung einer Wandelanleihe oftmals einfacher dar, als die einer Kapitalerhöhung durch Ausgabe neuer Aktien.[376] Bis zur Wandlung stehen die Investoren dem Emittenten wie Fremdkapitalgeber gegenüber und verfügen über keinerlei gesellschaftsrechtliche Einflussnahmemöglichkeiten.[377]

Das Wandelelement kann unterschiedlich ausgestaltet werden. Neben dem bereits beschriebenen Wahlrecht des Anlegers, kann die Wandlung im Falle eines Rückzahlungsbegehrens auch in das Belieben des Emittenten gestellt (*soft mandatory convertbile*) oder gar als Pflichtwandlung am Ende der Laufzeit (*mandatory convertible*) ausgestaltet werden.[378] Eine Ausgestaltung als Pflicht-

---

die Voraussetzungen der §§ 202 ff. AktG konzeptionell nicht dem Mechanismus einer Wandelanleihe gerecht werden. Dies wird besonders deutlich an der - nur für das bedingte Kapital geltenden - Vorschrift des § 194 Abs. 1 Satz 2 AktG, wonach Als die Hingabe von Schuldverschreibungen im Umtausch gegen Bezugsaktien nicht als Sacheinlage gilt, vgl. dazu *Seiler*, in: Spindler/Stilz § 221 Rn. 77 und insgesamt zur Unterlegung einer Wandelanleihe mit Aktien aus genehmigtem Kapital, Rn. 71 ff.

370 *Schlitt/Hemeling*, in: Habersack/Mülbert/Schlitt § 12 Rn. 2.

371 *Schlitt/Hemeling*, in: Habersack/Mülbert/Schlitt § 12 Rn. 2 Fn. 2.

372 *Madjlessi/Leopold*, in: Habersack/Mülbert/Schlitt § 11 Rn. 1; freilich kann der Anleger auch ohne Ausübung seines Wandlungsrechts an einer Kurssteigerung der zu Grunde liegenden Aktie partizipieren, wenn er die Wandelanleihe am Markt gewinnbringend veräußert, vgl. *Müller-Eising*, in: Eilers/Rödding/Schmalenbach D II. Rn. 73.

373 *Schlitt/Hemeling*, in: Habersack/Mülbert/Schlitt § 12 Rn. 6.

374 *Groß*, in: Marsch-Barner/Schäfer § 51 Rn. 24; *Schlitt/Hemeling*, in: Habersack/Mülbert/Schlitt § 12 Rn. 5.

375 *Groß*, in: Marsch-Barner/Schäfer § 51 Rn. 24; *Schlitt/Hemeling*, in: Habersack/Mülbert/Schlitt § 12 Rn. 5 f.

376 *Schlitt/Hemeling*, in: Habersack/Mülbert/Schlitt § 12 Rn. 5.

377 *Schlitt/Hemeling*, in: Habersack/Mülbert/Schlitt § 12 Rn. 4, 15.

378 Zur Zulässigkeit von Pflichtwandelanleihen *Groß*, in: Marsch-Barner/Schäfer § 51 Rn. 7; *Rozijn*, ZBB 1998, 77, 88 ff.; *Schlitt/Seiler/Singhof*, AG 2003, 254, 266 f.;

wandelanleihe gibt dem Emittenten nicht nur erhöhte Planungssicherheit (keine Rückzahlung in bar), sondern kann sowohl bilanziell als auch unter Ratinggesichtspunkten Bedeutung erlangen.[379] Jedenfalls nach IFRS-Bilanzrecht werden Pflichtwandelanleihen als Eigenkapital qualifiziert.[380] Entsprechendes gilt grundsätzlich für den Equity Credit im Rahmen des Ratings.[381] Investoren verlieren bei der Ausgestaltung als Pflichtwandelanleihe ihre Absicherung gegen Kursverluste der zu Grunde liegenden Aktie (ihren *bond floor*).[382] Aus diesem Grund werden Pflichtwandelanleihen im Vergleich zu gewöhnlichen Wandelanleihen mit einer Downward Protection - in Form des Rückzahlungsanspruchs - höher verzinst.[383] Eine in jüngerer Vergangenheit häufiger beobachtete Form der Wandelanleihe sieht eine Wandlung in Aktien beim Eintritt bestimmter in den Anleihebedingungen niedergelegter Ereignisse (*trigger events*) vor (*contingent convertible bonds - coco bonds*).[384] Die Entwicklung befindet sich insoweit noch im Fluss.[385] Hervorzuheben ist die Möglichkeit, im Falle von Krisensituationen, ein Recht des Emittenten auf Umwandlung in Aktien der Gesellschaft vorzusehen.[386]

Als Möglichkeit zur „gestreckte(n) Aufnahme von Eigenkapital"[387] kommt Wandelanleihen in der Unternehmensfinanzierung eine besondere Bedeutung zu.[388] Wegen ihrer Nähe zur Eigenkapitalaufnahme durch Ausgabe neuer Ak-

---

*Schlitt/Hemeling*, in: Habersack/Mülbert/Schlitt § 12 Rn. 65; *Seiler*, in: Spindler/Stilz § 221 Rn. 151.

379 *Kleidt/Schiereck*, BKR 2004, 18, 19; *Schlitt/Hemeling*, in: Habersack/Mülbert/Schlitt § 12 Rn. 63.

380 *Schlitt/Hemeling*, in: Habersack/Mülbert/Schlitt § 12 Rn. 63 Fn. 4; *Madjlessi/Leopold*, in: Habersack/Mülbert/Schlitt § 11 Rn 35; *Habersack*, in: MüKo AktG § 221 Rn. 11.

381 *Madjlessi/Leopold*, in: Habersack/Mülbert/Schlitt § 11 Rn. 35; *Kleidt/Schiereck*, BKR 2004, 18, 19.

382 Siehe zum dynamischen Eigenkapitalcharakter von Wandelanleihen in Abhängigkeit von der Ausgestaltung des Wandlungselements, die Grafik bei *Madjlessi/Leopold*, in: Habersack/Mülbert/Schlitt § 11 Rn. 35,

383 *Kleidt/Schiereck*, BKR 2004, 18, 19.

384 *Schlitt/Hemeling*, in: Habersack/Mülbert/Schlitt § 12 Rn. 9.

385 Siehe zu Zulässigkeitsfragen und möglichen Anwendungsfällen, *Schlitt/Hemeling*, in: Habersack/Mülbert/Schlitt § 12 Rn. 10 f. und allgemein zu CoCo-Bonds in Deutschland, *Nodoushani*, ZBB 2011, 143.

386 Der der parlamentarischen Diskontinuität zum Opfer gefallene Referentenentwurf einer Aktienrechtsnovelle sprach von einem auf Vorrat angelegten Debt-Equity-Swap, der im Notfall geräusch- und problemlos vollzogen werden könne, vgl. Referentenentwurf des Bundesministeriums der Justiz, Gesetz zur Änderung des Aktiengesetzes, 17, abrufbar unter http://gesetzgebung.beck.de/sites/gesetzgebung.beck.de/files/RefE-Aktienrechtsnovelle%202011.pdf. Zur Aktienrechtnovelle siehe auch noch unter D. II. 1. b) cc).

387 *Wehrhahn*, 41; Begriff auch bei *Schlitt/Löschner*, BKR 2002, 150, 151 im Zusammenhang mit Optionsanleihen.

388 *Schlitt/Hemeling*, in: Habersack/Mülbert/Schlitt § 12 Rn. 6.

tien, die in der wandlungsbedingten Verwässerungsgefahr für die bestehenden Aktionäre zum Ausdruck kommt, ist den Aktionären der Gesellschaft bei der Ausgabe neuer Wandelanleihen ein Bezugsrecht einzuräumen (§ 221 Abs. 4 Satz 1 AktG).[389] Darüber hinaus bedarf die Ausgabe bzw. die Ermächtigung zur Ausgabe[390] der vorherigen Legitimation durch einen Hauptversammlungsbeschlusses (§ 221 Abs. 1, 2 Satz 1 AktG).[391] Da es sich bei der Ausgabe einer Anleihe um eine Geschäftsführungsmaßnahme handelt,[392] entfaltet der Beschluss der Hauptversammlung seine Legitimationswirkung aber nur im Innenverhältnis.[393] Gibt der Vorstand eine Wandelanleihe ohne Zustimmung der Hauptversammlung aus, verletzt er zwar seine Legalitätspflicht[394] gegenüber der Gesellschaft,[395] die Anleihe entfaltet aber gleichwohl volle rechtliche Wirkung im Außenverhältnis.[396]

**bb) Optionsanleihen**

Die Optionsanleihe ist zwar ebenfalls mit einem Recht auf den Erwerb von Aktien des Emittenten - typischerweise innerhalb eines bestimmten Zeitraumes zu einem festgelegten Entgelt -[397] ausgestattet. Dieses Optionsrecht ist allerdings von dem Bestand der Anleihe unabhängig.[398] Bei Ausübung der Option besteht der verzinsliche Rückzahlungsanspruch des Anlegers fort, sofern der Anleger nicht von einem etwaigen in den Anleihebedingungen eingeräumten Verrechnungsmechanismus Gebrauch macht. Die Optionsanleihe und das üblicherweise in einem separaten Optionsschein verbriefte Rechte

389 Da Wandelanleihen typischerweise im Wege von Privatplatzierungen an institutionelle Investoren ausgegeben werden, bedarf es regelmäßig eines Bezugsrechtsausschlusses. Zu den damit verbundenen Rechtsfragen, siehe ausführlich *Schlitt/Hemeling*, in: Habersack/Mülbert/Schlitt § 12 Rn. 47 ff.

390 Die Ermächtigung zur Ausgabe von Wandelschuldverschreibungen ist in der Praxis aus Gründen der Flexibilität der Regelfall, vgl. *Schlitt/Hemeling*, in: Habersack/Mülbert/Schlitt § 12 Rn. 25.

391 Der Beschluss erfolgt regelmäßig mit Drei-Viertel-Mehrheit (§ 221 Abs. 1 Satz 2 AktG). Zwar kann die Satzung im Grundsatz auch eine geringere Mehrheit ausreichen lassen (§ 221 Abs. 1 Satz 3 AktG). Da Wandelanleihen aber regelmäßig unter Ausschluss des Bezugsrechts ausgegeben werden, kommt dies - worauf *Seiler*, in: Spindler/Stilz § 221 AktG Rn. 54 hinweist - angesicht der insoweit zwingenden Drei-Viertel-Mehrheit (§§ 221 Abs. 4 Satz 2, 186 Abs. 3 Satz 2) faktisch nicht in Betracht.

392 *Hüffer* § 221 Rn. 3.

393 *Hüffer* § 221 Rn. 52.

394 Zur aus der Generalklausel des § 93 Abs. 1 Satz 1 AktG entwickelten Systematik der Vorstandspflichten *Fleischer*, in: Spindler/Stilz § 93 Rn. 10 ff. und Rn. 20 zur Wahrung der gesetzlichen Kompetenzordnung als Ausprägung der Legalitätspflicht.

395 Mit der Folge einer möglichen Schadensersatzpflicht nach § 93 Abs. 2 Satz 1 AktG *Hüffer* § 221 Rn. 52.

396 *Hüffer* § 221 Rn. 52; *Habersack*, in: MüKo AktG § 221 Rn. 150; *ders.*, in: FS Nobbe, 539, 540; *Lutter*, in: Kölner Kommentar AktG § 221 Rn. 114.

397 *Schlitt/Löschner*, BKR 2002, 150, 151.

398 *Schlitt/Hemeling*, in: Habersack/Mülbert/Schlitt § 12 Rn. 3.

zum Aktienerwerb können - sofern nicht in den Anleihebedingungen ausgeschlossen - voneinander getrennt und separat gehandelt werden.[399] So erhält ein Anleger neben der festen Verzinsung der Anleihe eine zusätzliche Gewinnchance über das Optionsrecht. Wie bei der Wandelanleihe stellt sich der Aktienerwerb durch Ausübung der Option nur dann als wirtschaftlich sinnvoll dar, wenn der Aktienkurs über dem in der Option festgelegten Erwerbspreis liegt. Wegen des spekulativen Elements werden auch Optionsanleihe typischerweise niedriger verzinst als einfache Anleihen.[400] Im Hinblick auf die aktienrechtlichen Voraussetzungen ihrer Begebung gilt das zu Wandelanleihen Gesagte. Insbesondere bedarf es dazu eines Hauptversammlungsbeschlusses (§ 221 Abs. 1, 2 AktG) und grundsätzlich der Einräumung eines Bezugsrechts zu Gunsten der Aktionäre des Emittenten (§ 221 Abs. 4 Satz 1 AktG).[401]

### cc) Umtauschanleihen

Die Konzeption von Umtauschanleihen weicht von dem Wandel- und Optionsanleihen zugrunde liegenden Mechanismus insoweit ab, als sich das Umtauschelement nicht auf neue Aktien des Anleiheemittenten (oder mit ihm verbundene Unternehmen), sondern auf bereits bestehende Aktien eines Dritten bezieht.[402] Aus Sicht des Investors ändert sich dadurch freilich wenig. Auch bei der Umtauschanleihe ist die Ausübung des Umtauschrechts nur dann sinnvoll, wenn der Aktienkurs der Zielgesellschaft über dem Umtauschpreis (*exchange price*) liegt.[403]

Aus Sicht des Emittenten kombiniert auch eine Umtauschanleihe auf diese Weise, insbesondere, wenn sie als Pflichtumtauschanleihe (*mandatory exchangeable bond*) ausgestaltet ist, eine wegen des spekulativen Bestandteils günstige Fremdfinanzierung[404] mit der Möglichkeit, eine Unternehmensbeteiligung über einen längeren Zeitraum gestreckt zu veräußern.[405] Anders als bei Wandel- und Optionsanleihen unterliegt die Ausgabe von Umtauschanleihen aber

---

399 *Madjlessi/Leopold*, in: Habersack/Mülbert/Schlitt § 11 Rn. 5; *Schlitt/Hemeling*, in: Habersack/Mülbert/Schlitt § 12 Rn. 3.

400 *Hüffer* § 221 Rn. 7; siehe auch BGH, Beschluss vom 25.10.1994 - XI ZR 43/94 Tz. 6 (juris) = ZIP 1994, 1924.

401 Siehe zu den gesellschaftsrechtlichen Rahmenbedingungen der Ausgabe von Optionsanleihen ausführlich *Schlitt/Löschner*, BKR 2002, 150, 151 ff.

402 *Wiese/Dammer*, DStR 1999, 867; *Zahn/Lemke*, BKR 2002, 527, 532; *Häuselmann/Wagner*, BB 2002, 2431, 2433; *Schlitt/Kammerlohr*, in: Habersack/Mülbert/Schlitt § 13 Rn. 1; *Seiler*, in: Spindler/Stilz § 221 Rn. 41.

403 *Schlitt/Kammerlohr*, in: Habersack/Mülbert/Schlitt § 13 Rn. 1.

404 Auch die Pflichtumtauschanleihe wird wegen des zusätzlichen spekulativen Elements niedriger verzinst als eine gewöhnliche Anleihe, vgl. *Schlitt/Kammerlohr*, in: Habersack/Mülbert/Schlitt § 13 Rn. 3.

405 *Schlitt/Kammerlohr*, in: Habersack/Mülbert/Schlitt § 13 Rn. 3; *Schlitt/Seiler/Singhoff*, AG 2003, 254, 255.

nicht den Voraussetzungen des § 221 AktG.[406] Da im Umtauschfall nicht Aktien des Emittenten sondern Aktien eines Dritten gewährt werden, besteht zu keinem Zeitpunkt eine Gefährdung der mitgliedschaftlichen Rechte der Aktionäre des Emittenten.[407] Deshalb setzt die Begebung einer Umtauschanleihe weder einen Hauptversammlungsbeschluss voraus, noch ist den Aktionären ein Bezugsrecht einzuräumen.[408]

## IV. Unternehmensfinanzierung in Deutschland

In Kontinentaleuropa und insbesondere in Deutschland wohl noch vorherrschend ist ein am Stakeholder Value[409] ausgerichtetes bankenorientiertes Fremdfinanzierungssystem.[410] Große Investitionen werden in diesem System primär durch die Aufnahme von Fremdkapital in Form von Bankkrediten ermöglicht.[411] Damit einhergehen zum einen ein ausgeprägter Gläubigerschutz und zum anderen eine faktische Unternehmenskontrolle durch gut informierte Banken und wechselseitige Beteiligungen einflussreicher Großaktionäre.[412]

*Borio*[413] sowie *Francfort/Rudolph*[414] stellten Anfang der 1990er Jahre einen für deutsche Publikumsgesellschaften branchenübergreifend um 15%-20% höheren Fremdkapitalanteil im Vergleich zu US-amerikanischen Publikumsgesellschaften fest und führten diesen auf diese institutionellen Besonderheiten zurück.[415] Langfristig aufgebaute enge Beziehungen der Industrie zur Kreditwirtschaft, die sich einerseits durch eine stark konzentrierte Gläubigerstruktur und andererseits durch signifikante Kontroll- und Mitbestimmungsrechte der kreditgebenden Banken sowie eine hohe Repräsentanz von Bankenvertretern in den Aufsichtsgremien der Gesellschaften, auszeichneten, begünstigten besonders niedrige Agency Kosten der Kreditaufnahme und führten damit zu

---

406 Einhellige Meinung, vgl. nur *Hüffer* § 221 Rn. 70; *Schlitt/Kammerlohr*, in: Habersack/Mülbert/Schlitt § 13 Rn. 17; *Seiler*, in: Spindler/Stilz § 221 Rn. 185.

407 *Schlitt/Kammerlohr*, in: Habersack/Mülbert/Schlitt § 13 Rn. 17.

408 *Schlitt/Kammerlohr*, in: Habersack/Mülbert/Schlitt § 13 Rn. 17 ff.

409 Der Begriff des Stakeholder Value bezeichnet eine in der Management-Theorie entwickelte Führungstechnik, nach der eine Unternehmung durch verschiedene Anspruchsgruppen konstituiert wird: Eigenkapitalgeber, Fremdkapitalgeber, Arbeitnehmer, Management, Kunden, Lieferanten und die allgemeine Öffentlichkeit. Jede dieser Gruppen leistet einen spezifischen Beitrag zur betrieblichen Leistungserstellung und muss daher an der Unternehmensführung teilhaben, vgl. *Wöhe*, 76 ff.

410 Zu den Hintergründen, *Rudolf*, in: Habersack/Mülbert/Schlitt § 1 Rn. 31 ff. und *Eilers*, in: Eilers/Rödding/Schmalenbach A II. Rn. 10 ff.

411 Sachverständigenrat Gutachten, 457.

412 Sachverständigenrat Gutachten, 457; *Rudolf*, in: Habersack/Mülbert/Schlitt § 1 Rn. 3.

413 *Borio* 1990.

414 *Francfort/Rudolph*, zfbf 1992, 1059.

415 Zusammenfassend *Jostarndt/Wagner*, 3.

einer traditionellen Begünstigung der Fremdfinanzierung gegenüber einer Eigenkapitalfinanzierung durch Ausgabe neuer Aktien.[416]

Historisch wird die stärkere Ausrichtung an der Fremdfinanzierung auf die Ausgangssituation der deutschen Unternehmenslandschaft nach dem zweiten Weltkrieg zurückgeführt.[417] Der Verlust des Geldvermögens und die weitreichende Zerstörung der Betriebe führten zwangsläufig zu einer Abhängigkeit von umfangreichen Fremdfinanzierungsmaßnahmen.[418] Dieser Umstand trägt auch zur Erklärung der historischen steuerlichen Begünstigung der Fremdkapitalfinanzierung bei.[419]

Die Gegenposition bildet ein am Kapitalmarkt und dessen Funktionen[420] orientiertes anglo-amerikanisches Modell, in dessen Mittelpunkt der Shareholder Value[421] steht. Die Finanzierung erfolgt über Aktien und Unternehmensanleihen, die Kontrolle des Managements über den Markt für Unternehmenskontrolle[422]. Der Anlegerschutz ist stärker ausgeprägt. Der generische Unterschied beider Systeme schlägt sich auch in der Bezeichnung als bank- vs. arm's-length-basiert nieder.[423] Beide Systeme sind idealtypisch und rechtfertigen sich aus dem jeweiligen Umfeld und der Wirtschaftsstruktur eines Landes. In der Realität finden sich in allen Finanzsystemen Elemente beider Modelle.[424]

Zwar wird der Bankkredit nach wie vor als zentrale Finanzierungsquelle deutscher Unternehmen angesehen.[425] Gleichwohl ist seit Ende der 1980er Jahre in Kontinentaleuropa und damit auch in Deutschland eine zunehmend

---

416 *Jostarndt/Wagner*, 3; zu diesem Aspekt auch Monatsbericht der Deutschen Bundesbank 01/2012, 15.

417 *Rudolf*, in: Habersack/Mülbert/Schlitt § 1 Rn. 32.

418 *Rudolf*, in: Habersack/Mülbert/Schlitt § 1 Rn. 32.

419 *Rudolf*, in: Habersack/Mülbert/Schlitt § 1 Rn. 32.

420 Die Regelungsziele eines funktionierenden Kapitalmarktes werden gemeinhin aufgeteilt in die allokative, die operationale und die institutionelle Effizienz, vgl. *Lenenbach*, 1.72 ff.

421 Eine am Shareholder Value orientierte Unternehmensleitung erfolgt im Sinne der Anteilseigner. Ziel ist die Maximierung des Unternehmenswertes, verstanden als Wert des Eigenkapitals, dazu aus der Lehrbuchliteratur *Wöhe*, 72 ff.

422 Die These des "Marktes für Unternehmenskontrolle" wurde von dem US-amerikanischen Juristen *Henry Manne* begründet und besagt, dass der Aktienkurs eines Unternehmens die Qualität seines Managements widerspiegelt. Sinke der Kurs unter einen Wert, der dem Wert bei angemessener Unternehmensleitung entspricht, steige die Wahrscheinlichkeit eines Übernahmeangebots. So stelle der Markt für Unternehmenskontrolle einen Mechanismus zur Disziplinierung der Unternehmensleitung und zur Reduzierung der Agency Kosten dar, *Manne*, 113 und ferner *Hirte/Heinrich*, in: Kölner Kommentar WpÜG Einl. Rn. 15.

423 *Jostarndt/Wagner*, 3.

424 Siehe dazu Sachverständigenrat Gutachen, 456.

425 Siehe etwa *Kaserer/Fey/Kuhn*, 13.

stärkere Marktorientierung zu beobachten.[426] Zur Begründung wird auf langfristige systematische Veränderungen im Hinblick auf Akteure und Reichweite der Finanzsysteme hingewiesen. Die Globalisierung der Weltwirtschaft und die damit einhergehende Internationalisierung der Finanzmärkte führten zu einem zunehmenden Einfluss meist angelsächsisch geprägter institutioneller Investoren, deren hohe Anforderungen an funktionierende Märkte dazu beitrugen, die Standards eines kapitalmarktorientierten Systems der Unternehmensfinanzierung auch in Kontinentaleuropa rechtspolitisch zunehmend durchzusetzen.[427] Als ein Resultat dieser Entwicklung - und gleichzeitiger Antrieb, den eingeschlagenen Weg fortzuführen - wird der Umstand angesehen, dass sich mittlerweile breite Bevölkerungsschichten den Kapitalmärkten geöffnet haben. So ist etwa der Anteil von Aktien am Geldvermögen privater Haushalte von 6,5% im Jahre 1991 auf 13,4% im Jahre 1999 und der Nettoerwerb von Aktien in diesem Zeitraum von 0,3 Mrd. auf über 20 Mrd. angestiegen.[428] Hier spielt auch die demographische Entwicklung und das damit einhergehende Wachstum der kapitalgedeckten - im Gegensatz zur umlagefinanzierten - Altersvorsorge eine bedeutende Rolle.[429]

Auf Seiten der Unternehmensfinanzierung findet dieser Trend seinen Beleg in dem Verhältnis der kapitalmarktorientierten Finanzierung zu der klassischen Kreditfinanzierung. So stieg der Anteil von Aktien und Unternehmensanleihen in der Unternehmensfinanzierung im Vergleich zum Bankkredit im Zeitraum von 1995 bis 2010 signifikant an.[430] War der Bestand an Unternehmenskrediten im Jahre 1995 noch etwa dreimal so hoch wie die Börsenkapitalisierung (als Maß für die Größe des Eigenkapitalmarktes) deutscher Unternehmen, lagen die Zahlen im Jahre 2010 nahe beieinander.[431]

Als weiterer Indikator für die wachsende Bedeutung der Eigenkapitalfinanzierung wird das Verhältnis der Marktkapitalisierung inländischer Emittenten zum Bruttoinlandsprodukt herangezogen.[432] Die Börsenkapitalisierung deutscher Unternehmen liegt zwar, ebenso wie in anderen kontinentaleuropäischen Volkswirtschaften, mit Ausnahme der Schweiz und den

---

426 Dazu *Jostarndt/Wagner*, 7 ff.; *Kaserer/Fey/Kuhn*, 13 sprechen gar von einer grundlegenden Veränderung des deutschen Finanzsystems in den letzten 25 Jahren; siehe auch Sachverständigenrat Gutachten, 455 ff.

427 Zu der angesprochenen Entwicklung *Wittig*, in: Kümpel/Wittig 1.25 ff.; *Assmann*, in: Assmann/Schütze § 1 Rn. 5 ff.; *Rudolf*, in: Habersack/Mülbert/Schlitt § 1 Rn. 3 ff.

428 *Wittig*, in: Kümpel/Wittig 1.29.

429 *Kaserer/Lenz*, 10, 34 ff.; *Kaserer/Fey/Kuhn*, 15; ferner zu diesem Aspekt, *Bayreuther*, JUS 1999, 651, 654.

430 *Kaserer/Fey/Kuhn*, 13.

431 *Kaserer/Fey/Kuhn*, 13 zeigen im Jahre 1995 für den Bankkredit einen Anteil von 75 %, für Aktien von 25 % und für Unternehmensanleihen von 0 %; im Jahre 2010 werden dagegen für den Bankkredit nur noch 44 %, für Aktien dagegen 50 % und für Unternehmensanleihen 6 % ausgewiesen.

432 *Kaserer/Fey/Kuhn*, 14; *Schanz* § 1.

Niederlanden,[433] traditionell unter den Werten der angelsächsischen Industriestaaten. Dies belegen die jährlich veröffentlichten Statistiken des Deutschen Aktieninstituts. Danach betrug die gesamte Börsenkapitalisierung deutscher Unternehmen im Jahr 2009 1.292.355 Millionen US-$. Dies entsprach ca. 46% relativ zum BIP. Im Vergleich betrug die Börsenkapitalisierung im gleichen Jahr in den USA ca. 15.000.000 Millionen US-$ und in Großbritannien 2.796.444 US-$, was 106% bzw. 133% relativ zum BIP bedeutete.[434] Allerdings hat sich diese Kennziffer in Deutschland von durchschnittlich 32% in den 90er Jahren auf durchschnittlich 48% im Zeitraum von 2000 bis 2010 erhöht.[435] Trotz einer Unterbrechung durch die Finanzmarktkrise wird der Fortgang dieser Entwicklung nicht in Frage gestellt.[436]

Die skizzierte wirtschaftliche Entwicklung wurde flankiert durch die Schaffung und fortlaufende Weiterentwicklung eines an internationalen Standards ausgerichteten regulatorischen Rahmens.[437] Ausgangspunkt sind und waren in der Vergangenheit stets Vorgaben des europäischen Gesetzgebers. Inhaltlich handelt es sich dabei im Wesentlichen um sechs kapitalmarktrechtliche Richtlinien und die dazugehörigen Durchführungswerke: Die Marktmissbrauchsrichtlinie[438] stellte das Insiderrecht und die Marktmanipulation auf eine europarechtliche Grundlage. Anlegerschutz und Transparenz wurden im Wesentlichen durch die Prospektrichtlinie[439], die Transparenzrichtlinie[440] und die Finanzdienstleistungsrichtlinie[441] (MIFID) eingeführt und weiterentwickelt und in speziellen Bereichen durch die Investmentfondsrichtlinie[442] und die

433 *Kaserer/Fey/Kuhn*, 14.

434 DAI Factbook 2010, Übersichten 05-1, 05-3.

435 *Kaserer/Fey/Kuhn*, 14.

436 Siehe nur *Kaserer/Fey/Kuhn*, 13.

437 Sachverständigenrat Gutachten, 461.

438 Richtlinie 2003/6/EG, ABl. EG Nr. L 96, 16; Durchführungsregelwerke der Stufe 2 des Komitologieverfahrens: Richtlinie 2003/124/EG der Kommission vom 22.12.2003, ABl. EU Nr. L 339, 70; Richtlinie 2003/125/EG der Kommission vom 22.12.2003, ABl. EU Nr. L 339, 73; Verordnung (EG) Nr. 2273/2003 der Kommission vom 22.12.2003, ABl. EU Nr. L 336, 33; Richtlinie 2004/72/EG der Kommission vom 29.04.2004, ABl. EU Nr. L 162, 70.

439 Richtlinie 2003/71/EG, ABl. EG Nr. L 345, 64; Durchführungsregelwerke der Stufe 2 des Komitologieverfahrens: EG-VO Nr. 809/2004 vom 29.04.2004, ABl. EU Nr. L 215, 3.

440 Richtlinie 2004/109/EG, ABl. EG Nr. L 390, 38; Durchführungsregelwerke der Stufe 2 des Komitologieverfahrens: Richtlinie 2007/14/EG der Kommission vom 08.03.2007, ABl. EU Nr. L 69, 27; Verordnung (EG) Nr. 1569/2007 der Kommission vom 21.12.2007, ABl. EU Nr. L 340, 66.

441 Richtlinie 2004/39/EG, ABl. EG Nr. L 145, 1; Durchführungsregelwerke der Stufe 2 des Komitologieverfahrens: Verordnung (EG) Nr. 1287/2006 der Kommission zur Durchführung der MIFID, vom 10.08.2006, ABl. EU 2006 Nr. L 241, 1; Richtlinie 2006/73/EG der Kommission vom 10.08.2006, ABl. EU 2006 Nr. L 241, 26.

442 Richtlinie 85/611/EG zur Koordinierung der Rechts- und Verwaltungsvorschriften in Bezug auf bestimmte Organismen für gemeine Anlage in Wertpapieren (OGAW) vom

Übernahmerichtlinie[443] ausgestaltet. Stein des Anstoßes durch den deutschen Gesetzgeber waren die Finanzmarktförderungsgesetze der Jahre 1990[444], 1994[445], 1998[446] und 2002[447].

## V. Bedeutungszuwachs der Eigenkapitalfinanzierung

Im folgenden Abschnitt erfolgt eine Betrachtung wesentlicher Treiber für einen aktuellen Bedeutungszuwachs der Eigenkapitalfinanzierung deutscher Unternehmen. Neben weitreichenden regulatorischen Veränderungen sind insoweit der Refinanzierungsbedarf für in den Jahren 2004 bis 2007 aufgenommenes Programm-Mezzanine sowie ein generell steigender Innovationsdruck für Unternehmen zu nennen.

### 1. Regulatorische und wettbewerbliche Veränderungen auf den Kreditmärkten

Nach einer Statistik der Deutschen Bundesbank zur Kreditvergabe an Unternehmen hatte sich das ausstehende Kreditvolumen an die Realwirtschaft seit Jahresende 2008 um 10,5 Mrd. Euro oder 0,9 Prozent verringert.[448] Ob dieser Befund den Schluss auf massive Veränderungen in der Fremdkapitalversorgung der Unternehmen infolge der Wirtschaftskrise zulässt, kann schwerlich eindeutig beantwortet werden. Gleichwohl spricht vieles dafür, in der Finanzkrise eine Ursache für wesentliche Veränderungen im Bereich der Kreditversorgung zu sehen.[449] Die unzureichende Kapitalausstattung der Banken gepaart mit einer bevorstehenden Abschreibungswelle aus dem traditionellen Kreditgeschäft, könnte in den nächsten Jahren zu einem Abbau von Risikoaktiva bei Kreditinstituten führen.[450] Die Bereitschaft zur Eingehung neuer Risiken wird daneben tendenziell geringer sein.[451] Hinzu kommt, dass die

---

20.12.1985, ABl. EG 1985 Nr. L 375, 3; geändert durch Richtlinie vom 22.03.1988, ABl. EG 1988 Nr. L 100, 31; geändert durch BCC-Richtlinie vom 29.06.1995, ABl. EG 1995 Nr. L 168, 7; geändert durch Richtlinie 2001/107/EG vom 21.01.2002, ABl. EG Nr. L 41, 20 (Verwaltungsrichtlinie) und durch Richtlinie 2001/108/EG vom 21.01.2002, ABl. EG Nr. L 41, 35 (Produktrichtlinie).

443 Richtlinie 2004/25/EG, ABl. EG Nr. L 142, 12.

444 Gesetz zur Verbesserung der Rahmenbedingungen der Finanzmärkte vom 22.02.1990, BGBl. I 1990, 266.

445 Gesetz über den Wertpapierhandel und zur Änderung börsenrechtlicher und wertpapierrechtlicher Vorschriften (Zweites Finanzmarktförderungsgesetz) vom 26.07.1994, BGBl. I 1994, 1749.

446 Gesetz zur weiteren Fortentwicklung des Finanzplatzes Deutschland (Drittes Finanzmarktförderungsgesetz) vom 24.03.1998, BGBl. I 1998, 529.

447 Gesetz zur weiteren Fortentwicklung des Finanzplatzes Deutschland (Viertes Finanzmarktförderungsgesetz) vom 21.06.2002, BGBl. I 2002, 2009.

448 *Kaserer/Lenz*, 9 und Handelsblatt vom 19.08.2009, 19.

449 Siehe dazu auch *Kaserer/Fey/Kuhn*, 34

450 *Mayer-Friedrich/Müller*, BB 2013, 171, 171.

451 *Mayer-Friedrich/Müller*, BB 2013, 171, 171.

regulatorischen Vorgaben durch Basel II den Banken höhere Anforderungen an die Eigenkapitalunterlegung von Krediten auferlegen und damit zumindest tendenziell die Kreditvergabebereitschaft weiter bremsen werden.[452] Für durchschnittliche Kreditnehmer wird die Eigenkapitalunterlegung nunmehr durch die bis 2018 anstehenden Änderungen der deutschen Gesetze im Bereich des Kreditwesens aufgrund der Vereinbarungen zu Basel III sogar noch erhöht werden.[453] Eine mögliche Reaktion der Banken auf diese verschärften Anforderungen könnte eine Erhöhung der Anforderungen an die Kreditvergabe sein, um so das bereitzustellenden Eigenkapital zu erwirtschaften.[454] Dabei ist das Rating[455] eines Unternehmens maßgebend für den Grad der Eigenkapitalunterlegung.[456] Die Bank als Kreditgeber wird also entweder ihr Portfolio so ausrichten, dass sie die Unternehmen mit den höchsten Ratings zuerst bedient, oder sie wird den übrigen Ratingklassen höhere Kreditkosten auferlegen, um die höhere Eigenkapitalunterlegung auszugleichen.[457] Da die zukünftige Finanzierungsstruktur deutscher Unternehmen sich deshalb wohl noch stärker dahingehend entwickeln wird, dass Unternehmen mit einem besseren Rating deutlich geringere Finanzierungskosten zu tragen haben als solche mit einem schlechteren Rating, scheint es nicht fernliegend, zukünftig von einem Bedeutungszuwachs kapitalmarktorientierter Finanzierungsinstrumente, vor allem auch im Bereich der Eigenkapitalfinanzierung, auszugehen.[458] Dies gilt umso mehr, als der Baseler Ausschuss weiterhin an Projekten arbeitet, die auf der einen Seite die Widerstandskraft von Banken stärken sollen,

---

452 *Kaserer/Lenz* 9, 11 f.

453 *Becker/Böttger/Ergün/Müller*, DStR 2011, 375, 375 f.; *Mayer-Friedrich/Müller*, BB 2013, 171, 171.

454 *Becker/Böttger/Ergün/Müller*, DStR 2011, 375, 375.

455 Von einem 'Rating' spricht man üblicherweise dann, wenn ein Untersuchungsobjekt hinsichtlich einer bestimmten Zielsetzung bewertet und in eine ordinale Rangordnung gebracht wird. In diesem weiteren Sinn wird der Begriff Rating heute nicht nur für die so genannten Credit Ratings, mit denen eine quantitative und qualitative Klassifizierung der Bonität von Finanztiteln an den Finanzmärkten vorgenommen wird, sondern darüber hinaus für jede erdenkliche Art von Leistungsbewertung angewendet, beispielsweise auch für die Beurteilung von Fonds, Versicherungen oder Hotels. Im Finanzsektor werden Ratings u. a. unterschieden in Emissionsrating/Emittentenrating, Solicited/Unsolicited Rating, Debt Rating/Equity Rating und Bonitätsurteil durch Wirtschaftsauskunfteien, so genanntes Auskunftsrating; bei einem Unternehmensrating geht es im Kern um eine Einschätzung der Wahrscheinlichkeit, mit der ein Unternehmen künftig seinen finanziellen Verpflichtungen gegenüber den Gläubigern fristgerecht und vollständig (Zins und Tilgung) nachkommen kann. Dabei geht es insbesondere um die Einschätzung von Wahrscheinlichkeiten über den Eintritt von Leistungs- und Zahlungsstörungen während der Kreditlaufzeit, vgl. *Wambach/Kirchmer*, BB 2002, 400, 402.

456 *Becker/Böttger/Ergün/Müller*, DStR 2011, 375, 377.

457 *Becker/Brackschulze/Müller*, DStR 2004, 740, 441.

458 So schon Sachverständigenrat Gutachten, 456; *Kaserer/Lenz*, 14; *Haunschild/Adenäuer*, 3; *Lenenbach* 10.06; *Kaserer/Fey/Kuhn*, 11.

auf der anderen Seite aber stets zu Interpendenzen zu den Kreditnehmern führen werden.[459]

## 2. Refinanzierungsbedarf

Als weiterer Grund für eine zunehmende Bedeutung der Eigenkapitalfinanzierung wird der Refinanzierungsbedarf derjenigen deutschen Unternehmen gesehen, die sich vor Ausbruch der Finanzkrise nicht mit mittel- und langfristigen Krediten versorgt haben.[460] Dabei wird insbesondere auf die Anschlussfinanzierung für in den Jahren 2004 bis 2007 aufgenommenes Programme-Mezzaninkapital hingewiesen.[461] Die Laufzeit der meisten Programme beträgt sieben bis zehn Jahren. Folglich stehen einige der Programme bereits seit 2011 zur Rückzahlung an.[462] Sicher ist, dass sich sämtliche durch Mezzaninkapital aus den beschriebenen Programmen finanzierten Unternehmen zum Ende der Programmlaufzeiten mit erheblichen Refinanzierungsfragen konfrontiert sehen.[463]

Von verschiedenen Seiten wird ein Refinanzierungsbedarf in Milliardenhöhe attestiert.[464] Ausweislich einer Studie der Wirtschaftsprüfungsgesellschaft PWC für das Bundesministerium für Wirtschaft und Technologie (BMWi) werden 35–45 % der Mezzaninkapitalnehmer mit dieser Refinanzierung keine Probleme haben, da sie über ausreichend Liquidität bzw. ein gutes Kreditangebot verfügen.[465] Weitere 45–55 % dagegen werden Nachrangkapital zur Refinanzierung benötigen. Dabei sei nicht klar, ob alle Unternehmen dieser Gruppe die notwendigen Mittel finden werden. Für 5–15 % der Unternehmen bestehe ein hohes Insolvenzrisiko.[466]

Anschlussfinanzierungen sind zwar zunächst in Form der Fremdkapitalaufnahme, insbesondere durch die Ausgabe von Anleihen oder Schuldscheindarlehen, denkbar.[467] Zum einen sind die betreffenden Anleihesegmente aber

---

459 *Becker/Böttger/Ergün/Müller*, DStR 2011, 375, 380.

460 *Kaserer/Lenz*, 15 f.

461 *Lehmann-Tolkmitt/Knöll/Elmers*, Hauck & Aufhäuser Studie 2010; *Papenstein/Rams/Lüke*, PWC Studie 2011; *Hommel/Schneider/Nohtse*, EBS Studie 2010.

462 *Schlitt/Schäfer*, Börsen-Zeitung vom 28.07.2010; *Mayer-Friedrich/Müller*, BB 2013, 171, 172. Ausweislich eines aktuellen Berichts der Börsen-Zeitung ist 2013 das Jahr mit dem größten Fälligkeitsvolumen (ca. 1,5 Milliarden Euro) und einer Ausfallquote von fast 50 %, siehe Börsen-Zeitung vom 05.05.2013, 3.

463 *Mayer-Friedrich/Müller*, BB 2013, 171, 172.

464 *Mayer-Friedrich/Müller*, BB 2013, 171, 171; *Lehmann-Tolkmitt/Knöll/Elmers*, Hauck & Aufhäuser Studie 2010; *Papenstein/Rams/Lüke*, PWC Studie 2011; *Hommel/Schneider/Nohtse*, EBS Studie 2010.

465 Für eine Zusammenfassung der Ergebnisse, siehe BB 2011, 618.

466 *Papenstein/Rams/Lüke*, PWC Studie 2011, 52 und BB 2011, 618.

467 *Schlitt/Schäfer*, Börsen-Zeitung vom 28.07.2010; *Mayer-Friedrich/Müller*, BB 2013, 171, 173.

durchaus risikobehaftet.[468] Zum anderen stellt eine Fremdkapitalaufnahme nur den Aufschub des Problems dar, da nicht absehbar ist, ob und wie einmal eine Anschlussfinanzierung für die Anleihe gelingen kann.[469] Die Kapitalkosten für die Aufnahme von Fremdkapital oder auch mezzaninen Finanzierungsinstrumenten, die nicht als Programm ausgereicht werden, dürften aber wegen der damit aus Investoren Sicht verbundenen Risiken in aller Regel erheblich sein und generell allenfalls bonitätsstarken Unternehmen zur Verfügung stehen.[470] Jedenfalls für die Unternehmen, die ihre Verschuldungskapazität mit Fremdkapital weitgehend erreicht haben, dürfte vor diesem Hintergrund die Refinanzierung durch Eigenkapital zunehmend an Bedeutung gewinnen.[471]

### 3. Steigender Innovationsdruck

Während die Selbstfinanzierungskraft in Zeiten gleichmäßiger Nachfrage ausreicht, um den aus dem Umsatzprozess des Unternehmens resultierenden Zahlungsverpflichtungen nachzukommen, bedürfen größere Investitionen, die dem globalen Innovationsdruck aufgrund technisch-wirtschaftlichen Fortschritts geschuldet sind, typischerweise einer besonderen Finanzierung.[472] Ist eine Finanzierung durch Fremdkapital, etwa wegen zu geringer Bonität und/oder Eigenkapitalquote nicht zu erreichen, muss die Eigenkapitalquote zunächst durch die Aufnahme von Eigenkapital erhöht werden.[473] Dieser Befund schlägt sich etwa in dem Umstand nieder, dass Eigenkapitalquoten von Unternehmen umso höher sind, je größer deren Forschungs- und Entwicklungsaufwand ist.[474]

---

468 *Mayer-Friedrich/Müller*, BB 2013, 171, 173.
469 *Mayer-Friedrich/Müller*, BB 2013, 171, 173.
470 *Mayer-Friedrich/Müller*, BB 2013, 171, 174.
471 *Kaserer/Lenz*, 15. Diese Annahme wird durch die Ergebnisse von *Papenstein/Rams/Lüke*, PWC Studie 2011 bestätigt: ein Vergleich der bisherigen Strukturierung der Anschlussfinanzierung der 110 befragten und mit Mezzaninkapital finanzierten Unternehmen mit den zukünftig für die auslaufenden Mezzaninfinanzierung(en) geplanten Anschlussfinanzierungen zeigt einen Anstieg bei der Finanzierung durch Beteiligungskapital von 22% und durch Mezzaninkapital von 36%, siehe dazu auch *Papenstein/Rams/Lüke*, PWC Studie 2011, 76 f. Abb. 44, 45.
472 *Mayer-Friedrich/Müller*, BB 2013, 171, 172.
473 *Mayer-Friedrich/Müller*, BB 2013, 171, 172.
474 *Kaserer/Lenz*, 21 ff.; *Kaserer/Fey/Kuhn*, 15.

## C. Finanzierung und Kontrollerhaltung

Die Entscheidung für eine bestimmte Finanzierungsart hängt von zahlreichen Parametern ab.[475] Ein zentraler Aspekt aus Sicht der Eigentümer des kapitalsuchenden Unternehmens ist dabei die Erhaltung ihrer Unabhängigkeit und Dispositionsfreiheit.[476] Die Innenfinanzierung ist das probate Mittel zur Verwirklichung dieses Unabhängigkeitsstrebens.[477] Jede Finanzierung, die nicht Selbstfinanzierung durch Gewinnthesaurierung ist, impliziert darüber hinaus zwar insoweit Einschränkungen. Der Grad der Einschränkung unternehmerischer Freiheit variiert aber je nach Finanzierungsinstrument. Die Aufnahme von Fremdkapital, sei es in Form von Krediten, Schuldscheindarlehen oder Anleihen, kommt ohne die Abgabe gesellschaftsrechtlicher Mitspracherechten aus.[478] Die Kapitalgeber sichern sich ihre Informations- und Kontrollmöglichkeiten vielmehr durch umfangreiche vertragliche Abreden ab, die freilich im Einzelfall und je nach Bonität des Unternehmens, eine starke Einschränkung der Entscheidungsfreiheit des Unternehmens bedeuten können. Mezzanine Finanzierungsinstrumente als solche vermitteln zwar regelmäßig ebenfalls keine mitgliedschaftlichen Rechte. Die Ausgabe aktienverwandten Produkte ist, sofern diese mit Aktien des Emittenten unterlegt sind, aber gerade auf die Schaffung neuer Aktien und damit die Abgabe von Mitspracherechten, als Preis für eine niedrigere Verzinsung, angelegt. Tritt eine Situation ein, in der die Finanzierung durch Fremd- und/oder Mezzaninkapital allein dem angestrebten Zweck nicht mehr genügt, kann die Aufnahme neuer Investoren durch Ausgabe neuer Aktien unumgänglich sein. Dies gilt vor allem dann, wenn aus dem bestehenden Gesellschafterkreis keine weiteren Investitionen in das Unternehmen zu erwarten sind.[479] Zu denken ist hier vor allem an die Finanzierung größerer Investition (wie etwa auch die Übernahme anderer Unternehmen), eine nachhaltige Verbesserung der Eigenkapitalquote zur Vorbereitung und Ermöglichung weiterer Fremdkapitalaufnahmen sowie die Ablösung bestehender Finanzierungen.

Je nach zugrunde liegender Rechtsform ist die Aufnahme neuer Gesellschafter gleichbedeutend mit der mehr oder weniger umfangreichen Abgabe von Mitbestimmungs-, Entscheidungs- und Handlungsrechte. Dieser Befund ist typischerweise konträr zu den Vorstellungen Inhaber geführter Unternehmen.[480] Sedes materie des Aktienrechts ist § 134 Abs. 1 Satz 1 AktG, wonach - vereinfacht gesagt - die Beteiligung am Grundkapital der AG maßgebend für die Stimmrechtsquote - als Mittel zur Einflussnahme - ist (One Share One Vo-

---

475 Oben B. II.

476 *Perridon/Steiner/Rathgeber*, 12; *Kaserer/Fey/Kuhn*, 36.

477 *Fleischer*, in: Michalski Syst. Darstellung 5 Rn. 33 und empirische Nachweise bei *Kaserer/Fey/Kuhn*, 36.

478 *Fleischer*, in: Michalski Syst. Darstellung 5 Rn. 32.

479 *Mayer-Friedrich/Müller*, BB 2013, 171, 172.

480 *Mayer-Friedrich/Müller*, BB 2013, 171, 172.

te)[481]. Richtet sich der Einfluss in einer AG nach den Anteilen am Grundkapital, bedeutet jede effektive Erhöhung des Grundkapitals potentiell eine „Machtverschiebung".[482]

Um diesen Effekt bei der Eigenkapitalfinanzierung auf ein Minimum zu beschränken, gilt es rechtlich belastbare Mittel und Wege zu finden, die es den Altaktionären ermöglichen, trotz der Aufnahme neuer Investoren, die Kontrolle über ihr Unternehmen zu erhalten. Der folgende Abschnitt nimmt eine Betrachtung der wesentlichen zu diesem Zwecke verfügbaren rechtlichen Gestaltungsmöglichkeiten vor. Dabei erfolgt eine Unterscheidung zwischen Gestaltungsinstrumenten, die punktuell die Stellung einzelner Aktionäre verbessern (**Individuelle Maßnahmen**)[483] und solchen, die die Rechte der Aktionärsgesamtheit betreffen (**Institutionelle Maßnahmen**)[484].

Ein weiterer zentraler Aspekt, den eine Betrachtung zur Kontrollerhaltung in deutschen Gesellschaften nicht ausblenden darf, ist die Arbeitnehmermitbestimmung. Diese ist zwar nicht unmittelbar im Kontext der Unternehmensfinanzierung angesiedelt. Die Arbeitnehmermitbestimmung deutscher Prägung betrifft aber nicht nur die Mitwirkung bei der Entscheidungsfindung in betrieblichen Angelegenheiten (betriebliche Mitbestimmung).[485] In Abhängigkeit von Rechtsform und Größe eines Unternehmens kann sie sich vielmehr auf die Beteiligung an der Unternehmensleitung erstrecken (unternehmerische Mitbestimmung).[486] Insbesondere für wachstumsorientierte Unternehmen stellt sich

---

481 In Deutschland wurde der aus dem US-amerikanischen Recht stammende Grundsatz des One Share One Vote durch Art. 1 Nr. 3 des Gesetzes zur Kontrolle und Transparenz im Unternehmensbereich (KonTraG) vom 27.04.1998, BGBl. I 1998, 786, in Form des Verbots von Mehrstimmrechten (§ 12 Abs. 2 AktG) gesetzlich verankert (genauer gesagt, wurde die bis dahin in § 12 Abs. 2 Satz 2 AktG vorgesehene Möglichkeit, zur Wahrung überwiegender gesamtwirtschaftlicher Belange, Mehrstimmrechtsaktien durch behördliche Genehmigung ausnahmsweise zuzulassen, durch Art. 1 KonTraG aufgehoben), vgl. BT-Drucks. 13/9712, 1, 11 f.; ferner *Kremer*, in: Ringleb/Kremer/Lutter/v.Werder Rn. 215 ff.; zur Verbreitung des One Share One Vote Grundsatzes innerhalb der EU, siehe die am 06.06.2007 im Auftrag der EU Kommission veröffentlichte Studie Report on the Proportionality Principle in the European Union Report, abrufbar unter http://ec.europa.eu/internal_market/company/docs/shareholders/study/final_report_en.pdf. und *Ferrarini*, ECGI Working Paper No. 58/2006, abrufbar unter http://www.cgscenter.com/library/CorpGovDevinEUandMemberStates/OneshareOneVote.pdf.

482 *v.Dryander/Niggemann*, in: Hölters Vor § 182 Rn. 23.

483 Unter D. I.

484 Unter D. II.

485 Überblicksartig zur nationalen Mitbestimmung im Unternehmen, *Hoppe/Fuhlrott*, ArbRAktuell 2011, 235.

486 Zum historischen Hintergrund der Mitbestimmung in Deutschland und der Entstehung des MitbestG BverfG, Urteil vom 01.03.1979 - 1 BvR 532/77, 1 BvR 533/77, 1 BvR 419/78, 1 BvL 21/78 Tz. 2 ff. (juris) = BverfGE 50, 290 = WM 1979, 389 und *Spindler*, in:

deshalb neben der Frage der Finanzierung zukünftiger Investitionen typischerweise auch die Frage nach Vermeidungsstrategien im Hinblick auf die (zukünftige) Mitbestimmungspflicht. Wie die Mitbestimmung im Kontext der Kontrollerhaltung bei der Eigenkapitalfinanzierung effektiv adressiert werden kann, soll deshalb ebenfalls im folgenden Teil der Darstellung näher beleuchtet werden.

MüKo AktG Vor § 76 Rn. 33 ff.; zur Mitbestimmung im Kontext des Art. 14 GG *Papier*, in: Maunz/Dürig Art. 14 Rn. 496 ff.

## D. Instrumente zur Kontrollerhaltung

Zu den Individuellen Instrumenten zählen insbesondere die vertragliche Absicherung der Vorstandsbesetzung, die Kontrolle über die Zusammensetzung des Gesellschafterkreises und die Einflussnahme auf die Stimmrechtsausübung. Während der Einsatz der insoweit zur Verfügung stehenden Mittel eine verlässliche dauerhafte Kontrolle des Unternehmens - wie zu zeigen sein wird - aus verschiedenen Gründen aber nicht nachhaltig gewährleisten kann, wird dies auf Basis Institutioneller Ebene vor allem durch den Einsatz von Vorzugsaktien ermöglicht. Die Rechtsform der KGaA stellt ein weiteres Institutionelles Instrument dar, das über die Kontrollerhaltung hinaus zahlreiche weitere Gestaltungsvorteile bieten.

### I. Individuelle Maßnahmen

#### 1. Besetzung der Geschäftsleitung

##### a) Grundsatz der Leitungsautonomie des Vorstands

Zur Kontrolle der geschäftlichen Aktivitäten des Unternehmens kommen zunächst Einflussnahmemöglichkeiten auf die Geschäftsleitung der AG in den Blick. Zwar leitet der Vorstand die Aktiengesellschaft unter eigener Verantwortung (§ 76 Abs. 1 AktG) und ist - anders als der GmbH Geschäftsführer - [487] an Weisungen anderer Gesellschaftsorgane nicht gebunden.[488] Wegen des hierin zum Ausdruck kommenden Grundsatzes der Leitungssouveränität des Vorstandes sind die rechtlichen Möglichkeiten, die das AktG zur Kontrolle der Geschäftsleitung und der Unternehmensführung bereitstellt, naturgemäß begrenzt. Einflussnahmemöglichkeiten ergeben sich für Aufsichtsrat und Hauptversammlung nur in den für sie vorgesehenen Kompetenzbereichen.[489] So ist der Vorstand etwa bei - durch den Aufsichtsrat festgelegten - zustimmungspflichtigen Geschäften (§ 111 Abs. 4 Satz 2 AktG), bei der Festlegung der Bedingungen der Aktienausgabe oder dem Ausschluss des Bezugsrechts im Rahmen eines genehmigten Kapitals (§§ 204 Abs. 1, 203 Abs. 2 AktG), bei Maßnahmen nach Bekanntmachung eines Übernahmeangebots zur Verhinderung einer Übernahme (§ 33 Abs. 1 WpÜG) und bei der Feststellung des Jahresabschlusses (§ 172 Abs. 1 AktG) von der Mitwirkung des Aufsichtsrates abhängig. Die unternehmerischen Impulse gehen aber exklusiv vom Vorstand der AG aus.[490]

---

487 Die Weisungsgebundenheit des GmbH Geschäftsführers ergibt sich mittelbar aus §§ 6 Abs. 3, 37 Abs. 1, 38 Abs. 1, 46 Nr. 5 und 6 GmbHG, vgl. *Altmeppen*, in: Roth/Altmeppen § 37 Rn. 3.

488 Allgemeine Meinung, vgl. nur *Fleischer*, in: Spindler/Stilz § 76 Rn. 56 ff.

489 *Spindler*, in: MüKo AktG § 76 Rn. 1.

490 *Fleischer*, in: Spindler/Stilz § 76 Rn. 1; *Spindler*, in: MüKo AktG § 76 Rn. 1.

### b) Personalkompetenz des Aufsichtsrats

Eine personelle Abhängigkeit des Vorstands besteht jedoch insoweit, als das AktG die Entscheidung über die Besetzung des Vorstands dem Aufsichtsrat zuweist. § 84 AktG regelt dessen Zuständigkeiten zur Bestellung (Abs. 1) und Abberufung (Abs. 3) von Vorstandsmitgliedern, zur Ernennung des Vorstandsvorsitzenden (Abs. 2) und dem Widerruf dieser Ernennung (Abs. 3) sowie zu Abschluss und Kündigung des Anstellungsvertrags (Abs. 1 Satz 5).[491] Zudem kann der Aufsichtsrat dem Vorstand eine Geschäftsordnung geben (§ 77 Abs. 2 Satz 1 AktG).[492] Der Einfluss der Aktionäre auf die Geschäftsleitung kann also mittelbar über die Besetzung des Aufsichtsrats und dessen Personalkompetenz im Hinblick auf die Bestellung des Vorstands erfolgen.[493] Zwar kann das Ermessen des Aufsichtsrats bei seiner Entschließung, wen er zum Vorstandsmitglied bestellen will, nicht eingeschränkt werden.[494] Dass ein Großaktionär auf Aufsichtsratsmitglieder, deren Wahl er in der Hauptversammlung aufgrund seiner Stimmenmacht durchgesetzt hat (§ 101 Abs. 1 Satz 1 AktG),[495] tatsächlich einwirken kann, schließt das Gesetz indessen nicht aus.[496]

#### aa) Vorschlagsrecht

Vor diesem Hintergrund stellt sich die Frage, ob einem anderen Gesellschaftsorgan oder einem Dritten in der Satzung zumindest ein Vorschlagsrecht eingeräumt werden darf. Dies könnte deshalb zweifelhaft sein, weil bereits ein unverbindliches, aber statutarisches Vorschlagsrecht geeignet sein könnte,

---

491 *Hüffer* § 84 Rn. 1, 11 ff., 20 ff., 23 ff. Zu mitbestimmungsrechtlichen Besonderheiten, vgl. eingehend *Thüsing*, in: Fleischer § 4 Rn. 24 ff.

492 *Hüffer* § 77 Rn. 19.

493 *Spindler*, in: MüKo AktG § 84 Rn. 15.

494 *Spindler*, in: MüKo AktG § 84 Rn. 14; *Kort*, in: Großkommentar AktG § 84 Rn. 28, 52; *Fleischer*, in: Spindler/Stilz § 84 Rn. 10; etwaige Stimmbindungen gegenüber der Gesellschaft oder Dritten sind gemäß § 134 BGB nichtig, siehe *Spindler*, in: MüKo AktG § 84 Rn. 14; *Mertens/Cahn*, in: Kölner Kommentar AktG § 84 Rn 9; *Hüffer* § 84 Rn. 5; *Thüsing*, in: Fleischer § 4 Rn. 21. Gleichwohl auf Grundlage einer solchen Bindung gefasste Beschlüsse führen zur Nichtigkeit des Aufsichtsratsbeschlusses, vgl. *Hopt/Roth*, in: Großkommentar AktG § 108 Rn 154; *Lutter/Krieger* Rn. 612.

495 Freilich werden nur die Anteilseignervertreter durch die Hauptversammlung gewählt. Die Wahl der Arbeitnehmervertreter richtet sich nach dem jeweils anzuwendenden Mitbestimmungsgesetz. Bei Gesellschaften, die der Montanmitbestimmung unterliegen, werden die Arbeitnehmervertreter nach Maßgabe der §§ 6 und 8 MontanMitbestG auf Grund verbindlicher Wahlvorschläge von der Hauptversammlung gewählt. Ist der Aufsichtsrat dagegen nach dem MitbestG, dem MontanMitbestErgG oder dem DrittelbG zu bilden, werden die Arbeitnehmervertreter unmittelbar oder mittelbar von den Arbeitnehmern gewählt, vgl. *Spindler*, in: Spindler/Stilz § 101 Rn. 2.

496 *Hommelhoff*, BB 1977, 323, 325; *Lutter/Krieger* Rn. 335; *May*, 101; *Spindler*, in: MüKo AktG § 84 Rn. 15; *Mertens/Cahn*, in: Kölner Kommentar AktG § 84 Rn. 8; *Weber*, in: Hölters § 84 Rn. 11.

durch die Erzeugung faktischen Entscheidungsdrucks, die Entschließungsfreiheit des Aufsichtsrates in unzulässiger Weise zu beeinträchtigen.[497] Dagegen wird eingewandt, dass auch ein Vorschlag des amtierenden Vorstandes für die Besetzung einer vakanten Position nicht nur zulässig, sondern auch praktisch der Regelfall sei.[498] Während allerdings eine Konsultation des amtierenden Vorstandes, der die Eignung potentieller Kandidaten möglicherweise sachgerechter bewerten kann als der Aufsichtsrat, sogar durch die Organpflicht des Aufsichtsrates geboten scheint,[499] stellt ein durch die Satzung formell institutionalisiertes Vorschlagsrecht eines Dritten oder des Vorstandes selbst ein "Mehr" an Beeinflussung dar.[500] Dies muss insbesondere im Hinblick auf Vorschlagsrechte zugunsten eines Aktionärs oder eines Dritten gelten. Insofern ist nicht einmal die Vergleichbarkeit zur Anhörung des Vorstandes gegeben. Da unverbindliche Vorschläge regelmäßig jedem erlaubt sind,[501] ohne dass es dafür einer Satzungsbestimmung bedarf, gibt die Verankerung in der Satzung dem Vorschlagsrecht einen Ausnahmecharakter, der geeignet ist, die Entschließungsfreiheit des Aufsichtsrates in unzulässiger Weise einzuschränken.[502] Statutarische Vorschlagsrechte im Hinblick auf die Besetzung des Vorstandes sind damit unzulässig und nicht geeignet, die Besetzung des Vorstandes zu beeinflussen.

### bb) Eignungsvoraussetzungen

Unproblematisch ist dagegen die Aufstellung satzungsmäßiger Eignungsvoraussetzungen für Vorstandsmitglieder. Genannt werden insofern etwa die deutsche Staatsangehörigkeit, ein inländischer Wohnsitz, ein bestimmter Aktienbesitz, die Zugehörigkeit zu einem bestimmten Personenkreis, Berufsqualifikationen und Auslandserfahrungen.[503] Hierin ist nur eine Richtlinie für die Handhabung des dem Aufsichtsrat zustehenden Auswahlermessens zu sehen.[504] Nach dem oben Gesagten, finden solche Satzungsgestaltungen freilich dort ihre Grenze, wo die Entscheidung des Aufsichtsrats derart eingeengt wird, dass faktisch nur noch wenige oder gar nur einzelne Personen die Vo-

---

497 So ausdrücklich *Mertens/Cahn*, in: Kölner Kommentar AktG § 84 Rn. 9; *Lutter/Krieger* Rn. 335; wohl auch *Hüffer* § 84 Rn. 5.

498 *Spindler*, in: MüKo AktG § 84 Rn. 14; *Seibt*, in: K.Schmidt/Lutter § 84 Rn. 11; *Wiesner*, in: Münchener Hdb AG § 20 Rn. 5; *Weber*, in: Hölters § 84 Rn. 11; siehe exemplarisch den Bericht in der Börsen-Zeitung zur Neubesetzung der Position des Vorstandsvorsitzenden der Deutschen Bank, Börsen-Zeitung vom 11.07.2011.

499 *Lutter/Krieger* Rn. 336; *Weber*, in: Hölters § 84 Rn. 10.

500 *Hommelhoff*, BB 1977, 323, 325; *Lutter/Krieger* Rn. 335; *Kort*, in: Großkommentar AktG § 84 Rn. 51; *Hüffer* Rn. 5; *Mertens/Cahn*, in: Kölner Kommentar AktG § 84 Rn. 9; wohl auch *Fleischer*, in: Spindler/Stilz § 84 Rn. 10.

501 OLG Stuttgart, AG 2007, 873, 876.

502 *Mertens/Cahn*, in: Kölner Kommentar AktG § 84 Rn. 9.

503 *Spindler*, in: MüKo AktG § 84 Rn. 27.

504 So *Mertens/Cahn*, in: Kölner Kommentar AktG § 84 Rn. 10.

raussetzungen für einen Vorstandsposten erfüllen können.[505] Die Nichtbeachtung statutarischer Eignungsvoraussetzungen führt auch nicht zur Unwirksamkeit der Bestellung,[506] kann allerdings im Einzelfall einen wichtigen Grund für die Abberufung des betreffenden Vorstandsmitglieds darstellen.[507]

### cc) Entsendungsrechte

Während satzungsmäßige Vorschlagsrechte und Eignungsvoraussetzungen jeweils nur eine graduelle Eingrenzung des für einen Vorstandsposten in Frage kommenden Personenkreises ermöglichen, kann mit Hilfe des aktienrechtlichen Entsendungsrechts (§ 101 Abs. 2 Satz 1 AktG) zumindest eine verlässliche Besetzung einzelner Aufsichtsratsposten sichergestellt werden.[508] Entsendungsrechte wurde 1937 zwar primär in das AktG aufgenommen, um der öffentlichen Hand eine Möglichkeit der Einflussnahme auf gemein- und gemischtwirtschaftliche Unternehmen zu gewähren.[509] Gleichwohl ist dieses Instrument nicht auf solche Gesellschaften beschränkt, sondern kann auch in rein privatwirtschaftlichen Unternehmen eingesetzt werden. Besondere Aufmerksamkeit erlangten insoweit zuletzt etwa Entsendungsrechte zugunsten der Alfried Krupp von Bohlen und Halbach-Stiftung bei ihrer Aufnahme in die Satzung der ThyssenKrupp AG.[510] Dort heißt es in § 9 Abs. 2: „Die Alfried Krupp von Bohlen und Halbach-Stiftung ist, wenn sie Stückaktien mit einem anteiligen Betrag am Grundkapital der Gesellschaft von mindestens 10 v. H. hält, berechtigt, ein, wenn sie Stückaktien mit einem anteiligen Betrag am Grundkapital der Gesellschaft von mindestens 15 v. H. hält, zwei, und wenn sie Stückaktien mit einem anteiligen Betrag am Grundkapital der Gesellschaft von mindestens 25 v. H. hält, drei der auf die Aktionäre entfallenden Mitglieder in den Aufsichtsrat zu entsenden."[511]

---

505 *Wiesner*, in: Münchener Hdb AG § 20 Rn 5; *Kort*, in: Großkommentar AktG § 76 Rn 223; *Mertens*, in: Kölner Kommentar AktG § 76 Rn 116; *Hüffer* § 76 Rn 26.

506 *Mertens/Cahn*, in: Kölner Kommentar AktG § 84 Rn. 10; *Kort*, in: Großkommentar AktG § 84 Rn. 50; *Wiesner*, in: Münchener Hdb AG § 20 Rn. 9. Missachtet der Aufsichtsrat allerdings gesetzliche Eignungsvoraussetzungen und Bestellungshindernisse für Vorstandsmitglieder, wie sie etwa aus § 76 Abs. 3 AktG oder § 105 AktG folgen, ist die Bestellung gemäß § 134 BGB nichtig, vgl. BayObLG, BB 1991, 1729, 1729 für die Bestellung eines GmbH Geschäftsführers; *Kort*, in: Großkommentar AktG § 84 Rn. 43; *Thüsing*, in: Fleischer § 4 Rn. 17.

507 Siehe die Nachweise zum Meinungsstand bei *Mertens/Cahn*, in: Kölner Kommentar AktG § 84 Rn. 10.

508 *Spindler*, in: Spindler/Stilz § 101 Rn. 49.

509 *Bayer*, Aktienrecht in Zahlen, 62.

510 *Bayer*, Aktienrecht in Zahlen, 61.

511 § 9 Abs. 2 der Satzung der ThyssenKrupp AG vom 14.12.2012, abrufbar unter http://www.thyssenkrupp.com/de/investor/satzung.html.

Ein Entsendungsrecht kann nur durch die Satzung und nur für bestimmte Aktionäre (höchstpersönliches nicht übertragbares Entsendungsrecht)[512] oder für die jeweiligen Inhaber bestimmter Aktien[513] begründet werden (§ 101 Abs. 2 Satz 1 AktG).[514] Als mitgliedschaftliches Sonderrecht (§ 35 BGB) kann es nicht ohne Zustimmung des Berechtigten und nur durch Satzungsänderung aufgehoben werden.[515] Zudem unterliegt die Abberufung eines entsandten Aufsichtsratsmitgliedes besonderen Voraussetzungen: Es kann von der Hauptversammlung grundsätzlich nicht mit einfacher Mehrheit abberufen werden (§ 103 Abs. 2 Satz 2 AktG).[516] Vielmehr bedarf es einer Abberufung durch den Entsendungsberechtigten selbst. Diese ist jederzeit möglich und kann mit dem Ersatz durch ein anderes Aufsichtsratsmitglied verbunden werden (§ 103 Abs. 2 Satz 1 AktG). Soll sichergestellt werden, dass das Entsendungsrecht nur ausgeübt werden kann, wenn der Berechtigte ein besonderes Interesse an dem wirtschaftlichen Erfolg des Unternehmens hat, kann die Satzung etwa verlangen, dass der Entsendungsberechtigte eine gewisse Mindestanzahl an Aktien hält.[517] Freilich wird einer überproportionalen Einflussnahme des Entsendungsberechtigten auf die Zusammensetzung des Aufsichtsrats schon dadurch eine Grenze gezogen, dass Entsendungsrechte insgesamt höchstens für ein Drittel der sich aus dem Gesetz oder der Satzung

---

512 *Hoffmann-Becking*, in: Münchener Hdb AG § 30 Rn. 23a.

513 Die Aktien, die mit dem Entsendungsrecht des jeweiligen Inhabers ausgestattet sind, gelten abweichend von § 11 AktG nicht als besondere Aktiengattung (§ 101 Abs. 2 Satz 3 AktG). Dies hat zur Folge, dass die Vorschriften, die für besondere Aktiengattungen Sonderbeschlüsse oder gesonderte Versammlungen vorsehen, nicht anwendbar sind, vgl. *Hoffmann-Becking*, in: Münchener Hdb AG § 30 Rn. 23a.

514 Das Entsendungsrecht kann auch mehreren Personen oder mehreren Aktien zur kollektiven Ausübung gewährt werden. Diese entscheiden dann – in Ermangelung einer besonderen Satzungsregelung – als Bruchteilsgemeinschaft (§§ 741 ff. BGB) durch Stimmenmehrheit (§ 745 Abs. 1 Satz 1 BGB) über die Entsendung, vgl. *Spindler*, in: Spindler/Stilz § 101 Rn. 56 mit weiteren Nachweisen.

515 *Hoffmann-Becking*, in: Münchener Hdb AG § 30 Rn. 23a; *Harrer*, in: Beck'sches Handbuch der AG § 22 Rn. 134; *Spindler*, in: Spindler/Stilz § 101 Rn. 50 mit weiteren Nachweisen.

516 § 103 Abs. 2 Satz 2 AktG erlaubt indessen eine Abberufung mit einfacher Mehrheit, wenn die Voraussetzungen des Entsendungsrechts weggefallen sind, also zum Beispiel ein bestimmter Mindestaktienbesitz des Berechtigten unterschritten wurde. Die Satzung kann freilich neben dem Entsendungsberechtigten auch der Hauptversammlung ein Abberufungsrecht einräumen, vgl. *Spindler*, in: Spindler/Stilz § 103 Rn. 24 mit weiteren Nachweisen. Bei Vorliegen eines wichtigen Grundes besteht zudem die Möglichkeit gerichtlicher Abberufung gemäß § 103 Abs. 3 AktG, vgl. *Habersack*, in: MüKo AktG § 101 Rn. 58.

517 *Spindler*, in: Spindler/Stilz § 101 Rn. 52 mit weiteren Nachweisen. Denkbar ist etwa auch die Vorgabe der Zugehörigkeit zu einer bestimmten Familie oder Berufsgruppe, vgl. *Hoffmann-Becking*, in: Münchener Hdb AG § 30 Rn. 23a.

ergebenden Zahl der Aufsichtsratsmitglieder der Aktionäre eingeräumt werden können (§ 101 Abs. 2 Satz 4 AktG).[518]

Soll das Entsendungsrecht an bestimmte Aktien geknüpft werden, ist dies nur in Verbindung mit der Ausgabe vinkulierter Namensaktien (§ 68 Abs. 2 AktG) möglich (§ 101 Abs. 2 Satz 2 AktG).[519] Für börsennotierte Gesellschaften ist zu beachten, dass die Geschäftsführung der Börse Aktien, deren Erwerb einer Zustimmung bedarf, nur zulässt, wenn das Zustimmungserfordernis nicht zu einer Störung des Börsenhandels führt (§ 5 Abs. 2 Nr. 2 BörsZulV). Die Bedingungen für die Geschäfte an der Frankfurter Wertpapierbörse sehen vor, dass vinkulierte Namensaktien, die in die Girosammelverwahrung einbezogen sind, im Effekten-Giroverkehr über die Clearstream Banking AG (**Clearstream**) lieferbar - und damit börsenfähig -[520] sein müssen.[521] Bei Vorliegen dieser Voraussetzungen ist die Zulassung der vinkulierten Namensaktien durch die Geschäftsführung der Börse in aller Regel zu bewilligen.[522] Hilfreich sind zudem Satzungsgestaltungen, die zusichern, dass Emittenten den Aktienumlauf nicht ohne sachlichen Grund durch eine Zustimmungsverweigerung behindern werden.[523]

---

518 *Hopt/Roth*, in: Großkommentar AktG § 101 Rn. 130 ("keine Herrschaft in der Aktiengesellschaft allein auf Grund des Entsendungsrechts"); *Hoffmann-Becking*, in: Münchener Hdb AG § 30 Rn. 23a; *Hüffer* § 101 Rn. 9; *Habersack*, in: MüKo AktG § 101 Rn. 53; zur Vereinbarkeit von Entsendungsrechten mit den europäischen Grundfreiheiten – am Beispiel der Thyssen Krupp AG –, vgl. bejahend OLG Hamm, NZG 2008, 914, bestätigt durch BGH, Beschluss vom 08.06.2009 - II ZR 111/08 = ZIP 2009, 1566; ferner *Möslein*, AG 2007, 770; anders kann es liegen, wenn Entsendungsrechte in vom allgemeinen nationalstaatlichen Gesellschaftsrecht abweichenden Sondergesetzen zu Gunsten der öffentlichen Hand eingeräumt werden, vgl. dazu das Urteil der großen Kammer des EuGH vom 23.10.2007 - C-112/05 Tz. 59 ff. (juris) zum sog. VW-Gesetz = ZIP 2007, 2068.

519 Dabei ist zu berücksichtigen, dass die nachträgliche Einführung der satzungsmäßigen Vinkulierung für bereits bestehende Aktien der Zustimmung sämtlicher betroffenen Aktionäre bedarf (§ 180 Abs. 2 AktG) und deshalb bei bereits börsennotierten Gesellschaften praktisch ausgeschlossen ist, vgl. *Gätsch*, in: Marsch-Barner/Schäfer § 5 Rn. 93.

520 *Gätsch*, in: Marsch-Barner/Schäfer § 5 Rn. 105.

521 Siehe § 17 Abs. 3 der Bedingungen für die Geschäfte an der Frankfurter Wertpapierbörse in der Fassung vom 02.07.2012, abrufbar unter http://deutsche-boerse.com/dbag/dispatch/de/binary/gdb_navigation/info_center/25_FWB_Information/20_FWB_Rules_Regulations?object_id=84XHQF782NSGDDE. Die Zustimmung kann dabei formlos erfolgen, also auch konkludent, etwa durch Eintragung des Erwerbers in das Aktenregister, vgl. *Heidelbach*, in: Schwark/Zimmer § 5 BörsZulV Rn. 3; *Cahn*, in: Spindler/Stilz § 68 Rn. 60; zu weiteren Einzelheiten *Bayer*, in: MüKo AktG § 68 Rn. 5 ff.

522 *Kumpan*, in: Schwark/Zimmer § 2 WpHG Rn. 14; *Roth*, in: Assmann/Schütze § 10 Rn. 33; *Singhof/Weber*, in: Habersack/Mülbert/Schlitt § 3 Rn. 14; *Gätsch*, in: Marsch-Barner/Schäfer § 5 Rn. 105 spricht von einer Ermessenreduzierung auf Null.

523 *Kumpan*, in: Schwark/Zimmer § 2 WpHG Rn. 14; *Klanten*, in: Schimansky/Bunte/Lwowski § 72 Rn. 77; *Ekkenga*, in: MüKo HGB Effektengeschäft Rn. 21;

Die Begründung von Entsendungsrechten im Vorfeld einer Aufnahme neuer Investoren kann die Machtposition der bestehenden Aktionäre im Hinblick auf die Bestellung und Kontrolle des Vorstandes zwar verstärken.[524] Investoren und Analysten börsennotierter Aktiengesellschaften beurteilen derartige Sonderrechte gleichwohl typischerweise eher kritisch, weshalb ihr Einsatz nur im Einzelfall in Erwägungen gezogen werden sollte, um potentielle Investoren nicht in ihrer Investitionsentscheidung negativ zu beeinflussen.[525]

### dd) Zwischenergebnis

Aktionäre können auf die Zusammensetzung des Vorstands nur dadurch einwirken, dass sie die Mehrheitsverhältnisse im Aufsichtsrat zu ihren Gunsten beeinflussen, indem sie selbst oder Personen ihres Vertrauens - die etwaigen satzungsmäßigen Eignungsvoraussetzungen genügen - in den Aufsichtsrat gewählt werden oder ihnen durch die Satzung gemäß § 101 Abs. 2 AktG ein Entsendungsrecht eingeräumt wird. Aktionäre können auch untereinander vereinbaren, ihre tatsächlichen Einflussmöglichkeiten dahingehend auszuüben, dass bestimmte Personen vom Aufsichtsrat zu Vorstandsmitgliedern gewählt werden. Solche Abreden verstoßen erst dann gegen § 138 Abs. 1 BGB, wenn sie auf eine Beeinträchtigung der freien Entschließung der Aufsichtsratsmitglieder zielen.[526]

Zum einen spiegelt auch die Besetzung des Aufsichtsrats letztlich aber nur die Machtverhältnisse in der Gesellschaft wider. Die Aufnahme neuer Gesellschafter führt deshalb kurz- oder mittelfristig zu entsprechenden Änderungen in der Besetzung des Aufsichtsrates. Die Einflussnahme auf die Geschicke des Unternehmens bietet über diesen Weg gerade keine verlässliche Basis für die Kontrollerhaltung bei weiteren Eigenkapitalmaßnahmen durch die Ausgabe neuer Aktien.

Als Instrument zur Kontrollerhaltung hat die Besetzung des Aufsichtsrates mit Aktionärsvertretern zudem im Kontext der jüngsten Überarbeitung des Deutschen Corporate Governance Kodex (**DCGK**) an Bedeutungskraft einge-

---

*Than*, in: FS Nobbe, 791, 797 f.; vgl. etwa § 5 der Satzung der Deutschen Lufthansa AG vom 11.05.2011, abrufbar unter http://investor-relations.lufthansa.com/fileadmin/downloads/de/corporate-governance/LH-Satzung-Mai-2011.pdf: Die Übertragung der Aktien ist an die Zustimmung der Gesellschaft gebunden (Vinkulierung). Die Gesellschaft darf die Zustimmung zur Übertragung der Aktien nur verweigern, wenn zu besorgen ist, dass durch die Eintragung die Aufrechterhaltung der luftverkehrsrechtlichen Befugnisse gefährdet sein könnte.

524 *Henssler*, in: Henssler/Strohn § 101 Rn. 7; *Harrer*, in: Beck'sches Handbuch der AG § 22 Rn. 134.

525 *Harrer*, in: Beck'sches Handbuch der AG § 22 Rn. 135.

526 *Niewiarra*, BB 1998, 1961, 1963; *Wiesner*, in: Münchener Hdb AG § 38 Rn 44.

büßt.[527] Ziff. 5.4.2 DCGK, der eine Empfehlung zur Unabhängigkeit von Aufsichtsratsmitgliedern börsennotierter Unternehmen enthält, wurde nämlich nunmehr ausdrücklich auf Aktionärsvertreter erweitert. In der aktuellen Fassung besagt Ziff. 5.4.2 Satz 2 DCGK, dass dem Aufsichtsrat einer börsennotierten Gesellschaft eine ausreichende Anzahl unabhängiger Mitglieder angehören soll, die weder in einer persönlichen noch in einer geschäftlichen Beziehung zu der Gesellschaft, deren Organen und - insbesondere nicht - zu einem kontrollierenden Aktionär oder einem mit diesem verbundenen Unternehmen stehen. Zudem soll dem Aufsichtsrat eine nach seiner Einschätzung angemessene Zahl unabhängiger Mitglieder angehören (Ziff. 5.4.2 Satz 1 DCGK). Zwar kommt dem DCGK keine Gesetzesqualität zu.[528] Der Erklärungspflicht von Vorstand und Aufsichtsrat (*comply or explain* - § 161 Abs. 1 Satz 1 AktG)[529] wird aber gleichwohl, wegen ihrer beträchtlichen faktischen und reputationsmäßigen Wirkungen, erhebliche Bedeutung beigemessen.[530]

Da der dauerhafte Fortbestand von Entsendungsrechten bei einer Vergrößerung des Aktionärskreises auf faktische Hürden stoßen und zugleich im internationalen Kontext der Investorenerwartung zuwider laufen dürfte,[531] stellt die Einwirkung auf die Besetzung des Aufsichtsrats in dieser Form nur ein untergeordnetes Mittel zur Kontrollerhaltung bei der Eigenkapitalfinanzierung dar.

### 2. Vinkulierte Namensaktien

Abgesehen von der oben beschriebenen Möglichkeit, Entsendungsrechte zum Aufsichtsrat an vinkulierte Namensaktien zu knüpfen, bietet ein satzungsmäßiger Zustimmungsvorbehalt bei der Übertragung von Aktien der Gesellschaft generell die Möglichkeit, die Beteiligungsverhältnisse zu kontrollieren[532] und so eine Überfremdung bis hin zu einer feindlichen Übernahme - etwa durch

---

527 Zu den Ändeurngen des DCGK vom 15.05.2012, vgl. etwa *Ringleb/Kremer/Lutter/v.Werder*, NZG 2012, 1081; *Hasselbach/Jakobs*, BB 2013, 643; *Paschos/Goslar*, NZG 2012, 1361.

528 Siehe aber zur Anfechtung der Entlastungsbeschlüsse wegen unzutreffender Entsprechenserklärung BGHZ 180, 9, 19 (Kirch/Deutsche Bank) = ZIP 2009, 460 und BGHZ 182, 272, 280 (Umschreibungsstopp) = ZIP 2009, 2051.

529 Zu Inhalt und Systematik des DCGK zuletzt ausführlich *Krieger*, ZGR 2012, 202.

530 *Hasselbach/Jakobs*, BB 2013, 643, 644.

531 *Hasselbach/Jakobs*, BB 2013, 643, 647 weisen darauf hin, dass der international tätige Stimmrechtsberater ISS ein durch den Mehrheitsaktionär nominiertes Aufsichtsratsmitglied grundsätzlich als abhängig im Sinne seiner Richtlinien ansieht; vgl. zum internationalen Kontext ferner die Nachweise bei *Paschos/Goslar*, NZG 2012, 1361, 1362 Fn. 11.

532 Anders als im GmbH-Recht (§ 15 Abs. 5 GmbHG) ist ein vollständiger Ausschluss der Übertragbarkeit aktienrechtlich nicht umsetzbar, vgl. *Binz/Mayer*, NZG 2012, 201, 202, 205.

Wettbewerber oder unerwünschte Investoren - zu verhindern.[533] Obwohl die Anteilsvinkulierung zum Zwecke des Überfremdungsschutzes wohl überwiegend in nicht börsennotierten Familiengesellschaften zum Einsatz kommen dürfte,[534] kann sie prinzipiell - wie zu zeigen sein wird - auch in Publikumsgesellschaften genutzt werden.

Das AktG sieht eine Vinkulierungsmöglichkeit ausschließlich für Namensaktien vor (§ 68 Abs. 2 Satz 1 AktG). Im Übrigen gilt im deutschen Aktienrecht der Grundsatz der freien Übertragbarkeit der Mitgliedschaft.[535] Durch die Vinkulierung wird die Wirksamkeit der Verfügung über eine Namensaktie von der Erteilung der Zustimmung durch die Gesellschaft, namentlich durch den Vorstand, abhängig gemacht (§ 68 Abs. 2 Satz 2 AktG). Die Satzung kann allerdings auch vorsehen, dass Aufsichtsrat oder Hauptversammlung über die Zustimmung entscheiden (§ 68 Abs. 2 Satz 3 AktG). Letzteres kommt für börsennotierte Gesellschaften aus Praktikabilitätsgründen freilich nicht in Betracht.[536] Ebenfalls eines Satzungsregelung zugänglich ist eine sachgerechte

---

533 *Hüffer* § 68 Rn. 10; *Gätsch*, in: Marsch-Barner/Schäfer § 5 Rn. 93; *Harrer*, in: Beck'sches Handbuch der AG § 22 Rn. 126; zu weiteren Zwecken einer Vinkulierung *Cahn*, in: *Spindler/Stilz* § 68 Rn. 29 f.; *Lutter/Grunewald*, AG 1989, 109; *Lutter/Schneider*, ZGR 1975, 182 ff.; *Liebscher*, ZIP 2003, 825, 826. Die Eignung der Vinkulierung für Zwecke der Kontrolle des Gesellschafterkreises kommt in zahlreichen gesetzlichen Bestimmungen zum Ausdruck. Für die Freiberufler-AG ist sie etwa durch die §§ 28 Abs. 5 Satz 2, 130 Abs. 2 WPO (für Wirtschaftsprüfungs- und Buchprüfungsgesellschaften), § 50 Abs. 5 Satz 2 StBerG (für Steuerberatungsgesellschaften) zwingend vorgeschrieben. Gleiches gilt gemäß § 1 Abs. 5 KAGG etwa für Kapitalanlagegesellschaften und gemäß § 2 Abs. 1 LuftNaSiG für börsennotierte Luftverkehrsgesellschaften, vgl. dazu *Bayer*, in: MüKo AktG § 68 Rn. 36.

534 Umfassend zur Bedeutung der Anteilsvinkulierung bei Familienunternehmen *Binz/Mayer*, NZG 2012, 201, 204 f.

535 Vgl. BGH, ZIP 2004, 2093, 2094; BayObLG, Beschluss vom 24.11.1988 BReg 3 Z 111/88 Tz. 33 (juris); *Hüffer* § 68 Rn. 10; *Harrer*, in: Beck'sches Handbuch der AG § 22 Rn. 126. Eine Vereinbarkeit vinkulierter Namensaktien mit der Kapitalverkehrsfreiheit des Art. 63 AEUV (ex Art. 56 EG) wurde jüngst im Zusammenhang mit den verschiedenen Urteilen des EuGH zu den sogenannten Golden Shares und dem VW-Gesetz diskutiert. In diesen Entscheidungen des EuGH ging es indessen stets um hoheitlich begründete Beschränkungen des Aktienerwerbs, die über die allgemeinen Regelungen nationaler Gesellschaftsrechte hinausgingen. Beruhen Vinkulierungen auf allgemeinen gesellschaftsrechtlichen Regelungen und der privatautonomen Entscheidung der Aktionäre sind sie aus Sicht der Niederlassungsfreiheit nicht zu beanstanden, vgl. dazu ausführlich *Burgi*, in: FS Hüffer, 63, 76 ff. und *Lieder*, ZHR 172 (2008), 306, 308 ff.

536 Vgl. *Gätsch*, in: Marsch-Barner/Schäfer § 5 Rn. 96; gleichwohl sieht das Gesetz insoweit keine Beschränkung auf nicht börsennotierte Gesellschaften vor; dies ist insofern bemerkenswert, als eine Zuständigkeit der Hauptversammlung wegen der Dauer des Verfahrens einer faktischen - auch für Namensaktien an sich nicht zulässigen - Übertragungssperre gleichkommen dürfte, vgl. *Cahn*, in: Spindler/Stilz § 68 Rn. 46; anders für Familiengesellschaften mit einem überschaubaren Aktionärskreis *Binz/Mayer*, NZG 2012, 201, 202.

Konkretisierung derjenigen Fälle, in denen der Vorstand zur Verweigerung der Zustimmung berechtigt sein soll (§ 68 Abs. 2 Satz 4 AktG). So kann etwa erreicht werden, dass Aktien der Gesellschaft nicht an bestimmte außerhalb des Familienkreises oder außerhalb eines bestimmten Industriezweiges stehende Investoren übertragen werden können.[537] Eine Satzungsregelung, wonach in bestimmten Fällen die Zustimmung verweigert werden muss, ist mit Wortlaut und Systematik der Vorschrift indessen nicht vereinbar, da das Beschlusserfordernis des § 68 Abs. 2 Satz 3 AktG leer liefe, wenn bereits durch die Satzung festgelegt werden könnte, wann eine Zustimmung ausgeschlossen ist.[538] Eine Zustimmungspflicht kann demgegenüber für bestimmte Übertragungen (etwa Übertragung an andere Aktionäre, unentgeltliche Übertragungen oder Übertragungen an namentlich festgelegte Personen)[539] erreicht werden, indem diese von vornherein aus dem Anwendungsbereich der Vinkulierungsklausel ausgenommen werden.[540] Enthält die Satzung keinerlei Verweigerungsgründe, so muss das zur Entscheidung berufene Organ nach pflichtgemäßem Ermessen über die Erteilung der Zustimmung entscheiden.[541]

Wird die Zustimmung nicht erteilt, ist die Übertragung der vinkulierten Aktien zunächst schwebend unwirksam und mit Versagung der Zustimmung endgültig unwirksam.[542] Wird die Zustimmung durch das zur Entscheidung berufene Organ der Gesellschaft aber zu Unrecht verweigert, hat der veräußerungswillige Aktionär die Möglichkeit, gegen die Gesellschaft auf Erteilung der Zustimmung zu klagen.[543] Im Hinblick auf den Börsenhandel in vinkulierten Namensaktien gilt das soeben zu § 5 Abs. 2 Nr. 2 BörsZulV Gesagte.[544]

---

537 *Harrer*, in: Beck'sches Handbuch der AG § 22 Rn. 126.

538 *Cahn*, in: Spindler/Stilz § 68 Rn. 53; *Hüffer* § 68 Rn. 14; *Bayer*, in: MüKo AktG § 68 Rn. 62; *Merkt*, in: Großkommentar AktG § 68 Rn. 399.

539 Siehe die Beispiele bei *Cahn*, in: Spindler/Stilz § 68 Rn. 37.

540 *Cahn*, in: Spindler/Stilz § 68 Rn. 37; *Hüffer* § 68 Rn. 14; *Bayer*, in: MüKo AktG § 68 Rn. 57 f.; *Merkt*, in: Großkommentar AktG § 68 Rn. 304 ff.; *Lutter/Drygala*, in: Kölner Kommentar AktG § 68 Rn. 69; *Binz/Mayer*, NZG 2012, 201, 202.

541 Umfangreiche Nachweise bei *Cahn*, in: Spindler/Stilz § 68 Rn. 54 Fn. 182.

542 RGZ 132, 149, 157; BGHZ 13, 179, 187 = NJW 1954, 1155, zur KG; *Hüffer* § 68 Rn. 16; *Bayer*, in: MüKo AktG § 68 Rn. 96 ff.; *Lutter/Drygala*, in: Kölner Kommentar AktG § 68 Rn. 93.

543 *Cahn*, in: Spindler/Stilz § 68 Rn. 74; *Bayer*, in: MüKo AktG § 68 Rn. 106; *Merkt*, in: Großkommentar AktG § 68 Rn. 513 f.; *Gätsch*, in: Marsch-Barner/Schäfer § 5 Rn. 102; Nach einer Entscheidung des LG Düsseldorf aus dem Jahre 1988 zur Verweigerung der Genehmigung für die Abtretung von GmbH-Geschäftsanteilen, kann eine missbräuchlich versagte Zustimmung gemäß § 894 ZPO durch ein rechtskräftiges Urteil ersetzt werden, vgl. LG Düsseldorf, AG 1989, 332; dies soll nach Teilen des Schrifttums auch im Falle der Verweigerung nach § 68 Abs. 2 AktG gelten, vgl. *Hüffer* § 68 Rn. 14; *Cahn*, in: Spindler/Stilz § 68 Rn. 74; *T.Bezzenberger*, in: K.Schmidt/Lutter § 68 Rn. 37.

544 Siehe außerdem *Harrer*, in: Beck'sches Handbuch der AG § 22 Rn. 127.

Auch die Vinkulierung von Namensaktien, sofern man sie angesichts ihrer geringen Verbreitung[545] überhaupt als praktisch relevant ansehen möchte, ermöglicht keine Trennung von Kapitalmehrheit und Einflussmacht. Für die Bestandssicherung eines Gesellschafterkreises mag sie ein probates Mittel sein.[546] Die Gewährung von Einflussmöglichkeiten bei der Eigenkapitalfinanzierung durch Ausgabe junger Aktien, kann indessen im Wege der Vinkulierung nicht verhindert werden.

### 3. Schuldrechtliche Nebenabreden

Zahlreiche weitere Maßnahmen zur Einflusserhaltung lassen sich im Wege schuldrechtlicher (auch: satzungsergänzender)[547] Nebenabreden unter den (Alt)Gesellschaftern implementieren.[548] Dabei handelt es sich um selbständige Vereinbarungen, die Aktionäre bei Gründung oder nachträglich zur Regelung ihrer Rechtsverhältnisse untereinander oder zur AG außerhalb der Satzung treffen.[549] Nebenabreden (insbesondere in Form von Stimmbindungsverträgen) gelten vor allem für Gesellschaften, die auf einen kleinen zahlenmäßig begrenzten Kreis von Aktionären zugeschnitten sind, als geeignetes Instrument zur Kontrolle des Unternehmens.[550] Gleichwohl können sie auch bei Publikumsgesellschaften eingesetzt werden.[551]

---

545 Unter den Gesellschaften, deren Aktien im Dax 30 geführt werden, haben lediglich drei vinkulierte Namensaktien ausgegeben, vgl § 5 der Satzung der Deutschen Lufthansa AG vom 11.05.2011, abrufbar unter http://investor-relations.lufthansa.com; § 3 Abs. 2 der Satzung der Münchener Rückversicherungs AG aus 09/2013, abrufbar unter http://www.munichre.com; § 2.2 der Satzung der Allianz SE aus 06/2012, abrufbar unter https://www.allianz.com; vgl. zu Motiven für Namensaktien bei börsen- und nicht börsennotierten Aktiengesellschaften und deren genereller Verbreitung *Bayer*, Aktienrecht in Zahlen, 49 f.

546 Siehe zu Vinkulierungsklauseln bei nicht börsennotierten Aktiengesellschaften *Bayer*, Aktienrecht in Zahlen, 51, der auf Grundlage einer stichprobenartigen Erhebung bei 52 % der nicht börsennotierten Aktiengesellschaften Vinkulierungsklauseln feststellt und insofern von einer weiten Verbreitung spricht. Für börsennotierte Gesellschaften (einschließlich Freiverkehr) finde sich indessen bei 91 Stichproben keine einzige Vinkulierungsklausel.

547 Siehe zur Terminologie *Zöllner*, in: RWS Forum Gesellschaftsrecht 1995, 89, 90. Treffender ist der Begriff der schuldrechtlichen Nebenabreden, da er unzutreffende Assoziationen mit der Satzung vermeidet und zugleich den schuldrechtlichen Charakter solcher Verträge verdeutlicht, vgl. *Pentz*, in: MüKo AktG § 23 Rn. 187.

548 Zur allgemein anerkannten Zulässigkeit schuldrechtlicher Nebenabreden und deren Grenzen *Röhricht*, in: Großkommentar AktG § 23 Rn. 256 ff.

549 Siehe die gängige Definition bei *Limmer*, in: Spindler/Stilz § 23 Rn. 41 mit weiteren Nachweisen.

550 *Harrer*, in: Beck'sches Handbuch der AG § 22 Rn. 132; Abreden, an denen sämtliche Aktionäre beteiligt sind - etwa bei Gemeinschaftsunternehmen - werden als Konsortialverträge bezeichnet. Geregelt werden in solchen Verträgen dann üblicherweise alle wesentlichen Regelungen für das Dasein der Konsortialgesellschaft, während die Satzung selbst nur das gesetzlich vorgegebene Grundgerüst enthält, vgl. *Noack*, 41 ff.;

Anders als bei statutarischen Regelungen handelt es sich hier um rein schuldrechtliche Verträge[552], die weder der notariellen Form des § 23 Abs. 1 AktG, noch einer Eintragung in das Handelsregister (§§ 37 Abs. 4 Nr. 1, 181 Abs. 1 Satz 1 AktG) bedürfen.[553] Anders als für Satzungsänderungen bestehen keine gesetzlich vorgegebenen Mehrheits- bzw. Verfahrenserfordernisse für die Änderung schuldrechtlicher Nebenabreden.[554]

Aufgrund des schuldrechtlichen Charakters können Gegenstand einer Vereinbarung auch solche Regelungen sein, die im mitgliedschaftlichen Bereich unzulässig wären.[555] Bindungswirkung kommt ihnen freilich nur zu, soweit sie nicht gegen die (höherrangige) Satzung verstoßen.[556] § 23 Abs. 5 gilt für solche Vereinbarungen nicht.[557] In Betracht kommen etwa: Abreden zur Besetzung des Aufsichtsrates oder des Vorstandes,[558] die Steuerung des Gesellschafterbestandes,[559] Verhaltensregeln bei Kapitalmaßnahmen,[560] Maßnahmen zur Kurspflege,[561] Absprachen über zusätzliche Finanzierungs- und Förderpflichten,[562]

---

*Hoffmann-Becking,* ZGR 1994, 442, 444 f.; *Röhricht,* in: Großkommentar AktG § 23 Rn. 239; *Braunfels,* in: Heidel § 23 Rn. 39.

551 *Röhricht,* in: Großkommentar AktG § 23 Rn. 239; *Hoffmann-Becking,* ZGR 1994, 442, 442.

552 Namentlich handelt es sich um zwei- oder mehrseitige schuldrechtliche Verträge, die in der Regel, wegen der gemeinsamen Zweckverfolgung, zur Entstehung einer (Innen-) Gesellschaft bürgerlichen Rechts (§§ 705 ff. BGB) führen. Für ihre Auslegung gelten die allgemeinen Regeln über die Auslegung von Willenserklärungen (§§ 133, 157 BGB), vgl. allgemein zur Rechtsnatur *Röhricht,* in: Großkommentar AktG § 23 Rn. 264; *Arnold,* in: Kölner Kommentar AktG § 23 Rn. 175 ff.; *Solveen,* in: Hölters § 23 Rn. 40 mit weiteren Nachweisen; *Braunfels,* in: Heidel § 23 Rn. 56.

553 *Hoffmann-Becking,* ZGR 1994, 442, 445 f.; *Hüffer* § 23 Rn. 46; *Limmer,* in: Spindler/Stilz § 23 Rn. 41; *Seibt,* in: K.Schmidt/Lutter § 23 Rn. 65; *Arnold,* in: Kölner Kommentar AktG § 23 Rn. 173; *Körber,* in: Bürgers/Körber § 23 Rn. 51.

554 *Hoffmann-Becking,* ZGR 1994, 442, 446; *Röhricht,* in: Großkommentar AktG § 23 Rn. 267; *Limmer,* in: Spindler/Stilz § 23 Rn. 41; *Seibt,* in: K.Schmidt/Lutter § 23 Rn. 65; *Solveen,* in: Hölters § 23 Rn. 39; *Braunfels,* in: Heidel § 23 Rn. 56.

555 *Röhricht,* in: Großkommentar AktG § 23 Rn. 240; *Pentz,* in: MüKo AktG § 23 Rn. 188; *Solveen,* in: Hölters § 23 Rn. 39; *Braunfels,* in: Heidel § 23 Rn. 57; *Arnold,* in: Kölner Kommentar AktG § 23 Rn. 173.

556 *Tieves,* 203 ff.; *Pentz,* in: MüKo AktG § 23 Rn. 188; *Arnold,* in: Kölner Kommentar AktG § 23 Rn. 181.

557 *Pentz,* in: MüKo AktG § 23 Rn. 188.

558 *Hoffmann-Becking,* ZGR 1994, 442, 444; *Röhricht,* in: Großkommentar AktG § 23 Rn. 242 ff.; *Hüffer* § 23 Rn. 45; *Seibt,* in: K.Schmidt/Lutter § 23 Rn. 64; *Pentz,* in: MüKo AktG § 23 Rn. 188; *Röhricht,* in: Großkommentar AktG § 23 Rn. 242 f.; *Limmer,* in: Spindler/Stilz § 23 Rn. 41; *Solveen,* in: Hölters § 23 Rn. 39.

559 *Hoffmann-Becking,* ZGR 1994, 442, 444; *Röhricht,* in: Großkommentar AktG § 23 Rn. 250; Einzelheiten bei *Seibt,* in: K.Schmidt/Lutter § 23 Rn. 64; *Hüffer* § 23 Rn. 45.

560 *Limmer,* in: Spindler/Stilz § 23 Rn. 41.

561 *Seibt,* in: K.Schmidt/Lutter § 23 Rn. 64.

562 *Röhricht,* in: Großkommentar AktG § 23 Rn. 249; *Seibt,* in: K.Schmidt/Lutter § 23 Rn. 64; *Hüffer* § 23 Rn. 45; *Röhricht,* in: Großkommentar AktG § 23 Rn. 249; *Solveen,* in: Hölters § 23 Rn. 39.

Informationspflichten,[563] Wettbewerbsregelungen[564] sowie Regelungen zum koordinierten Verkauf von Aktien bzw. Herbeiführung einer Verkaufsmöglichkeit.[565] Als Mittel zur gesellschaftsrechtlichen Umsetzung solcher Regelungen dienen primär Stimmbindungsvereinbarungen und - im Hinblick auf die Steuerung des Gesellschafterbestandes - Vereinbarungen betreffend die Verfügung über Aktien.[566]

Im Übrigen sind zahlreiche weitere Abreden denkbar, die sich auf die Geschäftspolitik des Unternehmens beziehen, wegen der eigenverantwortlichen Leitung des Vorstandes und der Unabhängigkeit des Aufsichtsrates allerdings lediglich eine Verpflichtung der betreffenden Aktionäre festlegen können, auf ihre Mandatsträger im Rahmen des bestehenden faktischen Einflusses einzuwirken.[567]

Ansprüche aus schuldrechtlichen Nebenabreden können im Wege der Leistungsklage durchgesetzt und auch vollstreckt werden. Dies gilt auch für Stimmbindungsverträge. Die Vollstreckung erfolgt grundsätzlich nach § 894 ZPO, so dass die Stimme, die der verurteilte Aktionär abzugeben hat, durch das rechtskräftige Urteil ersetzt werden kann.[568]

Zu beachten ist, dass schuldrechtliche Nebenabreden unter verschiedenen Gesichtspunkt zu einer Stimmrechtszurechnung führen und besondere Rechtspflichten auslösen können. Zu denken ist etwa an das Kartellrecht, das Recht der verbundenen Unternehmen (§§ 15 ff. AktG), sowie - im Falle börsennotierter Gesellschaften - das Übernahmerecht (§§ 35, 30 Abs. 2, 29 WpÜG) und die Meldepflichten des WpHG (§§ 21 ff. WpHG), [569]

---

563 *Hüffer* § 23 Rn. 45.

564 *Röhricht,* in: Großkommentar AktG § 23 Rn. 246; *Pentz,* in: MüKo AktG § 23 Rn. 188; *Limmer,* in: Spindler/Stilz § 23 Rn. 41; *Mayer,* MittBayNot 2006, 281, 283 ff.; *Körber,* in: Bürgers/Körber § 23 Rn. 52.

565 Derartige Abreden werden insbesondere relevant, wenn sich Finanzinvestoren an der Gesellschaft beteiligen, die über ein Verkaufsverfahren oder einen IPO ihre Beteiligung abstoßen wollen, vgl. *Seibt,* in: K.Schmidt/Lutter § 23 Rn. 64.

566 *Hoffmann-Becking,* ZGR 1994, 442, 443; *Seibt,* in: K.Schmidt/Lutter § 23 Rn. 64; *Hüffer* § 23 Rn. 45; *Pentz,* in: MüKo AktG § 23 Rn. 188; *Röhricht,* in: Großkommentar AktG § 23 Rn. 250; *Limmer,* in: Spindler/Stilz § 23 Rn. 41; *Solveen,* in: Hölters § 23 Rn. 39.

567 *Röhricht,* in: Großkommentar AktG § 23 Rn. 248; *Hoffmann-Becking,* ZGR 1994, 442, 444.

568 Grundlegend BGHZ 48, 163, 167 ff. = WM 1967, 925 und im Anschluss BGH, WM 1989, 1021; ferner *Arnold,* in: Kölner Kommentar AktG § 23 Rn. 183; *Spindler,* in: K.Schmidt/Lutter § 136 Rn. 49; *Grundmann,* in: Großkommentar AktG § 136 Rn. 86 f.; *Noack,* 68 ff.

569 *Pentz,* in: MüKo AktG § 23 Rn. 189; *E.Vetter,* in: Henssler/Strohn § 23 AktG Rn. 31; *Seibt,* in: K.Schmidt/Lutter § 23 Rn. 66.

### a) Stimmbindungsverträge unter Altgesellschaftern

#### aa) Inhalt

Die typische Grundform der schuldrechtlichen Nebenabrede ist der bereits angesprochene Stimmbindungsvertrag. In einem Stimmbindungsvertrag verpflichten sich mehrere Aktionäre untereinander, ihr Stimmrecht in der Hauptversammlung - entweder im Einzelfall oder für sämtliche künftigen Abstimmungen - einheitlich auszuüben oder nicht auszuüben.[570] Umfassend und auf längere Dauer angelegte Stimmbindungen (auch bezeichnet als Konsortialverträge, Stimmrechtskonsortien oder Stimmenpools)[571] sind im Kreise der Altaktionäre einer AG vor bzw. nach dem Gang an die Börse anzutreffen.[572] Trotz erheblicher Kapitalaufnahme von außen, kann durch die Bündelung der bei den Altgesellschaftern liegenden Stimmen (insbesondere angesichts niedriger Hauptversammlungspräsenzen bei börsennotierten Aktiengesellschaften von durchschnittlich nicht viel mehr als 50 % des Grundkapitals)[573], ein starker Einfluss in der Hauptversammlung gewahrt werden.[574] Besonders interessant sind Stimmbindungsvereinbarungen nicht zuletzt, weil sie keiner Registerpublizität unterliegen und deshalb gegenüber Dritten grundsätzlich nicht offengelegt werden müssen.[575] Im Fall geplanter Kapitalmarkttransaktionen verliert dieses Argument freilich an Bedeutung, da der bei einer Aktienemission zu erstellende Wertpapierprospekt Angaben zu an dem Emittenten bestehenden unmittelbaren und mittelbaren Beteiligungen und Beherrschungsverhältnissen sowie der Art und Weise der über diese ausgeübten Kontrolle enthalten muss (Anhang I Ziff. 18.3 der Prospekt-VO ). Vor diesem Hintergrund sind nach Ansicht der Bundesanstalt für Finanzdienstleistungsaufsicht (**BaFin**) insbesondere Stimm- oder Beteili-

570 *Hoffmann-Becking*, ZGR 1994, 442, 443; *Spindler*, in: K.Schmidt/Lutter § 136 Rn. 36. Die Verpflichtung zur Enthaltung während der Laufzeit des Stimmbindungsvertrags kann insbesondere dazu dienen, eine Konsolidierung nach § 290 Abs. 2 bis Abs. 4 HGB zu vermeiden, vgl. *Grundmann*, in: Großkommentar AktG § 136 Rn. 69; *Hüffer* § 133 Rn. 25; *Reichert/Harbarth*, AG 2001, 447, 454.

571 Vgl. *Semler*, in: Münchener Hdb AG § 38 Rn. 41.

572 *Hoffmann-Becking*, ZGR 1994, 442, 443; *Semler*, in: Münchener Hdb AG § 38 Rn. 41. Zum Charakter als Maßnahme im Vorfeld eines Börsengangs, siehe auch *Harrer*, in: Beck'sches Handbuch der AG § 22 Rn. 132 f.

573 Siehe für die Präsenzen der Dax-30 Gesellschaften zwischen 1998 und 2008 die Übersicht der Deutschen Schutzvereinigung für Wertpapierbesitz e.V., abrufbar unter http://www.dsw-info.de/Hauptversammlungspraesenzen.70.0.html und den Überblick bei *Küting* DB 2009, 73; zu den rechtspolitischen Bemühungen der Vergangenheit etwa *Lenz*, NZG 2006, 534 und *Dauner-Lieb*, WM 2007, 9.

574 *Semler*, in: Münchener Hdb AG § 38 Rn. 41.

575 *Seibt*, in: Römermann § 2 Rn. 11.

gungspools umfassend - wenn auch auf anonymer Basis - im Prospekt offenzulegen.[576]

Sofern sich die Aktionäre nicht verpflichten, ihr Stimmrecht unmittelbar oder mittelbar (etwa durch eine Vorschaltgesellschaft)[577] nach Weisung der Gesellschaft, des Vorstands oder des Aufsichtsrats der Gesellschaft oder nach Weisung eines abhängigen Unternehmens auszuüben (§ 136 Abs. 2 AktG), sind Stimmbindungsvereinbarungen nach heute einhelliger Meinung ein grundsätzlich zulässiges Instrument der Einflussnahme- und Sicherung.[578] Stimmrechtskonsortien bestehen regelmäßig in der Rechtsform einer Innengesellschaft des bürgerlichen Rechts,[579] mit dem Zweck, die Stimmenmacht der beteiligten Aktionäre gebündelt einzusetzen und so ihren Einfluss auf die Gesellschaft zu verstärken.[580] Das insoweit grundsätzlich vorgesehene Einstimmigkeitsprinzip (vgl. § 709 Abs. 1 BGB) kann gemäß § 709 Abs. 2 BGB abbedungen und durch das Mehrheitsprinzip ersetzt werden.[581] Eine solche Gestaltung empfiehlt sich, um die Flexibilität und Handlungsfähigkeit des Konsortiums in Streitfällen sicherzustellen.[582] Eine Stimmbindungsvereinbarung führt - jedenfalls wenn sie auf Dauer angelegt ist - dazu, dass sich die Willensbildung der maßgeblich beteiligten Aktionäre nicht in der Hauptversammlung, sondern in einem durch die Parteien der Stimmbindungsvereinbarung gebildeten "Vorhof" abspielt und die Stimmabgabe in der Hauptversammlung nur noch den formellen Vollzug der Willensbildung darstellt.[583]

---

576 Mit Formulierungsvorschlägen *Fingerhut/Voß*, in: Just/Voß/Ritz/Zeising EU ProspektVO Anhang I Rn. 282 ff.

577 Insoweit ist § 136 Abs. 2 AktG analog anzuwenden, vgl. *Otto*, AG 1991, 369, 378; *Schroer*, in: MüKo AktG § 136 Rn. 79; *Spindler*, in: K.Schmidt/Lutter § 136 Rn. 44.

578 Zur Begründung werden die Vertragsfreiheit und ein Umkehrschluss zu §§ 136 Abs. 2, 405 Abs. 3 Nr. 6 und Nr. 7 AktG herangezogen, vgl. BGHZ 48, 163, 166 = WM 1967, 925; BGH, ZIP 1987, 103; BGHZ 179, 13, Tz. 12 = ZIP 2009, 216; *Noack*, 66 ff.; *Hüffer* § 133 Rn. 27; *Grundmann*, in: Großkommentar AktG § 136 Rn. 71; *Röhricht*, in: Großkommentar AktG § 23 Rn. 239 ff.; *Spindler*, in: K.Schmidt/Lutter § 136 Rn. 36; *Odersky*, in: FS Lutter, 557, 559.

579 Vgl. BGHZ 126, 226, 234 = ZIP 1994, 1173; BGHZ 179, 13, Tz. 14 = ZIP 2009, 216.

580 Vgl. BGHZ 179, 13, Tz. 14 = ZIP 2009, 216; *Schröer*, in: MüKo AktG § 136 Rdn. 56.

581 Zu der Frage, unter welchen Umständen ausnahmsweise die Bindung an einen mit einfacher Mehrheit gefassten Konsortialbeschluss angesichts eines höheren Mehrheitserfordernisses in der Hauptversammlung unter dem Gesichtspunkt der gesellschaftsrechtlichen Treuepflicht, bzw. wenn dieser einen gesetzeswidrigen Inhalt hat, entfallen kann, vgl. BGHZ 170, 283, 287 f. (OTTO) = ZIP 2007, 475; BGHZ 179, 13, Tz. 13 ff. = ZIP 2009, 216; *Ulmer*, in: MüKo BGB § 709 Rn. 100 f.; *Habersack*, ZHR 164 (2000), 1, 10; *Zöllner*, in: FS Ulmer, 725; 732 f.; *C.Schäfer*, ZGR 2009, 768, 781 ff.; *K.Schmidt*, ZIP 2009, 737, 742 f.

582 Vgl. BGHZ 179, 13, Tz. 14 = ZIP 2009, 216; zu § 119 HGB, vgl. BGHZ 170, 283 Tz. 6 (OTTO) = ZIP 2007, 475.

583 *Hoffmann-Becking*, ZGR 1994, 442, 443.

**bb) Durchsetzung**

Aktienrechtlich sind „opponierende" Aktionäre nicht daran gehindert, ihr Stimmrecht entgegen einer Stimmbindungsabrede rechtswirksam auszuüben.[584] Vor diesem Hintergrund kommt der Durchsetzung und Vollstreckung von Stimmrechtsvereinbarung besondere Bedeutung zu. Zunächst gilt insoweit das allgemein zu schuldrechtlichen Nebenvereinbarungen Gesagte: Ansprüche aus Stimmbindungsvereinbarungen können im Wege der Leistungsklage durchgesetzt und - wenn sie auf eine bereits konkretisierte Stimmabgabe gerichtet sind - nach § 894 ZPO[585] vollstreckt werden.[586] Wegen der im Vorfeld einer Hauptversammlung bestehenden Dringlichkeit bindungskonformer Stimmabgabe,[587] kommt freilich dem Eilrechtsschutz größere Bedeutung zu.[588]

Angesichts des allgemeinen Vorwegnahmeverbots wurde eine auf § 935 ZPO gestützte einstweilige Verfügung zur Durchsetzung einer Stimmbindungsvereinbarung lange weitgehend abgelehnt.[589] Bedenkt man aber, dass die Verweigerung einstweiligen Rechtsschutzes in den meisten Fällen zur Schaffung vollendeter Tatsachen durch den Vollzug des gefassten Beschlusses führen wird, scheint es aus Gründen effektiven Rechtsschutzes geboten, in Einzelfällen eine Vorwegnahme der Hauptsache gleichwohl zuzulassen.[590] Für die

---

584 RGZ 119, 386, 388□f.; *Hüffer* § 133 Rn. 26; *Hirschmann*, in: Hölters § 133 Rn. 37; *Harrer*, in: Beck'sches Handbuch der AG § 22 Rn. 132; *Schröer*, in: MüKo AktG 3 136 Rn. 87. Zu Anfechtungsmöglichkeiten, die in Ausnahmefällen bestehen können, etwa wenn die Stimmbindungsvereinbarungen in die Satzung aufgenommen wurden, *Hüffer* § 243 Rn. 9 f.

585 Die Stimmabgabe in der Hauptversammlung ist eine - der Vollstreckung nach § 894 ZPO zugängliche - Willenserklärung, vgl. BGH, NJW 1952, 98, 99; BGHZ 14, 264, 267 und Hüffer § 133 Rn. 18 mit weiteren Nachweisen. Nicht nach § 894 ZPO vollstreckbar ist freilich, mangels inhaltlicher Bestimmtheit der Willenserklärung, die allgemeine Pflicht, "weisungsgemäß" zu stimmen, vgl. *K.Schmidt*, in: Scholz § 47 Rn. 56; *Römermann*, in: Michalski § 47 Rn. 542 und zum Erfordernis der inhaltlichen Bestimmtheit im Rahmen des § 894 ZPO *Gruber*, in: MüKo ZPO § 894 Rn. 11 mit weiteren Nachweisen.

586 BGHZ 48, 163, 173 f. = WM 1967, 925; *K.Schmidt*, in: Scholz § 47 Rn. 55.

587 Eine Leistungsklage soll zwar nach Maßgabe des § 259 ZPO schon vor der Beschlussfassung zulässig sein, die Fiktionswirkung des § 894 ZPO setzt aber ein rechtskräftiges Urteil voraus, das im Vorfeld einer Hauptversammlung regelmäßig nicht rechtzeitig zu erlangen sein wird, vgl. *Baumanns/Wirbel*, in: Münchener Hdb PersG § 28 Rn. 47.

588 *Semler*, in: Münchener Hdb AG § 38 Rn. 49; *Hüffer* § 133 Rn. 30; *Römermann*, in: Michalski § 47 Rn. 537; *Butzke* E. Rn. 50; zum einstweiligen Rechtsschutz im Recht der börsennotierten AG *Schlitt/Seiler*, ZHR 166 (2002), 544; *Zutt*, ZHR 155 (1991), 190, 192; *Schröer*, in: MüKo AktG § 136 Rn. 91.

589 So die früher herrschende Meinung, vgl. OLG Celle, GmbHR 1981, 264, 265 f.; OLG Frankfurt, WM 1982, 282, 282; *Semler*, BB 1979, 1533, 1536; *Zöllner*, in: Kölner Kommentar AktG § 136 Rn. 117; *Koppensteiner*, in: Rowedder/Schmidt-Leithoff § 47 Rn. 40.

590 *Damm*, ZHR 154 (1990), 413, 432 ff.; *Schilling*, in: Hachenburg § 47 GmbHG Rn. 27; *v.Gerkan*, ZGR 1985, 167, 179 ff.; *Zutt*, ZHR 155 (1991), 190, 199 ff.; *Schlitt/Seiler*, ZHR 166 (2002), 544, 575; *K.Schmidt*, in: Scholz § 47 Rn. 59; *Römermann*, in: Michalski § 47 Rn.

Notwendigkeit einstweiligen Rechtsschutzes spricht auch, dass ein andernfalls denkbarer - auf Naturalrestitution gerichteter - Schadensersatzanspruch gegen den Schuldner der Stimmbindungsvereinbarung am Einwand der Unmöglichkeit scheitern wird, wenn und weil dadurch die Rechte Dritter, namentlich der durch die Stimmbindungsvereinbarung nicht gebundenen Aktionäre, berührt würden.[591] In der obergerichtlichen Rechtsprechung ist deshalb mittlerweile anerkannt, dass eine einstweilige Verfügung jedenfalls zur Untersagung eines bestimmten Abstimmungsverhaltens grundsätzlich in Betracht kommt, wenn eine besonders schwerwiegenden Beeinträchtigung der Interessen des Verfügungsklägers zu befürchten ist, die nicht auf andere Weise abgewendet werden kann.[592] Droht der Gesellschaft infolge des Zeitverlustes keine wesentliche Schädigung, wird das Gericht allerdings in Ausübung seines Ermessen bei der Eilentscheidung (§ 938 Abs. 1 ZPO) zunächst eine Verschiebung der Beschlussfassung in Betracht ziehen müssen.[593] Für die Hauptversammlungen börsennotierter Gesellschaften dürfte dies aufgrund der hohen planerischen Anforderungen und den mit einer Verschiebung verbundenen Verzögerung gesellschaftsrechtlicher Maßnahmen, allerdings nicht in Frage kommen. Insgesamt ist im Bereich der rechtlichen Durchsetzung von Stimmbindungsabreden aber noch vieles ungeklärt.[594]

Neben diese Möglichkeiten prozessualer Durchsetzung von Stimmbindungsabreden treten - sofern durch die abredewidrige Abstimmung nachweisbare Schäden entstehen - Schadensersatzansprüche und vertragliche Sanktionen (etwa in Form von Vertragsstrafen).[595] Wegen der beschriebenen Unsicherheiten wird aber empfohlen, die Aktien aus dem Kreis der Altgesellschafter zur gebündelten Stimmausübung auf einen Treuhänder oder auf eine gemeinsam gehaltene Holding-Gesellschaft zu übertragen und so einem etwaigen Missbrauch durch einzelne Mitglieder des Stimmrechtskonsortiums zu entziehen.[596]

---

549; *Holzborn*, in: Bürgers/Körber § 136 Rn. 29; *Grundmann*, in: Großkommentar AktG § 136 Rn. 88; *Semler*, in: Münchener Hdb AG § 38 Rn. 49; OLG München, GmbHR 1999, 718, 719 Tz. 5.; OLG Düsseldorf, NZG 2005, 633 Tz. 56.

591 *K.Schmidt*, in: Scholz § 47 Rn. 60; *Rieckers*, in: Spindler/Stilz § 137 Rn. 65.

592 OLG Hamburg, NJW 1992, 186, 187; OLG Frankfurt, NJW-RR 1992, 934, 934; OLG Frankfurt, GmbHR 1993, 161, 161 f.; OLG Hamm, GmbHR 1993, 163; OLG München, GmbHR 1999, 718, 719; OLG Düsseldorf, NZG 2005, 633 Tz. 56.

593 *Drescher*, in: MüKo ZPO § 935 Rn. 67.

594 *Schröer*, in: MüKo AktG § 136 Rn. 89.

595 *Grundmann*, in: Großkommentar AktG § 136 Rn. 89; *Harrer*, in: Beck'sches Handbuch der AG § 22 Rn. 132.

596 *Harrer*, in: Beck'sches Handbuch der AG § 22 Rn. 132; *Semler*, in: Münchener Hdb AG § 38 Rn. 50.

### b) Vereinbarungen betreffend die Verfügung über Aktien

Neben die Stimmbindungsvereinbarungen treten - als zweite wesentliche Unterform schuldrechtlicher Nebenabreden - Vereinbarungen, die Restriktionen hinsichtlich der Übertragung von Aktien der Gesellschaft vorsehen. Neben einem schlichten Ausschluss der Übertragbarkeit,[597] ist vor allem die Begründung von Andienungspflichten eines veräußerungswilligen Aktionärs mit korrespondierenden Vorkaufsrechten der übrigen Parteien der Abrede denkbar.[598] Auf diesem Weg kann eine zusätzliche Absicherung gegen das Eindringen unerwünschter Dritter in die Gesellschaft erreicht werden.[599] Soll für den Fall eines Ausstiegs aus der Gesellschaft sichergestellt werden, dass einem erwerbswilligen Investor ein Mehrheitspaket übertragen werden kann, bietet es sich an, schuldrechtliche Vereinbarungen mit anderen maßgeblich beteiligten Aktionären abzuschließen, in denen sich diese für den Fall einer Veräußerung zu einem Mitverkauf an den Käufer verpflichten.[600]

Typischerweise finden sich die genannten Gestaltungen in Beteiligungsverträgen zwischen Aktionären eines Gemeinschaftsunternehmens oder Gesellschaftern eines durch privates Beteiligungskapital finanzierten Unternehmens.[601] Solche Finanzierungen Private Equity oder Venture Capital Unternehmen sind immer Beteiligungen auf Zeit. Da die Rendite eines Investments nicht über die Erzielung laufender Erträge, sondern über einen möglichst hohen Veräußerungserlös beim Trade Sale am geplanten Ende der Beteiligung generiert wird,[602] ist es aus Investorensicht von besonderer Bedeutung, mehr als nur die eigene (Minderheits-) Beteiligung zu veräußern, um eine Kontrollprämie zu erzielen.[603] Gerade beim Trade Sale sind zudem potentielle Käufer oftmals nur zur Übernahme alles Anteile oder zumindest einer absoluten Anteilsmehrheit bereit.[604] Zu diesem Zweck können Beteiligungsverträge etwa vorsehen, dass sämtliche Altaktionäre dem Investor unter bestimmten Voraussetzungen[605] das Recht einräumen, im Falle eines Ausstiegs, ihre Anteile einem Dritten zum

---

597 Die Zulässigkeit einer solchen Beschränkung ergibt sich aus § 137 Satz 2 BGB, vgl. *Maidl/Kreifels*, NZG 2003, 1091, 1094.

598 *Scherer*, BB 2010, 323, 328; *Fleischer/Schneider*, DB 2012, 961, 962.

599 *Scherer*, BB 2010, 323, 328.

600 *Seibt*, in: Römermann § 2 Rn. 222; *Gätsch*, in: Marsch-Barner/Schäfer § 4 Rn. 76.

601 *Fleischer/Schneider*, DB 2012, 961, 962; *Seibt*, in: Römermann § 2 Rn. 222; *Inhester*, in: Jesch/Striegel/Boxberger § 11 4.3.

602 *Fleischer/Schneider*, DB 2012, 961, 962.

603 *Inhester*, in: Jesch/Striegel/Boxberger § 11 4.3.2.

604 *Fleischer/Schneider*, DB 2012, 961, 962.

605 Etwa erst nach Ablauf einer bestimmten Haltefrist, bei Erreichung eines bestimmten Unternehmenswertes oder bei Nichtverwirklichung einer anderen Ausstiegsmöglichkeit - etwa eines IPO, vgl. *Inhester*, in: Jesch/Striegel/Boxberger § 11 4.3.2.

Kauf anzubieten (*drag along right*).[606] Das Gegenstück bilden Vereinbarungen, die den Aktionären das Recht geben, im Falle einer Veräußerung durch den Investor ihre Aktien zu annähernd gleichen Konditionen ebenfalls zum Verkauf anzudienen (*tag along right*).[607] Das Mitverkaufsrecht kann dabei auch mit einer Vinkulierung dergestalt verknüpft werden, dass der zum Mitverkauf berechtigte seine Zustimmung zur Veräußerung der Anteile des Investors unter der Bedingung erteilt, dass ihm ein entsprechendes Kaufangebot gemacht wird.[608] Minderheitsgesellschafter können sich so davor schützen, dass sie im Falle des Ausstiegs eines Investors oder maßgeblich beteiligten Aktionärs unter die Herrschaft eines neuen Großaktionärs geraten.[609] Zudem profitieren sie von dem Verhandlungsgeschick des ausstiegswilligen Investors, wenn dieser eine auf sämtliche zu veräußernden Aktien bezogene Kontrollprämie aushandelt.[610]

### c) Zwischenergebnis

Ähnlich wie die Vinkulierung, können schuldrechtliche Abreden in Bezug auf Aktien der Gesellschaft, sei es hinsichtlich der Stimmrechtsausübung, des Zukaufs oder des Verkaufs von Aktien, zwar erheblichen Einfluss auf den Bestand des Kreises der Altgesellschafter haben. Ein wirksames Instrumentarium, für die Aufrechterhaltung der unternehmerischen Kontrolle bei der Aufnahme neuer Gesellschafter bieten auch sie indessen nicht. Dies wird besonders deutlich im Fall von Drag Along und Tag Along Rechten, deren Zweck primär in der verbesserten Verkehrsfähigkeit der mit ihnen verknüpften Anteile - und damit gerade nicht in der Aufrechterhaltung bestehender Kontrollstrukturen - gesehen wird.[611]

Etwas anderes gilt für Stimmbindungsverträge. Trotz erheblicher Kapitalaufnahme von außen, kann durch die Bündelung der bei den Altgesellschaftern liegenden Stimmen (insbesondere angesichts niedriger Hauptversammlungspräsenzen bei börsennotierten Aktiengesellschaften) ein starker Einfluss in der Hauptversammlung gewahrt werden.[612] Besteht indessen ein erheblicher Finanzierungsbedarf, führt die Aufnahme neuer Investoren freilich je nach Vo-

---

606 *Fleischer/Schneider*, DB 2012, 961, 962; *Seibt*, in: Römermann § 2 Rn. 222; *Inhester*, in: Jesch/Striegel/Boxberger § 11 4.3.2.; *Maidl/Kreifels*, NZG 2003, 1091, 1095; *Baumanns/Wirbel*, in: Münchener Hdb PersG § 28 Rn. 57.

607 *Seibt*, in: Römermann § 2 Rn. 222; *Inhester*, in: Jesch/Striegel/Boxberger § 11 4.3.3.; *Maidl/Kreifels*, NZG 2003, 1091, 1095; *Baumanns/Wirbel*, in: Münchener Hdb PersG § 28 Rn. 57.

608 *Fleischer/Schneider*, DB 2012, 961, 964.

609 *Fleischer/Schneider*, DB 2012, 961, 961; *Seibt*, in: Römermann § 2 Rn. 222.

610 *Fleischer/Schneider*, DB 2012, 961, 961.

611 *Fleischer/Schneider*, DB 2012, 961, 962; *Seibt*, in: Römermann § 2 Rn. 221.

612 *Semler*, in: Münchener Hdb AG § 38 Rn. 41; *Gätsch*, in: Marsch-Barner/Schäfer § 4 Rn. 74.

lumen der Finanzierung zu einer Verwässerung der Altaktionäre, die auch durch eine Bündelung der Stimmrechte nicht abgewendet werden kann.

## II. Institutionelle Maßnahmen

Der vorangegangene Teil der Darstellung hat gezeigt, dass die herkömmlichen Gestaltungsinstrumente des Aktienrechts zwar vor einer Überfremdung des Gesellschafterkreises schützen können. Die erforderliche Flexibilität, um eine Konservierung der Machtverhältnisse trotz Aufnahme neuer Gesellschafter zu erreichen, bieten die dargestellten Instrumente indessen nicht, bzw. - wie im Falle von Stimmbindungsvereinbarungen - nur begrenzt.[613]

Im folgenden Abschnitt sollen Finanzierungsinstrumente in den Blick genommen werden, die weder punktuell, durch bestimmte Satzungsregelungen, noch vertraglich, durch die Abstimmung zwischen einzelnen Gesellschaftergruppen, auf Überfremdungsschutz gerichtet sind, sondern vielmehr institutionell an die Rechtsstellung der Aktionärsgesamtheit anknüpfen und so die Eigenkapitalaufnahme ohne nennenswerten Verlust von Leitungsmacht ermöglichen. Ausgangspunkt ist dabei die Vorzugsaktie. Für Unternehmen, die Eigenkapital aufnehmen wollten, ohne dabei Einfluss in Form von Stimmrechten abzugeben, dienten Vorzugsaktien lange als bevorzugtes Finanzierungsinstrument. Als weiteres Instrument zur Gestaltung von Leitungsmacht ist jüngst wieder die KGaA in Erscheinung getreten. Wie nachfolgend im Einzelnen gezeigt wird, ermöglicht das flexible Innenrecht dieser Rechtsform, die unternehmerische Kontrolle der Gesellschaft weitgehend von der Kapitalmehrheit abzukoppeln und auf diesem Weg ähnliche Ergebnisse zu erreichen wie durch den Einsatz von Vorzugsaktien.

Die Vermeidung unternehmerischer Mitbestimmung seitens der Arbeitnehmer stellt für viele Unternehmen ein zentrales Kriterium bei der Rechtsformwahl dar. Die mitbestimmungsrechtliche Sonderbehandlung der KGaA begünstigt auch insoweit die Erhaltung der Unabhängigkeit im Kontext der Eigenkapitalfinanzierung, namentlich bei wachstumsorientierten Unternehmen, und soll deshalb im weiteren Verlauf der Darstellung in die Betrachtung einbezogen werden.

### 1. Vorzugsaktie

Die Ausgabe stimmrechtsloser Vorzugsaktien begründet die Möglichkeit, das Eigenkapital langfristig zu erhöhen, gleichzeitiger aber den Verlust der Kontrolle über die Geschicke des Unternehmens zu verhindern.[614] Besonders bei

---

613 Ähnlich *Schürmann/Körfgen*, 72 ff.; *Hennerkes/May*, StBJb 1988/1989, 303, 307; *Hartel*, DB 1992, 2329; *Haase*, GmbHR 1997, 917, 919; *Hennerkes/Lorz*, DB 1997, 1388, 1389.

614 Siehe die amtliche Begründung zur erstmaligen gesetzlichen Regelung von Vorzugsaktien in §§ 115-117 AktG 1937, abgedruckt bei *Klausing*, 103 und die Gesetzesbegründung zu § 139 AktG bei *Kropff*, 203; ferner *Feddersen*, in: FS Ulmer, 105, 107;

Familiengesellschaften wurde bis Ende der 1990er Jahre der erste Schritt in die Öffentlichkeit häufig mit Vorzugsaktien durchgeführt.[615] Werden Vorzugsaktien bis zur Grenze des § 139 Abs. 2 AktG, also bis zur Hälfte des Grundkapitals, ausgegeben, erfordert eine Stimmenmehrheit in der Hauptversammlung lediglich eine Beteiligung am stimmberechtigten Kapital in Höhe von 25 % plus eine Aktie.[616] Die satzungsändernde Mehrheit kann bei einer Beteiligung am stimmberechtigten Kapital in Höhe von 37,5 % erreicht werden.[617]

### a) Schaffung

Vorzugsaktien können durch die Ausgabe neuer Aktien geschaffen werden. Dies kann entweder bereits bei der Gründung der Gesellschaft oder im Wege einer Kapitalerhöhung geschehen. Auch die Möglichkeit einer späteren Umwandlung von Stammaktien in Vorzugsaktien ist gesetzlich vorgesehen (§ 141 Abs. 2 Satz 2 AktG).[618] Zur nachträglichen Schaffung von Vorzugsaktien bedarf es in jedem Fall einer Satzungsänderung (§ 60 Abs. 1, 3 AktG).[619] Sollen Vorzugsaktien erstmals aus einem genehmigten Kapital (§§ 202 ff. AktG) ausgegeben werden, bedarf es nach Ansicht des OLG Schleswig aber keiner bereits bestehenden, die Zulässigkeit oder Ausstattung von Vorzugsaktien regelnden, Satzungsbestimmung.[620] Vielmehr reicht es aus, dass der Hauptversammlungsbeschluss, mit dem das genehmigte Kapital geschaffen wird, den Vorstand allgemein zur Ausgabe von Vorzugsaktien ermächtigt. Denn dieser entscheidet über den Inhalt der Aktienrechte und die Bedingungen der Aktienausgabe (§ 204 Abs. 1 Satz 1 AktG).[621] Sofern durch die Schaffung von Vorzugsaktien in das Stimmrecht von Aktionären eingegriffen wird, bedarf es

---

*Bezzenberger*, in: FS Quack, 153, 157; *Blättchen*, FB 1999, 38, 41; *Reckinger*, AG 1983, 216, 219; *Siebel*, ZHR 161 (1997), 628, 646; zeitweise wurden von der Mehrzahl der börsennotierten Familienunternehmen genau aus diesem Grund stimmrechtlose Vorzugsaktien emittiert, vgl. *Binz/Sorg*, BB 1988, 2041, 2042 mit weiteren Nachweisen; aus dem jüngeren Schrifttum etwa *Harrer*, in: Beck'sches Handbuch der AG § 22 Rn. 131; *Semler*, in: Münchener Hdb AG § 38 Rn. 21; *Butzke*, in Marsch-Barner/Schäfer § 6 Rn. 22; *Schröer*, in: MüKo AktG § 139 Rn. 3.

615 *Blättchen*, DStR 1997, 1547, 1549; *Siebel*, ZHR 161 (1997), 628, 631; siehe auch *Binz/Sorg*, BB 1987, 1996, 1997 und *Herzig/Ebeling*, AG 1989, 221; rückblickend *Butzke*, in: Marsch-Barner/Schäfer § 6 Rn. 22.

616 *Bezzenberger*, in: Großkommentar AktG § 139 Rn. 44 mit weiteren Nachweisen.

617 *Hennerkes/May*, DB 1988, 537, 538; *Binz/Sorg*, BB 1988, 2041, 2044; *Bormann*, in: Spindler/Stilz § 139 Rn. 7.

618 *Bormann*, in: Spindler/Stilz § 139 Rn. 32; *Semler*, in: Münchener Hdb AG § 38 Rn. 20.

619 *Hüffer* § 139 Rn. 11.

620 OLG Schleswig, Urteil vom 27.05.2004 - 5 U 2/04 Tz. 43 (juris).

621 OLG Schleswig, Urteil vom 27.05.2004 - 5 U 2/04 Tz. 43 (juris); diese Sichtweise entspricht der einhelligen Meinung in der Literatur, vgl. etwa *Butzke*, in: Marsch-Barner/Schäfer § 6 Rn. 35; *Krieger*, in: Münchener Hdb AG § 58 Rn. 33; *Lutter*, in: Kölner Kommentar AktG § 204 Rn. 7.

zusätzlich der Zustimmung der betroffenen Aktionäre.[622] Aus Gründen der Gleichbehandlung (§ 53a AktG) ist außerdem die Zustimmung jedes Stammaktionärs erforderlich, dessen Aktien nicht in stimmrechtslose Vorzugsaktien umgewandelt werden sollen.[623]

### b) Einordnung als eigene Aktiengattung (§ 11 AktG)

Vorzugsaktien ohne Stimmrecht bilden eine eigene Aktiengattung im Sinne des § 11 AktG.[624] § 11 Satz 1 AktG sieht vor, dass Aktien verschiedene Rechte, namentlich bei der Verteilung des Gewinns und des Gesellschaftsvermögens, gewähren können. Weiter bestimmt § 12 Abs. 1 Satz 2 AktG, dass Vorzugsaktien nach den Vorschriften dieses Gesetzes (*scil.* des AktG) als Aktien ohne Stimmrecht ausgegeben werden können. Voraussetzung dafür ist gemäß § 139 Abs. 1 AktG die Ausstattung mit einem nachzuzahlenden Vorzug bei der Verteilung des Gewinns.[625] Hinsichtlich Dividenden- und Stimmrecht weichen Vorzugsaktien ohne Stimmrecht also vom gesetzlichen Regelfall der §§ 12 Abs. 1 Satz 1, 60 Abs. 1 AktG ab. Als eigene Aktiengattung bedürfen sie zwingend einer entsprechenden Satzungsregelung (vgl. § 23 Abs. 3 Nr. 4 AktG). §§ 12 Abs. 1 Satz 2 und 60 Abs. 3 AktG bieten insofern das nötige Instrumentarium.[626]

#### aa) Vorzug bei der Verteilung des Gewinns

Der von § 139 Abs. 1 AktG geforderte Vorzug bei der Verteilung des Gewinns bezieht sich auf den Bilanzgewinn.[627] Dies ergibt sich aus § 57 Abs. 3 AktG, wonach die Gesellschaft ohne Vorhandensein eines entsprechenden Bilanzgewinns zur Bedienung des Vorzugs weder verpflichtet noch berechtigt ist.[628] Vorzug meint, dass die in der Satzung bestimmte Dividende an die Vorzugsaktionäre auszuschütten ist, bevor eine Ausschüttung an die Stammaktionäre

---

622 BGHZ 70, 117, 122 (Mannesmann) = WM 1978, 56; *Volhard*, in: MüKo AktG § 139 Rn. 5; *Zöllner*, in: Kölner Kommentar AktG § 139 Rn. 22; *Semler*, in: Münchener Hdb AG § 38 Rn. 20.

623 *Bezzenberger*, in: Großkommentar AktG § 139 Rn. 41; *T.Bezzenberger*, 131; *Hüffer* § 139 Rn. 12; *Zöllner*, in: Kölner Kommentar AktG § 139 Rn. 23; *Spindler*, in: K.Schmidt/Lutter § 139 Rn. 9; *Bormann*, in: Spindler/Stilz § 141 Rn 36; *Schröer*, in: MüKo AktG § 139 Rn. 5.

624 *Hüffer* § 139 Rn. 1.

625 Hinzuweisen ist an dieser Stelle auf die im Zuge der Finanzmarktkrise geschaffene Regelung des § 5 Abs. 1 Satz 3 FMStBG, wonach der Vorstand eines Unternehmens des Finanzsektors, dem zum Zwecke der Stabilisierung des Finanzmarktes Stabilisierungsmaßnahmen nach dem FMStFG gewährt wurden, Vorzugsaktien ohne Stimmrecht ausgeben kann, bei denen der Vorzug nicht nachzahlbar ist.

626 *Hüffer* § 139 Rn. 11.

627 *Hüffer* § 139 Rn. 5 mit weiteren Nachweisen.

628 So belasten die Vorzugsaktien als Finanzierungsinstrument die Bilanz weder – wie etwa Fremdfinanzierungsinstrumente – durch Zinszahlungen, noch führen sie zum Ausweis eines höheren Fremdkapitalanteils, vgl. *Hirschmann*, in: Hölters § 139 Rn. 2.

erfolgen darf.[629] Die Höhe des Vorzugs muss dabei objektiv bestimmbar sein und darf sich nicht etwa nur an der Höhe eines etwaigen Bilanzgewinns orientieren.[630] Zu diesem Zweck bieten sich verschiedene Gestaltungen an. Denkbar ist es, den Vorzug in Höhe eines bestimmten Prozentsatzes vom (bei nennwertlosen Stückaktien: rechnerischen) Nennbetrag zu gewähren.[631] Auch Festbeträge sind zulässig.[632]

Das Verhältnis des Gewinnvorzugs zum nach der Zahlung des Vorzugs verbleibenden Gewinn kann frei geregelt werden.[633] Die Vorzugsaktionäre können, müssen aber nicht an der Verteilung des verbleibenden Bilanzgewinns teilnehmen.[634] Fehlt eine ausdrückliche Regelung sind sie am verbleibenden Gewinn genauso wie die Stammaktionäre zu beteiligen. Dies ergibt sich aus § 140 Abs. 1 AktG, wonach Vorzugsaktien ohne Stimmrecht mit Ausnahme des Stimmrechts die jedem Aktionär aus der Aktie zustehenden Rechte und damit auch das Gewinnrecht gewähren.[635] Denkbar ist die Verteilung des Bilanzgewinns etwa derart, dass nach Leistung des Vorzugs die Stammaktien bis zu einer bestimmten Höhe bedient werden und der übrige ausschüttungsfähige Gewinn wiederum an die Stammaktionäre und die Vorzugsaktionäre nach dem Verhältnis ihrer Anteile am Grundkapital verteilt wird.[636] Eine andere Gestaltung kann eine Mehrdividende für die Vorzugsaktien vorsehen.[637] Nach einhelliger Meinung ist es ferner zwar zulässig, den Dividendenvorzug zugleich als Höchstdividende auszugestalten, mit der Konsequenz, dass ein Übergewinn den Stammaktionären zufällt.[638] Allerdings haben so ausgestaltete Vorzugsaktien keine nennenswerte Verbreitung gefunden.[639] Erst eine Ausstattung, die dem Nachteil der Stimmrechtslosigkeit durch eine etwas

---

629 BGHZ 7, 263, 264; *Volhard*, in: MüKo AktG § 139 Rn. 8; *Hüffer* § 139 Rn. 6 mit weiteren Nachweisen.

630 *Hüffer* § 139 Rn. 7; *Bormann*, in: Spindler/Stilz § 139 Rn. 11 mit weiteren Nachweisen.

631 *Ihrig/Streit*, NZG 1998, 201, 206.

632 *Hüffer* § 139 Rn. 7.

633 Dazu *Spindler*, in: K.Schmidt/Lutter § 139 Rn. 20; *Hüffer* § 139 Rn. 8.

634 Ausführlich zu den denkbaren Gestaltungen *T.Bezzenberger*, 41 ff.

635 *Bormann*, in: Spindler/Stilz § 139 Rn. 14; *T.Bezzenberger*, 52.

636 Siehe etwa § 24 Abs. 3 der Satzung der MAN SE, wonach der jährliche Bilanzgewinn zu 0,11 Euro je Vorzugsaktie, danach zu bis zu 0,11 je Stammaktie und ein verbleibender Gewinnanteil nach dem Verhältnis der Anteile am Grundkapital gleichmäßig auf Stamm- und Vorzugsaktionäre verteilt wird; eine entsprechende Regelungen enthält etwa § 18 der Satzung der RWE AG.

637 Siehe etwa § 23 Abs. 5 der Satzung der Porsche Automobil Holding SE, wonach nach der Bedienung des Vorzugs die Stammaktien in entsprechender Höhe bedient werden und ein etwaiger Rest mit der Maßgabe verteilt wird, dass die Vorzugsaktionäre eine 0,6 Cent je Vorzugsaktie höhere Dividende als die Stammaktionäre erhalten.

638 Siehe die Nachweise bei *T.Bezzenberger*, 54 ff.

639 *Hüffer* § 139 Rn. 8.

sicherere und ggf. (im Verhältnis zu den Stammaktionären) höhere Dividende zu kompensieren sucht, macht die Vorzugsaktie am Kapitalmarkt attraktiv.[640]

### bb) Recht auf Nachzahlung *de lege lata*

Die *lex lata* sieht vor, dass der Gewinnvorzug nachzahlbar sein muss (§ 139 Abs. 1 AktG). Nachzahlbarkeit bedeutet, dass in Ermangelung eines entsprechenden Bilanzgewinns ausgefallene Dividendenzahlungen in späteren Geschäftsjahren nachgezahlt werden müssen, wenn und soweit wieder ein ausreichender Bilanzgewinn erwirtschaftet wird.[641] Dieses Recht stellt nach der gesetzlichen Grundkonzeption ein unselbständiges mitgliedschaftliches Recht dar, das erst durch den späteren Gewinnverwendungsbeschluss zu einem selbständigen Anspruch wird.[642] Vor dem Gewinnverwendungsbeschluss ist es nicht selbständig abtretbar, sondern geht bei Übertragung der Vorzugsaktie automatisch auf den Erwerber über.[643] Die Satzung kann aber vorsehen, dass das Nachzahlungsrecht bereits mit Ausfall des Vorzugs zu einem selbständigen und verkehrsfähigen Anspruch erstarkt, der nur noch unter der Bedingung der Fassung eines späteren Gewinnverwendungsbeschlusses steht (§ 140 Abs. 3 AktG) und selbständig übertragbar ist.[644]

---

640 *Butzke*, in: Marsch-Barner/Schäfer § 6 Rn. 23.

641 Siehe nur *Hüffer* § 139 Rn. 10 mit weiteren Nachweisen.

642 Ständige Rechtsprechung seit BGHZ 7, 263, 264 f. = NJW 1952, 1370; *Bezzenberger*, in: Großkommentar AktG § 139 Rn. 13; *Hüffer* § 139 Rn. 9; *Schröer*, in: MüKo AktG § 140 Rn. 16;

643 *Bezzenberger*, in: Großkommentar AktG § 140 Rn. 30; *Hüffer* § 140 Rn. 9; *Siebel*, ZHR 161 (1997), 628, 651; *Werner*, AG 1971, 69, 75; *Zöllner*, in: Kölner Kommentar AktG § 140 Rn. 8; *Schröer*, in: MüKo AktG § 140 Rn. 16.

644 *Schröer*, in: MüKo AktG § 140 Rn. 17 mit weiteren Nachweisen. Unabhängig von dessen Ausgestaltung als unselbständiges Mitgliedschaftsrecht oder selbständiges Gläubigerrecht, können die Nachzahlungsrechte in der Insolvenz des Emittenten nach Ansicht des neunten Zivilsenats nur wie letztrangige Insolvenzforderungen zu behandeln sein. Im Falle eines Insolvenzplanverfahrens, das zur Fortsetzung des Gesellschaft führen soll, gelten die Nachzahlungsrechte mit der rechtskräftigen Bestätigung des Insolvenzplans grundsätzlich als im Wege der Restschuldbefreiung erloschen (§§ 225 Abs. 1, 227 Abs. 1 InsO). Dem steht nicht entgegen, wie noch von den Vorinstanzen in diesem Verfahren vertreten, dass die Behandlung der Nachzahlungsrechte zum Gegenstand des Insolvenzplans hätte gemacht werden können (§ 249 InsO). Selbst wenn ein Verzicht der Vorzugsaktionäre auf das Nachzahlungsrecht zur Voraussetzung für die Bestätigung des Insolvenzplans gemacht würde, dürften die Vorzugsaktionäre im Falle einer Verweigerung des für einen Untergang des Nachzahlungsrechts erforderlichen Sonderbeschlusses (§ 141 Abs. 1 AktG) im dann nachfolgenden Regelinsolvenzverfahren erst nach Befriedigung aller Insolvenzgläubiger bedient werden (§§ 39 Abs. 1 Nr. 5, 199 Satz 1 InsO). Sind die Ansprüche der Vorzugsaktionäre aber im Insolvenzverfahren ohnehin nicht durchsetzbar, wäre die Verweigerung ihrer Mitwirkung bei der Sanierung der Gesellschaft im Insolvenzplanverfahren mit der Systematik des Insovenzrechts nicht vereinbar. Nicht anderes kann für einen als selbständiges Gläubigerrecht ausgestalteten Nachzahlungsanspruch gelten, da aufschiebend bedingte

Das Nachzahlungsrecht muss dauerhaft sein und darf nicht etwa auf eine bestimmte Zeit befristet werden, nach deren Ablauf der Vorzug ohne Rücksicht auf die ausstehende Zahlung erlischt.[645] Aus diesem Grund können Vorzugsaktien vor allem auch das Interesse von Early Stage Investoren wecken, die Bilanzgewinne erst in späteren Geschäftsjahren erwarten.[646] Wird der Vorzugsbetrag in einem Jahr nicht oder nicht vollständig gezahlt und der Rückstand im nächsten Jahr nicht neben dem vollen Vorzug dieses Jahres nachgezahlt, so haben die Vorzugsaktionäre das Stimmrecht, bis die Rückstände nachgezahlt sind (§ 140 Abs. 2 Satz 1 AktG). Mit anderen Worten führt *de lege lata* nicht bereits der erstmalige Ausfall des Vorzugs zur Entstehung des Stimmrechts, sondern erst dessen fehlende Nachzahlung im Folgejahr.[647]

#### cc) Recht auf Nachzahlung *de lege ferenda*

Das Bundesministerium der Justiz veröffentlichte am 2.11.2010 den Referentenentwurf eines Gesetzes zur Änderung des Aktienrechts (Aktienrechtsnovelle 2011).[648] Bereits der Entwurf enthielt eine wichtige Neuerung im Bereich der Eigenkapitalaufnahme von Aktiengesellschaften durch Vorzugsaktien. Entgegen der *lex lata* sah er die Möglichkeit vor, stimmrechtslose Vorzugsaktien auch ohne nachzahlbaren Vorzug auszugeben.[649] Ausweislich der Begründung zielte die angedachte Neuregelung auf die Möglichkeit, durch die Ausgabe von Vorzugsaktien ohne Stimmrecht, aufsichtsrechtlich regulatorisches Eigenkapital zu bilden und damit primär auf die Eigenkapitalausstattung von

---

Gläubigeransprüche bei der Schlussverteilung im Regelinsolvenzverfahren endgültig nicht berücksichtigt werden, wenn die Möglichkeit des Eintritts der Bedingung fern liegt (§ 191 Abs. 2 InsO). Dies ist immer dann der Fall, wenn die Durchführung des Insolvenzverfahrens zur Auflösung der Gesellschaft (§ 262 Abs. 1 Nr. 3 AktG) und ihrer Liquidation führt und ein Überschuss nicht zu erwarten ist, vgl. dazu eingehend BGH, Urteil vom 15.04.2010 - IX ZR 188/09 Tz. 14 ff. (juris) = BGHZ 185, 206 = ZIP 2010, 1039 und abweichend die Vorinstanzen LG Düsseldorf, NZG 2009, 519, 520 und OLG Düsseldorf, NZG 2010, 554, 554 ff.

645 Dazu und zu zulässigen Gestaltungen *Bormann*, in: Spindler/Stilz § 139 Rn. 19 ff.

646 *Rubner/Leuering*, NJW-Spezial 2013, 207, 208.

647 *Schröer*, in: MüKo AktG § 140 Rn. 9; *Bezzenberger*, in: Großkommentar AktG § 140 Rn. 23; *Zöllner*, in: Kölner Kommentar AktG § 140 Rn. 5.

648 Abrufbar unter http://gesetzgebung.beck.de/sites/gesetzgebung.beck.de/files/RefE-Aktienrechtsnovelle%202011.pdf.; siehe ferner allgemein zu dem Entwurf, Stellungnahme des Deutschen Anwaltvereins durch den Handelsrechtsausschuss zum Referentenentwurf eines Gesetzes zur Änderung des Aktiengesetzes (Aktienrechtsnovelle 2011), NZG 2011, 217; *Drinhausen/Keinath*, BB 2011, 11; *Diekmann/Nolting*, NZG 2011, 6; *Bungert/Wettich*, ZIP 2011, 160.

649 Wie bereits gesehen, stellt dies freilich keine ganz neue Regelung dar. Sie war bereits in § 5 Abs. 1 Satz 3 FMStBG für die Ausgabe neuer Aktien durch Kreditinstitute im Rahmen einer Kapitalerhöhung gegen Einlagen an den Finanzmarktstabilisierungsfonds vorgesehen, vgl. so auch *Ziemons*, BB 2012, 523, 525.

Kreditinstituten.[650] *De lege lata* wird dies durch § 10 Abs. 2a Satz 1 Nr. 2 KWG verhindert, wonach Aktien, die mit einem nachzuzahlenden Vorzug bei der Verteilung des Gewinns ausgestattet sind, nicht als Kernkapital - sondern lediglich als Ergänzungskapital (§ 10 Abs. 2b Nr. 2 KWG) - anerkannt werden.[651] § 140 Abs. 2 AktG sollte zunächst unverändert bleiben.[652] Wenn im Folgejahr nicht nachgezahlt wird und der Vorzug erneut ausfällt, sollten die Vorzugsaktionäre das volle Stimmrecht haben. Zwar sollte die Erlangung des Stimmrechts ohne Einfluss auf die aufsichtsrechtlichen Eigenkapitalvorschriften sein.[653] Um dies gleichwohl zu verhindern, hätten Unternehmen aber ohne gesetzliche Grundlage Dividenden auf Vorzugsaktien ohne Nachzahlungsanspruch leisten müssen. Ohne den gesetzlichen Anspruch auf Nachzahlung wären diese Zahlungen wohl als verbotene Einlagenrückgewähr (§ 57 AktG) zu qualifizieren gewesen.[654]

Angesichts des Umstands, dass Vorzugsaktien ohne eine Verpflichtung zur Nachzahlung des Vorzugs aus den genannten Gründen wohl nur für Kreditinstitute relevant sein dürften, wurde die geplante Neuregelung von Beginn an in Frage gestellt und eine Beschränkung auf Kreditinstitute erwogen.[655] Im weiteren Verlauf des Gesetzgebungsverfahrens legte die Bundesregierung am 20.12.2011 den Entwurf eines Gesetzes zur Änderung des Aktiengesetzes vor (zunächst als Aktienrechtsnovelle 2012, dann als Aktienrechtsnovelle 2013[656] und zuletzt als Gesetz zur Verbesserung der Kontrolle der Vorstandsvergütung und zur Änderung weiterer aktienrechtlicher Vorschriften - VorstKoG[657] - bezeichnet).[658] Der Regierungsentwurf beruhte im Wesentlichen auf dem Referentenentwurf und den dazu geäußerten Stellungnahmen.[659] Eine Stellungnahme des Bundesrates unter Berücksichtigung der Empfehlungen seiner Ausschüsse erfolgte am 10.02.2012 und die erste Lesung im Bundestag am

650 Siehe die Begründung zum Referentenentwurf, 17; *Diekmann/Nolting*, NZG 2011, 6, 7; *Drinhausen/Keinath*, BB 2011, 11, 13.

651 *Diekmann/Nolting*, NZG 2011, 6, 7; *Drinhausen/Keinath*, BB 2011, 11, 13.

652 Kritisch dazu etwa *Müller-Eising*, GWR 2010, 591, 592.

653 Begründung zum Referentenentwurf, 17.

654 Stellungnahme des Deutschen Aktieninstituts zum Referentenentwurf des Bundesministeriums der Justiz (BMJ) zum Gesetz zur Änderung des Aktiengesetzes (Aktienrechtsnovelle), 9; Stellungnahme des Deutschen Anwaltvereins durch den Handelsrechtsausschuss zum Referentenentwurf eines Gesetzes zur Änderung des Aktiengesetzes (Aktienrechtsnovelle 2011), NZG 2011, 217, 219; *Diekmann/Nolting*, NZG 2011, 6, 7.

655 Siehe etwa *Müller-Eising*, GWR 2010, 591; *Bungert/Wettich*, ZIP 2011, 160, 164.

656 So etwa *Noack*, abrufbar unter http://notizen.duslaw.de/aktienrechtsnovelle-2013-zeitplan/.

657 NJW-Spezial 2013, 625.

658 Siehe BR-Drucks. 852/11 und allgemein zu dem Entwurf *Seibert/Böttcher*, ZIP 2012, 12; *Drinhausen/Keinath*, BB 2012, 395; *Merkner/Schmidt-Bendun*, DB 2012, 98; *Müller-Eising*, GWR 2012, 77; *Götze/Arnold/Carl*, NZG 2012, 321; *Ziemons*, BB 2012, 523.

659 Dazu ausführlich *Müller-Eising*, GWR 2012, 77.

29.11.2012.[660] Zu einer Beschränkung der Regelung auf Kreditinstitute kam es nicht.[661] Wie schon im Referentenentwurf vorgesehen, strich der Regierungsentwurf in § 139 Abs. 1 AktG das zwingende Element der Nachzahlbarkeit und machte die fehlende Nachzahlbarkeit zum (dispositiven) gesetzlichen Regelfall.[662] Darüber hinaus erfolgte - anders als noch im Referentenentwurf vorgesehen - eine Anpassung des § 140 Abs. 2 AktG: Ist die Nachzahlung des Vorzugs nicht vorgesehen und wird der Vorzugsbetrag in einem Jahr nicht oder nicht vollständig gezahlt, so sollten die Vorzugsaktionäre das Stimmrecht (nur) haben, bis der Vorzug in einem Jahr vollständig gezahlt ist. In diesem Fall sollte das Stimmrecht also nach der Entwurfsfassung sofort entstehen.[663] Die Regelung zu Vorzugsaktien mit nachzahlbarem Vorzug blieb unverändert. Durch die Neuregelung sollte verhindert werden, dass in den Folgejahren die ausgefallenen Vorzüge - um zu vermeiden, dass das Stimmrecht dauerhaft auflebt - doch nachgezahlt werden müssen.[664]

In der Reform wurde eine Annäherung der deutschen Vorzugsaktie an die US-amerikanischen Preferred Shares gesehen, die ebenfalls Gestaltungen mit fehlender Nachzahlbarkeit (*non-cumulative*) zulassen.[665] Für bestehende Gesellschaften, die in ihrer Satzung Vorzugsaktien vorgesehen haben, sah der Regierungsentwurf in § 26f Abs. 5 EAktG eine zwingende Auslegungsregel vor, nach der diese (alten) Vorzüge als nachzahlbare Vorzüge gelten sollten.[666] Um einen solchermaßen bestehenden Nachzahlungsanspruch zukünftig zu beseitigen, hätte es also einer Satzungsänderung bedurft, die ausdrücklich die Nachzahlbarkeit ausschließt.[667] Nach allgemeinen Grundsätzen hätte ein solcher Beschluss der Zustimmung der Vorzugsaktionäre bedurft (§ 141 Abs. 1 AktG).[668]

---

660 Siehe BR-Drucks. 852/1/11 und BR-Drucks. 852/11(B) sowie BT-PlPr. 17/211 und dazu Pressemitteilung des Bundesministeriums der Justiz vom 30.11.2012, abgedruckt in BB 2012, 3086.

661 *Drinhausen/Keinath*, BB 2012, 395, 396; kritisch *Ziemons*, BB 2012, 523, 525.

662 *Müller-Eising*, GWR 2012, 77, 79; *Drinhausen/Keinath*, BB 2012, 395, 397, 398.

663 *Ziemons*, BB 2012, 523, 525; zum genauen Zeitpunkt der Entstehung des Stimmrecht *Schröer*, in: MüKo AktG § 140 Rn. 12 mit weiteren Nachweisen.

664 *Müller-Eising*, GWR 2012, 77, 79; *Drinhausen/Keinath*, BB 2012, 395, 396 f. und zur Kritik an der Neuregelung, siehe die Stellungnahme des Handelsrechtsausschusses des Deutschen Anwaltvereins, NZG 2012, 380, 381 f., der besorgt, dass § 140 Abs. 2 AktG durch die besondere Bestimmung zum Wiederaufleben des Stimmrechts bei nicht nachzahlbarem Vorzug komplex werde, da nunmehr nicht nur beim Erlöschen, sondern auch beim Aufleben des Stimmrechts zwischen den beiden Arten der Vorzugsaktien differenziert werden müsse.

665 *Müller-Eising*, GWR 2012, 77, 79; *Götze/Arnold/Carl*, NZG 2012, 321, 323 f.

666 *Drinhausen/Keinath*, BB 2012, 395, 397.

667 *Drinhausen/Keinath*, BB 2012, 395, 397 f.

668 *Drinhausen/Keinath*, BB 2012, 395, 397 f.

Da der Bundesrat nach Behandlung des VorstKoG am 20.09.2013 bebeschlossen hat, den Vermittlungsausschuss anzurufen, fällt das Gesetz für den Moment der parlamentarischen Diskontinuität zum Opfer.[669]

Sollte der Gesetztesentwurf in der neuen Legislaturperiode erneut vorgelegt und schließlich Gesetz werden, wird *de lege ferenda* neben Vorzugsaktien ohne Nachzahlungsanspruch weiterhin die Ausgabe von Vorzugsaktien mit Nachzahlungsanspruch möglich sein. Es wird dann also künftig in das Belieben der Gesellschaften gestellt sein, durch entsprechende Satzungsregelungen zu entscheiden, ob sie Vorzugsaktien mit oder ohne Nachzahlungsanspruch oder gar beide Arten von Vorzugsaktien nebeneinander ausgeben möchten.[670] Letzteres wird freilich dazu führen, dass Gesellschaften über eine entsprechend höhere Anzahl von Aktiengattungen verfügen.[671] Die angestrebten Neuregelungen zur Flexibilisierung der Vorzugsaktie lassen zwar den Schluss zu, dass der Gesetzgeber das Instrument für bestimmte Emittenten interessanter machen wollte bzw. will. Schon die Begründung zum Referentenentwurf selbst erkannte indessen, dass es zweifelhaft sei, ob und zu welchem Preis, Vorzugsaktien, die keine Nachzahlung gewähren, vom Markt aufgenommen würden.[672]

### c) Sonderbeschluss als Schutzinstrument

Die Inhaber von Vorzugsaktien haben zwar im Normalfall ein Recht zur Beschlussfassung nur unter der Voraussetzung, dass der Vorzugsbetrag in einem Jahr nicht oder nicht vollständig gezahlt und der Rückstand im nächsten Jahr nicht neben dem vollen Vorzug dieses Jahres nachgezahlt wird (§ 140 Abs. 2 Satz 1 AktG).[673] Gleichwohl sieht die Systematik des AktG in bestimmten Fällen vor, dass die Zustimmung der Vorzugsaktionäre stets Wirksamkeitsvoraussetzung für die Beschlussfassung der stimmberechtigten Aktionäre ist. Dies betrifft Beschlüsse, durch die der Vorzug aufgehoben oder beschränkt wird (§ 141 Abs. 1 AktG) und Beschlüsse über die Ausgabe von Vorzugsaktien, die bei der Verteilung des Gewinns oder des Gesellschaftsvermögens den Vorzugsaktien ohne Stimmrecht vorgehen oder gleichstehen (§ 141 Abs. 2 Satz 1 AktG). Der Beschluss ist einer Anfechtung (nur) durch die Vorzugsaktionäre zugänglich.[674] Der betreffende Hauptversammlungsbeschluss ist, solange die Zustimmung des Vorzugsaktionäre noch aussteht oder der Sonderbeschluss angefochten wird, schwebend (§ 182 BGB) und bei deren Verweigerung end-

---

669 NJW-Spezial 2013, 625.

670 *Götze/Arnold/Carl*, NZG 2012, 321, 323; *Drinhausen/Keinath*, BB 2012, 395, 398.

671 *Rubner/Leuering*, NJW 2013, 207, 208.

672 Siehe die Begründung zum Referentenentwurf, 17 und *Diekmann/Nolting*, NZG 2011, 6, 7.

673 *Werner*, AG 1971, 69.

674 *Bezzenberger*, in: Großkommentar AktG § 138 Rn. 30; *Zöllner* in: Kölner Kommentar AKtG § 138 Rn. 14; *Schröer*, in: MüKo AktG § 138 Rn. 36.

gültig unwirksam.[675] Konsequenz der schwebenden Unwirksamkeit ist insbesondere, dass der Registerrichter den betreffenden Hauptversammlungsbeschluss nicht eintragen wird.[676]

Über die Zustimmung ist in einer gesonderten Versammlung durch Sonderbeschluss zu entscheiden (§ 141 Abs. 3 Satz 1 AktG).[677] Das Erfordernis einer gesonderten Versammlung dient zum einen dazu, den Vorzugsaktionären die Willensbildung und Beschlussfassung ohne Einwirkung der Stammaktionäre zu ermöglichen.[678] Zum anderen soll so die besondere Bedeutung eines Sonderbeschlusses hervorgehoben werden.[679] Für die Durchführung der gesonderten Versammlung gelten im Grundsatz die Regelungen zur Einberufung und Durchführung der Hauptversammlung entsprechend (§ 138 Satz 2 AktG).[680] Der Sonderbeschluss der Vorzugsaktionäre bedarf einer Mehrheit, die mindestens drei Viertel der abgegebenen Stimmen umfasst (§ 141 Abs. 3 Satz 2 AktG).

Die Regelungen beruhen auf dem zivilrechtlichen Grundsatz, dass die Beeinträchtigung besonderer Mitgliedschaftsrechte der Zustimmung jedes betroffenen Mitglieds bedarf (vgl. § 35 BGB).[681] Um das Interesse der Gesellschaft an einer Abschaffung der Vorzugsaktien und das Interesse der Aktionäre an der Erhaltung ihres Sonderrechts in Form des Vorzugsrechts in Einklang zu bringen, hat der Gesetzgeber die Regelungen zur Abschaffung bzw. Beeinträchtigung des Vorzugs zwar von der Zustimmung jedes einzelnen Aktionärs abgekoppelt, auf der anderen Seite aber - zum Schutz der Vorzugsaktionäre - das Institut des Sonderbeschlusses eingeführt.[682]

---

675 OLG Frankfurt, Beschluss vom 02.12.2010 - 5 Sch 3/10 Tz. 21 (juris) = NZG 2012, 351; *Altmeppen*, NZG 2005, 771, 771 Fn. 7; *Zöllner*, in: Kölner Kommentar AktG § 138 Rn. 15; *Bezzenberger*, in: Großkommentar AktG § 138 Rn. 29; *Schröer*, in: MüKo AktG § 141 Rn. 38; *ders.*, in: MüKo AktG § 138 Rn. 36; *Hüffer* § 138 Rn. 7; *ders.* § 141 Rn. 10; a.A. (Nichtigkeit eines Hauptversammlungsbeschlusses, der ohne entsprechenden Sonderbeschluss gefasst wird) *Baums*, ZHR 142 (1978), 582, 585 ff.

676 *Schröer*, in: MüKo AktG § 141 Rn. 38; *Hüffer* § 141 Rn. 10.

677 § 141 Abs. 1, 3 AktG ist trotz weitgehend übereinstimmender Tatbestandsvoraussetzungen die gegenüber §§ 179 Abs. 3, 138 AktG speziellere Norm, vgl. *Bezzenberger*, in: FS Quack, 153, 159. § 179 Abs. 3 Satz 1 AktG verlangt allgemein für Satzungsänderungen, durch die das bisherige Verhältnis mehrerer Aktiengattungen zum Nachteil einer Gattung verändert wird, einen Sonderbeschluss der Aktionäre der benachteiligten Gattung.

678 *Schröer*, in: MüKo AktG § 141 Rn. 33; *Bezzenberger*, in: Großkommentar AktG § 141 Rn. 50; *Spindler*, in: K.Schmidt/Lutter § 141 Rn. 35; *Butzke* E. Rn. 34.

679 *Butzke* E. Rn. 34; *Schröer*, in: MüKo AktG § 141 Rn. 33.

680 *Butzke* E. Rn. 34.

681 *Altmeppen*, NZG 2005, 771; *Bezzenberger*, in: Großkommentar AktG § 141 Rn. 44.

682 Siehe die Gesetzesbegründung bei *Kropff*, 205; ferner *Bormann*, in: Spindler/Stilz § 141 Rn. 1; *Spindler*, in: K.Schmidt/Lutter § 141 Rn. 1; *Schröer*, in: MüKo AktG § 141 Rn. 34; zur historischen Entwicklung des Tatbestandes *Altmeppen*, NZG 2005, 771, 772 ff.; zu

Neben der Aufhebung des Vorzugs bedarf auch eine Beschränkung des Vorzugs der Zustimmung der Vorzugaktionäre (§ 141 Abs. 1 Alt. 2 AktG). Was unter einer Beschränkung in diesem Sinne zu verstehen ist, lässt das Gesetz offen. In Anknüpfung an eine Passage aus der Gesetzesbegründung zur Aktienrechtsnovelle 1884, wonach die Beeinträchtigung des Sonderrecht (*scil.* des Vorzugs) nicht etwa nur mittelbare Folge der Beschlussfassung, sondern das Sonderrecht vielmehr "unmittelbar" deren Gegenstand sein muss,[683] unterscheidet die einhellige Meinung heute zwischen unmittelbaren, dem Zustimmungserfordernis unterfallenden, und mittelbaren (auch faktischen oder wirtschaftlichen) - zustimmungsfreien - Beeinträchtigungen.[684] Neben der Gesetzeshistorie wird argumentiert, § 141 Abs. 2 AktG enthalte mit der Ausgabe „vorrangiger" Vorzugsaktien den einzigen gesetzlich geregelten Ausnahmefall einer zustimmungsbedürftigen mittelbaren Beeinträchtigung.[685]

Vor diesem Hintergrund sind jedenfalls sämtliche Hauptversammlungsbeschlüsse zustimmungsbedürftig, die den Vorzug oder den Nachzahlungsanspruch reduzieren, gänzlich aufheben oder dessen Bedingungen, etwa durch Aufnahme einer Befristung, eines Zustimmungs- und/oder Aufhebungsvorbehalts der Stammaktionäre, zu Lasten der Vorzugsaktionäre verändern.[686] Hierunter fallen auch die Zwangseinziehung[687] von Vorzugsaktien und die satzungsmäßige Änderung eines selbständig ausgestalteten (§ 140 Abs. 3 AktG) in einen unselbständigen Nachzahlungsanspruchs[688]. Demgegenüber unterliegen sämtliche Maßnahmen, die keine unmittelbare Beeinträchtigung der Vorzugsrechte zum Gegenstand haben keinem Zustimmungsrecht. Hierunter fallen zunächst Beschränkungen der Gewinnausschüttung, die nicht den Vorzug selbst betreffen, sondern auf einer vorgelagerten Ebene den ausschüttungsfähigen Betrag reduzieren (§§ 58 Abs. 1 Satz 1, Abs. 2 Satz 1, Abs. 3 Satz

---

den dogmatischen Grundlagen von Sonderbeschlüssen *Bezzenberger*, in: Großkommentar AktG § 138 Rn. 1 ff.

683 Abgedruckt bei *Schubert/Hommelhoff*, 404, 423.

684 LG Frankfurt, AG 1991, 405, 406; OLG Frankfurt, DB 1993, 272, 273; OLG Schleswig, ZIP 2007, 2162, 2163; wohl auch OLG Stuttgart, AG 1993, 94, 94; aus dem Schrifttum *Schröer*, in: MüKo AktG § 141 Rn. 4 ff.; *Spindler*, in: K.Schmidt/Lutter § 141 Rn. 5; *Zöllner*, in: Kölner Kommentar AktG § 141 Rn. 4; *Bormann*, in: Spindler/Stilz § 141 Rn. 6; *Hirschmann*, in: Hölters § 141 Rn. 7; *Kiem*, ZIP 1997, 1627, 1627; kritisch aber *Bezzenberger*, in: Großkommentar AktG § 141 Rn. 16 und *T.Bezzenberger*, 121 f.; ablehnend für Kapitalherabsetzungen *Frey/Hirte*, DB 1989, 2465, 2469

685 *Spindler*, in: K.Schmidt/Lutter § 141 Rn. 6; *Bormann*, in: Spindler/Stilz § 141 Rn. 6.

686 Allgemeine Meinung, vgl. nur *Schröer*, in: MüKo AktG § 141 Rn. 5 mit weiteren Nachweisen.

687 *Volhard/Goldschmidt*, in: FS Lutter, 779, 788; *Liebscher*, in: Henssler/Strohn § 139 AktG Rn. 5; *Hüffer* § 141 Rn. 5.

688 *Werner*, AG 1971, 69, 69; *Zöllner*, in: Kölner Kommentar AktG § 141 Rn. 4; *T.Bezzenberger*, 125 f.

2 und 150 Abs. 2)[689] oder - wie beim Liquidationsbeschluss (§ 262 Abs. 1 Nr. 2 AktG) - eine Ausschüttung gänzlich ausschließen (§ 272 Abs. 1 AktG)[690]. Entsprechendes gilt für Maßnahmen wie Squeeze Out (§ 327a Abs. 1 Satz 1 AktG), Eingliederung (§ 320 Abs. 1 Satz 1 AktG) und Delisting der Vorzugsaktien[691], die die Mitgliedschaft als solche, nicht aber speziell das Vorzugsrecht oder den Nachzahlungsanspruch betreffen.[692] Mangels unmittelbarer Beeinträchtigung des Vorzugs oder des Nachzahlungsanspruchs sind auch Kapitalmaßnahmen im Grundsatz (außerhalb des Anwendungsbereichs des § 141 Abs. 2 Satz 1 AktG) zustimmungsfrei.[693] Auf Zweifelsfragen im Zusammenhang mit umwandlungsrechtlichen Maßnahmen wird zurück zu kommen sein.[694]

### d) Grenzen der Ausgabe (§ 139 Abs. 2 AktG)

Nach § 139 Abs. 2 AktG dürfen stimmrechtslose Vorzugsaktien nur bis zur Hälfte des Grundkapitals ausgegeben werden. Hintergrund dieser Regelung ist es, zu verhindern, dass die allein stimmberechtigten Stammaktionäre die Gesellschaft beherrschen können, ohne sich an ihrer Kapitalisierung zu beteiligen.[695] Entscheidend ist das Verhältnis des von den stimmrechtlosen Aktien repräsentierten Grundkapitalanteils zu dem von den übrigen stimmberechtigten Aktionären repräsentierten Grundkapitalanteil.[696]

### e) Abschlag gegenüber Stammaktien

Stammaktien und Vorzugsaktien einer Gesellschaft werden üblicherweise mit unterschiedlichen Kursen am Kapitalmarkt gehandelt. Die Untersuchung dieses Befundes[697] hat zu der allgemeinen Ansicht geführt, dass der Ausschluss des Stimmrechts am Kapitalmarkt nicht durch den Vorzug bei der Gewinnverteilung kompensiert und die Vorzugsaktien deshalb regelmäßig mit einem

---

689 *T.Bezzenberger*, 125; *Holzborn*, in: Bürgers/Körber § 141 Rn 3; *Bormann*, in: Spindler/Stilz § 141 Rn. 9.

690 *T.Bezzenberger*, 124; *Werner*, AG 1971, 69, 69 f.; *Schröer*, in: MüKo § 141 Rn. 7.

691 Speziell zum Delsiting OLG Celle, Urteil vom 07.05.2008 - 9 U 165/07 Tz. 52 (juris) = ZIP 2008, 1874.

692 Allgemeine Meinung, vgl. nur die Nachweise bei *Schröer*, in: MüKo AktG § 141 Rn. 7.

693 Siehe aber zum Streitstand bei der Kapitalherabsetzung, *Bormann*, in: Spindler/Stilz § 141 Rn. 12 ff.

694 Unter F. II. 1.a) ee).

695 *Bormann*, in: Spindler/Stilz § 139 Rn. 45; *Hüffer* § 139 Rn. 17; *Volhard*, in: MüKo AktG § 139 Rn. 22; *Liebscher*, in: Henssler/Strohn § 139 AktG Rn. 1, 8.

696 *Bormann*, in: Spindler/Stilz § 139 Rn. 47.

697 Siehe hierzu die Untersuchungen von *Jung/Wachtler*, AG 2001, 513; *Kruse/Berg/Weber*, ZBB 1983, 23; *Binz/Sorg*, DStR 1994, 993; *Pellens/Hildebrandt*, AG 2001, 57, 62 ff., auch mit Nachweisen zur betriebswirtschaftlichen Literatur (Fn. 56); *Reckinger*, AG 1983, 216, 221 f.

Abschlag gegenüber den Stammaktien gehandelt werden.[698] Teilweise wird auf Vermarktungsschwierigkeiten gegenüber ausländischen - vor allem institutionellen - Investoren im Hinblick auf eine vermeintliche Besonderheit des deutschen Rechts verwiesen.[699] Aktien ohne Stimmrechtseinfluss seien aus dem Blickwinkel der Corporate Governance Diskussion (*one share - one vote*) ein Fremdkörper.[700] So hat sich etwa auch die Europäische Kommission in ihrem Aktionsplan aus dem Jahre 2003 zum Ziel gesetzt, die Aktionärsdemokratie in der EU zu stärken und insbesondere dem Grundsatz One Share - One Vote europaweit zur Geltung zu verhelfen.[701] Indessen stellen stimmrechtslose Vorzugsaktien keineswegs eine deutsche Besonderheit dar, sondern sind - wenn auch in vielfältigen Erscheinungsformen - im Ausland ebenfalls anzutreffen.[702] Vor dem Hintergrund der Corporate Governance Diskussion stellt sich zudem die Frage, ob es hier nicht mehr um eine Forderung nach Transparenz und Offenheit der Unternehmen, als um eine grundsätzliche Zurückdrängung stimmrechtsloser Instrumente geht. Schließlich ist mit dem Erwerb einer Vorzugsaktie kein Überraschungseffekt verbunden. Die Aktionäre können vielmehr vorab feststellen, ob die Gesellschaft Vorzugsaktien ausgegeben hat und welche Rechte mit diesen verbunden sind.[703]

Im Ergebnis scheinen die Kursunterschiede zwischen Vorzugs- und Stammaktien wohl allein aus ökonomischer Perspektive unter Berücksichtigung der Umstände des Einzelfalls (insbesondere der Liquidität von Stimmrechten und

---

698 *Bormann*, in: Spindler/Stilz § 139 Rn. 6; *Bezzenberger*, in: Großkommentar AktG § 139 Rn. 8; *Hüffer* § 139 Rn. 3; *Volhard*, in: MüKo AktG § 139 Rn. 4; *Lutter*, in: FS Mestmäcker, 943, 952; *Spindler*, in: K.Schmidt/Lutter § 139 Rn. 2.

699 *Maul*, in: Beck'sches Handbuch der AG § 3 Rn. 47 ff.

700 *Butzke*, in: Marsch-Barner/Schäfer § 6 Rn. 22; *Schäcker/Brehm*, in: Habersack/Mülbert/Schlitt § 2 Rn. 17.

701 Aktionsplan KOM(2003) 284 endgültig: Mitteilung der Kommission an den Rat und das Europäische Parlament, Modernisierung des Gesellschaftsrechts und Verbesserung der Corporate Governance in der Europäischen Union, abrufbar unter http://eur-lex.europa.eu/LexUriServ/LexUriServ.do?uri=COM:2003:0284:FIN:DE:PDF.

702 Dazu *Polte*, 269 ff. (zum US-amerikanischen Recht) und *Feddersen*, in: FS Ulmer, 105, 113, der darauf hinweist, dass das Argument der geringen Investorenakzeptanz an Schwung verliere, wenn man bedenke, dass den Vorzugsaktien vergleichbare Instrumente an den zentralen Finanzplätzen in London und New York, von denen die Internationalisierung ja gerade ausgehe, als bewährtes Finanzierungsinstrument gehandelt werden.

703 Zu diesem Argument *Feddersen*, in: FS Ulmer, 105, 115 und die Regierungsbegründung zum KonTraG, 27, das zur Abschaffung von Mehrstimmrechten führte: Die Einräumung von Einfluss ohne korrespondierendes Anteilseigentum entspricht (...) nicht den Erwartungen des Kapitalmarktes und schwächt die Eigentümerkontrolle. Dies ist anders zu beurteilen, wenn dem Markt eine eigene Aktiengattung (stimmrechtsloser Vorzugsaktien) mit gesetzlich umrissenen Rechten angeboten wird, die er auch entsprechend bewertet.

Kapital) erklärbar zu sein.[704] Dass eine pauschale Aussage nicht möglich ist, legt eine Betrachtung der Kursunterschiedene von Stamm- und Vorzugsaktien deutscher Gesellschaften nahe. So notierten etwa die Vorzugsaktien der Drägerwerk AG & Co. KGaA, der Hugo Boss AG und der Volkswagen AG gemessen an dem durchschnittlichen Xetra-Schlusskursen über einen Zeitraum von 200 Handelstagen über den jeweiligen Stammaktien, wobei jeweils die Vorzugsaktien die liquidere Gattung darstellten.[705] Im umgekehrten Fall (liquidere Gattung sind die Stammaktien) notierten etwa die Stammaktien der MAN SE in dem entsprechenden Zeitraum über den Vorzugsaktien.[706]

#### f) Weitere Motive für Vorzugsaktien[707]

Neben dem zentralen Aspekt der Kontrollerhaltung bei der Eigenkapitalaufnahme, die durch Ausgabe stimmrechtsloser Aktien ermöglicht wird, werden vereinzelt weitere Motive für den Einsatz von Vorzugsaktien angeführt.

##### aa) Übernahmeresistenz

Mit dem Motiv der Kontrollerhaltung eng verbunden ist die Angst vor bzw. Erschwerung von feindlichen Übernahmen.[708] Hier sind es meist Großaktionäre, die eine Einflussnahme durch unbekannte Dritte auf die Geschicke der Gesellschaft zu verhindern suchen.[709] Befinden sich etwa nur Vorzugsaktien der Gesellschaft im Streubesitz, kann ein Dritter nicht die Kontrolle über die Gesellschaft erlangen, da die Vorzugaktien keine Stimmrechte vermitteln.[710] Etwas anderes gilt freilich, wenn sich sowohl Stammaktien als auch Vorzugsaktien der Gesellschaft im Umlauf befinden. Erwirbt der Bieter hier etwa 30 % der Stammaktien und damit die Kontrolle (§ 29 Abs. 2 WpÜG) über die Gesellschaft, erstreckt sich die dadurch ausgelöste Angebotspflicht des § 35 Abs. 2 WpÜG auf alle Inhaber börsennotierter Aktien der Zielgesellschaft und damit auch auf die Vorzugsaktionäre.[711] Dieser Befund hat Konsequenzen

---

704 Hierzu die umfassende Untersuchung von *Pellens/Hildebrandt*, AG 2001, 57, 62 ff.

705 Im Zeitraum zwischen dem 11.04.2006 und dem 11.05.2011 ergeben sich folgende Relationen für das Verhältnis Vorzugsaktien zu Stammaktien: Hugo Boss AG: 49,38 Euro zu 43,29 Euro; Drägerwerk AG & Co. KGaA: 62,43 Euro zu 51,44; Volkswagen AG: 109,17 Euro zu 99,09 Euro.

706 MAN SE: 84,03 Euro zu 54,41 Euro.

707 Zu betriebswirtschaftlichen Aspekten der Managementkontrolle *Pellens/Hildebrandt*, AG 2001, 57, 58.

708 *Pellens/Hildebrandt*, AG 2001, 57, 58; *Siebel*, ZHR 161 (1997), 628, 632; *Volhard*, in: MüKo AktG § 139 Rn. 3; *Hüffer* § 139 Rn. 3.

709 *Siebel*, ZHR 161 (1997), 628, 630; *Spindler*, in: K.Schmidt/Lutter § 139 Rn. 2; *Maul*, in: Beck'sches Handbuch AG § 3 Rn. 49.

710 *Wackerbarth*, in: MüKo AktG § 32 WpÜG Rn. 14; *Noack/Zetzsche*, in: Schwark/Zimmer § 32 WpÜG Rn. 4.

711 *Schlitt/Ries*, in: MüKo AktG § 35 WpÜG Rn. 196; *Wackerbarth*, in: MüKo AktG § 32 WpÜG Rn. 14; *Noack/Zetzsche*, in: Schwark/Zimmer § 32 WpÜG Rn. 4.

für die anzubietende Gegenleistung. Der angemessene Preis (§ 31 Abs. 1 Satz 1 WpÜG) ist für beide Gattungen getrennt zu berechnen (§ 3 Satz 3 WpÜG-AngebotsVO).[712] Da dies auch für etwaig gezahlte Vorerwerbspreise (§ 4 Satz 1 WpÜG-AngebotsVO) gilt,[713] muss den Vorzugsaktionären im Rahmen des Angebots nicht mindestens der für Stammaktien der Gesellschaft gezahlte Vorerwerbspreis geboten werden.[714] Vielmehr dürfte der in einer Übernahmesituation für die Stammaktien einer Zielgesellschaft zu zahlende Preis wegen der damit verbundenen Stimmrechte regelmäßig über dem Angebotspreis für die Vorzugsaktien liegen.[715] Jedenfalls strategische Bieter, die an der Übernahme einer Mehrheitsbeteiligung an der Gesellschaft interessiert sind, dürften sich an einem Kontrollerwerb schon durch die Existenz börsennotierter Vorzugsaktien gehindert sehen, da die stimmrechtslosen Anteile für sie zwar ohne Bedeutung sind, gleichwohl aber zum Gegenstand eines Pflichtangebots gemacht werden müssten.[716]

#### bb) Gewinnung von Kleinanlegern

Für Aktionäre, die sich primär als Anleger und weniger als Gesellschafter verstehen und deshalb an einer Mitverwaltung durch Ausübung ihres Stimmrechts weniger interessiert[717] sind als am Ertrag ihrer Beteiligung in Form einer (ggf. erhöhten) Dividende, stellt die Vorzugsaktie eine attraktive Anlageform dar.[718]

#### cc) Belegschaftsaktien

Zu Beginn der 1980er Jahre spielte die Ausgabe von Vorzugsaktien im Rahmen von Mitarbeiterbeteiligungsprogrammen eine wichtige Rolle.[719] Politischen Bemühungen um eine breitere Beteiligung der Arbeitnehmer am Produktivvermögen der Wirtschaft konnte durch die Ausgabe von Vorzugsaktien begegnet werden. Angesichts des geringen Anteils, der auf diesem Wege den Belegschaftsaktionären vermittelt wurde, verliert die mit dem Ausschluss des Stimmrechts verbundene Hemmschwelle an Bedeutung.[720]

---

712 *Lenz/Behnke*, BKR 2003, 43, 49; *Noack*, in: Schwark/Zimmer § 31 WpÜG Rn. 7.

713 *Lenz/Behnke*, BKR 2003, 43, 49.

714 BverfG, Nichtannahmebeschluss vom 02.04.2004 - 1 BvR 1620/03 Tz. 7 (juris) = ZIP 2004, 950; *Noack*, in: Schwark/Zimmer § 31 WpÜG Rn. 7.

715 *Habersack*, ZIP 2003, 1123, 1127 ff.; *Schmidt/Prigge/Suckel*, ZBB 2003, 460, 468.

716 Zu den Motiven strategischer Investoren im Vergleich zu Finanzinvestoren etwa *Göthel*, BB 2012, 726, 727 und *Cichy/Jander-McAlister*, BB 2012, 723, 723 ff.

717 Dazu Deutsches Aktieninstitut, Studie, 38.

718 *Pellens/Hildebrandt*, AG 2001, 57, 58; *Reckinger*, AG 1983, 216, 220; *Volhard*, in: MüKo AktG, 2. Auflage, § 139 Rn. 2; *Spindler*, in: K.Schmidt/Lutter § 139 Rn. 2; *Hüffer* § 139 Rn. 2.

719 *Hennerkes/May*, DB 1988, 537, 538; *Hefermehl*, in: Geßler/Hefermehl/Eckardt/Kropff § 139 Rn. 2; *Hirschmann*, in: Hölters § 139 Rn. 2; *Hüffer* § 139 Rn. 3.

720 *Reckinger*, AG 1983, 216, 220.

### g) Zusammenfassung

Die Ausgabe von Vorzugsaktien ermöglicht zu einem gewissen Grad die Stärkung des Eigenkapitals durch Aufnahme neuer Investoren, ohne dabei Mitspracherechte abzugeben. Zwar verteuert sich die Eigenkapitalfinanzierug im Vergleich zur Ausgabe von Stammaktien in Höhe der auf die Vorzugsaktien zu leistenden Vorzugsdividende. Die Bedienung des Vorzugs kann aber, da es sich bei Vorzugsaktien, anders als bei den bereits dargestellten mezzaninen Finanzierungsinstrumenten, um Aktienkapital handelt, nur aus dem Bilanzgewinn (§ 57 Abs. 3 AktG) erfolgen. Obwohl ihre Ausgabe nur bis zur Hälfte des Grundkapitals zulässig ist (§ 139 Abs. 2 AktG), ermöglicht bereits die Ausschöpfung dieses Rahmens beträchtliche Kapitalaufnahmen bei gleichbleibenden Machtverhältnissen. So setzt in diesem Fall eine Stimmenmehrheit in der Hauptversammlung lediglich eine Beteiligung am stimmberechtigten Kapital in Höhe von 25 % plus eine Aktie und eine satzungsändernde Drei-Viertel-Mehrheit (§ 179 Abs. 2 Satz 1 AktG) eine Beteiligung in Höhe von 37,5 % voraus. Auf die Grenzen der Finanzierung durch Vorzugsaktien wird zurück zu kommen sein.

## 2. KGaA

Neben der soeben näher dargestellten Vorzugsaktie, soll im folgenden Abschnitt die KGaA als weiteres institutionelles Instrument zur Kontrollerhaltung bei der Eigenkapitalfinanzierung näher beleuchtet werden. Die Rechtsform der KGaA wird vor allem im Vorfeld von Börsengängen immer wieder als Gestaltungsvariante in Betracht gezogen.[721] Wegen der weitreichenden Gestaltungsfreiheit, die das Binnenrecht der KGaA im Hinblick auf die Kompetenzverteilung in der Gesellschaft bietet, wird die Rechtsform vereinzelt sogar als „funktionales Äquivalent" zur Vorzugsaktie bezeichnet.[722]

Das letzte IPO einer KGaA liegt bereits einige Jahre zurück.[723] Gleichwohl veranschaulichen Präzedenzfälle der jüngeren Vergangenheit, in denen die KGaA als Gestaltungsinstrument genutzt wurde, um an die besonderen Bedürfnisse familien- und stiftungsgeprägter Unternehmen angepasste Gesellschaftsstrukturen zu schaffen, dass auch ein IPO von den Gestaltungsvorteilen dieser Rechtsform profitieren könnte. Seit August 2012 firmiert die Bertelsmann AG als Bertelsmann SE & Co. KGaA.[724] Im Vorfeld des Formwechsels wurde die

---

721 So etwa *Herfs*, in: Münchener Hdb AG § 75 Rn. 5; *Harrer*, in: Beck'sches Handbuch der AG § 21 Rn. 292 und § 22 Rn. 122 ff.; *Schlitt/Winzen*, CFL 2012, 261, 265.

722 So etwa *Diezel/Hein*, in: Wieselhuber, 35; *Herfs*, in: Gesellschaftsrecht in der Diskussion 1998, 23, 32; *Priester*, ZHR 160 (1996), 250, 252 f.; *Schlitt/Winzen*, CFL 2012, 261, 268.

723 Nach *Herfs* war die letzte Gesellschaft, die ein IPO in der Rechtsform der KGaA durchführte, im Jahr 2000, die Borussia Dortmund GmbH & Co. KGaA, *Herfs*, in: Münchener Hdb AG § 75 Rn. 5 Fn. 16.

724 Zu Einzelheiten siehe http://www.bertelsmann.de/Investor-Relations/Bertelsmann-im-%C3%9Cberblick/Rechtsformwechsel.html.

Maßnahme mit einem potentiellen Börsengang „ohne Fremdbestimmung durch Aktionäre" in Verbindung gebracht.[725] Von Seiten der Gesellschaft wurde dies bislang freilich nicht bestätigt. Anders liegen die Voraussetzungen bei der bereits im SDax der Frankfurter Wertpapierbörse (**FWB**) gelisteten CEWE COLOR Holding AG. Die Gesellschaft hat im März 2013 bekannt gegeben der Hauptversammlung im Juni 2013 einen Formwechsel in die Rechtsform der KGaA vorzuschlagen.[726] Wie sich aus der Präsentation[727] des Vorstandes zur Bilanzpressekonferenz ergibt, soll der Formwechsel zwar primär aus steuerlichen Gründen umgesetzt werden.[728] Gleichwohl wird als weiteres Motiv für die Wahl der KGaA die Steigerung der „Klarheit der Governance" genannt.[729] Bislang sind die Aktionäre (lediglich) an der börsennotierten CEWE COLOR Holding AG und damit nur mittelbar an der operativ tätigen CEWE COLOR AG & Co. OHG beteiligt. Ausweislich der Satzung der CEWE COLOR Holding AG bestehen neben den börsennotierten Inhaberaktien zwanzig Namensaktien, von denen zwei vinkuliert und mit Entsendungsrechten für den Aufsichtsrat der Holding AG verknüpft sind.[730] Diese als Golden Shares bezeichneten Aktien vermitteln der Neumüller CEWE COLOR Stiftung gegenwärtig entscheidenden Einfluss auf die Besetzung des Aufsichtsrats der Holding AG.[731] Mit Hilfe der Gestaltungsmöglichkeiten, die das Binnenrecht der KGaA bietet, soll zukünftig eine unmittelbare Beteiligung der Aktionäre am operativen Geschäft des Unternehmens ermöglicht und gleichzeitig die Aktienstruktur bereinigt werden.[732] Die Position der Neumüller

---

725 So ausdrücklich der Bericht des Börsenblatts vom 04.05.2012, abrufbar unter http://www.boersenblatt.net/528226/; ähnlich etwa *Meyer-Landrut*, Familiengesellschaften und Börse, vom 12.05.2012, abrufbar unter http://www.goingpublic.de/familiengesellschaften-und-borse/; Wall Street Journal vom 28.03.2012, abrufbar unter http://online.wsj.com/article/SB10001424052702304177104577309871463722212.html#.

726 Siehe etwa den Bericht der Börsen-Zeitung vom 28.03.2013, 11.

727 Präsentation zur Bilanzpresse- und Analystenkonferenz der CEWE COLOR Holding AG am 27.03.2013, abrufbar unter ir.cewecolor.de.

728 Siehe die entsprechenden Angaben auf Seite 90 der Präsentation zur Bilanzpresse- und Analystenkonferenz der CEWE COLOR Holding AG.

729 Siehe die entsprechenden Angaben auf Seite 92 der Präsentation zur Bilanzpresse- und Analystenkonferenz der CEWE COLOR Holding AG.

730 Siehe § 2.2.2 der Satzung der CEWE COLOR Holding AG, abrufbar unter http://ir.cewecolor.de/cewe/pdf/Satzung_Holding_AG_HV18052011_eingetr_HRB_2956.pdf.

731 Siehe die entsprechenden Angaben auf Seite 90 der Präsentation zur Bilanzpresse- und Analystenkonferenz der CEWE COLOR Holding AG.

732 Siehe die entsprechenden Angaben auf Seite 92 der Präsentation zur Bilanzpresse- und Analystenkonferenz der CEWE COLOR Holding AG.

CEWE COLOR Stiftung wird durch die Übertragung der Rolle des persönlich haftenden Gesellschafters in der angestrebten Rechtform gefestigt.[733]

### a) Hybride Gesellschaftsform - Strukturmerkmale

Die KGaA ist als juristische Person gleichwohl eine gesellschaftsrechtliche Mischform, die sowohl personengesellschaftsrechtliche als auch kapitalgesellschaftsrechtliche Elemente aufweist.[734] Sie hat Ähnlichkeiten zur Kommanditgesellschaft (**KG**) auf der einen und zur AG auf der anderen Seite. Ihr Grundkapital ist wie das der AG in Aktien zerlegt (vgl. § 278 Abs. 1 AktG). Die Rechtsform der KGaA ermöglicht so die börsenmäßige Handelbarkeit der Aktien und kann als Kapitalsammelbecken einem breiten Anlegerkreis zugänglich gemacht werden.[735] Wie die KG verfügt die KGaA andererseits über zwei unterschiedliche Gesellschaftergruppen in Form der persönlich haftenden Gesellschafter (**Komplementäre**) auf der einen Seite und der Kommanditaktionäre auf der anderen Seite (vgl. § 278 Abs. 1 AktG).[736] Seit einem grundlegenden Beschluss des Bundesgerichtshofes vom 24.02.1997 können sowohl Kapitalgesellschaften als auch Personengesellschaften, einschließlich der GmbH & Co. KG, Komplementär einer KGaA sein.[737]

### b) Rechtsgrundlagen

Die auf die KGaA anwendbaren Regelungen finden sich im Grundsatz im zweiten Buch des AktG (§§ 278 bis 290 AktG).[738] Die geringe Normenzahl erklärt sich aus dem den §§ 278 ff. AktG zu Grunde liegenden Regelungskon-

---

733 Siehe die Grafik zur Zielstruktur auf Seite 91 der Präsentation zur Bilanzpresse- und Analystenkonferenz der CEWE COLOR Holding AG.

734 *Assmann/Sethe*, in: Großkommentar AktG § 278 Rn. 3; *K.Schmidt*, 811; *Herfs*, in: Münchener Hdb AG § 75 Rn. 7; *Hüffer* § 278 Rn. 1.

735 *Kallmeyer*, DStR 1994, 977, 980; *K.Schmidt*, 3. Auflage, § 32 I 1; *Claussen*, GmbHR 1996, 73, 76; *Wieneke/Fett*, in: Schütz/Bürgers/Riotte § 10 Rn. 1; *W.U.Schilling*, BB 1998, 1905, 1909; *Otte*, 32; *Schlitt/Winzen*, CFL 2012, 261, 262.

736 *Schlitt/Winzen*, CFL 2012, 261, 262.

737 BGHZ 134, 392 = ZIP 1997, 1027. Auf die Darstellung des Streitstandes im Vorfeld der Entscheidung wird hier angesichts der höchstrichterlichen - durch den Gesetzgeber in Form der firmenrechtlichen Regelung des § 279 Abs. 2 AktG bestätigten - Anerkennung der Kapitalgesellschaft & Co. KGaA verzichtet. Exemplarisch sei insoweit auf die Diskussion zwischen *Priester* und *K.Schmidt* im Vorfeld der Entscheidung verwiesen, vgl. *Priester*, ZHR 160 (1996), 250 und *K.Schmidt*, ZHR (160) 1996, 265; vgl. im Übrigen für eine ausführliche Darstellung mit umfassenden Nachweisen *Assmann/Sethe*, in: Großkommentar AktG § 278 Rn. 30 ff. Die Entscheidung des BGH hatte zwar eine Komplementärin in der Rechtsform der GmbH zum Gegenstand. Die grundlegenden Aussagen zur Zulässigkeit der kapitalistischen KGaA sind aber auf sämtliche juristischen Personen einschließlich der GmbH & Co. KG zu erstrecken, vgl. *Schlitt*, 4 mit weiteren Nachweisen; genauso etwa auch *Arnold*, in: Henssler/Strohn § 278 AktG Rn. 6.

738 *Schlitt/Winzen*, CFL 2012, 261, 262.

zept, das die Mischform der KGaA teilweise dem Personengesellschaftsrecht und teilweise dem Aktienrecht bzw. den besonderen aktienrechtlichen Vorschriften zur KGaA unterwirft. Ausgangspunkt ist § 278 AktG, der als eine Art Gebrauchsanweisung für die rechtliche Bedienung der KGaA fungiert. Soweit eine bestimmte Materie nicht im zweiten Buch über die KGaA ausdrücklich geregelt ist, muss das im Einzelfall anwendbare Recht § 278 Abs. 2 und 3 AktG entnommen werden.[739]

Das Rechtsverhältnis der Komplementäre untereinander und gegenüber der Gesellschaft, in Form der „Gesamtheit der Kommanditaktionäre", sowie gegenüber Dritten, unterliegt nach Maßgabe des § 278 Abs. 2 AktG dem durch Gestaltungsfreiheit[740] gekennzeichneten Personengesellschaftsrecht (§§ 161 ff., 109 ff. HGB, 705 ff. BGB).[741] Dies betrifft namentlich die Befugnis der Komplementäre zur Geschäftsführung und zur Vertretung der Gesellschaft (sog. Führungsstruktur)[742], sowie ihre Einlagepflicht, die Gewinnverteilung und Fragen des Aufwendungsersatzes.[743] Der Satzungsgeber kann die daraus folgende Flexibilität nutzen, um der KGaA eine seinen Vorstellungen entsprechende Führungsstruktur zu geben (zu den Einzelheiten, siehe sogleich unter d)).[744]

Im Übrigen gelten die aktienrechtlichen Regelungen der §§ 1 bis 277 AktG für die KGaA sinngemäß, soweit sich aus dem Fehlen eines Vorstands nichts anderes ergibt (§ 278 Abs. 3 AktG). Wegen des Grundsatzes der aktienrechtlichen Satzungsstrenge (§ 23 Abs. 5 AktG) besteht insoweit, anders als im An-Anwendungsbereich des § 278 Abs. 2 AktG also kaum Gestaltungsfreiheit.[745] Dies gilt insbesondere für die Kapitalaufbringung und die Kapitalerhaltung (sog. Kapitalstruktur)[746], die Mitgliedschaft des Kommanditaktionärs und die

739 *Cahn*, AG 2001, 579, 581 ff.; *Herfs*, AG 2005, 589, 590 f.; *Perlitt*, in: MüKo AktG Vor § 278 Rn. 41; *Bachmann*, in Spindler/Stilz § 278 Rn. 21; *Hüffer* § 278 Rn. 1.

740 Ausführlich zur Gestaltungsfreiheit im Personengesellschaftsrecht *Ulmer*, in: MüKo BGB § 705 Rn. 132 ff.

741 *Hüffer* § 278 Rn. 6;

742 Begriff im Zusammenhang mit der KGaA bei BGHZ 134, 392, 396 = ZIP 1997, 1027; *Perlitt*, in: MüKo AktG § 278 Rn. 219 f.; *Hüffer* § 278 Rn. 18; *Schlitt/Winzen*, CFL 2012, 261, 262.

743 *Bachmann*, in: Spindler/Stilz § 278 Rn. 21.

744 OLG Köln, AG 1978, 17, 18; *Binz/Sorg*, BB 1988, 2041, 2043; *Overlack*, in: RWS Forum Gesellschaftsrecht 1997, 237, 238; *Haase*, GmbHR 1997, 917, 919; *Mertens/Cahn*, in: Kölner Kommentar AktG Vor § 278 Rn. 4; *Kallmeyer*, ZGR 1983, 57, 58; *Martens*, AG 1982, 113, 116; *Mertens*, in: FS Barz, 253, 262; *Assmann/Sethe*, in: Großkommentar AktG Vor § 278 Rn. 56; *Habersack*, in: FS Hellwig, 143, 145; *Schlitt/Winzen*, CFL 2012, 261, 262.

745 *Hennerkes/May*, DB 1988, 537, 540; *Haase*, GmbHR 1997, 917, 919; *Schaumburg*, DStZ 1998, 525; *Hüffer* § 278 Rn. 20.

746 BGHZ 134, 392, 396 = ZIP 1997, 1027; *Binz/Sorg*, BB 1988, 2041, 2043; *Assmann/Sethe*, in: Großkommentar AktG § 278 Rn. 5; *Bachmann*, in: Spindler/Stilz § 278 Rn. 22.

Organisation der Hauptversammlung.[747] Im Hinblick auf Unternehmensverträge sind AG und KGaA weitgehend gleichgestellt (§§ 291, 311 AktG).[748] Darüber hinaus enthält das UmwG teilweise besondere Regelungen für Verschmelzung und Formwechsel einer KGaA (z.B. §§ 78, 141 ff., 229, 242, 245 UmwG).[749]

### c) Organe

Die gesetzliche Organverfassung der KGaA sieht eine Dreiteilung vor: Pflichtorgane sind der Komplementär (§ 283 AktG), der Aufsichtsrat (§ 285 AktG) und die Hauptversammlung (§ 287 AktG).[750]

#### aa) Komplementär

Die KGaA kann einen oder mehrere persönlich (und unbeschränkt) haftende Komplementäre haben.[751] Die Komplementärstellung kann nur im Wege der Satzungsregelung (§ 281 Abs. 1 AktG), entweder bereits bei der Gründung der Gesellschaft (§ 280 Abs. 2 Satz 1 AktG) oder durch eine spätere Satzungsänderung, die der Zustimmung der Komplementäre bedarf (§ 285 Abs. 2 Satz 1 AktG), erlangt werden.[752] Als solchermaßen „geborenes" Organ[753] (kraft Gesellschafterstellung) obliegt den Komplementären die Geschäftsführung und Vertretung der Gesellschaft (§§ 278 Abs. 2 AktG, 161 Abs. 2, 114 ff., 125 ff. HGB).[754] Ihr Umfang richtet sich dabei nach personengesellschaftsrechtlichen Grundsätzen und erfasst zunächst sämtliche Handlungen, die der gewöhnliche Geschäftsbetrieb mit sich bringt (§§ 278 Abs. 2 AktG, 164, 161 Abs. 2, 116 HGB). Nicht erfasst sind außergewöhnliche Geschäfte. Diese unterliegen, wie im Recht der KG, nach der gesetzlichen Konzeption einem Zustimmungsvor-

---

747 *Assmann/Sethe*, in: Großkommentar AktG § 278 Rn. 4; *Hüffer* § 278 Rn. 20.

748 *Mertens/Cahn*, in: Kölner Kommentar AktG § 278 Rn. 5; *Hüffer* § 278 Rn. 20.

749 *Mertens/Cahn*, in: Kölner Kommentar AktG § 278 Rn. 5; *Hüffer* § 278 Rn. 20; *Schlitt/Winzen*, CFL 2012, 261, 262.

750 *Assmann/Sethe*, in: Großkommentar AktG Vor § 278 Rn. 65; *Schütz/Reger*, in: Schütz/Bürgers/Riotte § 5 Rn. 2; *Schaumburg*, DStZ 1998, 525, 527.

751 *Assmann/Sethe*, in: Großkommentar AktG § 278 Rn. 17.

752 OLG Stuttgart, Urteil vom 27.11.2002 - 20 U 14/02 Tz. 21 (juris) = ZIP 2003, 670; *Priester*, ZHR 160 (1996), 250, 253; *Haase*, GmbHR 1997, 917, 920; *Cahn*, AG 2001, 579, 580; *Kessler*, NZG 2005, 145, 146; *Herfs*, AG 2005, 589, 593; *Assmann/Sethe*, in: Großkommentar AktG § 278 Rn. 49; *Mertens/Cahn*, in: Kölner Kommentar AktG § 278 Rn. 20; *Bachmann*, in: Spindler/Stilz § 278 Rn. 48.

753 *Fischer*, 65; *Martens*, AG 1982, 113; *Dreisow*, WpG 1976, 658, 659; *Priester*, ZHR 160 (1996), 250, 255; *Assmann/Sethe*, in: FS Lutter, 251, 265; *Bayreuther*, JUS 1999, 651; *Wichert*, in: Heidel § 278 Rn. 2; *Schütz/Reger*, in: Schütz/Bürgers/Riotte § 5 Rn. 76.; *Schanz* § 3 Rn. 235. Der durch den Aufsichtsrat bestellte Vorstand der AG ist demgegenüber ein sog. gekorenes Organ, vgl. *Niedner/Kusterer*, DB 1997, 2010, 2011.

754 *Hüffer* § 278 Rn. 14; *Perlitt*, in: MüKo § 278 Rn. 245.

behalt[755] der Hauptversammlung (§§ 278 Abs. 2 AktG, 164, 161 Abs. 2, 116 Abs. 2 HGB). Im Hinblick auf Maßnahmen der Geschäftsführung ist die Hauptversammlung der KGaA im Vergleich zur Hauptversammlung in der AG, die grundsätzlich nur auf Verlangen des Vorstands über Fragen der Geschäftsführung entscheiden kann (§ 119 Abs. 2 AktG), einflussreicher ausgestaltet.[756] Entsprechend der Rechtslage beim Erwerb der Komplementärstellung, erfolgt auch deren Verlust grundsätzlich nur auf Grundlage einer (einvernehmlichen) Satzungsregelung.[757] Davon abgesehen ist eine Abberufung generell[758] nur unter sehr engen Voraussetzungen durch gerichtliche Entscheidung (§§ 278 Abs. 2, 140 HGB) möglich.[759] Im Gegensatz zum Recht der AG (§ 84 AktG) hat der Aufsichtsrat der KGaA also auf Bestellung und Abberufung des Geschäftsleitungsorgans keinerlei Einfluss.[760]

Eine Beteiligung der Komplementäre am Gesellschaftsvermögen der KGaA ist zwar in Form einer Sondereinlage möglich, aber nicht gesetzlich vorgeschrieben.[761] Aus ihrer Gesellschafterstellung selbst resultiert in der Hauptversammlung auch noch kein Stimmrecht. Ein solches steht den Komplementären vielmehr nur in ihrer Rolle als Kommanditaktionär zu (vgl. § 285 Abs. 1 Satz 1 AktG).[762] Zwecks Vermeidung von Interessenkollisionen unterliegen sie aber auch dann, bei bestimmten Beschlussgegenständen, wie insbesondere ihrer Entlastung, der Wahl und Abberufung des Aufsichtsrats oder der Bestellung von Sonderprüfern einem gesetzlichen Stimmverbot (§ 285 Abs. 1 Satz 2 AktG).[763]

---

755 Zwar spricht § 164 Satz 1 HGB ausdrücklich von einem Widerspruchsrecht der Kommanditisten. Da ein solcher Widerspruch und damit die effektive Wahrnehmung dieses Rechts aber die Kenntnis der Kommanditisten von der betreffenden Geschäftsführungsmaßnahme voraussetzen würde, geht die einhellige Meinung im personengesellschaftsrechtlichen Schrifttum davon aus, dass § 164 Satz 1 HGB die Komplementäre zur vorherigen Einholung der Zustimmung durch die Kommanditisten verpflichtet, vgl. RGZ 158, 302, 305 und jeweils mit weiteren Nachweisen *Grunewald*, in: MüKo HGB § 164 Rn. 10; *Hopt*, in: Baumbach/Hopt § 164 HGB Rn. 2; *Joost/Strohn*, in: Ebenroth/Boujong/Joost/Strohn § 164 Rn. 6; aus dem aktienrechtlichen Schrifttum *Hüffer* § 278 Rn. 13; *Assmann/Sethe*, in: Großkommentar AktG § 278 Rn. 111; *Mertens/Cahn*, in: Kölner Kommentar § 278 Rn. 61.

756 *Sethe*, AG 1996, 289, 291; *Schlitt/Winzen*, CFL 2012, 261, 263.

757 Dazu ausführlich *Perlitt*, in: MüKo AktG § 289 Rn. 127 ff.

758 Das Ausscheiden eines Komplementärs kann sich freilich auch aus den praktisch weniger bedeutsamen Gründen des § 131 Abs. 3 HGB ergeben, die nach einhelliger Meinung nicht durch § 289 Abs. 5 AktG versperrt sind, vgl. dazu nur *Hüffer* § 289 Rn. 8 mit weiteren Nachweisen.

759 *Assmann/Sethe*, in: Großkommentar AktG § 278 Rn. 165 ff.

760 *Binz/Sorg*, BB 1988, 2041, 2043; *dies.*, DB 1997, 313, 315; *Schanz* § 3 Rn. 235.

761 *Pflug*, NJW 1971, 345, 348; *K.Schmidt*, in: FS Forstmoser, 87, 92 ff.; *Assmann/Sethe*, in: Großkommentar AktG § 278 Rn. 70; *Schanz* § 3 Rn. 234.

762 *Schaumburg*, DStZ 1998, 525, 528.

763 *Schaumburg*, DStZ 1998, 525, 528 und ausführlich dazu *Dreisow*, DB 1977, 851.

**bb) Aufsichtsrat**

Die Ausgestaltung des Aufsichtsrats entspricht in seiner inneren Organisation im Wesentlichen dem Aufsichtsrat einer AG und wird durch die Hauptversammlung der Kommanditaktionäre gewählt.[764] Sofern die Komplementäre Aktien an der KGaA halten, dürfen sie jedoch bei der Wahl des Aufsichtsrats nicht mit stimmen (§ 285 Abs. 1 Satz 2 Nr. 1 AktG) und genauso wenig selbst gewählt werden (§ 287 Abs. 3 AktG).[765] Um zu vermeiden, dass Geschäftsführungs- und Überwachungsfunktion in einer Hand zusammenfallen, wird diese sog. Inkompatibilitätsregel von der ganz herrschenden Meinung in der Literatur jedenfalls auf die Geschäftsleiter[766] einer Komplementärgesellschaft und weitgehend auch auf die die Komplementärgesellschaft beherrschenden Gesellschafter[767] ausgeweitet.

Hinsichtlich der Rechtsstellung des Aufsichtsrats in der Organverfassung der KGaA ergeben sich jedoch erhebliche Einschränkungen gegenüber dem Recht der AG. Dass der Aufsichtsrat der KGaA auf die Bestellung und Abberufung des Geschäftsleitungsorgans im Grundsatz keinerlei Einfluss hat, wurde bereits dargelegt und findet seine Bestätigung in der entsprechenden gesetzlichen Regelung für mitbestimmte Gesellschaften (§ 31 Abs. 1 Satz 2 MitbestG – darauf wird zurück zu kommen sein).[768]

Wie der Aufsichtsrat einer AG hat der Aufsichtsrat einer KGaA zwar die Geschäftsführung zu überwachen (§§ 278 Abs. 3, 111 Abs. 1 AktG).[769] Außerdem gilt § 112 AktG, wonach die Gesellschaft bei Vereinbarungen mit Mitgliedern

---

764 Dies ergibt sich schon aus der Anwendung der Vorschriften über den Aufsichtsrat der AG (§§ 278 Abs. 3, 95 ff. AktG), vgl. *Bürgers*, in: Schütz/Bürgers/Riotte § 5 Rn. 439 f. und wird durch § 285 Abs. 1 Satz 2 Nr. 1 AktG bestätigt, vgl. *Niedner/Kusterer*, DB 1997, 1451, 1452.

765 *Habersack*, in: FS Hellwig, 143, 145.

766 *Ihrig/Schlitt*, in: Ulmer, 33, 43 f.; *Schaumburg*, DStZ 1998, 526, 528; *Assmann/Sethe*, in: Großkommentar AktG § 287 Rn. 10; *Mertens/Cahn*, in: Kölner Kommentar AktG § 287 Rn. 8; *Mertens*, in: FS Ulmer, 419 f.; *Perlitt*, in: MüKo AktG § 278 Rn. 321; Bachmann, in: Spindler/Stilz § 287 Rn. 5. Der BGH hat sich indessen zu dieser Frage in seiner Entscheidung vom 5.12.2005 nur sehr zurückhaltend in diese Richtung geäußert ("mag es – mit der insoweit einhelligen Auffassung im Schrifttum - geboten sein, diese Funktionsträger in den Anwendungsbereich des § 287 Abs. 3 AktG einzubeziehen"), vgl. BGHZ 165, 192, 198 = ZIP 2006, 177.

767 Offengelassen von BGHZ 165, 192, 198 = ZIP 2006, 177; bejaht von der Vorinstanz, OLG München, AG 2004, 151, 153; ferner *Ihrig/Schlitt*, in: Ulmer, 33, 43; *Schlitt*, 168 f.; *Assmann/Sethe*, in: Großkommentar AktG § 287 Rn. 10; *Arnold*, 107; *Herfs*, in: Münchener Hdb AG § 77 Rn. 45; *Bürgers*, in: Schütz/Bürgers/Riotte § 5 Rn. 452 f.; *K.Schmidt*, in: FS Priester, 691, 705; *Perlitt*, in: MüKo AktG § 278 Rn. 321 mit weiteren Nachweisen auch zum Meinungsstand; a.A. *Mertens/Cahn*, in: Kölner Kommentar AktG § 287 Rn. 8, die nur die Ausübung der organschaftlichen Geschäftsführungsbefugnis selbst ausreichen lassen wollen, so auch *Mertens*, in: FS Ulmer, 419, 421 ff.; 431.

768 *Habersack*, in: FS Hellwig, 143, 145.

769 *Kallmeyer*, ZGR 1983, 57, 70; *Hüffer*, AktG § 278 Rn. 15.

ihres Geschäftsleitungsorgans durch den Aufsichtsrat vertreten wird, wegen der insoweit gleichgelagerten Gefahr von Interessenkonflikten, auch im Recht der KGaA.[770] Anders als dieser kann er aber - wegen der personengesellschaftsrechtlichen Organisation der Geschäftsführung der KGaA -[771] weder eine Geschäftsordnung (§ 77 Abs. 2 Satz 1 AktG) für die Komplementäre erlassen[772] noch einen Katalog zustimmungspflichtiger Geschäftsführungsmaßnahmen[773] aufstellen. Ihm verbleiben daher im Grundsatz lediglich Informationsrechte, etwa betreffend die beabsichtigte Geschäftspolitik, die Unternehmensplanung und weitere Angelegenheiten der Gesellschaft (§ 90 AktG), sowie zahlreiche Überwachungs- und Prüfungsrechte (§ 111 Abs. 1 und 2 AktG).[774] Vor diesem Hintergrund kann der Aufsichtsrat nach der gesetzlichen Konzeption zwar eine aus seiner Sicht unzweckmäßige Geschäftspolitik erkennen, diese aber in Ermangelung gesellschaftsrechtlicher Instrumente nicht korrigierend beeinflussen.[775]

### cc) Hauptversammlung

Die Hauptversammlung ist das Beschlussgremium der Kommanditaktionäre und unterliegt grundsätzlich den entsprechenden aktienrechtlichen Vorschriften (§§ 118 ff. AktG).[776] Auch die Kommanditaktionäre haben also das Teilnahme- und Stimmrecht.[777] Letzteres freilich nur, sofern es sich nicht um Inhaber stimmrechtsloser Anteile handelt.[778] Die Hauptversammlung entscheidet insbesondere auch im Recht der KGaA über Satzungsänderungen,

---

770 BGH, Urteil vom 29.11.2004 - II ZR 364/02 Tz. 6 f. (juris) = AG 2005, 239; ferner dazu *Herfs*, AG 2005, 589; *K.Schmidt*, in: FS Priester, 691, 706; vorher bereits *Ihrig/Schlitt*, in: Ulmer, 33, 54 ff. und *Sethe*, AG 1996, 289, 299.

771 *Kallmeyer*, ZGR 1983, 57, 66; *Bürgers*, in: Schütz/Bürgers/Riotte § 5 Rn. 482.

772 Aus diesem Grund fehlt dem Aufsichtsrat der KGaA - anders als dem Aufsichtsrat der AG - auch die Möglichkeit auf die Ressortabgrenzung und -verteilung innerhalb des Vorstands Einfluss zu nehmen, vgl. *Kallmeyer*, ZGR 1983, 57, 67.

773 *Kallmeyer*, ZGR 1983, 57, 67; *Binz/Sorg*, BB 1988, 2041, 2043; *Perlitt*, in: MüKo AktG § 278 Rn. 282; *Schanz* § 3 Rn. 239. Als Grund für diese konzeptionell schwächere Stellung des Aufsichtsrats der KGaA wird angeführt, dass der gesetzliche Regelfall der Hauptversammlung der KGaA im Bereich der Geschäftsführung Mitspracherechte einräume und deren Position so gegenüber der Hauptversammlung der AG stärke. Ein Ausgleich über § 111 Abs. 4 Satz 2 AktG, wie er bei der AG vorgesehen ist, sei deshalb für die KGaA des gesetzlichen Regelfalls nicht erforderlich und stünde zudem auch mit der besonderen Leitungsmacht der Komplementäre in Widerspruch, vgl. *Sethe*, AG 1996, 289, 291.

774 Ausführlich zu Einzelheiten der Informations- und Prüfungsrechte des Aufsichtsrats der KGaA *Kallmeyer*, ZGR 1983, 57, 69 ff.

775 So schon früh *Hennerkes/May*, DB 1988, 537, 540 und im Anschluss *Lorz*, in: Gesellschaftsrecht in der Diskussion 1998, 57, 64; ferner *Ladwig/Motte*, DStR 1996, 800, 805.

776 *Assmann/Sethe*, in: Großkommentar AktG § 278 Rn. 95; *Schlitt/Winzen*, CFL 2012, 261, 264.

777 *Hüffer* § 278 Rn. 17.

778 *Hüffer* § 278 Rn. 17.

Kapital- und weitere Strukturmaßnahmen.[779] Hinzu kommt die besondere gesetzliche Zuständigkeit für die Feststellung des Jahresabschlusses (§ 286 Abs. 1 AktG). Eine wesentliche konzeptionelle Abweichung zum Recht der AG ist - neben dem bereits angesprochenen Widerspruchsrecht bei außergewöhnlichen Geschäftsführungsmaßnahmen - der generelle Zustimmungsvorbehalt zugunsten der Komplementäre bei Satzungsänderungen und sonstigen Grundlagenbeschlüssen (§ 285 Abs. 2 Satz 1 AktG).[780] Ob angesichts dieser Zustimmungsvorbehalte von einer stärkeren Rechtsstellung der Hauptversammlung der KGaA im Vergleich zu ihrem aktienrechtlichen Pendant gesprochen werden kann, erscheint zweifelhaft.[781]

### d) Gestaltungsvarianten der KGaA

Die besondere Attraktivität der KGaA im Zusammenhang mit der Eigenkapitalfinanzierung durch Aufnahme neuer Gesellschafter ergibt sich aus dem Umstand, dass die beschriebene gesetzliche Kompetenzordnung, das Binnenrecht der KGaA, personengesellschaftsrechtlichen Grundsätzen entsprechend weitgehend disponibel ist.[782] Die wesentlichen Regelungsbereiche, die einer Gestaltung durch den Satzungsgeber zugänglich sind, betreffen die Rechtsstellung des Komplementärs,[783] das Widerspruchsrecht der Hauptversammlung bei außerordentlichen Geschäftsführungsmaßnahmen (§§ 278 Abs. 2 AktG, 164, 161 Abs. 2, 116 Abs. 2 HGB),[784] den Zustimmungsvorbehalt des Komplementärs bei Satzungsänderungen und Grundlagengeschäften (§ 285 Abs. 2 Satz 1 AktG),[785] sowie die Errichtung und Besetzung weiterer fakultativer Satzungsorgane[786].

Im folgenden Abschnitt sollen die wesentlichen Grundtypen der KGaA kategorisch vorgestellt werden. Die in diesem Zusammenhang verwendeten Begrifflichkeiten ermöglichen eine terminologische - die wesentlichen

---

779 *Hüffer* § 278 Rn. 17; *Schlitt/Winzen*, CFL 2012, 261, 264.

780 Dazu *Assmann/Sethe*, in: Großkommentar AktG § 285 Rn. 53; *Perlitt*, in: MüKo AktG § 285 Rn. 39. Sofern der zustimmungspflichtige Hauptversammlungsbeschluss zu seiner Wirksamkeit der Eintragung in das Handelsregister bedarf, muss auch die Zustimmungserklärung in die notarielle Hauptversammlungsniederschrift aufgenommen werden (§ 285 Abs. 2 Satz 2 AktG), OLG Stuttgart, Urteil vom 27.11.2002 - 20 U 14/02 Tz. 21 (juris) = ZIP 2003, 670.

781 So aber etwa *Habersack*, in: FS Hellwig, 143, 145 und *Schaub*, in: Schüppen/Schaub § 3 Rn. 30.

782 *Sethe*, AG 1996, 289, 291; *Schaumburg*, DStZ 1998, 525, 526; *Schlitt/Winzen*, CFL 2012, 261, 263.

783 Überblicksartig zu den verschiedenen Aspekten *Bachmann*, in: Spindler/Stilz § 278 Rn. 37 ff.

784 Siehe dazu überblicksartig *Herfs*, in: Münchener Hdb AG § 78 Rn. 17 ff.

785 Siehe dazu überblicksartig *Schütz/Reger*, in: Schütz/Bürgers/Riotte § 5 Rn. 56 f.

786 Dazu umfassend *Schnorbus*, in: Liber amicorum Martin Winter, 627 und *Habersack*, in: FS Hellwig, 143.

Typenkriterien erfassende - Abgrenzung, die freilich die im Einzelnen auch innerhalb der typisierten Gruppen bestehenden Rechtsanwendungsunterschiede nicht abschließend erfassen kann.[787]

### aa) Gesetzestypische KGaA / kapitalistische KGaA

Eine erste Differenzierung lässt sich nach der Person des Komplementärs vornehmen. Ist Komplementär, dem gesetzlichen Leitbild entsprechend, eine natürliche Person oder weist die KGaA neben einer juristischen Person zumindest auch eine weitere natürliche Person als Komplementär auf, so wird gemeinhin von einer gesetzestypischen KGaA gesprochen.[788] Ist dagegen eine juristische Person oder eine Kapitalgesellschaft & Co. GmbH alleinige Komplementärin der KGaA, spricht man von einer atypischen[789] oder kapitalistischen[790] KGaA.[791]

### bb) Personalistische KGaA / Publikums-KGaA

Die Erscheinungsformen der KGaA werden weiter nach dem Kreis der Kommanditaktionäre unterschieden. Ist die Gesellschaft nicht börsennotiert und in der Hand weniger, ihr namentlich bekannter Aktionäre, spricht man von einer personalistischen KGaA.[792] Das strukturelle Gegenteil bestünde dann in der Publikums-KGaA, die sich einem breiten, anonymen Anlegerkreis öffnet.[793] Wie betont wird, können die personalistische KGaA und die Publikums-KGaA ihrerseits sowohl als kapitalistische KGaA als auch als gesetzestypische KGaA, d.h. mit einer natürlichen Person als Komplementär, ausgestaltet sein.[794] So kann etwa die börsennotierte und im Dax 30 geführte Merck KGaA als geset-

---

787 So auch *Assmann/Sethe*, in: Großkommentar AktG Vor § 278 Rn. 119.

788 *Schlitt*, 3; *Assmann/Sethe*, in: Großkommentar AktG Vor § 278 Rn. 119.

789 *Assmann/Sethe*, in: Großkommentar AktG Vor § 278 Rn. 119; *Herfs*, in: Münchener Hdb AG § 75 Rn. 14.

790 Begriff im Zusammenhang mit der KGaA wohl erstmals bei *Hesselmann*, BB 1989, 2344; vgl. ferner *Schlitt*, 4, der aber zu Recht darauf hinweist, dass die Bezeichnung "kapitalistisch" nach herkömmlichem Begriffsverständnis weniger als Hinweis auf die Rechtsnatur des persönlich haftenden Gesellschafters, sondern vielmehr auf die körperschaftliche Gesamtverfassung der Gesellschaft hindeutet; *Claussen*, in: FS Heinsenius, 61, 65 ff.

791 *Herfs*, in: Münchener Hdb AG § 75 Rn. 13 verwendet die Begriffe „personalistisch" und „kapitalistisch" demgegenüber zur Beschreibung der Kompetenzverteilung in der Gesellschaft. Eine personalistische KGaA liege vor, wenn der Schwerpunkt der Geschäftsführungsbefugnisse bei den Komplementären liege, während eine entsprechende Kompetenzverteilung zu Gunsten der Hauptversammlung oder des Aufsichtsrats die Einstufung als kapitalistische KGaA rechtfertige. Diese Abgrenzungskriterien werden hier unter dem Aspekt der Unterscheidung nach der Kompetenzverteilung in der Gesellschaft unter D. II. 2. d) cc) relevant.

792 *Schlitt*, 5 und im Anschluss *Schaub*, in: Schüppen/Schaub § 3 Rn. 6.

793 *Schlitt*, 5 und im Anschluss *Schaub*, in: Schüppen/Schaub § 3 Rn. 6.

794 *Schlitt*, 5 und im Anschluss *Schaub*, in: Schüppen/Schaub § 3 Rn. 6.

zestypische Publikums KGaA bezeichnet werden, da sie eine natürliche Person als Komplementär aufweist. Als kapitalistische Publikums-KGaA sind demgegenüber etwa die Fresenius SE & Co. KGaA, die Fresenius Medical Care AG & Co. KGaA und die Henkel AG & Co. KGaA organisiert. Die letztgenannten Gesellschaften werden ebenfalls im Dax 30 geführt, weisen aber allein eine Kapitalgesellschaft als Komplementär aus.

### cc) Unterscheidung nach der satzungsmäßigen Kompetenzverteilung

Eine dritte Möglichkeit der Kategorisierung orientiert sich an der Kompetenzverteilung innerhalb der Gesellschaft. Unterschieden werden die hauptversammlungsdominierte, die aufsichtsrats- oder beiratsdominierte und die komplementärdominierte KGaA.[795]

#### (i) Hauptversammlungsdominierte KGaA

Wie gesehen obliegt die Geschäftsführung in der KGaA nach dem gesetzlichen Leitbild dem Komplementär. Durch eine Zurückdrängung des Zustimmungsrechts der Hauptversammlung bei außergewöhnlichen Geschäftsführungsmaßnahmen kann die Stellung des Komplementärs noch verstärkt werden. Die Satzung der KGaA kann indessen aber auch den entgegengesetzten Fall vorsehen und der Hauptversammlung der Kommanditaktionäre noch weitergehende Zustimmungsvorbehalte einräumen.[796] Der aktienrechtliche Grundsatz, wonach die Hauptversammlung über Fragen der Geschäftsführung nur entscheiden kann, wenn der Vorstand es verlangt (§ 119 Abs. 2 AktG), findet – da insoweit Personengesellschaftsrecht gilt (§ 278 Abs. 2 AktG) – auf die KGaA keine Anwendung.[797] Da die Ausgestaltung des Zustimmungsvorbehalts (§ 164 Satz 1 HGB) grundsätzlich[798] dem Ermessen des Satzungsgebers unterliegt, ist es sogar theoretisch denkbar, sämtliche Geschäftsführungsmaßnahmen und damit die unternehmerischen Geschicke der Gesellschaft gänzlich einem Zustimmungsvorbehalt der Hauptversammlung zu unterwerfen.[799] Eine solche Satzungsgestaltung verschiebt das Machtzentrum in der Gesell-

---

795 Siehe etwa *Assmann/Sethe*, in: Großkommentar AktG Vor § 278 Rn. 123.

796 *Assmann/Sethe*, in: Großkommentar AktG § 278 Rn. 148.

797 *Durchlaub*, BB 1977, 1581, 1582; *Assmann/Sethe*, in: Großkommentar AktG § 278 Rn. 94; *Schlitt/Winzen*, CFL 2012, 261, 265.

798 Als Grenze der Satzungsautonomie im Hinblick auf die Geschäftsführung der KGaA, insbesondere hinsichtlich der Regelung ihrer Zuständigkeiten sowie der Gestaltung der Organisationsverfassung, wird neben dem Grundsatz der Selbstorganschaft im Innenverhältnis die Funktionsfähigkeit des Leitungsorgans angesehen; die Komplementäre müssen stets in der Lage sein, ihre aus § 283 AktG folgenden Pflichten eigenverantwortlich wahrzunehmen, vgl. zu weiteren Einzelheiten *Herfs*, in: Münchener Hdb AG § 78 Rn. 65a und *Assmann/Sethe*, in: Großkommentar AktG § 278 Rn. 154 mit weiteren Nachweisen.

799 *Bachmann*, in: Spindler/Stilz § 278 Rn. 58; *Hüffer* § 278 Rn. 19; *Schlitt/Winzen*, CFL 2012, 261, 265.

schaft und macht die Hauptversammlung der Kommanditaktionäre zum dominierenden Organ der KGaA. Während bereits das Zustimmungsrecht der Hauptversammlung bei außergewöhnlichen Geschäften als solches, wegen des zeitintensiven Verfahrens der Einberufung einer Hauptversammlung, zu erheblichen Verzögerungen im Geschäftsverlauf der Gesellschaft führen kann, würde eine Ausweitung dieser Zustimmungskompetenz zu einer gänzlichen Lähmung der Geschäftsleitung führen.[800] Praktikabel dürfte dieser Realtyp der KGaA deshalb allenfalls bei Gesellschaften mit einem überschaubaren Aktionärskreis (personalistische Struktur) sein.[801] Unter dieser Voraussetzung bestünde die Möglichkeit, die erforderlichen Hauptversammlungsbeschlüsse über Geschäftsführungsmaßnahmen ohne Einhaltung der strengen Einberufungsvorschriften - etwa betreffend die Einberufung, Bekanntgabe der Tagesordnung, Einhaltung der satzungsmäßigen Teilnahmebedingungen und des satzungsmäßigen Orts der Hauptversammlung (§§ 121 ff. AktG) - im Wege sog. Universalversammlungen herbeizuführen (§§ 278 Abs. 3, 126 Abs. 6 AktG).[802]

#### (ii) Aufsichtsrats- und beiratsdominierte KGaA

Aus den genannten Gründen mag es sich in einer Publikums-KGaA anbieten – sofern die Stellung des Komplementärs im Vergleich zum gesetzlichen Leitbild abgeschwächt werden soll –, die Zustimmungsrechte der Hauptversammlung (ggf. auch in einem über außergewöhnliche Maßnahmen hinausgehenden Umfang) auf den Aufsichtsrat oder ein anderes durch die Satzung geschaffenes (fakultatives) Organ (Beirat)[803] zu übertragen. Die Errichtung eines Beirats unterfällt, wie auch seine Ausstattung mit Kompetenzen, weil und soweit das Rechtsverhältnis zwischen den Komplementären

---

800 *Assmann/Sethe*, in: Großkommentar AktG § 278 Rn. 149; *Schlitt/Winzen*, CFL 2012, 261, 265.

801 *Assmann/Sethe*, in: Großkommentar AktG § 278 Rn. 149; *Schlitt/Winzen*, CFL 2012, 261, 265.

802 *Assmann/Sethe*, in: Großkommentar AktG § 278 Rn. 149; *Schlitt/Winzen*, CFL 2012, 261, 265. Freilich verlangt auch eine Vollversammlung wegen der systematischen Stellung des § 121 Abs. 6 AktG im vierten Abschnitt zumindest das räumliche Zusammentreffen der Aktionäre, da andernfalls der Charakter einer Hauptversammlung nicht mehr gegeben wäre. Insbesondere die Beschlussfassung der Aktionäre im schriftlichen Umlaufverfahren fällt nicht unter § 121 Abs. 6 AktG, da in diesem Fall nicht einmal eine Versammlung - und schon gar keine Hauptversammlung - vorliegt, vgl. insoweit und zu weiteren Einzelheiten *Kubis*, in: MüKo AktG § 121 Rn. 63 ff.; *Lutter*, AG 1994, 429, 437; *Schlitt*, 199.

803 In der Rechtswirklichkeit werden unterschiedliche Bezeichnungen verwendet. Verwaltungsrat, Gesellschafterausschuss und Beirat dürften die gängigsten unter ihnen darstellen. Für die Zwecke dieser Darstellung soll im Folgenden der Begriff des Beirats als Bezeichnung für ein durch die Satzung geschaffenes Organ der KGaA verwendet werden. Umfassend zu den Gestaltungsfragen bei fakultativen Aufsichtsorganen der KGaA *Schnorbus*, in: Liber amicorum Martin Winter, 627 ff.

und den Kommanditaktionären betroffen ist, der personengesellschaftsrechtlichen Gestaltungsfreiheit und ist damit nach heute einhelliger Meinung zulässig.[804] Die angesprochenen - mit der kosten- und zeitaufwendigen Durchführung einer Hauptversammlung verbundenen - Schwierigkeiten können auf diesem Wege vermieden und die Willensbildung gleichzeitig vereinfacht werden.[805] Oberstes Organ und damit Machtzentrum der Gesellschaft wird so der Aufsichtsrat bzw. ein etwaiger Beirat.

Die Übertragung von Befugnissen auf einen Beirat kommt insbesondere dann in Frage, wenn der Aufsichtsrat der KGaA mitbestimmt ist und eine Beteiligung der Arbeitnehmer an Geschäftsführungsangelegenheiten vermieden werden soll.[806] Im Hinblick auf die Art und den Umfang der übertragenen Kompetenzen lassen sich Abstufungen unterscheiden. Belässt die Satzung es dabei, dem Aufsichtsrat oder Beirat Zustimmungsvorbehalte zu bestimmten Arten von Geschäften nach dem Beispiel des § 111 Abs. 4 Satz 2 AktG einzuräumen, kann eine Angleichung der Kompetenzen an die eines Aufsichtsrats in der AG erreicht werden.[807] Weitergehend kann eine umfassende unternehmerische Mitwirkungsbefugnis in der Weise eingeräumt werden, dass sämtliche - also auch die gewöhnlichen - Geschäftsführungsmaßnahmen der Zustimmung des Aufsichtsrats oder eines Beirats unterliegen.[808] Vorbehaltlich der Wahrung des Grundsatzes der Selbstorganschaft und der Funktion des Aufsichtsrats als Überwachungsorgan (sofern dieser und nicht ein Beirat angesprochen ist) kommt sogar die Einräumung von Weisungsrechten gegenüber der Geschäftsleitung - jedenfalls im Hinblick auf die grundsätzliche Geschäftspolitik - in Betracht.[809] Gegenstand der Satzung einer aufsichtsrats- oder beiratsdominierten KGaA wird im Regelfall auch die Befugnis zur Ent-

---

804 *Assmann/Sethe*, in: FS Lutter, 251, 255; *dies.*, in: Großkommentar AktG § 287 Rn. 91 ff.; *Schlitt*, 216; *Bürgers*, in: Schütz/Bürgers/Riotte § 5 Rn. 559 ff.; *Martens*, AG 1982, 113, 114 f.; *Kallmeyer*, DStR 1994, 977, 979; *Herfs*, in: Münchener Hdb AG § 78 Rn. 65a; *Habersack*, in: FS Hellwig, 143, 147; *Mertens/Cahn*, in: Kölner Kommentar AktG § 278 Rn. 55 (anders noch die Vorauflage, vgl. *Mertens*, in: Kölner Kommentar, 1. Auflage, § 278 Rn. 96).

805 *Herfs*, in: Münchener Hdb AG § 78 Rn. 67; *Schlitt/Winzen*, CFL 2012, 261, 265.

806 *Sethe*, 151; *Schlitt*, 217; *Herfs*, in: Münchener Hdb AG § 78 Rn. 67; *Habersack*, in: FS Hellwig, 143, 146.

807 *Assmann/Sethe*, in: Großkommentar AktG § 278 Rn. 151. Ob in diesem Fall von einer aufsichts- oder beiratsdominierten KGaA gesprochen werden kann, erscheint allerdings fraglich. Die Übertragung gesetzlich zwingend dem Aufsichtsrat zugewiesener Befugnisse, namentlich seiner Informations- und Prüfungsrechte, auf einen Beirat ist freilich nicht möglich, vgl. *Habersack*, in: FS Hellwig, 143, 147 mit weiteren Nachweisen.

808 *Assmann/Sethe*, in: Großkommentar AktG § 278 Rn. 151; *dies.*, in: FS Lutter, 251, 260; *Herfs*, in: Münchener Hdb AG § 78 Rn. 67; *Bürgers*, in: Schütz/Bürgers/Riotte § 5 Rn. 590 ff.

809 *Assmann/Sethe*, in: Großkommentar AktG § 278 Rn. 151; *Bürgers*, in: Schütz/Bürgers/Riotte § 5 Rn. 590 ff.; *Schlitt*, 218; *Herfs*, in: Münchener Hdb AG § 78 Rn. 67.

scheidung über die Aufnahme und/oder Abberufung weiterer Komplementäre, also die Übertragung einer aktienrechtsähnlichen Personalkompetenz, sein.[810] In diesem Fall kann sich ein Wechsel in der Person des Komplementärs außerhalb der Satzung vollziehen.[811] Die im Hinblick auf § 281 Abs. 1 AktG notwendigen Satzungsänderungen stellen sich in diesem Fall als bloße Fassungsänderungen (§ 179 Abs. 1 Satz 2 AktG) dar, deren Eintragung (§ 181 Abs. 3 AktG) konsequenterweise das mit der materiellen Entscheidung betraute Organ herbeiführen kann.[812]

### (iii) Komplementärdominierte KGaA

Die Satzung kann auch alle Hauptversammlungsbeschlüsse einem Zustimmungsvorbehalt des Komplementärs unterwerfen und den bereits angesprochenen gänzlichen Ausschluss des Zustimmungsrechts der Kommanditaktionäre bei Geschäftsführungsmaßnahmen vorsehen.[813] Eine in diesem Zusammenhang viel diskutierte Frage betrifft das Zustimmungsrecht der Hauptversammlung bei grundlegenden Geschäften, die weder eine Satzungsänderung erfordern noch in den auch für die KGaA geltenden Anwendungsbereich zwingender aktien- und umwandlungsrechtlicher Kompetenzzuweisungen, wie etwa §§ 179, 179a, 291 ff., 327a AktG oder §§ 78,

---

810 Der Erwerb und der Verlust der Komplementärstellung sind jeweils von § 278 Abs. 2 AktG erfasste Rechtsmaterien und unterliegen deshalb der personengesellschaftsrechtlichen Gestaltungsfreiheit des Satzungsgebers, vgl. *Cahn*, AG 2001, 579, 582 f.; *Bachmann*, in: Spindler/Stilz § 278 Rn. 49; *Assmann/Sethe*, in: Großkommentar AktG § 278 Rn. 46; *Mertens/Cahn*, in: Kölner Kommentar AktG § 278 Rn. 22; *Herfs*, in: Münchener Hdb AG § 78 Rn. 68; *Habersack*, in: FS Hellwig, 143, 148.

811 *Hüffer* § 278 Rn. 19;

812 So nur *Cahn*, AG 2001, 579, 584 f. und *Mertens/Cahn*, in: Kölner Kommentar AktG § 289 Rn. 65. Die abweichende Ansicht, die eine Ermächtigung zur Fassungsänderung nach Maßgabe des § 179 Abs. 1 Satz 2 AktG als allein für den Aufsichtsrat zulässig erachtet, würde dem personengesellschaftsrechtlichen Kontext der Personalkompetenz in der KGaA nicht gerecht. Wäre das satzungsgemäß zur Entscheidung über die Aufnahme und Abberufung von Komplementären berufene Organ nicht in der Lage, seine materielle Entscheidung durch Änderung der Satzungsfassung auch formell zu bestätigen, würde die Kompetenzzuweisung durch den Satzungsgeber leer laufen, da die Hauptversammlung bzw. der Aufsichtsrat die Umsetzung verweigern könnten. Zur Ausräumung dieses Konflikts messen die Vertreter dieser Ansicht § 181 Abs. 3 AktG – systematisch zweifelhaft – lediglich deklaratorischen Charakter bei und berufen sich im Hinblick auf den Verkehrsschutz auf § 15 Abs. 1 HGB, vgl. etwa *Perlitt*, in: MüKo AktG § 289 Rn. 187; *Assmann/Sethe*, in: Großkommentar AktG § 289 Rn. 180 f.; *Bachmann*, in: Spindler/Stilz § 289 Rn. 33; *Herfs*, in: Münchener Hdb AG § 77 Rn. 54 (ohne Verweis auf § 15 Abs. 1 HGB).

813 *Assmann/Sethe*, in: Großkommentar AktG § 278 Rn. 152; *Hennerkes/May*, StBJb 1988/89, 303, 309; *Schaumburg*, DStZ 1998, 525, 527; *Strieder/Habel*, BB 1995, 1857, 1859; *Haase*, GmbHR 1997, 917, 1920; *Herfs*, WiB 1997, 688; *Fett/Förl*, NZG 2004, 210, 212; *Schanz* § 3 Rn. 236.

125 UmwG, fallen.[814] Relevant wird sie freilich überhaupt nur, wenn das Zustimmungsrecht der Hauptversammlung betreffend außerordentliche Geschäftsführungsmaßnahmen - wie bei einer komplementärdominierten KGaA - ausgeschlossen ist.[815]

Dass es Geschäfte gibt, über deren Durchführung die Hauptversammlung entscheiden muss, ist im Ergebnis für das Recht der KGaA allgemein anerkannt.[816] Richtigerweise kann zur Herleitung dieser (ungeschriebenen) Zuständigkeit aber nicht auf die sog. Holzmüller/Gelantine-Grundsätze[817] zurückgegriffen werden.[818] Da die Fragestellung das Rechtsverhältnis der Komplementäre zur Gesamtheit der Kommanditaktionäre betrifft, ist ihre Beantwortung allein dem Personengesellschaftsrecht zu entnehmen (§ 278 Abs. 2 AktG).[819] Dieses kennt - anders als das Aktienrecht - den Begriff des sog. Grundlagengeschäfts.[820] Bei Grundlagengeschäften handelt es sich um strukturelle Eingriffe in die durch den Gesellschaftsvertrag geregelten Rechtsbeziehungen zwischen den Gesellschaftern, die ihrem Inhalt nach regelmäßig auf eine - wenn auch nicht zwingend formelle - Änderung des Gesellschaftsvertrages gerichtet sind.[821] Hierunter fallen neben der Änderung des Gesell-

---

814 *Herfs*, in: Münchener Hdb AG § 78 Rn. 39; *Assmann/Sethe*, in: Großkommentar AktG § 278 Rn. 124; *Arnold*, in: Henssler/Strohn § 278 Rn. 11.

815 Andernfalls ist die Mitwirkung der Hauptversammlung ohnehin schon auf diesem Wege gesichert, zutreffend deshalb *Hüffer* § 278 Rn. 17a.

816 OLG Stuttgart, NZG 2003, 778, 783; *Kessler*, NZG 2005, 145, 148 f.; *Fett/Förl*, NZG 2004, 210, 215 f.; *Fett*, in: Schütz/Bürgers/Riotte § 3 Rn. 17; *Hoffmann-Becking/Herfs*, in: FS Sigle, 273, 286; *Herfs*, in: Münchener Hdb AG § 78 Rn. 41.; *Perlitt*, in: MüKo AktG § 278 Rn. 181; *Bachmann*, in: Spindler/Stilz § 278 Rn. 70 ff.; *K.Schmidt*, in: K.Schmidt/Lutter § 278 Rn. 39; *Mertens/Cahn*, in: Kölner Kommentar AktG § 278 Rn. 65; *Assmann/Sethe*, in: Großkommentar AktG Vor § 278 Rn. 102; *Hüffer* § 278 Rn. 17a; *Heermann*, ZGR 2000, 61, 70 f.; *Wichert*, AG 2000, 268, 270; *Schaumburg/Schulte* Rn. 60; *Ihrig/Schlitt*, in: Ulmer, 33, 65; *Schlitt/Winzen*, CFL 2012, 261, 264.

817 BGHZ 83, 122 (Holzmüller) = ZIP 1982, 568, BGHZ 159, 30 (Gelantine I) = ZIP 2004, 993 und BGH ZIP 2007, 24 (Gelantine II).

818 So aber die wohl überwiegende Meinung in der Zeit nach dem Beschluss des BGH, in dem das Gericht die kapitalistische KGaA anerkannt hatte, vgl. *Ihrig/Schlitt*, in: Ulmer, 33, 65; *Schaumburg/Schulte* Rn. 60; *Sethe*, 148 f.; *Heermann*, ZGR 2000, 61, 81 f.; *Koch*, DB 2002, 1701, 1702 ff.; *Wichert*, AG 2000, 268, 270, *Kölling*, 38 ff.; aber auch *Bachmann*, in: Spindler/Stilz § 278 Rn. 71 und *Hüffer* § 278 Rn. 17a; wohl auch *Arnold*, in: Henssler/Strohn § 278 Rn. 12.

819 So auch *Kessler*, NZG 2005, 145, 148; *Fett/Förl*, NZG 2004, 210, 211; *Assmann/Sethe*, in: Großkommentar AktG Vor § 278 Rn. 102; *Mertens/Cahn*, in: Kölner Kommentar AktG § 278 Rn. 65; *Perlitt*, in: MüKo AktG § 278 Rn. 181; *Dirksen/Möhrle*, ZIP 1998, 1377, 1381.

820 Systematisch zu Grundlagengeschäften bei Personengesellschaften *Schulze-Osterloh*, in: FS Hadding, 637; *Priester*, DStR 2007, 28; *ders.*, DStR 2008, 1386; *K.Schmidt*, in: MüKo HGB § 126 Rn. 10; *Grunewald*, in: MüKo HGB § 164 Rn. 15; *Hopt*, in: Baumbach/Hopt § 126 HGB Rn. 3.

821 OLG Stuttgart, Urteil vom 25.02.2009 - 14 U 24/08 Tz. 168 (juris) = ZIP 2010, 131; *Fett/Förl*, NZG 2004, 210, 213.

schaftsvertrages etwa die Entziehung der Geschäftsführungs- und der Vertretungsbefugnis, die Verpflichtung der Gesellschaft zur Aufnahme oder Ausschließung eines Gesellschafters, Beitragserhöhungen, die Auflösung oder die Veräußerung des Handelsgeschäfts mit Firma.[822] Diese Maßnahmen sind von vornherein nicht von der Geschäftsführungsbefugnis des Komplementärs erfasst, sondern fallen grundsätzlich in die Zuständigkeit der Gesellschafter.[823] Da das AktG die Kategorie des Grundlagengeschäfts aber nicht kennt, im Grundsatz vielmehr lediglich zwischen Geschäftsführungsmaßnahmen des Vorstandes und gesetzlichen oder satzungsmäßigen Hauptversammlungszuständigkeiten unterscheidet (§ 119 Abs. 1 AktG),[824] sah sich die Rechtsprechung dazu berufen, "im Wege offener Rechtsfortbildung"[825] eine ungeschriebene Hauptversammlungskompetenz im Hinblick auf Maßnahmen zu entwickeln, die weder § 119 Abs. 1 AktG unterfallen noch die Schwelle des § 179a AktG[826] erreichen, aber in gegenständlicher Nähe zur Satzungsänderung[827] stehen.

Das von einzelnen Befürwortern einer Übertragung der Holzmüller/Gelantine-Grundsätze auf die KGaA vorgetragene Argument, diese Grundsätze seien einer wertungsmäßige Parallele zu Strukturänderungen entnommen, für die das Gesetz auch bei der KGaA einen Hauptversammlungsbeschluss vorschreibe, weshalb wertungsmäßig eine entsprechende Behandlung angebracht sei,[828] überzeugt nicht. In der Gelantine-Entscheidung hat sich der BGH vielmehr ausdrücklich von einer Gesamtanalogie „zu allen oder einzelnen aktienrechtlichen Vorschriften, die die Mitwirkung der Hauptversammlung bei bestimmten Maßnahmen anordnen" distanziert, weil er die

---

822 *Hopt*, in: Baumbach/Hopt § 114 HGB Rn. 3; *Fett/Förl*, NZG 2004, 210, 213.

823 BGH, Urteil vom 09.01.1995 - II ZR 24/94 Tz. 7 (juris) = ZIP 1995, 278; *K.Schmidt*, in: MüKo HGB § 126 Rn. 10; *Grunewald*, in: MüKo HGB § 164 Rn. 15; *Hopt*, in: Baumbach/Hopt § 126 HGB Rn. 3.

824 *Assmann/Sethe*, in: Großkommentar AktG § 278 Rn. 123; *Kubis*, in: MüKo AktG § 119 Rn. 31.

825 BGHZ 159, 30, 42 f. (Gelantine I) = ZIP 2004, 993, im Anschluss an *Geßler*, in: FS Stimpel, 771, 780; in der Holzmüller Entscheidung hatte der BGH die Zuständigkeit der Hauptversammlung noch, im Anschuss an *Barz*, in: Großkommentar AktG, 3. Auflage, § 119 Rn. 7 und *Timm*, 175 ff. einer Ermessensreduzierung des Vorstands im Hinblick auf dessen Vorlagemöglichkeit nach § 119 Abs. 2 AktG entnommen, vgl. BGHZ 83, 122, 131 (Holzmüller) = ZIP 1982, 568.

826 Dem Zustimmungserfordernis des § 179a AktG unterfallen entgegen seinem Wortlaut auch Veräußerungen, die einen unwesentlichen Bestandteil des Vermögens bei der Gesellschaft belassen, wobei die Frage der Wesentlichkeit sich primär danach richtet, ob die Gesellschaft mit dem verbleibenden Vermögen ihren Unternehmensgegenstand noch verwirklichen kann, vgl. RGZ 124, 279, 294 ff.; BGHZ 83, 122, 128 (Holzmüller) = ZIP 1982, 568; *Hüffer* § 179a Rn. 5 mit weiteren Nachweisen.

827 BGHZ 159, 30, 44 (Gelantine I) = ZIP 2004, 993.

828 So *Bachmann*, in: Spindler/Stilz, § 278 Rn. 71 und im Anschluss noch *Schlitt/Winzen*, CFL 2012, 261, 264.

damit notwendigerweise auf der Rechtsfolgenseite verbundene Beschränkung der Vertretungsmacht des Vorstandes im Außenverhältnis nicht akzeptieren wollte.[829] Zudem hat das Gericht in derselben Entscheidung noch einmal klargestellt, dass „eine im Gesetz nicht ausdrücklich vorgesehene Mitwirkung der Hauptversammlung bei Geschäftsführungsmaßnahmen des Vorstands nur in engen Grenzen, nämlich dann in Betracht kommen, wenn sie an die Kernkompetenz der Hauptversammlung, über die Verfassung der Gesellschaft zu bestimmen, rühren und in ihren Auswirkungen einem Zustand nahezu entsprechen, der allein durch eine Satzungsänderung herbeigeführt werden kann".[830] Die Funktion der vor diesem Hintergrund entwickelten Holzmüller/Gelantine-Grundsätze wird im Recht der KGaA durch die Figur des Grundlagengeschäfts erfüllt, die insbesondere Geschäfte erfasst, die ihrem Inhalt nach auf eine - wenn auch nicht zwingend formelle - Änderung des Gesellschaftsvertrages gerichtet sind.[831].

Für den praktisch bedeutsamen Fall der Veräußerung wesentlicher Unternehmensteile kommt, da es sich dabei im Grundsatz um eine bloße Geschäftsführungsmaßnahme handelt,[832] die Annahme eines Grundlagengeschäfts freilich nur in Betracht, wenn die Veräußerung mit einer Änderung des Unternehmensgegenstands einhergeht.[833] So lag es etwa in der - soweit ersichtlich - bislang einzigen obergerichtlichen Entscheidung zu dieser Thematik. Gegenstand der Entscheidung war die vollständige Veräußerung der unselbständigen Unternehmenssparte „elektronische Sicherheitstechnik".[834]. Dieser Betriebsteil war in dem der Veräußerung vorangegangen Geschäftsjahr für ca. 62 % der Umsatzerlöse des Unternehmens verantwortlich. Die andere Unternehmenssparte, „elektromechanische Sicherheitstechnik" verblieb im Unternehmen. Da der satzungsmäßige Gegenstand des Unternehmens der betreffenden KGaA auf „Herstellung und Vertrieb von elektromechanischen, elektronischen und sonstigen Geräten, Werkzeugen und Einrichtungsgegenständen aller Art" lautete, führte die Veräußerung nach Ansicht des OLG Stuttgart zu einer dauerhaften Unterschreitung des Unternehmensgegenstandes und sei deshalb als faktische Satzungsänderung anzusehen, die der Zustimmung der Hauptversammlung bedurft hätte.[835].

Kommt für weniger einschneidende Veräußerungen die Annahme eines Grundlagengeschäfts nicht in Betracht, kann der Komplementär aber nach Maßgabe personengesellschaftsrechtlicher Grundsätze gleichwohl gehalten

829 BGHZ 159, 30, 42 f. (Gelantine I) = ZIP 2004, 993.

830 BGHZ 159, 30, 44 (Gelantine I) = ZIP 2004, 993.

831 OLG Stuttgart, Urteil vom 25.02.2009 - 14 U 24/08 Tz. 168 (juris) = ZIP 2010, 131; *Fett/Förl*, NZG 2004, 210, 213.

832 *Perlitt*, in: MüKo AktG § 278 Rn. 182.

833 *Fett/Förl*, NZG 2004, 210, 214.

834 OLG Stuttgart, NZG 2003, 778, 778.

835 OLG Stuttgart, NZG 2003, 778, 783.

sein, die Hauptversammlung in die Entscheidungsfindung einzubeziehen. Anders als der Vorstand der AG im Verhältnis zur Gesellschaft unterliegt der Komplementär gegenüber der Gesamtheit der Kommanditaktionäre der gesellschaftsrechtlichen Treuepflicht.[836] Im Einzelfall kann der Komplementär deshalb gehalten sein, die Zustimmung der Hauptversammlung einzuholen.[837] Entscheidungsparameter können etwa der Wert des betroffenen Betriebsteils im Verhältnis zum Gesamtwert des Unternehmens, die Auswirkungen der Maßnahme auf die Geschäftsstrategie, insbesondere wenn diese insgesamt geändert werden soll, und mögliche besondere Vorteile der Maßnahme für die Komplementäre oder gesellschaftsfremde Dritte sein.[838]

Wird die Zuständigkeit der Hauptversammlung wegen der Einordnung einer Maßnahme als Grundlagengeschäft angenommen, führt das Fehlen der Zustimmung, anders als auf Grundlage der Holzmüller/Gelantine-Konzeption, zur Unwirksamkeit der Maßnahme im Außenverhältnis, da dem Komplementär insoweit die Vertretungsmacht fehlt.[839] Dies ist freilich nicht der Fall, wenn die Schwelle eines Grundlagengeschäfts nicht erreicht wird und der Komplementär aus Gründen seiner Treupflicht dazu gehalten ist, die Zustimmung der Hauptversammlung einzuholen.[840] Unterlässt er dies, verletzt er seine Pflichten und setzt sich potentiellen Haftungsansprüchen aus (§§ 283 Nr. 3, 93 Abs. 2 AktG).[841]

#### e) Zusammenfassung

Als hybride Rechtsform verknüpft die KGaA die strukturellen Vorteile zweier Rechtsformen. Genau wie in der AG erfolgt die Eigenkapitalfinanzierung der KGaA primär durch die Ausgabe von Aktien. Dabei sind sämtliche aktienrechtliche Restriktionen zu beachten. Während die Organverfassung der AG jedoch nur in engen Grenzen, nämlich dort, wo dies gesetzlich ausdrücklich zugelassen ist (§ 23 Abs. 5 AktG), Gestaltungsspielräume eröffnet, gewährt das personengesellschaftsrechtlich geprägte Binnenrecht der KGaA dem Satzungsgeber insoweit erhebliche Freiräume. Im Hinblick auf die Kontrollerhaltung bei der Eigenkapitalfinanzierung durch die Aufnahme neuer

---

836 Vgl. zur GmbH & Co. KG BGH, Urteil vom 14.11.1994 - II ZR 160/93 Tz. 19 (juris) = ZIP 1995, 738 und BGH, Urteil vom 5. 12. 2005 - II ZR 13/04 Tz. 10 (juris) = ZIP 2006, 230; *Koller*, in: Koller/Roth/Morck § 105 HGB Rn. 44; übertragen auf die KGaA *Fett/Förl*, NZG 2004, 210, 215.

837 Bereits der BGH wies, wenn auch in einem anderen Zusammenhang, in seinem wegweisenden Beschluss zur Anerkennung der kapitalistischen KGaA aus dem Jahre 1997 auf die gesellschaftsrechtliche Treupflicht der Komplementärgesellschaft hin, vgl. BGHZ 134, 392, 399 = ZIP 1997, 1027; ähnlich auch *Assmann/Sethe*, in: Großkommentar AktG § 278 Rn. 124; *Perlitt*, in: MüKo AktG § 278 Rn. 183.

838 *Fett/Förl*, NZG 2004, 210, 215.

839 So auch herausgearbeitet von *Fett/Förl*, NZG 2004, 210, 213 mit weiteren Nachweisen.

840 *Fett/Förl*, NZG 2004, 210, 215.

841 Siehe im Einzelnen *Bachmann*, in: Spindler/Stilz § 283 Rn. 8 ff.

Gesellschafter eignet die KGaA sich deshalb in besonderem Maße. Angesichts der fehlenden Personalkompetenz des Aufsichtsrats der KGaA und der Möglichkeit, unternehmerische Mitwirkungsbefugnisse der Hauptversammlung weitgehend auszuschließen, kann den Kommanditaktionären im Grundsatz jede Einflussmöglichkeit auf die Geschäftsleitung der KGaA entzogen werden. So kann eine kapitalistische Publikums-KGaA geschaffen werden, die von einer Komplementärin in Form einer juristischen Person geleitet wird. Der oder die hinter dem Unternehmen stehenden Eigentümer können ihren Einfluss als Inhaber der Komplementärin absichern und gleichzeitig durch die Ausgabe von Kommanditaktien Eigenkapital für den Betrieb ihres Unternehmens aufnehmen.

Da der Komplementär einer KGaA - ebenso wie bei einer KG - von Gesetzes wegen zudem keine Kapitaleinlage leisten muss, kann ein Gesellschafter theoretisch bis zu 100 % der Kommanditaktien abgeben, ohne seine unternehmerische Führungsrolle sowie sein Vetorecht bei Grundlagenbeschlüssen, insbesondere bei Satzungsänderungen zu gefährden.[842] Grundsätzlich ermöglicht die Rechtsform der KGaA - vereinfacht gesagt - eine weitgehende Trennung von Leitungsmacht und investiertem Kapital.[843]

Vor diesem Hintergrund wurde immer wieder vorgebracht, die kapitalistische KGaA stelle einen gesetzlich nicht geregelten Konzerntatbestand dar.[844] Die KGaA werde unter die Herrschaft einer aus Sicht der Kommanditaktionäre fremden Kapitalgesellschaft gestellt, ohne dass - mangels Vorliegens eines Beherrschungsvertrages - die konzernrechtlichen Vorschriften der §§ 291 ff. AktG Anwendung fänden. Insofern ist aber zu bedenken, dass die Komplementärin nicht automatisch Unternehmen im konzernrechtlichen Sinne ist. Unternehmen in diesem Sinne ist jeder Gesellschafter ohne Rücksicht auf die konkrete Rechtsform, der neben seiner Beteiligung an der betreffenden Gesellschaft anderweitige wirtschaftliche Interessenbindungen aufweist, die nach Art und Intensität die ernsthafte Sorge begründen, er könne wegen dieser Bindungen seinen aus der Mitgliedschaft folgenden Einfluss auf die Gesellschaft nachteilig ausüben.[845] Die Komplementärin beschränkt sich aber typischerweise satzungsmäßig auf die Leitung der KGaA und verfolgt keine darüber hinaus gehenden unternehmerischen Interessen.[846] Eine andere Frage

---

842 *Binz/Sorg*, BB 1988, 2041, 2044; vgl. auch *Goette*, DStR 1997, 1014, 1015; *Herfs*, WIB 1997, 688, 690; *Mayer*, MittBayNot 1997, 329, 331; angedeutet auch schon bei *Pflug*, NJW 1971, 345, 348.

843 *Schlitt*, 14; *Hennerkes/Lorz*, DB 1997, 1388, 1389; *Haase*, GmbHR 1997, 917, 919; *Röhricht*, in: RWS Forum Gesellschaftsrecht 1997, 191, 212.

844 Siehe etwa *K.Schmidt*, ZHR 160 (1996), 265, 284.

845 Siehe nur *Hüffer* § 15 Rn. 8 mit weiteren Nachweisen.

846 *Herfs*, WIB 1997, 688, 691 mit weiteren Nachweisen; *K.Schmidt*, ZHR 160 (1996), 265, 284; *Mayer*, MittBayNot 1997, 329, 331; *Born*, 54 ff.; *Emmerich*, in: Emmerich/Habersack § 17 AktG Rn. 47.

ist freilich, ob sich eine mittelbare Beherrschung der kapitalistischen KGaA durch die die Komplementärin beherrschenden Gesellschafter ergeben kann. In diesem Fall kommt es nicht auf die konzernrechtliche Unternehmenseigenschaft der Komplementärin, sondern auf die der hinter ihr stehenden Gesellschafter an.[847] Halten diese weitere Beteiligung und/oder üben anderweitige wirtschaftliche Tätigkeiten aus, kommt eine Beherrschung der KGaA in Betracht.[848]

### 3. Institutionelle Beschränkung der Mitbestimmung

Die unternehmerische Mitbestimmung in Deutschland sichert den Arbeitnehmern Mitspracherechte bei der Entscheidungsfindung in den Organen der betreffenden Gesellschaft.[849] Ihre genaue Ausgestaltung richtet sich im Regelfall, für Unternehmen mit mehr als 500 Arbeitnehmern, nach dem Drittelbeteiligungsgesetz (**DrittelbG**) und, für Unternehmen mit mehr als 2.000 Arbeitnehmern, nach dem MitbestG.[850] Die wichtigsten mitbestimmungsrechtlichen Implikationen ergeben sich unter Geltung des MitbestG. Der Aufsichtsrat muss in diesem Fall je zur Hälfte aus Mitgliedern der Anteilseigner und der Arbeitnehmer (paritätisch) besetzt sein, wobei die genaue Mitgliederzahl – abweichend von § 95 Satz 1 bis 4 AktG – abhängig von der Anzahl der im Unternehmen Beschäftigten zwingend vorgegeben ist (§ 7 Abs. 1 MitbestG).[851] Den Anteilseignervertretern verbleibt zwar konzeptionell immer ein Übergewicht, weil sie den Aufsichtsratsvorsitzenden wählen (§ 27 Abs. 1, 2 MitbestG) und diesem bei Stimmengleichheit im zweiten Beschlussgang zwei Stimmen zustehen (§§ 29 Abs. 2 Satz 1, 31 Abs. 4 Satz 1 MitbestG). Gleichwohl wird die Mitbestimmung allgemein als hinderlich empfunden.[852] Neben der aus der gesetzlich zwingend vorgegebenen Größe resultierenden Verzögerung der Entscheidungsfindung in mitbestimmten Aufsichtsgremien wird auch auf eine abschreckende Wirkung im Hinblick auf die Investitionsbereitschaft von Eigenkapitalgebern[853] sowie die Gefahr des Informationsabflusses an Konkurrenten[854] hingewiesen. Auch die Zusammensetzung des Vorstands wird

---

847 *K.Schmidt*, in: FS Priester, 691, 698.

848 *Emmerich*, in: Emmerich/Habersack § 17 AktG Rn. 47.

849 *Hoppe/Fuhlrott*, ArbRAktuell, 2011, 235, 235.

850 §§ 1 Abs. 1 DrittelbG, 1 Abs. 1 MitbestG; siehe zur vorrangingen Anwendung des MontanMitbestG und des MontanMitbestErgG auf Unternehmen der Montanindustrie §§ 1 Abs. 2 DrittelbG, 1 Abs. 2 MitbestG.

851 *Oetker*, in: Erfurter Kommentar § 7 MitbestG Rn. 1.

852 *Austmann*, in: Münchener Hdb AG § 85 Rn. 46; *Baums*, NJW-Spezial 2009, 410, 410.

853 Siehe zusammenfassend etwa die Stellungnahme des Instituts der Deutschen Wirtschaft Köln für die Öffentliche Anhörung im Ausschuss für Arbeit und Soziales des Deutschen Bundestages am 9.05.2011 unter 1.1, abrufbar unter http://www.iwkoeln.de/de/studien/gutachten/beitrag/63382; *Baums*, NJW-Spezial 2009, 410, 410.

854 *Rieble*, BB 2006, 2018, 2018.

mitbestimmungsrechtlich in der Form beeinflusst, dass dem Organ zwingend ein Arbeitsdirektor angehören muss (§ 33 Abs. 1 Satz 1 MitbestG).[855]

### a) SEBG und MgVG

Es verwundert vor diesem Hintergrund nicht, dass die Vermeidung der unternehmerischen Mitbestimmung regelmäßig Gegenstand der rechtswissenschaftlichen und - immer wieder auch der rechtspolitischen - Diskussion ist.[856] Im Mittelpunkt der jüngeren Diskussion stehen die Gestaltungsmöglichkeiten, die das europäische Sekundärrecht, bzw. die dazu ergangenen innerstaatlichen Regelungen, in Form des Gesetzes über die Beteiligung der Arbeitnehmer in einer Europäischen Gesellschaft (**SEBG**)[857] und des Gesetzes über die Mitbestimmung der Arbeitnehmer bei einer grenzüberschreitenden Verschmelzung (**MgVG**)[858] eröffnen.[859]

Beide Regelwerke lassen sich in ihren Grundzügen wie folgt darstellen.[860] Während die Anwendung des SEBG die Errichtung einer Europäischen Ge-

---

855 Die tatsächliche Mitwirkung eines Arbeitnehmervertreters im Vertretungsorgan der Gesellschaft ist freilich nur für Gesellschaften zwingend, die der Montanmitbestimmung unterliegen. Dies ergibt sich aus dem Umstand, dass der Arbeitsdirektor in montanmitbestimmten Unternehmen gegen den Willen der Arbeitnehmervertreter im Aufsichtsorgan weder bestellt noch abgerufen werden kann (sog. Arbeitnehmer-Veto, vgl. § 13 Abs. 1 Satz 2, 3 MontanMitbestG). Da ein Arbeitnehmer-Veto im MitbestG nicht vorgesehen ist und der Arbeitsdirektor ohnehin nicht zwingend ein Arbeitnehmervertreter sein muss, haben Arbeitnehmer und Gewerkschaften auf seine Bestellung lediglich faktischen Einfluss, vgl. *Henssler*, in: FS Säcker, 365, 366. Insbesondere kann der Aufsichtsrat gegen den Willen der Arbeitnehmervertreter grundsätzlich auch ein bereits amtierendes Vorstandsmitglied mit den Aufgaben des Arbeitsdirektors betrauen, vgl. *Oetker*, in: Erfurter Kommentar § 33 MitbestG Rn. 2 f

856 Zur rechtpolitischen Dimension, siehe etwa zuletzt den Entwurf des Arbeitskreis "Unternehmerische Mitbestimmung" zu einer Regelung zur Mitbestimmungsvereinbarung sowie zur Größe des mitbestimmten Aufsichtsrats, abgedruckt in ZIP 2009, 885, dazu *Teichmann*, ZIP 2009, 1787 und *Hommelhoff*, ZGR 2010, 48; ferner, mit weiteren Nachweisen zum Diskussionsstand, *Altmeppen/Ego*, in: MüKo AktG, Europäische Niederlassungsfreiheit, Rn. 590 ff.

857 Art. 2 des Gesetzes zur Einführung der Europäischen Gesellschaft (SEEG), BGBl. I 2004, 3675.

858 Art. 1 des Gesetzes zur Umsetzung der Regelungen über die Mitbestimmung der Arbeitnehmer bei einer Verschmelzung von Kapitalgesellschaften aus verschiedenen Mitgliedstaaten, BGBl. I 2006, 3332.

859 Dazu zuletzt etwa die Beiträge von *Bauckhage-Hoffer/Rupietta*, EWS 2012, 417; *Ege/Grzimek/Schwarzfischer*, DB 2011, 1205; *Nikoleyczik/Führ*, DStR 2010, 1743; *Forst*, Der Konzern 2010, 151; *Müller-Bonani/Müntefering*, BB 2009, 1699; *dies.*, NJW 2009, 2347; *Götze/Winzer/Arnold*, ZIP 2009, 245; *Lunk/Hinrichs*, NZA 2007, 773; *Drinhausen/Keinath*, RIW 2006, 81; zu weiteren „traditionellen" Vermeidungsstrategien *Rieble*, BB 2006, 2018, 2019; *Götze/Winzer/Arnold*, ZIP 2009, 245, 245 ff.

860 Eine ausführliche Darstellung findet sich etwa bei *Habersack*, ZHR 171 (2007), 613; grundlegend zur Arbeitnehmerbeteiligung nach dem SEBG *Forst*.

sellschaft (**SE**) voraussetzt (siehe dazu Art. 2 SE-VO)[861], kommt das MgVG zur Anwendung, wenn eine ausländische Gesellschaft auf eine deutsche Gesellschaft grenzüberschreitend verschmolzen wird (§ 3 Abs. 1 Satz 1 MgVG).[862] Konzeptionell richtet sich das in der neuen Gesellschaft zu etablierende Mitbestimmungsstatut nach beiden Gesetzen vorrangig nach einer Vereinbarung zwischen einem besonderen Verhandlungsgremium der Arbeitnehmerseite und den Leitungen der beteiligten Gesellschaften (§§ 1 Abs. 2 Satz 2 SEBG 1 Abs. 2 Satz 2 MgVG).[863] In mitbestimmungsrechtlicher Hinsicht bedarf es deshalb seit Geltung des MgVG zur Herbeiführung der Verhandlungsmöglichkeit nicht mehr der Errichtung einer SE.[864] Kommt es nicht zu einer Vereinbarung greift grundsätzlich die spezialgesetzliche Auffangregelung (§§ 34 ff. SEBG, 23 ff. MgVG). Diese folgt dem sog. Vorher-Nachher-Prinzip, wonach im Ergebnis das strengste vor der Eintragung der neuen Gesellschaft in den Organen der beteiligten Gesellschaften bestehende Mitbestimmungsstatut in der Zielgesellschaft implementiert wird (§§ 35 Abs. 2 Satz 2 SEBG, 24 Abs. 1 Satz 2 MgVG).[865]

Während die Verhandlungslösung primär dazu genutzt werden kann, bei arbeitnehmerstarken Gesellschaften eine Verkleinerung des (gleichwohl weiterhin) paritätisch besetzten Aufsichtsrats zu ermöglichen,[866] bieten sowohl das SEBG (§ 47 Abs. 1 Nr. 1 SEBG) als auch das MgVG vor allem wachsenden Unternehmen grundsätzlich die Möglichkeit, das gefundene Mitbestimmungsniveau „einzufrieren" und so zu verhindern, bei zukünftiger Überschreitung mitbestimmungsrechtlicher Schwellenwerte in den Anwendungsbereich des

---

861 In Betracht kommt eine SE-Gründung, sofern die Rechtsordnungen mindestens zweier EU- bzw. EWR-Mitgliedstaaten berührt sind, durch Verschmelzung (Art. 2 Abs. 1 SE-VO), Errichtung einer Holding- (Art. 2 Abs. 2 SE-VO) oder Tochter-SE (Art. 2 Abs. 3 SE-VO) sowie im Wege einer formwechselnden Umwandlung (Art. 2 Abs. 4 SE-VO), vgl. *Drinhausen*, in: Semler/Stengel Einleitung C Rn. 51 f.; hinzu kommt die Ausgründungsmöglichkeit für bestehende SE nach Art. 3 Abs. 2 SE-VO, vgl. dazu *Oechsler*, in: MüKo AktG Art. 3 SE-VO Rn. 4 ff.

862 *Müller-Bonani/Müntefering*, NJW 2009, 2347, 2348.

863 Ausführlich zum Verfahren der Arbeitnehmerbeteiligung nach dem SEBG etwa *Grobys*, NZA 2005, 84, 86 ff. und nach dem MgVG etwa *Lunk/Hinrichs*, NZA 2007, 773, 775 ff.; *Schubert*, RdA 2007, 9, 13 f.

864 So auch *Baums*, NJW-Spezial 2009, 410, 410; bereits im Vorfeld *Austmann*, in: Münchener Hdb AG § 82 Rn. 4; zu weiteren Motiven für die Gründung einer SE *Marsch-Barner*, in: Marsch-Barner/Schäfer § 3 Rn. 31 ff. und *Eidenmüller/Engert/Hornuf*, AG 2009, 845.

865 *Ege/Grzimek/Schwarzfischer*, DB 2011, 1205, 1206 f.; *Jacobs*, in: MüKo AktG § 1 SEBG Rn. 5; *Bauckhage-Hoffer/Rupietta*, EWS 2012, 417, 420 f.

866 *Gutkès*, in: Sagasser/Bula/Brünger § 13 Rn. 354; zur Größe des mitbestimmten Aufsichtsrats einer kraft Beteiligungsvereinbarung mitbestimmten SE *Forst*, AG 2010, 350; zur Vermeidung einer Vergrößerung des Aufsichtsrats in Folge einer Unternehmensübernahme wandelte sich die Fresenius AG im Vorfeld der Übernahme der Helios Kliniken GmbH in eine SE um, vgl. *Marsch-Barner*, in: Marsch-Barner/Schäfer § 3 Rn. 52 Fn. 6.

DrittelbG oder des MitbestG zu fallen.[867] Ein bedeutender Vorteil des MgVG gegenüber dem SEBG ist, dass sich die Geschäftsleitungen der an der grenzüberschreitenden Verschmelzung beteiligten Gesellschaften ohne vorhergehende Verhandlungen direkt und einseitig für die Anwendung der ges. Auffangregelung entscheiden können (§ 23 Abs. 1 Satz 1 Nr. 3 MgVG).[868] Damit soll den beteiligten Gesellschaften die Möglichkeit gegeben werden, das Verschmelzungsverfahren zügig und ohne langwierige Verhandlungen durchzuführen.[869] Jüngst machte von dieser Möglichkeit etwa die Fresenius SE bei ihrem Formwechsel in die Fresenius SE & Co. KGaA Gebrauch. Im Zusammenhang mit dem Rechtsformwechsel wurde die grenzüberschreitende Verschmelzung einer einhundertprozentigen niederländischen Tochtergesellschaft durchgeführt, die selbst über keinen Geschäftsbetrieb mehr verfügte. Auf diesem Weg war es den Geschäftsleitungen möglich unter Geltung des MgVG einseitig das in der Fresenius SE einst - im Vorfeld der Übernahme der Helios Kliniken - im Wege der Verhandlungslösung gefundene Mitbestimmungsniveau (namentlich einen zwölfköpfigen paritätisch besetzten Aufsichtsrat) auch in der Fresenius SE & Co. KGaA zu etablieren. Andernfalls hätte nämlich in der KGaA nach Maßgabe des MitbestG ein zwanzigköpfiger Aufsichtsrat gebildet werden müssen (§ 7 Abs. 1 Nr. 3 MitbestG).[870]

Freilich gilt es zu bedenken, dass ein Einfrieren der Mitbestimmung stets auch ein Absinken des Mitbestimmungsniveaus verhindert. Ist Gegenstand einer Mitbestimmungsvereinbarung beispielsweise die paritätische Besetzung eines zwölfköpfigen Aufsichtsrats, führt ein Absinken der Belegschaft unter den Schwellenwert von 2000 Arbeitnehmern (§ 7 Abs. 1 MitbestG) nicht etwa zur

---

867 Für das SEBG *Ege/Grzimek/Schwarzfischer,* DB 2011, 1205, 1206, 1212; Götze/Winzer/Arnold, ZIP 2009, 245, 251 f.; *Marsch-Barner,* in Marsch-Barner/Schäfer § 3 Rn. 52; *Rieble,* BB 2006, 2018, 2021; *Henssler,* RdA 2005, 330, 333; *Rehberg,* ZGR 2005, 859, 873; obwohl das MgVG keine § 47 Abs. 1 Satz 1 SE-VO entsprechende Vorschrift enthält, ist die Fortgeltung der bei Anwendung des MgVG ermittelten Mitbestimmungsregelung allgemein anerkannt, vgl. etwa *Bauckhage-Hoffer/Rupietta,* EWS 2012, 417, 421; *Götze/Winzer/Arnold,* ZIP 2009, 245, 253; *Brandes,* ZIP 2008, 2193, 2195 f. Nicht abschließend geklärt ist allerdings die Frage, ob auch eine grenzüberschreitende Verschmelzung zweier bislang nicht der Mitbestimmung unterliegender Gesellschaften, entsprechend der Rechtslage bei der SE, die Mitbestimmung ex nunc ausschließen kann. Dies ist zweifelhaft, weil § 23 Abs. 1 Satz 2 MgVG verlangt, dass zumindest eine der Gründungsgesellschaften mitbestimmt ist, vgl. *Götze/Winzer/Arnold,* ZIP 2009, 245, 253 Fn. 94.

868 *Bauckhage-Hoffer/Rupietta,* EWS 2012, 417, 419 Fn. 31; *Gutkès,* in: Sagasser/Bula/Brünger § 13 Rn. 354.

869 *Drinhausen/Keinath,* RIW 2006, 81, 85; *Jacobs,* in: MüKo AktG, Vorbemerkung zum SEBG Rn. 45.

870 Siehe dazu auch die Erläuterungen im Umwandlungsbericht der Fresenius SE aus 03/2010, 43 ff.

Durchführung eines Statusverfahrens (§§ 97 ff. AktG) und Neubesetzung des Aufsichtsrats.[871]

### b) KGaA

Der Bedarf eines Unternehmens, den Einfluss der Belegschaft auf unternehmenspolitische Entscheidungen zu reduzieren, kann durch den Einsatz der Rechtsform der KGaA effektiv befriedigt werden. Zwar verhilft die KGaA nicht zur Mitbestimmungsfreiheit. Denn sie gehört zu den grundsätzlichen mitbestimmungsfähigen Rechtsformen (§§ 1 Abs. 1 Nr. 2 DrittelbG, 1 Abs. 1 Nr. 1 MitbestG).[872] Aus der gesetzlichen Organverfassung der KGaA folgt jedoch, dass eine Beteiligung ihrer Arbeitnehmer an unternehmenspolitischen Entscheidungen, die der Mitwirkung des Aufsichtsrats nach dem gesetzlichen Regelfall nicht zugänglich sind,[873] gar nicht stattfindet. Entsprechend der gesellschaftsrechtlichen Konzeption sehen die mitbestimmungsrechtlichen Vorschriften denn auch Ausnahmen für die KGaA im Hinblick auf die Mitwirkung des Aufsichtsrats bei der Bestellung der Mitglieder des Vertretungsorgans der Gesellschaft und der Bestellung eines Arbeitsdirektors vor (§§ 31 Abs. 1 Satz 2, 33 Abs. 1 Satz 2 MitbestG).[874] Aus diesem Grund wird die KGaA typischerweise nicht nur als Instrument zur Kontrollerhaltung bei der Eigenkapitalfinanzierug verstanden, sondern auch als zur Umgehung der unternehmerischen Mitbestimmung geeignet angesehen.[875] Begünstigend kommt hinzu, dass bei kapitalistischer Ausgestaltung der Gesellschaft auch die Komplementärin grundsätzlich - wenn und weil sie keine oder nur wenige Arbeitnehmer beschäftigt - nicht der Mitbestimmung unterliegt.[876]

Die Ausklammerung jeglichen aktiven Einflusses des mitbestimmten Aufsichtsrats der KGaA auf die Geschäftsleitung der Gesellschaft[877] wird indessen für die kapitalistische KGaA in Zweifel gezogen. Die Privilegierung der Rechtsform sei nur insofern gerechtfertigt, als ihr die Vorstellung eines per-

---

871 *Marsch-Barner*, in: Marsch-Barner/Schäfer § 3 Rn. 53; *Wollburg/Banerjea*, ZIP 2005, 277, 282 f.

872 Von den Regelungen der Monanmitbestimmung ist die KGaA indessen ausgenommen, *Perlitt*, in: MüKo AktG Vor § 278 Rn. 65; *Herfs*, in: Münchener Hdb AG § 78 Rn. 59.

873 Siehe oben unter D. II. 2. c) bb).

874 *Kallmeyer*, ZGR 1983, 57, 63 und *Hanau/Wackerbarth*, in: FS Lutter, 425, 444.

875 *Hennerkes/May*, DB 1988, 537, 539 f.; *Hennerkes/Lorz*, DB 1997, 1388, 1389; *Haase*, GmbHR 1997, 917, 919; *Geck*, NZG 1998, 586, 587; *Jaques*, NZG 2000, 401, 403; *Hanau/Wackerbarth*, in: FS Lutter, 425, 443; *Herfs*, in: Münchener Hdb AG § 75 Rn. 6; *Liebscher*, in: Sudhoff § 3 Rn. 41; *Schlitt*, 15; *Schlitt/Winzen*, CFL 2012, 261, 269.

876 *Schlitt*, 15, 164.

877 *Bayreuther*, JuS 1999, 651, 655 spricht von einer weitgehend mitbestimmungsfreien Kapitalgesellschaft.

sönlich und unbegrenzt haftenden Komplementärs zu Grunde liege.[878] Sobald aber die personalistische Struktur der KGaA durch Ausnutzung gesellschaftsrechtlicher Gestaltungsspielräume verloren ginge, sei - ähnlich wie bei der Kapitalgesellschaft & Co. KG (§ 4 MitbestG) - eine Korrektur der Rechtslage angezeigt.[879] In der Literatur finden sich unterschiedliche Begründungsansätze, die zu einer abweichenden Mitbestimmungslage, entweder in der kapitalistischen KGaA selbst oder auf Ebene der Komplementärin, gelangen.[880]

### aa) Teleologische Reduktion der §§ 31 Abs. 1 Satz 2, 33 Abs. 1 Satz 2 MitbestG

Eine ältere Ansicht im Schrifttum will die mitbestimmungsrechtlichen Ausnahmen im Hinblick auf die Bestellung des Vertretungsorgans (§ 31 Abs. 1 Satz 2 MitbestG) und die Bestellung eines Arbeitsdirektors (33 Abs. 1 Satz 2 MitbestG) für die kapitalistische KGaA teleologisch reduzieren und so zu einer unmittelbaren Personalkompetenz des Aufsichtsrats gegenüber den Geschäftsleitern der Komplementärgesellschaft gelangen.[881]

### bb) Analoge Anwendung des § 4 Abs. 1 MitbestG

Andere wiederrum wollen die kapitalistische KGaA wie die Kapitalgesellschaft & Co. KG behandeln und § 4 Abs. 1 Satz 1 MitbestG analog anwenden. Danach gelten die Arbeitnehmer einer KG als Arbeitnehmer der Komplementärin, wenn diese eine Kapitalgesellschaft ist und die Mehrheit der Kommanditisten zugleich die Mehrheit ihrer Anteile hält. Ausweislich der Gesetzesbegründung soll bei einer solchen „Unternehmenseinheit" zwischen KG und Komplementärgesellschaft eine Zurechnung stattfinden, weil andernfalls allein der Einsatz einer Kapitalgesellschaft als Komplementärin zur Mitbestimmungsfreiheit führen würde.[882] Dieser Gedanke sei auf die kapitalistische KGaA zu übertragen. Bei Überschreiten des Schwellenwerts von 2000 Arbeitnehmern (§ 1 Abs. 1 Nr. 2 MitbestG) sei die Mitbestimmung auf Ebene eines Aufsichtsrats der Komplementärin einzurichten und den Ar-

---

878 *Steindorff*, in: FS Ballerstedt, 123 ff.; *Raiser/Veil* § 31 Rn. 43; *Wlotzke/Wißmann/Koberski/Kleinsorge* § 31 Rn. 50; auch *Herfs*, in: Münchener Hdb AG § 78 Rn. 63.

879 *Reuter/Körnig*, ZHR 140 (1976), 494, 517 f.; *Binz/Sorg*, BB 1988, 2041, 2050; *Kallmeyer*, DStR 1994, 977, 981; *Bayreuther*, JuS 1999, 651, 656 ("in keiner Weise rechtfertigbar"); *Wlotzke/Wißmann/Koberski/Kleinsorge* § 31 Rn. 50 f.; *Raiser/Veil* § 31 Rn. 45; *Gach*, in: MüKo AktG § 31 MitbestG Rn. 30.

880 Siehe den Überblick zum Meinungsstand bei *Assmann/Sethe*, in: Großkommentar AktG Vor § 287 Rn. 9 ff.

881 *Steindorff*, in: FS Ballerstedt, 127, 139.

882 Siehe die Regierungsbegründung, BT-Drucks. 7/2172, 20; *Reich/Lewerenz*, AuR 1976, 261, 267; *Gach*, in: MüKo AktG § 4 MitbestG Rn. 2.

beitnehmervertreter auf diesem Wege Einfluss auf die Auswahl der Geschäftsleiter der Komplementärin einzuräumen.[883]

### cc) Analoge Anwendung des § 5 Abs. 1 MitbestG

Wieder andere wollen den Konzerntatbestand des § 5 Abs. 1 Satz 1 MitbestG mit dem Argument heranziehen, die Komplementärgesellschaft beherrsche die KGaA, weshalb ihr deren Arbeitnehmer für Zwecke der Mitbestimmung zuzurechnen seien.[884]

### dd) Die Ansicht des BGH

Die Gegenansicht, die eine über die oben beschriebene gesetzliche Ausgangslage hinausgehende Mitbestimmung in der kapitalistischen KGaA ablehnt, beruft sich primär auf folgende Aussage des BGH in der Entscheidung BGHZ 134, 392: „Das Mitbestimmungsgesetz entfaltet bei der KGaA im Ergebnis nur eine geringere Wirkung, da dessen bedeutsamsten Regelungen, nämlich die Kompetenz des mitbestimmten Aufsichtsrats zur Bestellung und Abberufung der Geschäftsleitung sowie die Verpflichtung zur Benennung eines Arbeitsdirektors gemäß §§ 31 Abs. 1 Satz 2 und 33 Abs. 1 Satz 2 MitbestG bei der KGaA keine Anwendung finden. Es kann dahinstehen, welche Gründe den Gesetzgeber zur Einräumung dieser Begünstigung der KGaA erwogen haben. Denn jedenfalls hat er zeitlich nach dem Erlass des Mitbestimmungsgesetzes durch §§ 9 Nr. 2 b, 12 Abs. 3 Nr. 2 b GewStG sowie durch die Ausgestaltung des UmwG zu erkennen gegeben, dass ihm die Existenz von KGaA mit einer GmbH als Komplementärin bekannt ist, ohne dass er sich deshalb zu Änderungen des Mitbestimmungsgesetzes veranlasst gesehen hat. Es kann nicht Aufgabe der Gerichte sein, den auf politischem Wege gefundenen Mitbestimmungskompromiss durch eine - wie auch immer geartete - Rechtsfortbildung zu korrigieren. Es ist allein Sache des Gesetzgebers, das Mitbestimmungsgesetz den neuen Gegebenheiten anzupassen, wenn er der Ansicht sein sollte, die KGaA ohne natürliche Person als persönlich haftende Gesellschafterin müsse der Mitbestimmung unterworfen werden.".[885] Diese Aussage wird von den Gegnern einer modifizierten Mitbestimmungslage in der kapitalistischen KGaA so verstanden, dass das Gericht eine analoge Anwendung der §§ 4

---

883 *Raiser/Veil*, Mitbestimmung, § 4 MitbestG Rn. 5a; *Oetker*, in: Erfurter Kommentar § 4 MitbestG Rn. 1; *ders.*, ZGR 2000, 19, 40; *Ulmer/Habersack*, in: Ulmer/Habersack/Henssler § 1 Rn. 40; *Priester*, ZHR 160 (1996), 250, 262; *Joost*, ZGR 1998, 334, 344 ff.; *Ullrich*, 87 ff.; *Fischer*, 135 ff.; *Arnold*, 114 ff.; *Binz/Sorg*, BB 1988, 2041, 2050; *dies.*, DB 1997, 313, 315 f.; *Knur*, in: FS Flume Band II, 173, 190; *Rehbinder*, ZGR 1979, 471, 480.

884 *K.Schmidt*, in: FS Priester, 691, 710; *W.Bayer*, ZGR 1977, 173, 193; *Binz/Sorg* DB 1997, 313, 315 f.; *Ulmer/Habersack*, in: Ulmer/Habersack/Henssler § 1 Rn. 40 a.

885 BGHZ 134, 392, 400 = ZIP 1997, 1027.

und/oder 5 MitbestG auf der Basis der zur Zeit der Entscheidung (und heute unverändert) geltenden Rechtslage nicht für angebracht hielt.[886]

### ee) Keine modifizierte Mitbestimmung in der kapitalistischen KGaA

Unabhängig von der Deutung der Aussage des BGH und ungeachtet des Umstandes, dass selbst bei analoger Anwendung die praktische Bedeutung wegen der engen Tatbestandsvoraussetzungen des § 4 Abs. 1 MitbestG - die Mehrheit der Kommanditisten hält zugleich die Mehrheit der Anteile der Komplementärkapitalgesellschaft - wohl gering bliebe,[887] ist eine modifizierte Mitbestimmungslage in der kapitalistischen KGaA insgesamt abzulehnen.[888] Zunächst bestehen schon rechtstechnische Bedenken gegen eine analoge Anwendung mitbestimmungsrechtlicher Vorschriften.[889] Die Einbeziehung der Kapitalgesellschaft & Co. KG in den Anwendungsbereich des MitbestG stellt eine Ausnahmevorschrift dar. Nach allgemeinen methodischen Grundsätzen ließe sich allein deshalb die Analogiefähigkeit der §§ 4, 5 MitbestG pauschal verneinen.[890] Ferner kann dem Argument, der Gesetzgeber habe die KGaA nur mit Blick auf die persönliche und unbeschränkte Haftung des Komplementärs privilegiert, durchaus entgegen gehalten werden, dass die (wenn auch im Hinblick auf die Zulässigkeit umstrittene) Existenz der kapitalistischen KGaA auch dem Gesetzgeber des MitbestG 1976 schon bekannt gewesen sein dürfte.[891] Schließlich hatte schon im Jahre 1968 mit dem OLG Hamburg ein Obergericht die Frage nach der Zulässigkeit einer solchermaßen ausgestalteten KGaA aufgeworfen.[892]

Wollte man die Analogiefähigkeit der §§ 4, 5 MitbestG gleichwohl bejahen, wäre Voraussetzung für ihre entsprechende Anwendung eine planwidrige

---

886 So etwa *Hennerkes/Lorz*, DB 1997, 1388, 1392; *Schaumburg/Schulte* Rn. 83; *Herfs*, in: Münchener Hdb AG § 78 Rn. 63 f.; *Schlitt*, 164; *Assmann/Sethe*, in: Großkommentar AktG Vor § 287 Rn. 15; *Hecht*, in: Schütz/Bürgers/Riotte § 5 Rn. 528 ff.; *Mertens/Cahn*, in: Kölner Kommentar AktG Vor § 278 Rn. 19; *Hoffmann-Becking/Herfs*, in: FS Sigle, 273, 279; *Lutter/Krieger* § 18 Rn. 1308; *Seibt*, in: Henssler/Willemsen/Kalb § 4 MitbestG Rn. 2; *Schlitt/Winzen*, CFL 2012, 261, 269.

887 *Bachmann*, in: Spindler/Stilz § 278 Rn. 86; auch *Arnold*, 114 ff.

888 So auch *Hoffmann-Becking/Herfs*, in: FS Sigle, 273, 278 f.

889 *Perlitt*, in: MüKo AktG § 278 Rn. 304; *Bachmann*, in: Spindler/Stilz § 278 Rn. 85; grundlegende Zweifel hinsichtlich Analogie und extensiver Auslegung im Anwendungsbereich des MitbestG auch bei *Krause*, in: Liber amicorum Martin Winter, 351, 357.

890 *Perlitt*, in: MüKo AktG § 278 Rn. 304; wohl auch *Seibt*, in: Henssler/Willemsen/Kalb § 4 MitbestG Rn. 2.

891 *Wichert*, in: Heidel § 5 MitbestG Rn. 14.

892 OLG Hamburg, NJW 1969, 1030; zwar behandelt die Entscheidung des OLG Hamburg die Aufnahme einer GmbH & Co. KG als weitere persönlich haftende Gesellschafterin neben natürlichen Personen in eine KGaA. Die Entscheidung stellt jedoch darauf nicht ab; sie wirft vielmehr die grundsätzliche Frage auf, ob eine juristische Person persönlich haftende Gesellschafterin einer KGaA sein kann, vgl. so auch BGHZ 134, 392 Tz. 4 = ZIP 1997, 1027.

Regelungslücke im Hinblick auf die kapitalistische KGaA.[893] Zwar ist die KGaA nicht direkt von den §§ 4, 5 MitbestG erfasst. Darin ist aber angesichts der grundsätzlichen Anwendbarkeit des MitbestG auf die KGaA (§ 1 Abs. 1 Nr. 1 MitbestG) jedenfalls keine planwidrige gesetzliche Lücke zu sehen. Insofern ist *Lutter* darin zuzustimmen, dass das MitbestG in seinen §§ 1 Abs. 1, 4, 5 MitbestG nicht planwidrig unvollständig ist, sondern vielmehr die grundsätzliche Wahlfreiheit im Hinblick auf die Unternehmensform planmäßig durch punktuelle Regelungen beeinträchtigt.[894] Dass der Gesetzgeber dieses System trotz der Anerkennung der kapitalistischen KGaA in § 279 Abs. 2 AktG unverändert gelassen hat,[895] spricht dafür, dass das MitbestG nach wie vor keineswegs planwidrig unvollständig - und eine Analogie damit nicht möglich - ist.[896]

Zudem bestehen im Hinblick auf die Rechtsfolgen der Einrichtung eines Aufsichtsrates auf Ebene der Komplementärgesellschaft konzeptionelle Bedenken. Die KG verfügt nicht über einen der Mitbestimmung zugänglichen Aufsichtsrat. Hier soll die unternehmerische Mitbestimmung der Arbeitnehmer über die §§ 4, 5 MitbestG gleichwohl dort begründet werden, wo die unternehmerische Leitung der Gesellschaft - entgegen der eingangs erwähnten Prämisse - nicht mit einer persönlichen unbeschränkten Haftung verbunden ist. Die KGaA dagegen verfügt von Gesetzes wegen über einen Aufsichtsrat. Einen weiteren Aufsichtsrat auf Ebene der Komplementärgesellschaft zu etablieren, würde nicht nur in die gesetzlich vorgegebene gesellschaftsrechtliche Konzeption der KGaA eingreifen. Hierauf hat der Gesetzgeber des MitbestG ausweislich der Regelungen der §§ 31 Abs. 1 Satz 2, 33 Abs. 1 Satz 2 MitbestG verzichtet.[897] Das MitbestG sollte ausweislich der Gesetzesbegründung die Mitbestimmung auf der Grundlage des geltenden Gesellschaftsrechts unter dessen weitgehender Beibehaltung etablieren.[898] Ein mitbestimmter Aufsichtsrat auf Ebene der Komplementärgesellschaft würde zudem den Arbeitnehmervertretern mehr Einfluss auf die Geschäftsleitung geben als er den Kommanditaktionären zusteht.[899]

---

893 *Lutter*, ZGR 1977, 195, 200; allgemein zur Ausfüllung von Gesetzeslücken, *Larenz*, 370 ff.

894 *Lutter*, ZGR 1977, 195, 201.

895 Er hat dies weder im Handelsrechtreformgesetz 1998, durch das § 279 Abs. 2 AktG eingeführt wurde, noch in dem Betriebsverfassungsreformgesetz vom 23.7.2001 oder dem Vereinfachungsgesetz vom 23.03.2002, die beide auch mitbestimmungsrechtliche Fragen betrafen, getan, vgl. *Wichert*, in: Heidel § 4 MitbestG Rn. 13.

896 *Lutter*, ZGR 1977, 195, 201; *Wichert*, in: Heidel § 4 MitbestG Rn. 12.

897 *Hoffmann-Becking/Herfs*, in: FS Sigle, 273, 278 f.

898 BT-Drucks. 7/2172, 17; *Joost*, ZGR 1998, 335, 340; *Hoffmann-Becking/Herfs*, in: FS Sigle, 273, 278 f.

899 *Bayreuther*, JuS 1999, 651, 656; *Assmann/Sethe*, in: Großkommentar AktG Vor § 287 Rn. 15; *Perlitt*, in: MüKo AktG § 278 Rn. 304; vgl. auch zu konzeptionellen Bedenken *K.Schmidt*, in: FS Priester, 691, 709 f.

Weitere Bedenken hinsichtlich einer modifizierten Mitbestimmungslage in der kapitalistischen KGaA sind der Rechtsprechung des BVerfG zu entnehmen. Das Gericht verlangt für eine mit Art. 14 Abs. 1 Satz 2 GG vereinbare Begrenzung des Anteilseigentums durch das MitbestG die Beachtung der Besonderheiten des Anteilseigentums bei den erfassten Gesellschaftsformen.[900] Ein Verstoß gegen Art. 14 Abs. 1 Satz 2 GG liegt nach Ansicht des Gerichts jedenfalls dann vor, wenn die Anteilseigner auf Grund der Mitbestimmung die Kontrolle über die Führungsauswahl im Unternehmen verlieren.[901] Die gesellschaftsrechtliche Kompetenzordnung in der KGaA würde durch die Einrichtung eines Aufsichtsrats auf Ebene der Komplementärgesellschaft indessen auf mitbestimmungsrechtlichem Wege vollends verdrängt. Selbst wenn eine solche Einschränkung auf Grundlage der Entscheidung des BVerfG zwar grundsätzlich zulässig sein sollte, bedarf sie jedenfalls einer Legitimation durch den Gesetzgeber.[902]

Ähnliches gilt für eine teleologische Reduktion der §§ 31, 33 MitbestG. Eine solche steht ebenfalls im Widerspruch zur gesellschaftsrechtlichen Struktur der KGaA. Eine Bestellung des geschäftsführenden und vertretungsbefugten Organs durch den Aufsichtsrat ist mit dem Grundsatz der Selbstorganschaft nicht vereinbar.[903]

Was die Anwendbarkeit des § 5 MitbestG auf die kapitalistische KGaA betrifft, so scheidet diese - die grundsätzliche Anwendbarkeit der §§ 4, 5 MitbestG entgegen der hier vertretenen Ansicht unterstellt -[904] bei konsequenter Übertragung der mitbestimmungsrechtlichen Konzeption aus Spezialitätsgründen aus.[905] Im Hinblick auf die Kapitalgesellschaft & Co. KG enthält § 4 MitbestG mit dem Erfordernis der Mehrheitsidentität die im Vergleich zu § 5 MitbestG - der auf ein Beherrschungsverhältnis abstellt - engeren Voraussetzungen.[906] Wäre die Konzernvorschrift des § 5 MitbestG anwendbar, würde der wesentliche Anknüpfungspunkt des § 4 MitbestG, nämlich die Mehrheitsidentität, unterlaufen.[907] Die Vorschrift wäre praktisch überflüssig.[908] Selbst die Anwendung des § 5 MitbestG würde aber nicht zu einer Mitbestimmung auf

900 BverfG, Urteil vom 01.03.1979 - 1 BvR 532/77, 1 BvR 533/77, 1 BvR 419/78, 1 BvL 21/78 Tz. 133, 140 (juris) = BverfGE 50, 290 = WM 1979, 389.

901 BverfG, Urteil vom 01.03.1979 - 1 BvR 532/77, 1 BvR 533/77, 1 BvR 419/78, 1 BvL 21/78 Tz. 144 (juris) = BverfGE 50, 290 = WM 1979, 389.

902 *Wichert*, in: Heidel § 4 MitbestG Rn. 14.

903 *Oetker*, in: Erfurter Kommentar § 30 MitbestG Rn. 3; *ders.*, ZGR 2000, 19, 40; *Joost*, ZGR 1998, 334, 340.

904 *Sigle*, in: FS Peltzer, 539, 554.

905 *Graf*, 205 ff.; *Hennerkes/Lorz*, DB 1997, 1388, 1392; *Joost*, ZGR 1998, 335, 347 mit weiteren Nachweisen; *Hoffmann-Becking/Herfs*, in: FS Sigle, 273, 279; *Perlitt*, in: MüKo AktG § 278 Rn. 306.

906 *Joost*, ZGR 1998, 335, 347.

907 *Perlitt*, in: MüKo AktG § 278 Rn. 306.

908 *Perlitt*, in: MüKo AktG § 278 Rn. 306.

Ebene der Komplementärin einer kapitalistischen KGaA führen. Die Tätigkeit der Komplementärin einer kapitalistischen KGaA erschöpft sich typischerweise in der Wahrnehmung der Komplementärfunktion. Unter diesen Umständen liegt die tatbestandliche Voraussetzung der Beherrschung (im Sinne des § 18 AktG)[909] nicht vor. Im konzernrechtlichen Sinne kann herrschendes Unternehmen (§ 18 AktG) nämlich nur ein Unternehmen sein, das anderweitige wirtschaftliche Interessenbindungen hat.[910] Dies trifft aber auf die Komplementärin ohne eigenen Geschäftsbetrieb und ohne sonstige Beteiligungen nicht zu.[911] Die Verbindungen in der kapitalistischen KGaA begründen - unter diesen Umständen - keine Konzerngefahr.[912]

#### ff) Ergebnis

Im Ergebnis ist *de lege lata* eine modifizierte Mitbestimmungslage in der kapitalistischen KGaA abzulehnen. Insofern ist mit dem BGH davon auszugehen, dass es allein in der Hand des Gesetzgebers liegt, das MitbestG den neuen Gegebenheiten anzupassen, wenn er der Ansicht sein sollte, die KGaA ohne natürliche Person als Komplementärin müsse der Mitbestimmung unterworfen werden.[913]

### 4. Abschließende Bewertung institutioneller Kontrollerhaltungsinstrumente

Als institutionelle Instrumente der Kontrollerhaltung bei der Eigenkapitalfinanzierung wurden im vorangegangenen Teil der Darstellung die Ausgabe von Vorzugsaktien und die Rechtsform der KGaA näher beleuchtet. Beide Instrumente ermöglichen im Grundsatz eine Trennung von Leitungsmacht und Kontrolle und damit die Aufnahme neuer Investoren ohne gleichzeitigen Einflussverlust. Die KGaA wird insofern als funktionales Äquivalent zur Vorzugsaktie angesehen.[914]

Die Betrachtung hat aber gezeigt, dass die KGaA weitere rechtsformbedingte Vorteile gegenüber dem Finanzierungsinstrument Vorzugsaktie bietet. Angesichts der quantitativen Begrenzung der Ausgabe von Vorzugsaktien auf die Hälfte des Grundkapitals, ist sie das flexiblere Finanzierungsinstrument[915] und

---

909 Ein von § 18 AktG abweichender mitbestimmungsrechtlicher Unternehmensbegriff für die Kapitalgesellschaft & Co. KG und die kapitalistische KGaA ist abzulehnen. Ansonsten wäre die Regelung in § 4 MitbestG für die KG überflüssig gewesen, vgl. *Hoffmann-Becking/Herfs*, in: FS Sigle, 273, 279; *Joost*, ZGR 1998, 335, 347.

910 BGHZ 135, 107 = ZIP 1997, 887.

911 *Schlitt*, 164; *Perlitt*, in: MüKo AktG § 278 Rn. 307.

912 *Schlitt*, 164.

913 BGHZ 134, 392, 400 = ZIP 1997, 1027.

914 So etwa *Diezel/Hein*, in: Wieselhuber, 35; *Herfs*, in: Gesellschaftsrecht in der Diskussion 1998, 23, 32; *Priester*, ZHR 160 (1996), 250, 252 f.; *Schlitt/Winzen*, CFL 2012, 261, 268.

915 Zur Verdeutlichung der Eignung der KGaA für Zwecke der Trennung von Kapitalmehrheit und Leitungsmacht sei auf § 8 Nr. 2 Satz 1 der Satzung "Die Liga – Fussball-

anders als eine durch Vorzugsaktien finanzierte AG ermöglicht sie eine Entflechtung von unternehmerischer Kontrolle und Mitbestimmung.

Sowohl Vorzugsaktien als auch der KGaA werden Nachteile auf der Vermarktungsebene nachgesagt. Bei Vorzugsaktien werden Abschläge gegenüber Stammaktien derselben Gesellschaft auf das fehlende Stimmrecht zurückgeführt.[916] Kommanditaktien sollen wegen der - im Vergleich zur AG - geringeren Bekanntheit der KGaA - vor allem bei ausländischen Investoren - ebenfalls nur mit Abschlägen vermarktbar sein.[917] Hinzu kommt, dass beide Finanzierungsinstrumente das betreffende Unternehmen für Investoren aus dem Blickwinkel des Übernahmerechts unattraktiv machen können. Denn weder vermitteln Vorzugsaktien mangels Stimmrecht übernahmerechtliche Kontrolle (§ 29 Abs. 1 WpÜG), noch ist es für einen Bieter unter Kontrollgesichtspunkten sinnvoll, ein großes Aktienpaket an einer komplementärdominierten KGaA zu erwerben.[918] Dies mag auf der einen Seite vorteilhaft sein.[919] Auf der anderen Seite kann eine solche Übernahmeresistenz unter Umständen negative Auswirkungen auf die Kursentwicklung der Aktie haben, da die in der Aktie liegende Übernahmephantasie im Vergleich zu einer Gesellschaft, deren Aktien sich weitgehend im Streubesitz befinden, deutlich geringer sein dürfte.[920]

---

verband e.V. (Ligaverband)" der Deutschen Fußball Liga (DFL) hingewiesen. Danach kann eine Kapitalgesellschaft eine Lizenz für die Lizenzligen und damit die Mitgliedschaft im Ligaverband nur erwerben, wenn ein Verein mehrheitlich an ihr beteiligt ist, der über eine eigene Fußballabteilung verfügt. Eine mehrheitliche Beteiligung des Vereins kann auf zwei Arten erfolgen. Entweder indem der Verein über 50 % der Stimmenanteile in der Hauptversammlung der Kapitalgesellschaft verfügt (§ 8 Nr. 2 Satz 2) oder - wenn die Kapitalgesellschaft in der Rechtsform der KGaA organisiert ist - indem der Verein oder eine von ihm zu 100 % beherrschte Tochtergesellschaft die Stellung des Komplementärs innehat (§ 8 Nr. 2 Satz 3). Im letztgenannten Fall genügt ein Stimmenanteil des Vereins von weniger als 50 %, wenn auf andere Weise sicher gestellt ist, dass er eine vergleichbare Stellung hat, wie ein an der Kapitalgesellschaft mehrheitlich beteiligter Gesellschafter (§ 8 Nr. 2 Satz 4). Dies setzt insbesondere voraus, dass dem Komplementär die kraft Gesetzes eingeräumte Vertretungs- und Geschäftsführungsbefugnis uneingeschränkt zusteht (§ 8 Nr. 2 Satz 5). Ausführlich dazu *Habel/Strieder*, NZG 1998, 929.

916 *Bormann*, in: Spindler/Stilz § 139 Rn. 6; *Bezzenberger*, in: Großkommentar AktG § 139 Rn. 8; *Hüffer* § 139 Rn. 3; *Volhard*, in: MüKo AktG § 139 Rn. 4; *Lutter*, in: FS Mestmäcker, 943, 952; *Spindler*, in: K.Schmidt/Lutter § 139 Rn. 2.

917 *Schlitt*, 30; *Hommelhoff*, in: Ulmer, 9, 12; *Assmann/Sethe*, in: Großkommentar AktG Vor § 278 Rn. 52; *Ladwig/Motte*, DStR 1997, 1539, 1541; *Göckeler*, in: Beck'sches Hdb AG § 21 Rn. 12.

918 Siehe dazu näher *Schlitt/Winzen*, CFL 2012, 261, 268 f.

919 Siehe etwa *Süßmann*, NZG 2011, 1281, 1284; *Schlitt/Winzen*, CFL 2012, 261, 268.

920 Vgl. die ähnlich gelagerte Überlegung zum Europäischen Verhinderungsverbot bei *Schlitt/Ries*, in MüKo AktG § 33a WpÜG Rn. 10 und zu Höchststimmrechten bei *Rieckers*, in: Spindler/Stilz § 134 Rn. 9.

## E. Die Grenzen des Finanzierungsinstruments Vorzugsaktie

Die Vorzugaktie erlangte als Mittel der Eigenkapitalaufnahme in der Vergangenheit einige Bedeutung (zum rechtstatsächlichen Befund sogleich).[921] Die Rechtform der KGaA wurde zwar als Instrument, gerade für den Kapitalmarktauftritt traditioneller Unternehmen mit kleinerem Gesellschafterkreis, proklamiert,[922] blieb in der Rechtswirklichkeit jedoch bislang hinter den Erwartungen zurück.[923] Im Fortgang der Darstellung wird zunächst gezeigt, in welchen Situationen die Ausgabe von Vorzugsaktien an Grenzen stößt und warum ihre Abschaffung, für Unternehmen, die sich in der Vergangenheit einmal für eine Finanzierung mittels Vorzugsaktien entschieden haben, empfehlenswert sein kann.[924] Der rechtstatsächliche Befund verdeutlicht, dass die - anschließend näher zu beleuchtende - Abschaffung von Vorzugsaktien in der Praxis für zahlreiche Unternehmen von Bedeutung sein dürfte.[925]

### I. Motive für die Abschaffung von Vorzugsaktien

Verschiedene Gründe lassen sich für eine Abschaffung von Vorzugsaktien zu Gunsten einer einheitlichen Aktiengattung anführen.

#### 1. Komplexes Verfahren bei Bezugsrechtskapitalerhöhungen

Zunächst ist die Eigenkapitalaufnahme angesichts der Existenz zweier Aktiengattungen deshalb komplex, weil im AktG nicht ausdrücklich geregelt ist, wie bei Einräumung des gesetzlichen Bezugsrechts der Aktionäre der Existenz unterschiedlicher Aktiengattungen Rechnung zu tragen ist.

Im Grundsatz muss bei der Ausgabe neuer Aktien jedem Aktionär auf sein Verlangen ein seinem Anteil am bisherigen Grundkapital entsprechender Teil der neuen Aktien zugeteilt werden (§ 186 Abs. 1 Satz 1 AktG). Nach dem Wortlaut der Norm, der allein auf den Anteil am Grundkapital abstellt, ist das Bezugsrecht auf sämtliche neue Aktien unabhängig von deren Gattung einzuräumen (sog. Mischbezugsrecht).[926] Dies ist zwar unstreitig, wenn nur junge

---

921 *Blättchen*, DStR 1997, 1547, 1549; *Siebel*, ZHR 161 (1997), 628, 631; siehe auch *Binz/Sorg*, BB 1987, 1996, 1997 und *Herzig/Ebeling*, AG 1989, 221; rückblickend *Butzke*, in: Marsch-Barner/Schäfer § 6 Rn. 22.

922 So etwa *Haase*, GmbHR 1997, 917, 920; *Lorz*, in: Gesellschaftsrecht in der Diskussion 1998, 57, 74; *Ihrig/Schlitt*, in: Ulmer, 33, 38; *W.U.Schilling*, BB 1998, 1905, 1909; *Dieterlen/Haun*, Going Public 1999, 64, 67; *Jaques*, NZG 2000, 401, 402 und aus dem steuerrechtlichen Schrifttum *Schaumburg*, DStZ 1998, 525; *Farnschläder/Dörschmidt*, DB 1999, 1923; *Niedner/Kusterer*, DB 1998, 2405; *Haritz*, GmbHR 1997, 590, 592; vor dem Beschluss bereits etwa *Mertens*, in: FS Barz 1974, 253, 263; *Hennerkes/May*, StBJb 1988/89, 303, 321; *Hartel*, DB 1992, 2329, 2335; *Kallmeyer*, DStR 1994, 977, 980.

923 *Schlitt/Winzen*, CFL 2012, 261, 261 f.

924 Unter E. I.

925 Unter E. II.

926 So zuletzt *Rittig*, NZG 2012, 1292, 1293 mit weiteren Nachweisen.

Aktien einer Gattung emittiert werden,[927] soll nach traditioneller Auffassung aber auch dann gelten, wenn verhältniswahrend sowohl Stamm- als auch Vorzugsaktien ausgeben werden,[928] was jedenfalls dann erforderlich ist, wenn für Vorzugsaktien bereits die Höchstgrenze von 50% des Grundkapitals erreicht ist und in Folge der Kapitalerhöhung eine Veränderung der Stimmrechtsquoten verhindert werden soll. Die Gegenauffassung verlangt in diesem Fall nur die Gewährung eines Gattungsbezugsrechts.[929] Dem ist zuzustimmen. Zwar spricht für die traditionelle Auffassung neben dem Wortlaut des § 186 Abs. 1 Satz 1 AktG auch die gesetzliche Ausgestaltung der Vorzugsaktie. Die Inhaber von stimmrechtslosen Vorzugsaktien haben - mit Ausnahme des Stimmrechts - alle Rechte, die auch einem Stammaktionär zukommen (§ 140 Abs. 1 AktG), insbesondere auch das gesetzliche Bezugsrecht.[930] Sinn und Zweck des gesetzlichen Bezugsrechts ist es indessen, Aktionäre vor qualitativen und quantitativen Verwässerungen durch die Ausgabe neuer Mitgliedschaften zu schützen.[931] Jeder Aktionär soll seine mitgliedschaftliche Stellung pro rata halten können. Insofern ist das gesetzliche Bezugsrecht auch Ausfluss des Gleichbehandlungsgrundsatzes.[932] Einen darüber hinausgehenden Anspruch auf Besserstellung eines Aktionärs gewährt es nicht.[933] Werden für beide Aktiengattungen neue Aktien entsprechend dem bisherigen Verhältnis der Gattungen angeboten, so dass jeder Aktionär durch Zeichnung der Aktien seine Beteiligungsquote im Verhältnis zu den anderen Stamm- und/oder Vorzugsaktionären wahren kann, ist der Schutzzweck des gesetzlichen Bezugsrechts demnach nicht tangiert. Die traditionelle Ansicht muss anerkennen, dass in der Situation, in der eine Aktiengattung überproportional durch eine Kapitalmaßnahme bedacht wird, eine über den durch § 186 Abs. 1 Satz 1 AktG vermittelten Bestandsschutz hinausgehende qualitative Veränderung der Mitgliedschaft eintreten würde. Wenn Aktionäre der einen Gattung Aktien der anderen Gattungen beziehen dürften, würde sich das Kräfteverhältnis innerhalb dieser Aktiengattung verändern, ohne dass die Aktionäre dieser Gat-

---

927 *Busch*, in: Marsch-Barner/Schäfer § 42 Rn. 49; zuletzt erhöhte etwa die Volkswagen AG ihr Grundkapital durch die alleinige Ausgabe neuer Vorzugsaktien und räumte dabei den Aktionären beider Gattung ein Bezugsrecht ein, vgl. die Ad-hoc Meldung vom 23.03.2010, abrufbar unter http://www.volkswagenag.com/content/vwcorp/info_center/de/news/2010/03/Ad_Hoc_KE.html.

928 *Werner*, AG 1972, 69, 72 f.; *v.Godin/Wilhelmi* § 186 Rn. 2; *Lutter*, in: Kölner Kommentar AktG § 186 Rn. 17.

929 *Frey/Hirte*, DB 1989, 2465, 2466; *Groß*, AG 1993, 449, 452; *Bezzenberger*, in: FS Quack, 153 ff.; *Wiedemann*, in: Großkommentar AktG § 186 Rn. 69; *Krieger*, in: Münchener Hdb AG § 56 Rn. 67; *Marsch-Barner*, in: Bürgers/Körber § 186 Rn. 7.

930 *Peifer*, in: MüKo AktG § 186 Rn. 27.

931 BGHZ 71, 40, 45 (Kali & Salz) = NJW 1978, 1316; *Lutter*, in: Kölner Kommentar AktG § 186 Rn. 7; *Hüffer* AktG § 186 Rn. 2; *Wiedemann*, in: Großkommentar AktG § 186 Rn. 13.

932 *Gotthardt*, in: Beck'sches Handbuch der AG § 9 Rn. 36.

933 *Peifer*, in: MüKo AktG § 186 Rn. 27.

tung dies durch Ausübung ihres Bezugsrechts verhindern könnten. Dieses Ergebnis ist mit Sinn und Zweck des gesetzlichen Bezugsrechts nicht vereinbar und kann dogmatisch auch nicht damit gerechtfertigt werden, dass auf einer nachgelagerten Ebene - wie von den Vertretern der traditionellen Ansicht vorgetragen -[934] mit einem gekreuzten Bezugsrechtsausschluss wirtschaftlich das gleiche Ergebnis erzielt werden könnte, wie bei Annahme eines Gattungsbezugsrechts.

Obwohl es nach der hier vertretenen Auffassung bei der Einräumung eines Gattungsbezugsrecht im Falle einer verhältniswahrenden Kapitalerhöhung bewenden kann, empfiehlt es sich in Ermangelung einer klaren gesetzlichen Regelung und einheitlichen Meinung im Schrifttum, aus Gründen der Vorsicht, stets, das Bezugsrecht der jeweils anderen Gattung auszuschließen (sog. gekreuzter Bezugsrechtsausschluss).[935]

Verglichen mit dem rechtlichen Rahmen einer Bezugsrechtskapitalerhöhung mit nur einer Aktiengattung,[936] erscheint die verhältniswahrende Bezugsrechtskapitalerhöhung mit Ausgabe zweier Aktiengattungen komplexer. Eine Zusammenlegung der Aktiengattungen kann sich folglich schon aus diesem Grunde anbieten.

### 2. Blockade der Eigenkapitalfinanzierung

Der zentrale Grund für die Abschaffung von Vorzugsaktien besteht in der bereits eingangs beschriebenen Gefahr einer Blockade der Eigenkapitalfinanzierung durch Ausgabe neuer Aktien. Ist das Grundkapital einer Gesellschaft zu gleichen Teilen in Stamm- und Vorzugsaktien zerlegt, kann eine faktische Blockade weiterer Eigenkapitalmaßnahmen eintreten.[937]

Der bereits mehrfach angesprochene Fall der Fresenius SE kann insoweit exemplarisch herangezogen werden. Das Grundkapital der Gesellschaft bestand zu jeweils 50% aus Stammaktien und Vorzugsaktien. Die Else-Kröner-Fresenius Stiftung (**Stiftung**) hielt rund 58 % der Stammaktien. Jede Kapitalmaßnahme ohne Beteiligung der Stiftung hätte zu einer Verwässerung ihrer Stimmrechte geführt. Angesichts der für eine Kapitalmaßnahme erforderlichen Hauptversammlungsmehrheit von mindestens drei Vierteln des bei der Beschlussfassung vertretenen Grundkapitals (§ 182 Abs. 1 Satz 1 AktG), konnte die Fresenius SE keine Eigenkapitalmaßnahmen gegen den Willen der Stiftung durchführen. Solange die Stiftung zur Aufgabe ihrer Stimmenmehrheit nicht willens und zur quotengleichen Teilnahme an Kapitalerhöhungen nicht

934 Dieses Vorgehen soll sachlich gerechtfertigt sein, vgl. *Münch*, DB 1993, 769, 773; *Scheifele*, BB 1990, 497, 499; *Lutter*, in: Kölner Kommentar AktG § 186 Rn. 68; *Krieger*, in: Münchener Hdb AG § 56 Rn. 80; *Ritter*, NZG 2012, 1292, 1295.

935 *Krieger*, in: Münchener Hdb AG § 56 Rn. 67 und *Peifer*, in: MüKo AktG § 186 Rn. 27.

936 Ausführlich dazu *Schlitt/Seiler*, WM 2003, 2175.

937 *Schlitt/Winzen*, CFL 2012, 261, 266.

bereit war, bestand also eine faktische Blockade der Eigenkapitalfinanzierung.[938] Vor diesem Hintergrund stellte sich die Frage, welche Möglichkeiten der Fresenius SE für die Auflösung dieser Blockade zur Verfügung standen. Prinzipiell kann die beschriebene Situation in jeder Gesellschaft eintreten, die sich bis zur Höchstgrenze von 50% des Grundkapitals durch die Ausgabe von Vorzugsaktien finanziert hat.

### 3. Steigerung der Attraktivität der Aktie

Durch die Vereinheitlichung der Aktiengattungen kann eine bestehende Blockade bei der Eigenkapitalfinanzierung aufgelöst und die zukünftige Durchführung von Bezugsrechtskapitalerhöhungen erleichtert werden. Darüber hinaus streiten für eine Abschaffung von Vorzugsaktien aus Investor Relation Sicht verschiedene Vermarktungsgründe.

#### a) Akzeptanz bei (ausländischen) Investoren

Geht man davon aus, dass stimmrechtslose Vorzugsaktien tatsächlich eine geringere Akzeptanz am Kapitalmarkt erreichen, kann mit der Schaffung einer einheitlichen Aktiengattung zunächst den Erwartungen ausländischer Investoren in größerem Maße entsprochen werden.[939]

#### b) Höhere Liquidität

Sind sowohl Stamm- als auch Vorzugsaktien einer Gesellschaft börsennotiert und teilt sich der für die Liquidität der Aktien wichtige Streubesitz auf die beiden Aktiengattungen auf, bietet sich eine Zusammenführung beider Gattungen an, um den Streubesitz in einer einheitlichen börsennotierten Gattung zu konzentrieren. So kann zum einen verhindert werden, dass die Preisbildung für eine der Gattungen wegen zu geringer Liquidität den Unternehmenswert nicht richtig widerspiegelt.[940] Zum anderen sollte sich das auf diesem Wege gebündelte Investoreninteresse auf das für institutionelle Anleger wichtige Anlagekriterium der Liquidität der Aktien positiv auswirken und damit insgesamt die Attraktivität der verbleibenden Gattung erhöhen.[941]

#### c) Indexzugehörigkeit

Neben einer erhöhten Liquidität kann die Vereinheitlichung der Aktiengattungen auch die Indexzugehörigkeit einer Gesellschaft festigen oder erst be-

938 *Schlitt/Winzen*, CFL 2012, 261, 266.

939 Siehe zu den damit verbundenen Erwägungen oben D. II. 1. e); ferner *Singhof/Weber*, in: Habersack/Mülbert/Schlitt § 3 Rn. 15.

940 *Schlitt/Winzen*, CFL 2012, 261, 268.

941 Zu dieser Erwägung die Passage im Umwandlungsbericht der Fresenius SE aus 03/2010, 2 und *Schlitt/Winzen*, CFL 2012, 261, 268.

gründen.[942] Indizes strukturieren den Aktienmarkt, fokussieren so die Aufmerksamkeit der Investoren und unterstützen dadurch die Attraktivität von Emittenten.[943] Die wichtigsten Indexgruppierungen der Deutschen Börse AG stellen die Auswahlindizes Dax, MDax, TecDax und SDax dar.[944] Auswahlindizes dienen dem Zweck, aus den Börsensegmenten bestimmte Teilbereiche mit einer festen Anzahl von Werten herauszunehmen und abzubilden.[945]. Das Reglement der Deutschen Börse AG berücksichtigt bei der Bildung von Indizes seit Juni 2002, bei Vorhandensein zweier börsennotierter Aktiengattungen, nur noch eine - nämlich die größere bzw. liquidere -[946] Aktiengattung.[947] Durch die Ausgabe zweier Aktiengattungen sinkt somit die Wahrscheinlichkeit der Aufnahme in einen Auswahlindex sowie die Gewichtung innerhalb des Index.[948] Dies kann zu erheblichen Finanzierungsnachteilen gegenüber Unternehmen mit nur einer Aktiengattung führen.[949]

Die mit der Berechnung von Indizes einhergehende Transparenz und Vergleichbarkeit ist insbesondere für (ausländische) institutionelle Investoren von Bedeutung. Zum einen richten diese ihre Investitionsentscheidung nicht selten an der Zusammensetzung von Indizes aus.[950] Zahlreiche Fonds bildeten etwa einen bestimmten Index, den sie zuvor als ihre Benchmark festgesetzt haben, entweder zu einem überwiegenden Teil oder gar vollständig (sog. Indexfonds) nach.[951] Zum anderen dürfen einzelne institutionelle Investoren ihren Anlagerichtlinien entsprechend nur in bestimmte Indizes investieren.[952]

---

942 So wurden beispielsweise die Stammaktien der Rhön Klinikum AG erst in Folge der Umwandlung sämtlicher Vorzugsaktien in Stammaktien in den MDax der FWB aufgenommen, vgl. Pressemitteilung vom 23.09.2005, abrufbar unter http://www.rhoen-klinikum-ag.com/rka/cms/rka_2/deu/parse_ir_news.php?url=/rka/cms/rka_2/deu/presse/1151.html.

943 Vgl. *Schäcker/Brehm*, in: Habersack/Mülbert/Schlitt § 2 Rn. 19; *Meyer*, in: Marsch-Barner/Schäfer § 7 Rn. 61; *Wöhe/Bilstein/Ernst/Häcker*, 110.

944 Siehe dazu die Information auf der Website der Deutsche Börse AG, abrufbar unter http://deutsche-boerse.com; siehe auch *Schlitt/Winzen*, CFL 2012, 261, 268.

945 *Schanz* § 11 Rn. 75.

946 Das bedeutet, dass für die Aufnahme oder den Ausschluss eines Indexwertes die Marktkapitalisierung des Streubesitzes und der Orderbuchumsatz maßgeblich sind, vgl. *Gätsch*, in: Marsch-Barner/Schäfer § 5 Rn. 54; *Singhof/Weber*, in: Habersack/Mülbert/Schlitt § 3 Rn. 15.

947 Leitfaden zu den Aktienindizes der Deutschen Börse, Version 6.14, 06/2010, 20, abrufbar unter www.deutsche-boerse.com.

948 *Hirschmann*, in: Hölters § 139 Rn. 2.

949 *Gätsch*, in: Marsch-Barner/Schäfer § 5 Rn. 54.

950 *Meyer*, in: Marsch-Barner/Schäfer § 7 Rn. 61.

951 *Schäcker/Brehm*, in: Habersack/Mülbert/Schlitt § 2 Rn. 20; vgl. auch OLG Köln, ZIP 2001, 2049.

952 *Schäcker/Brehm*, in: Habersack/Mülbert/Schlitt § 2 Rn. 19; *Meyer*, in: Marsch-Barner/Schäfer § 7 Rn. 61; *Schlitt/Winzen*, CFL 2012, 261, 268.

Weitere Vorteile, die sich aus der Aufnahme in einen Index ergeben und sich positiv auf die Nachfrageseite der Aktie auswirken können, sind etwa die Aufnahme von Aktien-Research,[953] das Eingehen von Handelspositionen in der betreffenden Aktie durch Investmentbanken[954] und eine verbesserte Medienberichterstattung[955].

## II. Rechtstatsächlicher Befund

Zur besseren Einordnung der praktischen Relevanz der im vorangegangenen Abschnitt dargelegten Gründe für eine Abschaffung von Vorzugsaktien sollen im nächsten Schritt einige rechtstatsächliche Ausführungen zu Vorzugsaktien und KGaA folgen.

### 1. Vorzugsaktien

Vorzugsaktien stellen eine am Kapitalmarkt heute nur vereinzelt anzutreffende Aktiengattung dar. Im Regulierten Markt der FWB waren zum 30.04.2013 Vorzugsaktien von insgesamt 28 Deutschen Gesellschaften notiert.[956]

Mit den Vorzugsaktien der Volkswagen AG und der Henkel AG & Co. KGaA sind zwei Werte im größten deutschen Aktienindex, dem Dax 30, vertreten. Überwiegend verfügen die Gesellschaften, die börsennotierte Vorzugsaktien ausgegeben haben, auch über eine zweite börsennotierte Aktiengattung in Form stimmberechtigter Stammaktien.[957] 8 der 29 Gesellschaften reizten zum Stichtag die Höchstgrenze in Höhe von 50 % des Stammkapitals für die Ausgabe von Vorzugsaktien aus. Das Stammkapital der Berentzen-Gruppe AG, der Fuchs Petrolub AG, der Hornbach Holding AG, der Sartorius AG, der Villeroy & Boch AG, der Westag & Getalit AG, aber auch das der Porsche Automobil Holding SE und der ProSiebenSat1 Media AG bestand zu exakt gleichen Teilen aus Stammaktien und Vorzugsaktien. Bei zwei weiteren Gesellschaften

---

953 *Schlitt/Winzen*, CFL 2012, 261, 268.

954 *Schäcker/Brehm*, in: Habersack/Mülbert/Schlitt § 2 Rn. 20.

955 *Meyer*, in: Marsch-Barner/Schäfer § 7 Rn. 61.

956 In alphabetischer Reihenfolge, Vorzugsaktien der folgenden deutschen Gesellschaften: Ahlers AG; Bayerische Motoren Werke (BMW) AG; Berentzen-Gruppe AG; Biotest AG; Creaton AG; Drägerwerk AG & Co. KGaA; Dyckerhoff AG; Einhell Germany AG; Fresenius Medical Care AG & Co. KGaA; Fuchs Petrolub AG; Henkel AG & Co. KGaA; Hornbach Holding AG; Jungheinrich AG; KSB AG; MAN SE; Maschinenfabrik Berthold Hermle AG; Metro AG; Porsche Automobil Holding SE; ProSiebenSat1 Media AG; RWE AG; Sanacorp Pharmaholding AG; Sartorius AG; Sixt AG; STO AG; Villeroy & Boch AG; Volkswagen AG; Westag & Getalit AG; WMF Württembergische Metallwarenfabrik AG.

957 Bei den folgenden Gesellschaften stellten die Vorzugsaktien zum 30.04.2013 die einzige börsennotierte Gattung dar: Berentzen-Gruppe AG; Creaton AG; Einhell Germany AG; Hornbach Holding AG; Jungheinrich AG; Maschinenfabrik Berthold Hermle AG; Porsche Automobil Holding SE; ProSiebenSat1 Media AG; Sanacorp Pharmaholding AG; STO AG.

war die Höchstgrenze für die Ausgabe weiterer Vorzugsaktien nahezu erreicht.[958]

Aufgrund der bereits angesprochenen Änderungen im Reglement der FWB haben zahlreiche Gesellschaften, die historisch bedingt über Vorzugsaktien verfügten, in den letzten Jahren ihre Vorzugsaktien - durch eine Umwandlung in Stammaktien - vollständig abgeschafft.[959] Zu nennen sind hier jüngst die ProSiebenSat1 Media AG (August 2013)[960], sowie in jüngerer Vergangenheit die HUGO BOSS AG (2012)[961], die Fresenius SE & Co. KGaA (2011)[962], die Schuler AG (2008)[963], die Rhön Klinikum AG (2005)[964] und die Rheinmetall AG (2005)[965].[966] Zudem haben jüngst die ProSiebenSat1 Media AG und die Fresenius Medical Care AG & Co. KGaA eine Vereinheitlichung ihrer Aktiengattungen in Aussicht gestellt.[967]

---

958 Das Grundkapital der Dyckerhoff AG bestand zum 30.04.2013 zu 49,9 % und das der KSB AG zu 49,4 % aus Vorzugsaktien.

959 Nach einer Studie der Credit Suisse reduzierte sich die Anzahl der Gesellschafte mit Stamm- und Vorzugsaktien im HDax von 26 % im Jahr 1998 auf 8 % im Jahr 2007, zit. nach *Schäcker/Brehm*, in: Habersack/Mülbert/Schlitt § 2 Rn. 17.

960 Siehe zur jüngsten Aktienumwandlung der ProSiebenSat1 Media AG die Pressemitteilung der Gesellschaft vom 13.08.2013, abrufbar unter http://www.prosiebensat1.de/de/presse/pressemeldungen/presse-lounge/prosiebensat1-media-ag/2013/8/prosiebensat1-vorzugsaktien-werden-am-16-august-2013-in-stammaktien-umgewandelt.

961 Pressemitteilung der HUGO BOSS AG vom 12.06.2012, abrufbar unter http://group.hugoboss.com/files/20120612_Share_Conversion_d.pdf.

962 Pressemitteilung der Fresenius SE & Co. KGaA vom 28.01.2011, abrufbar unter http://www.fresenius.de/3432_3516.htm.

963 Tagesordnungspunkt 7 der Hauptversammlungseinladung der Schuler AG vom 28.02.2008 und Börsenzulassungsprospekt vom 18.06.2008, 93.

964 Vgl. Pressemitteilung der Rhön Klinikum AG vom 23.09.2005, abrufbar unter http://www.rhoen-klinikum-ag.com.

965 Tagesordnungspunkte 6 und 7 der Einladung zur ordentlichen Hauptversammlung der Rheinmetall AG am 10.05.2005, abrufbar unter http://www.rheinmetall.com.

966 Darüber hinaus gelang eine vollständige Aktienumwandlung auch noch der Krones AG (2004), der HeidelbergCement AG (2002), der ESCADA SE (2002), Südzucker AG (2001), Stada Arzneimittel AG (2001), der Koenig & Bauer AG (2001), der SAP AG (2001) und der MLP AG (2001). Die Fresenius Medical Care AG & Co. KGaA (2005) stellte, wie auch die MAN SE (2002) und die Metro AG (2001), die Aktienumwandlung in das Belieben der Vorzugsaktionäre, mit der Konsequenz, dass alle drei Gesellschaften heute noch über einen kleinen Anteil Vorzugsaktien verfügen. Zur jüngsten Ankündigung der Fresenius Medical Care AG & Co. KGaA, die Vereinheitlichung ihrer Aktienstruktur weiter voranzutreiben, siehe die Pressemitteilung der Fresenius Medical Care AG & Co. KGaA vom 04.04.2013, abrufbar unter http://www.fmc-ag.de/4762.htm.

967 Siehe hierzu die Ad-hoc Meldung der ProSiebenSat1 Media AG vom 14.12.2012, abrufbar unter http://www.prosiebensat1.com und die Pressemitteilung der Fresenius Medical Care AG & Co. KGaA vom 04.04.2013, abrufbar unter http://www.fmc-ag.de/4762.htm.

Die abnehmende Bedeutung von Vorzugsaktien lässt sich zudem wohl auch auf die hohe Zahl von Neuemissionen am sog. Neuen Markt (291)[968] zurückführen, an dem nur Stammaktien zur Notierung zugelassen waren.[969] Der letzte deutsche Börsengang, bei dem Vorzugsaktien emittiert wurden, war das IPO der Schuler AG im Jahre 1999.[970] Jüngst wurde bei Privatisierungen aufgrund politischer Erwägungen der Gedanke, ausschließlich Vorzugsaktien beim IPO zu begeben, erneut zur Diskussion gestellt (HHLA und Deutsche Bahn AG).[971]

## 2. KGaA

Die Anzahl der KGaA in Deutschland ist zwar verglichen mit ihrer bis Mitte der 1990er Jahre geringen Verbreitung (25-30 Gesellschaften)[972] angestiegen. Nach wie vor ist sie aber eine wenig verbreitete Rechtsform. In Ermangelung einer amtlichen Statistik lässt sich eine belastbare Aussage zur aktuellen Anzahl der KGaA kaum treffen.[973] Zuletzt wurden von *Bayer*[974] auf Grundlage einer bereinigten Handelsregisterabfrage zum 01.06.2010 225 Gesellschaften und von *Kornblum*[975] zum 01.01.2011 228 Gesellschaften genannt. Dass diese Entwicklung zumindest anteilig auf die Anerkennung der kapitalistischen KGaA durch den BGH[976] im Jahre 1997 zurückzuführen sein dürfte, legt der Umstand nahe, dass von den genannten 225 Gesellschaften nur noch 35 personalistisch organisiert sind.[977] Im Regulierten Markt wurden zum 30.04.2013 die Aktien von 10 KGaA gehandelt,[978] vier davon im Leitindex Dax 30.[979]

---

968 Eigene Statistik auf Grundlage der Angaben in DAI Factbook 2010, 03-6, 03-7.

969 Punkt 3.4 des Regelwerks Neuer Markt der Frankfurter Wertpapierbörse (Stand 21.5.2001).

970 *Schäcker/Brehm*, in: Habersack/Mülbert/Schlitt § 2 Rn. 17.

971 *Schäcker/Brehm*, in: Habersack/Mülbert/Schlitt § 2 Rn. 17 und das Kurzgutachten des Deutschen Aktieninstituts, Wirkungen der "Volksaktie" bei der Bahnprivatisierung auf Anleger und Steuerzahler, vom 7.11.2007, das durch die Bundestagsfraktion Bündnis 90/Die Grünen in Auftrag gegeben wurde.

972 Etwa *Herfs*, in: Münchener Hdb AG § 14 Rn. 3; *Claussen*, in: FS Heinsius, 61, 62; *Elschenbroich*, 32 ff.; *Pflug*, NJW 1971, 345 Fn. 1 und 2.

973 *Hüffer* § 278 Rn. 2; im monographischen Schrifttum wurden zuletzt 180 KGaA gezählt, vgl. *Kölling*, 26, 251 ff.; *Herfs* nannte dagegen 233 KGaA, vgl. *Herfs*, AG 2005, 589 Fn. 1.

974 Siehe die Statistik mit weiteren Erläuterungen zur Methode bei *Bayer*, Aktienrecht in Zahlen, 6 f.

975 *Kornblum*, GmbHR 2011, 692, 693.

976 BGHZ 134, 392 = ZIP 1997, 1027.

977 *Bayer/Hoffmann*, AG Report 2009, R 151.

978 In alphabetischer Reihenfolge: ADC African Development Corp. GmbH & Co. KGaA, AIRE GmbH & Co. KGaA, Borussia Dortmund GmbH & Co. KGaA; Drägerwerk AG & Co. KGaA, Fresenius Medical Care AG & Co. KGaA, Fresenius SE & Co. KGaA, Henkel AG & Co. KGaA, Merck KGaA, Mühlbauer Holding AG & Co. KGaA; Sedlmayr Grund und Immobilien KGaA.

## F. Die Vereinheitlichung von Aktiengattungen

In den vorangegangenen Teilen der Darstellung wurden Vorzugaktien und KGaA als institutionelle Instrumente der Kontrollerhaltung bei der Eigenkapitalfinanzierung eingeordnet. Der Einsatz von Vorzugsaktien stößt aber, wie dargelegt wurde, an Grenzen. Im Folgenden soll deshalb ihre Abschaffung (nachfolgend **Aktienumwandlung**) näher beleuchtet werden. Eine Aktienumwandlung ist zunächst mit den Mitteln des Aktienrechts umsetzbar.[980] Auf diesem Weg führt sie jedoch - wie zu zeigen sein wird - zu erheblichen Veränderungen der Machtverhältnisse innerhalb des Unternehmens. In einem weiteren Schritt soll deshalb untersucht werden, wie die bereits im Finanzierungskontext dargestellten Gestaltungsvorteile der KGaA im Zusammenhang mit einer Aktienumwandlung eingesetzt werden können, um die Machtverhältnisse im Unternehmen für die Zukunft zu erhalten.[981]

### I. Aktienumwandlung nach dem AktG

Eine Aktienumwandlung kann mit den Mitteln des Aktienrechts grundsätzlich auf Basis einer für alle Vorzugsaktionäre verbindlichen Satzungsänderung erfolgen (**Zwangsumwandlung**)[982] oder aber in das Belieben jedes einzelnen Aktionärs gestellt werden (**Freiwillige Umwandlung**)[983]. Die Einzelheiten beider Verfahren werden im folgenden Teil der Darstellung näher betrachtet.

#### 1. Zwangsumwandlung

Eine Aktienumwandlung kann zunächst im Wege einer den Vorzug aufhebenden Satzungsänderung erfolgen (§§ 141 Abs. 1, 179 Abs. 1 Satz 1 AktG). Mit Eintragung in das Handelsregister der Gesellschaft werden die Vorzugsaktien kraft Gesetzes zu Stammaktien (§§ 141 Abs. 4, 181 Abs. 3 AktG).[984] Dieses Verfahren stellte in der Vergangenheit die meist praktizierte Form der Aktienumwandlung dar.[985] Da die Satzungsänderung für alle Aktionäre wirkt, kann durch die Aktienumwandlung auf diesem Weg eine Beseitigung sämtli-

---

979 Fresenius Medical Care AG & Co. KGaA, Fresenius SE & Co. KGaA, Henkel AG & Co. KGaA, Merck KGaA.

980 Unter F. I.

981 Unter F. II.

982 Unter F. I. 1.

983 Unter F. I. 2.

984 *Wirth/Arnold*, ZGR 2002, 859, 866 Fn. 26 mit weiteren Nachweisen.

985 *Wirth/Arnold*, ZGR 2002, 859, 867; *Butzke*, in: Marsch-Barner/Schäfer § 6 Rn. 37; siehe außerdem Pressemitteilung der HUGO BOSS AG vom 12.06.2012: Information zur Zusammenlegung der Aktiengattungen und Umstellung auf Namensaktien, abrufbar unter http://group.hugoboss.com und Tagesordnungspunkt 7 der Hauptversammlungseinladung der Schuler AG vom 28.02.2008 und den Wertpapierprospekt für Zwecke der Börsenzulassung vom 18.06.2008, 93.

cher Vorzugsaktien erreicht werden.[986] Ihre Voraussetzungen und die Durchführung der Umwandlung sind Gegenstand der folgenden Ausführungen.

### a) Hauptversammlungsbeschluss der Stammaktionäre

Die Zerlegung des Grundkapitals in verschiedene Aktiengattungen ist Bestandteil der Satzung (§ 23 Abs. 3 Nr. 4 AktG) und kann folglich nur durch einen satzungsändernden Beschluss der Hauptversammlung mit einer Mehrheit von drei Vierteln des beider Beschlussfassung vertretenen Grundkapitals abgeändert werden (§ 179 Abs. 2 Satz 1 AktG),[987] wobei das von den Vorzugsaktionären gezeichnete Kapital bei der Berechnung nicht berücksichtigt wird (§ 140 Abs. 2 Satz 2 AktG). Den satzungsändernden Hauptversammlungsbeschluss fassen also zunächst nur die Stammaktionäre.

#### aa) Sachliche Rechtfertigung?

Die mit der Aufhebung des Vorzugs einhergehende Verwässerung der Stimmrechte der Stammaktionäre hat zu der Frage geführt, ob der satzungsändernde Hauptversammlungsbeschluss über die genannten formellen Mehrheitserfordernisse hinaus - in Anlehnung an die von der Rechtsprechung entwickelten materiellen Anforderungen an den Bezugsrechtsausschluss bei einer Kapitalerhöhung - der Ergänzung durch das materielle Schutzinstrument der sachlichen Rechtfertigung bedarf.[988]

Das Erfordernis sachlicher Rechtfertigung als ungeschriebene sachliche Wirksamkeitsvoraussetzung eines von der Hauptversammlung beschlossenen Bezugsrechtsausschlusses (§ 186 Abs. 3 Satz 1 AktG) wurde vom BGH in der "Kali & Salz" Entscheidung aus dem Jahre 1978 im Anschluss an die herrschende Meinung im Schrifttum höchstrichterlich anerkannt.[989] Nach einer

---

986 *Butzke*, in: Marsch-Barner/Schäfer § 6 Rn. 37; eine freiwillige Aktienumwandlung führt dagegen wohl regelmäßig dazu, dass eine geringe Anzahl Vorzugsaktien der Gesellschaft bestehen bleibt. So verfuhr etwa die Fresenius Medical Care AG im Jahr 2006. Die Gesellschaft bot ihren Aktionären im Zuge ihres Rechtsformwechsels in die Rechtsform der AG & Co. KGaA eine Umwandlung der Vorzugsaktien in Stammaktien der neuen KGaA auf freiwilliger Basis an. Im Ergebnis nahmen etwa 96% der Vorzugsaktionäre das Angebot an. Heute existieren deshalb weiterhin börsennotierte Vorzugsaktien der Fresenius Medical Care AG & Co. KGaA, vgl. zum Verfahren der freiwilligen Aktienumwandlung unten und die Beschreibung des Verfahrens im Umwandlungsbericht der Fresenius Medical Care AG, 12/2004, 35 f.; siehe aber zur weiteren Vereinheitlichung der Aktienstruktur die Pressemitteilung der Fresenius Medical Care AG & Co. KGaA vom 04.04.2013, abrufbar unter http://www.fmc-ag.de/4762.htm.

987 *Gätsch*, in: Marsch-Barner/Schäfer § 5 Rn. 55; *Butzke*, in: Marsch-Barner/Schäfer § 6 Rn. 36. Bei entsprechender Herabsetzungsklausel in der Satzung genügt nach § 179 Abs. 2 Satz 2 AktG die einfache Mehrheit des in der Hauptversammlung vertretenen Kapitals, vgl. *Marsch-Barner*, in: Liber amicorum Martin Winter, 467, 468.

988 *Krieger*, in: FS Lutter, 497, 516.

989 BGHZ 71, 40, 43 (Kali & Salz) = NJW 1978, 1316 im Anschluss an *Zöllner*, in: Kölner Kommentar AktG, 1. Auflage, § 243 Rn. 178 ff., 196; *Lutter*, in: Kölner Kommentar

mittlerweile etablierten Formel muss der Bezugsrechtsausschluss im Interesse der AG liegen, zur Erreichung des im Gesellschaftsinteresse liegenden Zwecks geeignet und erforderlich, also nicht durch mildere, gleich geeignete Mittel ebenfalls zu verwirklichen sein und die für die AG erzielbaren Vorteile müssen in einem angemessenen Verhältnis zu den Nachteilen der betroffenen Aktionäre stehen.[990] Der BGH selbst hat dabei wiederholt betont, dass eine sachliche Rechtfertigung von Mehrheitsbeschlüssen nur in Betracht komme, wenn nicht schon der Gesetzgeber selbst die notwendige Abwägung zwischen den Belangen betroffener Aktionäre und dem Interesse der Gesellschaft an einer Abwehr gefährlicher Machteinflüsse von innen oder außen vorweggenommen und diesem den Vorrang eingeräumt habe.[991]

Im Hinblick auf die Vorzugsaktionäre spricht für eine bereits durch den Gesetzgeber getroffene Abwägung, dass das Institut des Sonderbeschlusses der Vorzugsaktionäre selbst schon eine Interessenabwägung enthält. Zum einen ist für den Entzug des Sonderrechts Vorzug statt der sonst erforderlichen Zustimmung jedes einzelnen Aktionärs (§ 35 BGB) eine drei Viertel Mehrheit der Gattungsgesamtheit ausreichend.[992] *Altmeppen* hat insofern aus einer historischen Betrachtung gefolgert, dass der Gesetzgeber sämtliche Regelungen zur Abschaffung von Vorzugsrechten in erster Linie geschaffen habe, um diese Maßnahme im Interesse der AG und der Mehrheit der Aktionäre von einer individuellen Zustimmung jedes Vorzugsaktionärs abzukoppeln.[993] Der Sonderbeschluss der Vorzugsaktionäre mit qualifizierter Mehrheit sollte andererseits dem Interesse der Vorzugsaktionäre an der Erhaltung ihres Vorzugsrechts dienen, weil man annahm, dass die qualifizierte Mehrheit der Vorzugsaktionäre deren Interessen im Zweifel ausreichend schützen würde.[994] Das materiellrechtliche Erfordernis des Sonderbeschlusses der Vorzugsaktionäre mit qualifizierter Mehrheit sollte also die Zustimmung jedes einzelnen Vorzugsaktionärs ersetzen, mit der Folge, dass eine Minderheit von Vorzugsaktionären gegen ihren Willen das Vorzugsrecht verlieren konnte. Eine sachliche Rechtfertigung für den satzungsändernden Hauptversammlungsbeschluss zu verlangen, würde diesem Befund zuwiderlaufen.[995]

---

AktG, 1. Auflage, § 186 Rn. 50; *Wiedemann*, in: Großkommentar AktG, 3. Auflage, § 186 Rn. 2; *Schilling*, in: Großkommentar AktG, 3. Auflage, § 255 Rn. 2; *Füchsel*, BB 1972, 1533, 1536; bestätigt durch BGHZ 83, 319, 321 = NJW 1982, 2444.

990 *Peifer*, in: MüKo AktG § 186 Rn. 72; *Hüffer* § 186 Rn. 25; *Lutter*, in: Kölner Kommentar AktG § 186 Rn. 61 ff.

991 BGHZ 70, 117, 121 ff. = NJW 1978, 540; BGHZ 71, 40, 45 (Kali & Salz) = NJW 1978, 1316; BGHZ 138, 71.

992 *Senger/Vogelmann*, AG 2002, 193, 212; *Altmeppen*, NZG 2005, 771; *Bormann*, in: Spindler/Stilz § 141 Rn. 19.

993 *Altmeppen*, NZG 2005, 771, 772 ff.

994 *Altmeppen*, NZG 2005, 771, 773 und zur Gesetzeshistorie *Bezzenberger*, in: Großkommentar AktG § 141 Rn. 1 ff.

995 *Senger/Vogelmann*, AG 2002, 193, 212.

Gegen das Erfordernis sachlicher Rechtfertigung spricht zudem die Behandlung der parallel gelagerten Frage nach einem entsprechenden Erfordernis im Hinblick auf den Hauptversammlungsbeschluss zum Abschluss eines Unternehmensvertrages (§ 293 Abs. 1 Satz 1 AktG). Diese wird unter Verweis auf die Sicherungsvorschriften der §§ 300 ff., 304 ff. AktG mit dem Argument verneint, ein in sich geschlossenes Regelungssystem, das Ausgleichsmechanismen führen die Beeinträchtigung mitgliedschaftlicher Rechte vorsehe, dürfe nicht außergesetzlich nachgebessert werden.[996] Mit dem Aufleben des Stimmrechts sieht aber auch § 141 Abs. 4 AktG einen gesetzlichen Ausgleich für die Aufhebung des Vorzugs vor. Im Hinblick auf die Stammaktionäre ist eine sachliche Rechtfertigung ebenfalls nicht angezeigt. Auch hier sieht § 141 Abs. 4 AktG trotz der Rechtsfolge des auflebenden Stimmrechts gerade keinen Verwässerungsschutz der Stammaktionäre vor.[997]

Im Ergebnis muss es deshalb für den satzungsändernden Beschluss der Hauptversammlung bei einer Missbrauchskontrolle nach allgemeinen Grundsätzen bewenden.[998] Ein solcher Missbrauch liegt jedenfalls dann nicht vor, wenn die Aktienumwandlung aus den hier dargestellten Beweggründen zur Verbesserung der Finanzierungssituation der Gesellschaft erfolgt.[999]

### bb) Verpflichtung zur Berücksichtigung von Kursunterschieden?

Weisen Vorzugs- und Stammaktien einer Gesellschaft unterschiedliche Börsenkurse auf, stellt sich die Frage, ob und wie dies gegebenenfalls bei einer Zwangsumwandlung berücksichtigt werden muss. Im AktG findet sich hierzu keine Aussage. Vieles spricht dafür, dass der Gesetzgeber bei der Schaffung der Vorzugsaktie von der Gleichwertigkeit gegenüber der Stammaktie ausging. Ausweislich der amtlichen Begründung stellte der Vorzug den Ausgleich für das fehlende Stimmrecht dar.[1000] Dabei dürfte unberücksichtigt geblieben sein, dass diese rechtliche Gleichwertigkeit nicht notwendigerweise einer gleichen Bewertung von Stamm- und Vorzugsaktien durch den Kapitalmarkt entspricht.[1001]

---

996 *Hüffer* § 293 Rn. 7. Ähnlich zum gesetzlich vorgesehenen Verfahren der Kapitalherabsetzung, BGHZ 138, 71 und zur Einführung von Höchststimmrechten nach § 134 Abs. 1 Satz 1 AktG, BGHZ 70, 117, 121 ff. = NJW 1978, 540.

997 *Bormann*, in: Spindler/Stilz § 141 Rn. 21.

998 So im Ergebnis *Bormann*, in: Spindler/Stilz § 141 Rn. 21; *Senger/Vogelmann*, AG 2002, 193, 214; *Wirth/Arnold*, ZGR 2002, 859, 875, 877; *Bezzenberger*, in: FS Quack, 153, 162 f.; vgl. auch LG Krefeld, AG 2007, 798, 799.

999 Dazu auch *Bormann*, in: Spindler/Stilz § 141 Rn. 21 und *Senger/Vogelmann*, AG 2002, 193, 210.

1000 Amtliche Gesetzesbegründung, Erste Beilage zum Reichs- und Staatsanzeiger Nr. 28 vom 4.2.1937, 2; dass dies in der Regelung des § 139 Abs. 1 AktG seinen Niederschlag gefunden habe, betont *Krieger*, in: FS Lutter, 497, 501.

1001 *Senger/Vogelmann*, AG 2002, 193, 204.

### (i) Die Entscheidung des OLG Köln

In der Rechtsprechung gibt ein Urteil des OLG Köln vom 20.09.2011 im Zusammenhang mit der Aktienumwandlung der Metro AG eine erste Antwort auf diese Frage:[1002] Gegenstand des angefochtenen Hauptversammlungsbeschlusses war eine Freiwillige Aktienumwandlung. Vorzugsaktionäre konnten ihre Aktien unter Zahlung einer Umtauschprämie zur Umwandung in Stammaktien bei der Gesellschaft einreichen.[1003] Dabei war die Umtauschprämie so bemessen, dass die Vorzugsaktionäre Stammaktien mit einem Abschlag von 17 % zum am Tag vor der Bekanntgabe des Umwandlungsvorhabens vorherrschenden Börsenkurs beziehen konnten. Das OLG Köln hielt die Gewährung eines Umtauschvorteils für angemessen, weil es wirtschaftlich notwendig sei, den Vorzugsaktionären einen Anreiz zu bieten, ihre Anteile in Stammaktien einzutauschen.[1004] Die Entscheidung verdeutlicht zunächst, dass das Gericht den unterschiedlichen Börsenkursen zumindest eine Bedeutung beimisst.[1005] Aus den Ausführungen zur Festsetzung der Umwandlungsprämie durch die Hauptversammlung ergibt sich aber, dass das Gericht gerade nicht von einer Rechtspflicht zur Berücksichtigung der Kursunterschiede ausgeht. Bei der Festsetzung der Umwandlungsprämie habe es sich vielmehr um einen Versuch gehandelt, das Interesse der Vorzugsaktionäre, die Umwandlung ohne Zuzahlung vorzunehmen und das der Stammaktionäre an einer möglichst hohen Umwandlungsprämie gegeneinander abzuwägen.[1006] Nach Ansicht des Gerichts handelt es sich jeweils um legitime Interessen, die durch die Vereinbarung einer geringfügigen Umwandlungsprämie wirtschaftlich in Einklang gebracht werden durften, um der Aktienumwandlung zum Erfolg zu verhelfen. Daraus folgt aber auch, dass eine Aktienumwandlung ohne Berücksichtigung der Kursunterschiede - wenn auch wirtschaftlich nicht sinnvoll - rechtlich nicht zu beanstanden gewesen wäre.

### (ii) Die Entscheidung des LG Krefeld

In einer neueren Entscheidung des LG Krefeld vom 20.12.2006, die eine Zwangsumwandlung zum Gegenstand hatte, führte das LG Krefeld aus, das Gesetz selbst sehe in § 141 Abs. 1 AktG, der die Grundvoraussetzungen für eine Aktienumwandlung festlege, keine Entschädigung für den Wegfall des Dividendenvorzugs vor.[1007] Es fehle damit an einer gesetzlichen Grundlage. Darüber hinaus sei auch nicht ersichtlich, weshalb der Vorzug, sollte er sich tatsächlich auf dem Kapitalmarkt niederschlagen, ausgeglichen werden müsse, wenn als gesetzliche Kompensation bereits das Stimmrecht wieder aufle-

---

1002 OLG Köln, NZG 2002, 966 und vorgehend LG Köln, AG 2002, 103.
1003 Zum Sachverhalt, siehe OLG Köln, NZG 2002, 966, 966.
1004 OLG Köln, NZG 2002, 966, 968.
1005 *Senger/ Vogelmann*, AG 2002, 193, 204.
1006 OLG Köln, NZG 2002, 966, 968.
1007 LG Krefeld, AG 2007, 798, 799.

be.[1008] Damit liegt das Gericht auf der Linie des OLG Köln und der bereits angesprochenen konzeptionellen Gleichwertigkeit von Stamm- und Vorzugsaktien.

### (iii) Ursache für Kursunterschiede

Gegen eine Rechtspflicht zur Berücksichtigung unterschiedlicher Börsenkurse bei der Aktienumwandlung spricht weiter, dass die Gründe für das Auseinanderfallen der Börsenkurse der - ursprünglich vom Gesetz als gleichwertig angesehenen - Gattungen vielfältig und nicht allein auf die gattungsspezifischen Mitgliedschaftsrechte zurückzuführen sind.[1009] Vielmehr kommen verschiedene externe Faktoren in Betracht.[1010] So dürfte vor allem die Liquidität in der jeweiligen Gattung eine entscheidende Rolle für die Bildung des Börsenkurses spielen.[1011] Auswirkungen kann ferner der von der geringeren Liquidität negativ beeinflusste Bekanntheitsgrad einer Gattung haben.[1012] Eine Rechtspflicht zur Berücksichtigung von Kursunterschieden bei der Aktienumwandlung, deren Ursache nicht zuverlässig bestimmt werden kann, lässt sich jedenfalls auch unter dem Gesichtspunkt der Rechtssicherheit bezweifeln.[1013]

### (iv) Verfassungsrechtliche Betrachtung

Unter verfassungsrechtlichen Gesichtspunkten könnte sich eine Verpflichtung zur Berücksichtigung unterschiedlicher Börsenkurse aus dem Umstand ergeben, dass das in der Aktie verkörperte Anteilseigentum grundsätzlich von dem Schutz des Art. 14 Abs. 1 GG erfasst ist.[1014] Im DAT/Altana Beschluss des Bundesverfassungsgerichts führte das Gericht aus, es sei mit der Eigentumsgarantie des Art. 14 Abs. 1 GG nicht vereinbar, bei der Bestimmung der Höhe des Ausgleichs bzw. der Abfindung nach §§ 304, 305, 320b AktG den Börsenkurs unberücksichtigt zu lassen.[1015] Ob sich aus dieser Formel Erkenntnisse für die vorliegende Frage ergeben, lässt sich nur an Hand des verfassungsrechtlichen Hintergrundes ermitteln.[1016]

---

1008 LG Krefeld, AG 2007, 798, 799.

1009 So aber tendenziell *Bezzenberger*, in: Großkommentar AktG § 139 Rn. 8; *Lutter*, in: FS Mestmäcker, 943, 947, 952.

1010 Dies zeigten empirische Untersuchungen von *Kruse/Berg/Weber*, ZBB 1993, 23, 27, *Pellens/Hildebrandt*, AG 2001, 57, 62 ff. und *Jung/Wachtler*, AG 2001, 513 ff.

1011 *Kruse/Berg/Weber*, ZBB 1993, 23, 29 f.; *Jung/Wachtler*, AG 2001, 513, 517.

1012 *Reckinger*, AG 1983, 216, 221.

1013 Siehe auch *Senger/Vogelmann*, AG 2002, 193, 205.

1014 BVerfGE 14, 263, 276; BVerfG, NJW 1999, 3769; BVerfG, ZIP 1999, 1804 ff.; BVerfG, NJW 2001, 249 ff.

1015 BVerfG, NJW 1999, 3769, 3771 f.

1016 *Altmeppen*, NZG 2005, 771 scheint in Anknüpfung an die Rechtsprechung des BVerfG Zweifel an der Zulässigkeit eines Umtauschs ohne Zuzahlung zu haben.

Ausgangspunkt der Entwicklung ist das Feldmühle-Urteil des Bundesverfassungsgerichts aus dem Jahr 1962.[1017] Neben der grundsätzlichen Anerkennung des Schutzes der Mitgliedschaft durch Art. 14 Abs. 1 GG, erklärte das Gericht eine übertragende Umwandlung durch Mehrheitsbeschluss im Interesse einer freien unternehmerischen Entfaltung im Konzern für mit dem Grundgesetz vereinbar, wenn der ausscheidenden Aktionärsminderheit wirksame Rechtsbehelfe gegen missbräuchliche Umwandlungen zur Verfügung stünden und sie für den Verlust ihrer Mitgliedschaft wirtschaftlich voll entschädigt würden.[1018]

Das Kriterium der vollen wirtschaftlichen Entschädigung wurde durch das Erfordernis der Berücksichtigung des Börsenkurses in der DAT/Altana Entscheidung konkretisiert.[1019] Hintergrund ist jedoch stets die Entschädigung für den Verlust der Mitgliedschaft. Nicht jede bloße Beeinträchtigung von Mitgliedschaftsrechten ist entschädigungspflichtig. Zwar sind Fälle denkbar, in denen eine Beeinträchtigung der Mitgliedschaft ihrem Verlust gleichsteht.[1020] Die Verwässerung des Stimmrechts bzw. die Aufhebung des Vorzugs zählen hierzu jedoch nicht. Die mit einer Aktienumwandlung verbundenen Beeinträchtigungen der Mitgliedschaft sind mit den vom Bundesverfassungsgericht angesprochenen Fällen nicht vergleichbar. Alle Aktien stellen auch nach der Umwandlung vollwertige Mitgliedschaften dar.[1021] Aus der Rechtsprechung des Bundesverfassungsgerichts zu Art. 14 Abs. 1 GG ergeben sich folglich keine Anhaltspunkte für eine Verpflichtung zur Berücksichtigung unterschiedlicher Börsenkurse.

#### (v) Zwischenergebnis

Eine Rechtspflicht der Gesellschaft zur Berücksichtigung unterschiedlicher Börsenkurse beim Umtausch von Vorzugs- in Stammaktien ergibt sich weder aus aktienrechtlichen Grundsätzen noch unter verfassungsrechtlichen Gesichtspunkten und ist demnach zu verneinen.

### b) Sonderbeschlüsse

Neben dem Beschluss der Stammaktionäre (§§ 141 Abs. 1, 179 Abs. 1 Satz 1 AktG) bestehen weitere Beschlusserfordernisse.

---

1017 BVerfGE 14, 263.

1018 BVerfGE 14, 263, 282.

1019 BVerfGE 100, 289.

1020 Siehe etwa zur Eigentumsrelevanz des Delistings BGHZ 153, 47, 56 ff. und *Hellwig/Bormann*, ZGR 2002, 465, 471 ff.

1021 So im Ergebnis *Senger/Vogelmann*, AG 2002, 193, 206; *Bormann*, in: Spindler/Stilz § 141 Rn. 18.

### aa) Vorzugsaktionäre

Beschließt die Hauptversammlung die entsprechende Änderung der Satzung, bedeutet dies zunächst (vorbehaltlich der gemäß § 181 Abs. 3 AktG erforderlichen Handelsregistereintragung)[1022] eine Aufhebung des Vorzugs der Vorzugsaktionäre. Ein Beschluss, durch den der Vorzug aufgehoben oder beschränkt wird, bedarf zu seiner Wirksamkeit zusätzlich aber noch der Zustimmung der Vorzugsaktionäre (§ 141 Abs. 1 AktG).[1023] Solange dieser Sonderbeschluss fehlt, ist der betreffende Hauptversammlungsbeschluss schwebend (§ 182 BGB) und nach dessen Verweigerung endgültig unwirksam.[1024] Konsequenz der schwebenden Unwirksamkeit ist insbesondere, dass der Registerrichter den Hauptversammlungsbeschluss nicht eintragen wird.[1025]

### bb) Stammaktionäre

Da die Entstehung neuer Stammaktien das Verhältnis der Aktiengattungen unmittelbar[1026] zum Nachteil der Stammaktionäre, die durch die Aktienumwandlung in ihren Stimmrechten verwässert werden, verändert,[1027] könnte sich aus § 179 Abs. 3 Satz 1 AktG ein weiteres Beschlusserfordernis ergeben. Nach dieser Vorschrift bedarf ein Beschluss der Hauptversammlung, durch den das bisherige Verhältnis mehrerer Gattungen von Aktien zum Nachteil einer Gattung geändert werden soll, zu seiner Wirksamkeit der Zustimmung der benachteiligten Aktionäre. Einen weiteren Sonderbeschluss der Stammaktionäre einholen zu müssen, erscheint indessen im Fall der Zwangsumwandlung nicht sachgerecht. Schließlich haben diese bereits mit der auch insoweit erforderlichen drei Viertel Mehrheit (§ 179 Abs. 2 AktG) im Rahmen des satzungsändernden Hauptversammlungsbeschlusses abgestimmt.[1028] Des Schutzes durch § 179 Abs. 3 AktG kann es aber nur bedürfen, wenn der zu fassende Sonderbeschluss nicht bloß eine Wiederholung des ersten Beschlusses dar-

---

1022 *Gätsch*, in: Marsch-Barner/Schäfer § 5 Rn. 55.

1023 *Butzke*, in: Marsch-Barner/Schäfer § 6 Rn. 36; *Jacob*, in: Semler/Volhard/Reichert § 11 Rn. 98; *Marsch-Barner*, in: Liber amicorum Martin Winter, 467, 468.

1024 OLG Frankfurt, Beschluss vom 02.12.2010 - 5 Sch 3/10 Tz. 21 (juris) = NZG 2012, 351; *Altmeppen*, NZG 2005, 771, 771 Fn. 7; *Zöllner*, in: Kölner Kommentar AktG § 138 Rn. 15; *Bezzenberger*, in: Großkommentar AktG § 138 Rn. 29; *Schröer*, in: MüKo AktG § 141 Rn. 38; *Hüffer* § 138 Rn. 7; *ders.* § 141 Rn. 10; a.A. (Nichtigkeit eines Hauptversammlungsbeschlusses, der ohne entsprechenden Sonderbeschluss gefasst wird) *Baums*, ZHR 142 (1978), 582, 585 ff.

1025 *Schröer*, in: MüKo AktG § 141 Rn. 38; *Hüffer* § 141 Rn. 10.

1026 Zum Erfordernis der Unmittelbarkeit, die Nachweise bei *Senger/Vogelmann*, AG 2002, 193 Fn. 22.

1027 Siehe die Nachweise bei *Senger/Vogelmann*, AG 2002, 193 Fn. 21.

1028 *Senger/Vogelmann*, AG 2002, 193, 195; *Wirt/Arnold*, ZGR 2002, 859, 868; *Marsch-Barner*, in: Liber amicorum Martin Winter, 467, 468.

stellt.[1029] So etwa, wenn neben den Stammaktionären weitere stimmberechtigte Aktiengattungen vorhanden sind, die bei dem satzungsändernden Hauptversammlungsbeschluss mitgestimmt und zum Erreichen der erforderlichen Mehrheit beigetragen haben. In diesem Fall ist gerade nicht gesichert, dass ein weiterer Beschluss, an dem nur die Stammaktionäre beteiligt sind, die erforderliche Mehrheit erneut erreichen würde.[1030] Existiert wie bei der hier in Rede stehenden Aktienumwandlung aber nur eine stimmberechtigte Aktiengattung wäre der Beschluss eine bloße Wiederholung des satzungsändernden Hauptversammlungsbeschlusses und ist deshalb entbehrlich.[1031]

### c) Handelsregistereintragung und technische Umsetzung

In Umsetzung des Hauptversammlungsbeschlusses ist die Satzung der Gesellschaft entsprechend der Aufhebung des Vorzugs anzupassen. Zu diesem Zweck hat der Vorstand die Satzungsänderung zur Eintragung in das Handelsregister anzumelden (§ 181 Abs. 1 Satz 1 AktG). Mit Eintragung der Satzungsänderung wird die Aktienumwandlung wirksam (§ 181 Abs. 3 AktG).[1032]

Befinden sich die börsennotierten Vorzugsaktien - wie regelmäßig -[1033] sämtlich in Girosammelverwahrung durch die CB AG in ihrer Funktion als Wertpapiersammelbank,[1034] halten die Vorzugsaktionäre Miteigentumsanteile an der Sammelglobalurkunde. Die technische Umsetzung der Aktienumwand-

---

1029 *Gätsch*, in: Marsch-Barner/Schäfer § 5 Rn. 55; *Wirt/Arnold*, ZGR 2002, 859, 871; *Hüffer* § 179 Rn. 45.

1030 *Senger/Vogelmann*, AG 2002, 193, 195.

1031 *Butzke*, in: Marsch-Barner/Schäfer § 6 Rn. 38; *Hüffer* § 179 Rn. 45; *Stein*, in: MüKo AktG § 179 Rn. 195; *Wirt/Arnold*, ZGR 2002, 859, 871; *Werner*, AG 1971, 69, 74; *Marsch-Barner*, in: Liber amicorum Martin Winter, 467, 468; *Schlitt/Winzen*, CFL 2012, 261, 267. Vereinzelt wird allerdings auf Grund der Warnfunktion des Sonderbeschlusses auch bei nur einer stimmberechtigten Aktiengattung ein Sonderbeschluss verlangt, vgl. *Zöllner*, in: Kölner Kommentar AktG, 2. Auflage, § 179 Rn. 183.

1032 *Hüffer* § 141 Rn. 2.

1033 *Hopt*, in: Baumbach/Hopt § 5 DepotG Rn. 1; *Einsele*, in: MüKo HGB Anhang I Recht des Zahlungsverkehrs Rn. 50 mit weiteren Nachweisen; *Vatter*, in: Spindler/Stilz § 10 Rn. 36.

1034 Gemäß § 1 Abs. 3 DepotG sind Wertpapiersammelbanken Kreditinstitute, die von der nach Landesrecht zuständigen Stelle ihres Sitzlandes als Wertpapiersammelbanken anerkannt sind. Nachdem mit Wirkung vom 01.01.1990 die bis zu diesem Zeitpunkt existierenden sechs Wertpapiersammelbanken/Kassenvereine auf die Frankfurter Kassenverein AG verschmolzen wurden, gibt es heute in Deutschland nur noch einen Zentralverwahrer. Der deutsche Zentralverwahrer, der seit 01.01.1990 als Deutscher Kassenverein AG und seit 01.10.1997 als Deutsche Börse Clearing AG firmiert hatte, fusionierte mit dem luxemburgischen Zentralverwahrer Cedel und gründete das Europäische Clearinghaus Clearstream International mit Sitz in Luxemburg, das zu Beginn des Jahres 2000 seinen Geschäftsbetrieb aufnahm. Seither firmiert der deutsche Zentralverwahrer, eine Tochtergesellschaft von Clearstream International, als Clearstream Banking AG, vgl. *Einsele*, in: MüKo HGB Anhang I Recht des Zahlungsverkehrs Rn. 50.

lung kann dann durch die Einbuchung der entsprechenden Anteile an der die Stammaktien verbriefenden bei Clearstream hinterlegten Sammelurkunde auf dem Girosammelweg in die Depots der Aktionäre bei den depotführenden Banken erfolgen.[1035]

### d) Auswirkungen der Aktienumwandlung auf die Börsenzulassung der Vorzugsaktien

Bei der Umwandlung börsennotierter Vorzugsaktien in börsennotierte Stammaktien ein und derselben Gesellschaft stellt sich die Frage, wie diese aus börsenzulassungsrechtlicher Sicht zu bewerten ist. In den jüngst durchgeführten Verfahren zur Umwandlung von Vorzugsaktien wurde von einem Verlust der Börsenzulassung der Vorzugsaktien ausgegangen. In der im elektronischen Bundesanzeiger veröffentlichten Bekanntmachung der Aktienumwandlung der HUGO BOSS AG etwa äußert sich die Gesellschaft zur Auswirkung der Aktienumwandlung auf die Börsenzulassung und Notierung der Vorzugsaktien wie folgt:

> „Die Börsenzulassung der Vorzugsaktien der HUGO BOSS AG wird mit der Eintragung der Umwandlung von Vorzugsaktien in Stammaktien im Handelsregister erlöschen. Die Notierung dieser Aktien wird voraussichtlich im Laufe des 15. Juni 2012 ausgesetzt und mit Schluss der Börsensitzung am 15. Juni 2012 eingestellt. Zum Zeitpunkt der Umstellung noch nicht ausgeführte Börsenaufträge erlöschen, bereits ausgeführte aber bis einschließlich 15. Juni 2012 noch nicht belieferte Börsenaufträge werden mit auf den Namen lautende Stammaktien erfüllt werden. Sämtliche aus der Umwandlung der 34.540.000 Vorzugsaktien hervorgehenden 34.540.000 Stammaktien sollen auf Antrag der Gesellschaft am 15. Juni 2012 zum regulierten Markt mit gleichzeitiger Zulassung zum Teilbereich des regulierten Marktes mit weiteren Zulassungsfolgepflichten (Prime Standard) der Frankfurter Wertpapierbörse und zum regulierten Markt an der Börse Stuttgart zugelassen werden."[1036]

Zwar ließe sich für die Aktienumwandlung argumentieren, dass die Vorzugsaktien im Falle der Aufhebung des Vorzugs von Gesetzes wegen zu Stammaktien werden (§ 141 Abs. 4 AktG)[1037] und insoweit nur eine Veränderung der Ausstattung der Aktien und der auf sie anwendbaren Vorschriften eintritt, die Aktien selbst aber bestehen bleiben und in die Notierung der bereits vorhandenen Stammaktien einbezogen werden können. Gleichwohl wird die bislang ausgegebene Globalurkunde infolge des Erlöschens des Vorzugs und der dadurch eintretenden Veränderung der rechtlichen Verhältnisse unrichtig (§

---

1035 Zur Girosammelverwahrung als Grundlage für den Effektengiroverkehr *Einsele*, in: MüKo HGB Anhang I Recht des Zahlungsverkehrs Rn. 51.

1036 Die Bekanntmachung der Gesellschaft ist abrufbar unter https://www.bundesanzeiger.de.

1037 *Hüffer* § 141 Rn. 22.

73 Abs. 1 Satz 1 AktG).[1038] Da der vorliegend zu untersuchende Fall gesetzlich nicht ausdrücklich geregelt ist, soll im Folgenden der Frage nachgegangen werden, wie das Umwandlungsverfahren zulassungsrechtlich einzuordnen ist. Zu diesem Zweck folgt zunächst eine kurze Darstellung der gesetzlich geregelten und in der Literatur anerkannten Fälle des Verlustes der Börsenzulassung. Im nächsten Schritt werden die gewonnenen Erkenntnisse auf die Aktienumwandlung übertragen.

### aa) Verlust der Börsenzulassung - Grundlagen

Zu einer Beendigung der Börsenzulassung kann es generell auf unterschiedlichen Wegen kommen.[1039] Dabei kann entweder eine Entscheidung der Geschäftsführung der Wertpapierbörse vorausgehen oder ein Verlust kraft Gesetzes eintreten.

#### (i) Widerruf der Zulassung durch die Geschäftsführung

Die Entscheidung der Geschäftsführung ergeht in Form eines Widerrufs der Zulassung.[1040] Der Widerruf der Zulassung ist in § 39 BörsG geregelt und kann grundsätzlich auf zwei Arten erfolgen: Die Geschäftsführung kann die Zulassung auf Antrag des Emittenten widerrufen (§ 39 Abs. 2 BörsG - reguläres oder freiwilliges Delisting).[1041] Von dem regulären Delisting zu unterscheiden ist das sog. Zwangsdelisting. Dabei kann die Geschäftsführung bei Vorliegen bestimmter Gründe die Börsenzulassung ohne vorherigen Antrag des Emittenten widerrufen (§ 39 Abs. 1 BörsG). Das Gesetz nennt die Einstellung der Notierung (§ 25 Abs. 1 Satz 1 Nr. 1 BörsG) wegen Fehlens eines ordnungsgemäßen Börsenhandels (§ 39 Abs. 1 1. Alt. BörsG) und die dauerhafte Nichterfüllung von Zulassungsfolgepflichten (§ 39 Abs. 1 1. Alt. BörsG).[1042]

Neben den börsengesetzlichen Zulassungswiderruf tritt die Möglichkeit, die Zulassung nach den Vorschriften des Verwaltungsverfahrensgesetzes (**VwVfG**) zu widerrufen (§ 39 Abs. 1 BörsG: "außer nach den Vorschriften des

---

1038 *Wiesner*, in: Münchener Hdb AG § 12 Rn. 35; *Bormann*, in: Spindler/Stilz § 141 Rn. 65; *Solveen*, in: Hölters § 73 Rn. 4; *Cahn*, in: Spindler/Stilz § 73 Rn. 6.

1039 Zu den Motiven für einen Rückzug von der Börse *Vollmer/Grupp*, ZGR 1995, 459, 471 ff.; *Meyer-Landruth/Kiem*, WM 1997, 1361, 1363 f.; *Land/Hasselbach*, DB 2000, 557, 557; *Beermann/Masucci*, FB 2000, 705, 705 ff. Zum Delisting deutscher Emittenten in den USA, vgl. Studien des Deutschen Aktieninstituts, Heft 28, 10/2004; *Böswald/Figlin*, AG 2006, 66 und zu jüngeren Deregulierungsbemühungen durch Neuregelung der Rules on Termination of a Foreign Private Issuer's Registration *Erchinger/Melcher*, DB 2007, 1123.

1040 *Simon/Burg*, Der Konzern 2009, 214, 215 bezeichnen den Widerruf der Zulassung durch die Geschäftsführung der Börse als actus contrarius zur Zulassung.

1041 Zu den mit einem Widerruf der Zulassung auf Antrag des Emittenten verbundenen Anforderungen an den Anlegerschutz *Heidelbach*, in: Schwark/Zimmer § 39 BörsG Rn. 12 ff.

1042 *Groß* § 39 BörsG Rn. 7 f.; *Heidelbach*, in: Schwark/Zimmer § 39 BörsG Rn. 5.

Verwaltungsverfahrensgesetzes"). In Betracht kommt entweder die Rücknahme einer von Anfang an rechtswidrigen Zulassung (§ 48 VwVfG) - genannt wird etwa der Fall der zu Unrecht erfolgten prospektfreien Zulassung -[1043] oder der Widerruf einer anfänglich rechtmäßigen Zulassung gemäß § 49 VwVfG.[1044] Dabei sind die Einschränkungen des § 49 Abs. 2 VwVfG zu beachten.[1045]

Keiner der genannten Tatbestände passt indessen auf den vorliegenden Fall. Die Geschäftsführung der Wertpapierbörse trifft im Falle einer Aktienumwandlung keine Entscheidung über den Widerruf der Zulassung. Dies sog. börslichen Gründe[1046], die die Geschäftsführung nach § 39 Abs. 1 BörsG zum Widerruf der Zulassung von Amts wegen berechtigen, liegen im Falle einer Aktienumwandlung gerade nicht vor. Die Gesellschaft ist im Gegenteil bemüht, einen ungestörten Börsenhandel trotz der Aktienumwandlung zu ermöglichen. Dementsprechend erfolgt auch kein auf Widerruf der Zulassung gerichteter Antrag seitens der Gesellschaft.

**(ii) Erlöschen der Zulassung kraft Gesetzes**

Für den vorliegend zu untersuchenden Fall sind also die Fälle in den Blick zu nehmen, in denen der Beendigung der Börsenzulassung keine Entscheidung der Geschäftsführung der Börse vorausgeht. Dies ist nach allgemeiner Ansicht vor allem dann der Fall, wenn gesellschaft- bzw. umwandlungsrechtliche Vorgänge dazu führen, dass der Emittent in einer nicht börsennotierten Gesellschaft aufgeht.[1047] Zu nennen sind insoweit Verschmelzungen, die zur Beendigung der Börsenzulassung führen, wenn und weil die börsennotierte Gesellschaft als übertragender Rechtsträger nach §§ 2 ff. UmwG auf einen anderen (übernehmenden) nicht börsennotierten Rechtsträger verschmolzen wird (*going private merger*).[1048] Grund für den Verlust der Börsenzulassung ist hier das Erlöschen der die Mitgliedschaft an der übertragenden Gesellschaft verbriefenden Aktien mit Eintragung der Verschmelzung in das Handelsregister (§ 20 Abs. 1 Nr. 2 UmwG).[1049] Gleiches gilt auch bei der Aufspaltung einer

---

1043 *Groß* § 39 BörsG Rn. 6.

1044 *Groß* § 39 BörsG Rn. 6; *Gebhardt*, in: Schäfer/Hamann § 38 BörsG Rn. 36 ff.

1045 *Groß* § 39 BörsG Rn. 6.

1046 *Hopt*, in: Baumbach/Hopt § 39 BörsG Rn. 1.

1047 *Kleindiek*, in: FS Bezzenberger, 653, 654; *Pluskat*, FB 2002, 592, 593; *dies.*, BKR 2007, 54, 55 und überblicksartig *Heidelbach*, in: Schwark/Zimmer § 39 BörsG Rn. 41; *Hopt*, in: Baumbach/Hopt § 39 BörsG Rn. 13; *Adolff/Tieves*, BB 2003, 797, 805.

1048 *Land/Hasselbach*, DB 2000, 557, 557, 559; *Groß*, ZHR 165 (2001), 141, 149; *ders.* § 39 BörsG Rn. 4; *Eckhold*, in: Marsch-Barner/Schäfer § 63 Rn. 19.

1049 *Kübler*, in: Semler/Stengel § 20 Rn. 73; *Stratz*, in: Schmitt/Hörtnagl/Stratz § 20 Rn. 16; *Heidelbach*, in: Schwark/Zimmer § 39 BörsG Rn. 41; *Eckhold*, in: Marsch-Barner/Schäfer § 63 Rn. 20.

börsennotierten Aktiengesellschaft (§ 131 Abs. 1 Nr. 2 UmwG)[1050] und bei der übertragenden Auflösung nach § 179a AktG (§ 262 Abs. 1 Nr. 2 AktG).[1051] Beim Formwechsel einer börsennotierten Aktiengesellschaft in eine nicht börsenfähige Rechtsform kommt es zwar nicht zu einem Erlöschen von Mitgliedschaften.[1052] Die Anteilsinhaber bleiben trotz des Formwechsels vielmehr an dem Rechtsträger beteiligt. Die mit der Mitgliedschaft verbundenen Rechte und Pflichten richten sich nunmehr aber nach den für die neue Rechtsform geltenden Vorschriften (§ 202 Abs. 1 Nr. 2 Satz 1 UmwG). Eine Börsenzulassung kann folglich für nicht handelbare Anteile nicht fortbestehen.[1053]

In den genannten Fällen entfällt in Folge des Untergangs der Gesellschaft auch die Börsenzulassung für deren Aktien.[1054] Rechtstechnisch geschieht dies im Wege der Erledigung nach § 43 Abs. 2 VwVfG.[1055] § 43 Abs. 2 VwVfG bestimmt, dass ein Verwaltungsakt solange und soweit wirksam bleibt, wie er nicht zurückgenommen, widerrufen, anderweitig aufgehoben oder durch Zeitablauf oder auf andere Weise erledigt ist. Erledigt ist ein VA, der seine regelnde Wirkung verliert.[1056] Da die genannten Maßnahmen den rechtlichen Bestand der Gesellschaft und ihrer Aktien beenden, bzw. – im Fall des Formwechsel in eine nicht börsenfähige Rechtform – die Aktien des formwechselnden Rechtsträgers nicht mehr weiter existieren, wird der Verwaltungsakts der Zulassung wegen des Wegfalls des Regelungsobjekts gegenstandslos und erledigt sich auf sonstige Weise kraft Gesetzes (§ 43 Abs. 2 VwVfG).[1057]

---

1050 *Groß*, ZHR 165 (2001), 141, 149 f.; *Pluskat*, BKR 2007, 54, 55; *Eckhold*, in: Marsch-Barner/Schäfer § 63 Rn. 20.

1051 *Groß*, ZHR 165 (2001), 141, 151; *Pluskat*, BKR, 2007, 54, 55; *Adolff/Tieves*, BB 2003, 797, 805.

1052 Zur Kontinuität der Mitgliedschaft beim Formwechsel *Kübler*, in: Semler/Stengel § 202 Rn. 18 ff. und allgemein zum den §§ 190 ff. UmwG zugrunde liegenden Identitätsgrundsatz *Wiedemann*, ZGR 1999, 568.

1053 *Groß*, ZHR 165 (2001), 141, 149; *ders.* § 39 BörsG Rn. 4; *Hopt*, in: Baumbach/Hopt § 39 BörsG Rn. 13; *Eckhold*, in: Marsch-Barner/Schäfer § 63 Rn. 20; *Adolff/Tieves*, BB 2003, 797, 805.

1054 *Groß* § 39 BörsG Rn. 4; *Eckhold*, in: Marsch-Barner/Schäfer § 63 Rn. 20.

1055 *Groß* § 39 BörsG Rn. 4; *Kleindiek*, in: FS Bezzenberger, 653, 654; *Pluskat*, FB 2002, 592, 593; *dies.*, BKR 2007, 54, 55; a.A. offenbar *Richard/Weinheimer*, BB 1999, 1613, 1619, die in jedem Fall einen Widerruf der Zulassung verlangen, allerdings in den genannten Fällen eine Ermessensreduzierung auf Null annehmen wollen; missverständlich insoweit *Steck*, AG 1998, 460, 462 und im Anschluss *Land/Hasselbach*, DB 2000, 557, 560, die von einer Verpflichtung der Zulassungsstelle (heute: Geschäftsführung) zur Dekotierung sprechen. Gemeint ist offenbar die Einstellung der Notierung. Diese ist aber nur die Folge des Wegfalls der Zulassung, vgl. so *Groß* § 39 BörsG Rn. 12 Fn. 1.

1056 *Sachs*, in: Stelkens/Bonk/Sachs § 43 Rn. 204 mit weiteren Nachweisen.

1057 *Schlitt*, ZIP 2004, 533, 540; *Eckhold*, in: Marsch-Barner/Schäfer § 63 Rn. 20 mit weiteren Nachweisen; OLG Stuttgart, AG 2006, 421 (für die Verschmelzung).

### bb) Verlust bei Zwangsumwandlung

Ähnlich wie bei den geschilderten umwandlungsrechtlichen Vorgängen wird auch die Aktienumwandlung mit Eintragung in das Handelsregister wirksam. Die bisher ausgegebene Globalurkunde wird mit Erlöschen des Vorzugs unrichtig[1058] und muss gegen eine neue die Mitgliedschaft der Stammaktionäre verbriefende Globalurkunde ausgetauscht werden. Das aktienrechtlich für Fälle der Unrichtigkeit von Aktienurkunden vorgesehene Umtauschverfahren mit der Möglichkeit der Kraftloserklärung durch die Gesellschaft (§ 73 Abs. 1 Satz 1, Abs. 2 AktG) ist zwar auf die Einzelverbriefung zugeschnitten,[1059] kann aber in Kooperation mit Clearstream als Wertpapiersammelbank auch im Fall globalverbriefter Aktien durchgeführt werden.[1060] Dies folgt aus Abschnitt X. (2) der AGB von Clearstream.[1061] Danach ist Clearstream im Falle eines Umtauschverlangens berechtigt, Wertpapiere an den Emittenten oder eine von ihm beauftragte Stelle zu übergeben, wenn die Einreichung offensichtlich im Kundeninteresse liegt und damit auch keine Anlageentscheidung verbunden ist, was insbesondere bei inhaltlicher Unrichtigkeit der Wertpapierurkunde der Fall ist.[1062] Der Austausch der Aktienurkunden durch Clearstream hat zur Folge, dass das zur Kraftloserklärung der Urkunde führende förmliche Verfahren des § 73 Abs. 2 AktG nicht eingeleitet werden muss.[1063] Die Börsenzulassung der Vorzugsaktien geht gleichwohl mit Auslieferung der Aktienurkunde wegen Wegfall des Regelungsobjekts durch Erledigung gemäß § 43 Abs. 2 VwVfG kraft Gesetzes unter. Als Folge des Wegfalls der Börsenzulassung stellt die Geschäftsführung der Börse die Notierung der Vorzugsaktien ein und setzt den Handel bis zum Handelsschluss aus.[1064] Die neu bei Clearstream zu hinterlegende Aktienurkunde über die Stammaktien, die an die Stelle der umgewandelten Vorzugsaktien treten, ist im Zeitpunkt ihrer Hinterlegung nicht zum Börsenhandel zugelassen.

## e) Zulassung der neuen Stammaktien

Vor diesem Hintergrund stellt sich die Frage, wie im Rahmen einer Aktienumwandlung sichergestellt werden kann, dass der Handel in den Aktien der Gesellschaft trotz der fehlenden Börsenzulassung der neuen Stammaktien

---

1058 *Wiesner*, in: Münchener Hdb AG § 12 Rn. 35; *Bormann*, in: Spindler/Stilz § 141 Rn. 65; *Solveen*, in: Hölters § 73 Rn. 4; *Cahn*, in: Spindler/Stilz § 73 Rn. 6; *Oechsler*, in: MüKo AktG § 73 Rn. 7.

1059 *Cahn*, in: Spindler/Stilz § 73 Rn. 4.

1060 *Cahn*, in: Spindler/Stilz § 73 Rn. 4.

1061 Stand 01.01.2012, abrufbar unter http://www.clearstream.com.

1062 So auch *Cahn*, in: Spindler/Stilz § 73 Rn. 4 zu einer identischen Vorgängerregelung in den AGB der CB AG.

1063 *Wiesner*, in: Münchener Hdb AG § 12 Rn. 36.

1064 Siehe zur Einstellung der Notierung ab Handelsregistereintragung, die Bekanntmachung der Geschäftsführung der FWB zu Rechtsformwechsel und Aktienumwandlung der Fresenius SE, vom 28.01.2011.

weitgehend unbeeinträchtigt fortgesetzt werden kann. Zur Beantwortung dieser Frage werden im Folgenden zunächst überblicksartig die Grundlagen des Zulassungsverfahrens dargestellt. Wie zu zeigen sein wird, bedarf die Zulassung der neuen Stammaktien grundsätzlich der Anfertigung eines Zulassungsprospekts. Von dem Prospekterfordernis kann nur abgesehen werden, wenn ein Ausnahmetatbestand für die Zulassung der aus der Aktienumwandlung resultierenden Stammaktien gefunden werden kann.

### aa) Zulassungsverfahren

Die Einzelheiten des Zulassungsverfahrens und die Zulassungsvoraussetzungen sind für den regulierten Markt in §§ 32 ff. BörsG und in der auf der Grundlage des § 34 BörsG erlassenen Börsenzulassungsverordnung (**BörsZulV**) geregelt.[1065] Die Dauer des Zulassungsverfahrens unterliegt in bestimmten Grenzen dem Einfluss des Emittenten. Bedarf es für Zwecke der Zulassung eines Prospekts, kann der Emittent entweder (§ 48 Abs. 2 BörsZulV: „oder ein gebilligter Prospekt") zunächst dessen Billigung durch die BaFin erwirken und auf der Grundlage des gebilligten Prospekts das Zulassungsverfahren einleiten. Dies führt jedoch insgesamt zu einer Verlängerung der Zeitspanne für die Prospektbilligung (§ 13 Abs. 2 WpPG) und die Zulassung der Aktien.[1066] Der Emittent kann alternativ das Billigungs- und Zulassungsverfahren parallel betreiben und hierfür bei der Geschäftsführung den Entwurf des noch von der BaFin zu billigenden Prospektes einreichen.[1067] Der insgesamt benötigte Zeitraum lässt sich so verkürzen.[1068]

Die Zulassung kann frühestens an dem auf das Datum der Einreichung des Zulassungsantrags bei der Geschäftsführung folgenden Handelstag ergehen (§§ 32 Abs. 3 BörsG, 50 BörsZulV). Wie lange sich die Geschäftsführung für die Zulassung Zeit lassen darf, ist nicht gesetzlich geregelt.[1069] In ihrem Rundschreiben Listing 01/2007 hat die Geschäftsführung der FWB eine Übersicht über die Mindestfristen, die bei einem Zulassungsverfahren berücksichtigt werden müssen, aufgestellt.[1070] Zwar wird darauf hingewiesen, dass die tatsächlichen Fristen für die Bearbeitung eines Zulassungsverfahrens je nach Art des Verfahrens und Aufwand auch länger sein könnten. Dennoch werde man sich bemühen, die eingehenden Verfahren schnellstmöglich zu erledigen.[1071]

---

1065 *Groß* § 39 BörsG Rn. 25.

1066 *Groß* § 39 BörsG Rn. 26.

1067 *Groß* § 39 BörsG Rn. 26.

1068 *Groß* § 39 BörsG Rn. 26 und zur praktischen Durchführung des Billigungsverfahrens *Groß* § 13 WpPG Rn. 10.

1069 Maßgeblich dürfte insoweit aber die allgemeine im Verwaltungsverfahren geltende Frist von drei Monaten sein (§ 75 Satz 2 VwGO), da sich die Geschäftsführung der Börse bei längerer Dauer der Gefahr einer Untätigkeitsklage aussetzen würde, vgl. *Trapp*, in: Habersack/Mülbert/Schlitt § 31 Rn. 46 mit weiteren Nachweisen.

1070 Rundschreiben Listing 01/2007, abrufbar unter http://deutsche-boerse.com.

1071 Rundschreiben Listing 01/2007, Nr. 5.

Daran anknüpfend kann das Zulassungsverfahren typischerweise in wenigen Tagen durchgeführt werden. Folgende Terminologie hat sich dabei etabliert: Der Zulassungsantrag wird am Tag T gestellt. Der Zulassungsbeschluss der Geschäftsführung der FWB erfolgt am Tag darauf (T+1). Nach der gemäß § 51 BörsZulV erforderlichen Veröffentlichung der erfolgten Zulassung am wiederrum nächsten Tag (T+2), kann die Einführung der zugelassenen Wertpapiere an dem der Veröffentlichung der Zulassung folgenden Werktag (T+3) erfolgen (§ 52 BörsZulV). Gelingt die Veröffentlichung der Zulassung bereits am Tag der Zulassung, kann der Zeitplan auf T+2 verkürzt werden.[1072] Sofern es zur Zulassung der neuen Aktien eines Prospekts bedarf, ist das Börsenzulassungsverfahren ferner mit dem Verfahren zur Billigung des Prospekts abzustimmen.[1073] Der Prospekt als Voraussetzung für die Zulassung (vgl. § 32 Abs. 3 Nr. 2 BörsG) muss dann spätestens am Tag des Zulassungsbeschlusses (T+1) gebilligt und veröffentlicht werden.

Bezogen auf die Zulassung der im Wege der Aktienumwandlung entstehenden Stammaktien ergibt sich der folgende Ablauf: Als Tag der Eintragung der Satzungsänderung über die Aufhebung des Vorzugs und der daraus resultierenden Einstellung des Börsenhandels sollte in Abstimmung mit dem zuständigen Handelsregister ein Freitag gewählt werden. Am selben Tag sollte zudem der Zulassungsbeschluss der Geschäftsführung der Börse betreffend die neuen Stammaktien ergehen. Dies setzt voraus, dass der Zulassungsantrag - in Absprache mit der Geschäftsführung der Börse - spätestens am Tage vor der Handelsregistereintragung gestellt wird. Gelingt es noch am Tag des Zulassungsbeschlusses, diesen zu veröffentlichen, bleibt über das Wochenende genügend Zeit, die Einführung der zugelassenen Wertpapiere für den darauf folgenden Montag als nächstem Werktag vorzubereiten.[1074]

### bb) Prospekterfordernis

Für die Vorbereitung des Zulassungsverfahrens ist ferner von Bedeutung, ob es für Zwecke der Zulassung der neuen Stammaktien eines Prospekts bedarf. Eine Prospektpflicht kann sich grundsätzlich aus § 3 Abs. 1 und § 3 Abs. 3 WpPG ergeben.

---

1072 Siehe dazu die Übersicht in der Anlage des Rundschreibens der Geschäftsführung der FWB Listing 01/2007 und *Groß*, in: Marsch-Barner/Schäfer § 9 Rn. 55.

1073 *Schlitt/Singhof/Schäfer*, BKR 2005, 251, 255; *Trapp*, in: Habersack/Mülbert/Schlitt § 31 Rn. 46.

1074 So die Bekanntmachung der Geschäftsführung der FWB zum Zulassungsbeschluss für die neuen Stammaktien im Zuge von Rechtsformwechsel und Aktienumwandlung der Fresenius SE, vom 28.01.2011; nach dem Wortlaut des § 52 BörsZulV könnte die Einführung der zugelassenen Wertpapiere zwar auch am Samstag als nächstem auf den Tag der Veröffentlichung des Zulassungsbeschlusses folgenden Werktag erfolgen. Da es sich allerdings insoweit nicht um einen Handelstag handelt, ist auch für § 52 BörsZulV faktisch der nächste Handelstag und mithin der Montag gemeint, vgl. *Groß*, in: Marsch-Barner/Schäfer § 9 Rn. 55.

### (i) Öffentliches Angebot

Zunächst muss der Anbieter für Wertpapiere, die im Inland öffentlich angeboten werden, einen Prospekt veröffentlichen (§ 3 Abs. 1 Satz 1 WpPG). Ein öffentliches Angebot von Wertpapieren ist jede Mitteilung an das Publikum die ausreichende Informationen über die Angebotsbedingungen und die anzubietenden Wertpapiere enthält, um einen Anleger in die Lage zu versetzen, über den Kauf oder die Zeichnung dieser Wertpapiere zu entscheiden (§ 2 Nr. 4 WpPG).[1075]

### (1) Mitteilung

Bei der hier zu untersuchenden Aktienumwandlung in Form einer Zwangsumwandlung kommt als frühest möglicher Anknüpfungspunkt für ein öffentliches Angebot der Versand der Hauptversammlungseinladung, in der die Beschlussfassung über die Aufhebung des Vorzugs angekündigt und über die Aktienumwandlung berichtet wird, in Betracht. Das Merkmal der Mitteilung in jedweder Form und auf jedwede Art und Weise wird denkbar weit verstanden (die Mitteilung kann mündlich, schriftlich, elektronisch oder in sonstiger Weise erfolgen).[1076] Eine im elektronischen Bundesanzeiger veröffentlichte Hauptversammlungseinladung dürfte deshalb grundsätzlich den formellen Anforderungen an ein öffentliches Angebot genügen.[1077]

Der Umstand, dass die neuen Stammaktien erst mit Eintragung des Beschlusses in das Handelsregister entstehen können, ist für das Vorliegen eines öffentlichen Angebots im Zeitpunkt der Einladung zur Hauptversammlung nicht schädlich. Die Tatbestandsmerkmale des öffentlichen Angebots müssen nicht alle gleichzeitig vorliegen.[1078] Dass Wertpapiere angeboten werden, die erst in Zukunft entstehen sollen, ist - wie der Fall einer Kapitalerhöhung gegen Bareinlage zeigt - nicht ungewöhnlich. Entscheidend ist vielmehr, dass die Wirkung des einen Merkmals bis zum Vorliegen des anderen fortbesteht.[1079]

### (2) Fehlender Angebotscharakter

Wollte man in der Einladung zur Hauptversammlung eine Mitteilung an das Publikum sehen, fehlt es bei der Zwangsumwandlung gleichwohl an dem für ein öffentliches Angebot erforderlichen spezifischen Angebotscharakter.[1080]

---

1075 *Heidelbach*, in: Schwark/Zimmer § 3 WpPG Rn. 3.

1076 *v.Kopp-Colomb/Knobloch*, in: Assmann/Schlitt/v.Kopp-Colomb § 2 Rn. 34; *Schnorbus*, AG 2008, 389, 392; *Grundman*, in: Schimansky/Bunte/Lwowski § 112 Rn. 33.

1077 Für den Versand der Hauptversammlungseinladung als einen zumindest denkbaren Anknüpfungspunkt *Groß* § 2 WpPG Rn. 10.

1078 *v.Kopp-Colomb/Knobloch*, in: Assmann/Schlitt/v.Kopp-Colomb § 2 Rn. 33.

1079 *v.Kopp-Colomb/Knobloch*, in: Assmann/Schlitt/v.Kopp-Colomb § 2 Rn. 33 und im Anschluss *Schnorbus*, in: Berrar/Meyer/Müller/Schnorbus/Singhof/Wolf § 2 WpPG Rn. 31.

1080 So auch *Groß* § 2 WpPG Rn. 10 Fn. 49.

Zwar kommt es für das Vorliegen eines Angebots nicht darauf an, ob bereits ein Angebot im Rechtssinne vorliegt.[1081] Auch hier gebietet eine weite Auslegung des Tatbestandes, dass bereits die Ansprache potentieller Anleger mit dem Ziel des Verkaufs von Wertpapieren - also gewissermaßen eine invitatio ad offerendum - den Angebotsbegriff erfüllt.[1082]

Schon der Wortlaut des § 2 Nr. 4 WpPG erfordert aber, dass das Angebot ergeht, um eine mögliche Investitionsentscheidung des potentiellen Anlegers, gerichtet auf den Erwerb der angebotenen Wertpapiere herbeizuführen ("um einen Anleger in die Lage zu versetzen, über den Kauf oder die Zeichnung dieser Wertpapiere zu entscheiden").[1083] Besteht für den Anleger dagegen von vornherein nicht die Möglichkeit, sich individuell für oder gegen einen Aktienerwerb zu entscheiden, ist der Anwendungsbereich des öffentlichen Angebots nicht eröffnet. Dies wird insbesondere dadurch verdeutlicht, dass Anleger im Rahmen von Hauptversammlungsbeschlüssen, die einem gesetzlichen Aktienerwerb vorausgehen, sogar (durch Ausübung ihres Stimmrechts) eine negative Investitionsentscheidung treffen können, diese aber für den letztlich erfolgenden gesetzlichen Aktienerwerb auf Grund Mehrheitsbeschlusses, unbeachtlich sein kann.[1084]

Die Regierungsbegründung zum Prospektrichtlinie-Umsetzungsgesetz nimmt zudem Umwandlungsvorgänge nach dem UmwG von dem Anwendungsbereich des § 2 Nr. 4 WpPG aus, sofern die Personen, die bereits vor Wirksamwerden des Umwandlungsvorganges Wertpapiere des übertragenden Rechtsträgers halten, anlässlich des Umwandlungsvorganges keine Zuzahlungen für den Erwerb der Wertpapiere leisten sollen.[1085] Entsprechendes muss in allen Fällen gelten, in denen der Erwerbsakt kraft Gesetzes und nicht in Form eines Kauf- oder Zeichnungsvertrages erfolgt.[1086] Genau wie im Fall des Ak-

---

1081 BT-Drucks. 15/4999, 28 liSp.

1082 Zum Verkaufsprospektgesetz, vgl. BAWe Bekanntmachung zum Wertpapier-Verkaufsprospektgesetz vom 06.09.1999, BAnz. Nr. 177 vom 21.09.1999, 16180, I. 2., 3; ferner *Schnorbus*, AG 2008, 389, 392; *Groß* § 2 WpPG Rn. 10.

1083 *Schnorbus*, AG 2008, 389, 392; *Kollmorgen/Feldhaus*, BB 2007, 2756, 2757; ESMA/2012/855, 6.: In the case of allocations of securities (almost invariably free of charge) where there is no element of choice on the part of the recipient, including no right to repudiate the allocation, there is no "offer of securities to the public" within the meaning of Article 2.1 d) PD. This is because the definition refers to a communication containing sufficient information "to enable an investor to decide to" purchase or subscribe for the securities. Where no decision is made by the recipient of the securities, there is no offer for the purposes of the Directive. Such allocations will therefore fall outside the scope of PD.

1084 Diesen Aspekt betont *Schnorbus*, in: Berrar/Meyer/Müller/Schnorbus/Singhof/Wolf § 2 WpPG Rn. 39; siehe auch *Groß* § 2 WpPG Rn. 10.

1085 BT-Drucks. 15/4999, 28 reSp.

1086 *Groß* § 2 WpPG Rn. 10; *Schnorbus*, in: Berrar/Meyer/Müller/Schnorbus/Singhof/Wolf § 2 WpPG Rn. 38.

tienerwerbes bei einer Kapitalerhöhung aus Gesellschaftsmitteln (§ 212 AktG)[1087], der Verschmelzung[1088], Spaltung (Aufspaltung oder Abspaltung, vgl. § 131 Abs. 1 Nr. 3 UmwG)[1089] und des Formwechsels (§ 202 Abs. 1 Nr. 2 UmwG)[1090], erfolgt der Erwerb der neuen Stammaktien nach Wirksamwerden der Aktienumwandlung durch Handelsregistereintragung kraft Gesetzes.[1091]

---

1087 Hier fehlt der Angebotscharakter auf Grund der Regelung in § 212 Satz 1 AktG, wonach die neuen Aktien den Aktionären im Verhältnis ihrer Anteile am bisherigen Grundkapital zustehen und ohne Rücksicht auf Wissen und Wollen des Aktionärs mit Eintragung der Kapitalerhöhung (§ 211 Abs. 1 AktG) zugeordnet werden, vgl. *Hüffer* § 212 Rn. 2; *Lutter*, in: Kölner Kommentar AktG § 212 Rn. 3; *Krieger*, in: Münchener Hdb AG § 59 Rn. 39; ausdrücklich zum fehlenden Angebotscharakter *Schlitt/Schäfer*, in: Assmann/Schlitt/v.Kopp-Colomb § 4 Rn. 19 und *Groß* § 2 WpPG Rn. 10 und § 4 WpPG Rn. 5, der aus diesem Grund einen eigenen Anwendungsbereich des § 4 Abs. 1 Nr. 4 WpPG im Hinblick auf die Kapitalerhöhung aus Gesellschaftsmitteln nur auf Grund möglicherweise abweichender aktienrechtlicher Regelungen anderer Mitgliedstaaten sieht, so auch *Heidelbach*, in: Schwark/Zimmer § 4 WpPG Rn. 17.

1088 Die Regelung in § 4 Abs. 1 Nr. 3 WpPG, wonach die Pflicht zur Veröffentlichung eines Prospekts nicht für öffentliche Angebote von Wertpapiere gilt, die anlässlich einer Verschmelzung angeboten oder zugeteilt werden oder zugeteilt werden sollen, sofern ein Verschmelzungsbericht vorliegt, läuft deshalb weitgehend leer, sofern nicht das Umwandlungsrecht eines Mitgliedstaates abweichende umwandlungsrechtliche Regelungen enthält, die ein öffentliches Angebot in Deutschland begründen können, vgl. *Mülbert/Steup*, WM 2005, 1633, 1643 f.; *Holzborn/Israel*, in: Holzborn § 4 Rn. 7; *Grosjean*, in: Heidel § 4 WpPG Rn. 5; *Groß* § 4 WpPG Rn. 4; *Schlitt/Schäfer*, in: Assmann/Schlitt/v.Kopp-Colomb § 4 Rn. 16. Ob auch in Fällen, in denen etwa eine Zuzahlung zum Erwerb der Wertpapiere angeboten wird (§ 29 UmwG) ein Angebot vorliegt, das dann unter die Ausnahme des § 4 Abs. 1 Nr. 3 WpPG fallen könnte – so ausdrücklich BT-Drucks. 15/4999, 30 liSp; *Groß* § 4 WpPG Rn. 4 und *Schlitt/Schäfer*, in: Assmann/Schlitt/v.Kopp-Colomb § 4 Rn. 16; *Holzborn/Israel*, in: Holzborn § 4 Rn. 7 – erscheint zumindest zweifelhaft, da das UmwG für Verschmelzungen und Spaltungen grundsätzlich keine Barkomponente vorsieht und es außerdem gemäß § 20 Abs. 1 Nr. 3 UmwG bei einem Erwerb kraft Gesetzes bleibt, vgl. auch *Heidelbach*, in: Schwark/Zimmer § 4 WpPG Rn. 13 und *Assmann*, ZHR 172 (2008), 635, 660; *Schnorbus*, in: Berrar/Meyer/Müller/Schnorbus/Singhof/Wolf § 4 WpPG Rn. 27.

1089 *Schnorbus*, in: Berrar/Meyer/Müller/Schnorbus/Singhof/Wolf § 2 WpPG Rn. 39.

1090 Also bei sämtlichen Strukturmaßnahmen nach dem UmwG, in denen der Aktienerwerb kraft Gesetzes erfolgt, vgl. *Schnorbus*, AG 2008, 389, 392; *Groß* § 2 WpPG Rn. 10.

1091 *Holzborn/Israel*, in: Holzborn § 4 Rn. 4; *Grosjean*, in: Heidel § 4 WpPG Rn. 2; *Mülbert/Steup*, WM 2005, 1633 ff.; *Heidelbach*, in: Schwark/Zimmer § 4 WpPG Rn. 5; *Schnorbus*, in: Berrar/Meyer/Müller/Schnorbus/Singhof/Wolf § 2 WpPG Rn. 39 und § 4 WpPG Rn. 26 mit weiteren Nachweisen. Weite Teile der Literatur bejahen im Falle einer Verschmelzung nach § 29 UmwG ein öffentliches Angebot auf Grund eines angeblich bestehenden Wahlrechts des Aktionärs, vgl. *Groß* § 4 WpPG Rn. 4; *Schlitt/Schäfer*, in: Assmann/Schlitt/v.Kopp-Colomb § 4 Rn. 16; *Grosjean*, in: Heidel § 4 WpPG Rn. 5; *Hamann*, in: Schäfer/Hamann § 2 WpPG Rn. 42; *Mülbert/Steup*, WM 2005, 1633, 1643 Fn. 111a. Dem kann nicht zugestimmt werden. Im Falle des § 29 UmwG hat der Aktionär die Wahl – falls er gegen den Verschmelzungsbeschluss Widerspruch zu Protokoll gegeben hat – zwischen dem gesetzlichen Regelfall, Aktionär der überneh-

Der Versand der Einladung zur Hauptversammlung, in der über die genannten Maßnahmen entschieden werden soll, ist deshalb kein Angebot von Wertpapieren im Sinne von § 2 Nr. 4 WpPG.[1092] die Hauptversammlungseinladung, in der die Beschlussfassung über die Aufhebung des Vorzugs angekündigt und über die Aktienumwandlung berichtet wird, stellt folglich kein öffentliches Angebot dar und löst deshalb auch nicht die Prospektpflicht des § 3 Abs. 1 Satz 1 WpPG aus.

#### (ii) Zulassung

Auch für Zwecke der Zulassung von Wertpapieren bedarf es der Veröffentlichung eines Prospekts (§ 3 Abs. 3 WpPG), soweit nicht eine in § 4 Abs. 2 WpPG normierte Ausnahme eingreift.[1093] Eine Prospektpflicht kann also auch dann ausgelöst werden, wenn entweder - wie in dem hier untersuchten Fall einer Zwangsumwandlung - gar kein öffentliches Angebot erfolgt oder das öffentliche Angebot der betreffenden Wertpapiere gemäß § 3 Abs. 2 WpPG oder § 4 Abs. 1 WpPG prospektfrei möglich ist.[1094]

Während vor Einführung des § 4 Abs. 2 WpPG die Zulassungsstelle der Börse auf Antrag über eine Prospektausnahme im Hinblick auf die Zulassung zu entscheiden hatte (vgl. § 45 BörsZulV aF)[1095], räumen die Tatbestände des § 4 Abs. 2 WpPG nunmehr - als Legalausnahmen - der Geschäftsführung der Börse weder ein Ermessen ein, noch besteht ein Antragserfordernis seitens des Emittenten.[1096] Da die neuen Stammaktien im Zeitpunkt ihrer Entstehung

---

menden Gesellschaft zu werden und dem Ausscheiden aus der übertragenden Gesellschaft gegen Zahlung einer Barabfindung. Der Erwerb von Aktien der übernehmenden Gesellschaft erfolgt aber auch in diesem Fall immer kraft Gesetzes. Allein der vom Anwendungsbereich des WpPG nicht erfasste Verkauf von Wertpapieren durch den Aktionär ist Gegenstand einer (Des-)Investitionsentscheidung. Ein öffentliches Angebot liegt folglich auch im Falle des § 29 UmwG nicht vor, so ausdrücklich nur *Schnorbus,* in: Berrar/Meyer/Müller/Schnorbus/Singhof/Wolf § 4 WpPG Rn. 29; ähnlich aber *Heidelbach,* in: Schwark/Zimmer § 4 WpPG Rn. 13; *Assmann,* ZHR 172 (2008), 635, 660; *Bachmann,* ZHR 172 (2008), 597, 618.

1092 So ausdrücklich *Groß* § 2 WpPG Rn. 10; *Schnorbus,* in: Berrar/Meyer/Müller/Schnorbus/Singhof/Wolf § 2 WpPG Rn. 39.

1093 § 32 Abs. 3 Nr. 2 BörsG schreibt lediglich die Vorlage des durch die BaFin gebilligten Prospekts vor. § 3 Abs. 3 WpPG normiert die vorgelagerte eigentliche Prospektpflicht als Voraussetzung für die Zulassung von Wertpapieren.

1094 *Heidelbach,* in: Schwark/Zimmer § 3 Rn. 31; vgl. CESR/10-830, 44: The exemptions listed in Article 3.2 are not applicable in case of an admission to trading (Article 3.3). Accordingly, if an offer of securities is exempt from the requirement to produce a prospectus by virtue of Article 3.2, a prospectus will nevertheless be required under Article 3.3 if the same securities are admitted to trading (unless an exemption in Article 4.2 applies).

1095 *Groß* § 4 WpPG Rn. 8.

1096 *Kunold/Schlitt,* BB 2004, 501, 505; *Schlitt/Schäfer,* in: Assmann/Schlitt/v.Kopp-Colomb § 4 Rn. 32; *Meyer,* in: Habersack/Mülbert/Schlitt § 30 Rn. 9; *Groß* § 4 WpPG Rn. 8.

nicht zugelassen sind (s.o.), bedürfte es zu ihrer Zulassung folglich grundsätzlich der Veröffentlichung eines Wertpapierprospekts. Insoweit ist im Folgenden zu untersuchen, ob für die Zulassung der aus einer Zwangsumwandlung entstehenden Stammaktien eine Prospektausnahme zur Verfügung steht.

Soweit ersichtlich äußern sich in der Literatur lediglich zwei Autoren zu dieser Frage. Nach Ansicht von *Schnorbus* kommt eine Prospektausnahme nicht in Betracht, da keiner der Ausnahmetatbestände des § 4 Abs. 2 WpPG anwendbar sei.[1097] *Groß* vertritt demgegenüber die Ansicht, die Zulassung der aus einer Zwangsumwandlung entstehenden Stammaktien sei auf Grundlage einer entsprechenden Anwendung von § 4 Abs. 2 Nr. 7 WpPG prospektfrei möglich.[1098] Danach ist die Zulassung von Aktien, die nach der Ausübung von Umtausch- oder Bezugsrechten aus anderen Wertpapieren ausgegeben werden, sofern es sich dabei um Aktien derselben Gattung handelt wie die Aktien, die bereits zum Handel an demselben organisierten Markt zugelassen sind, prospektfrei möglich.

Im Folgenden sollen die in Betracht kommenden Ausnahmetatbestände nacheinander auf ihre Anwendbarkeit im Falle einer Zwangsumwandlung überprüft werden.

### (1) § 4 Abs. 2 Nr. 2 WpPG

Die prospektfreie Zulassung ist möglich, wenn die zuzulassenden Aktien im Austausch für bereits an demselben organisierten Markt zum Handel zugelassene Aktien ausgegeben werden, ohne dass mit der Ausgabe dieser neuen Aktien eine Kapitalerhöhung verbunden ist (§ 4 Abs. 2 Nr. 2 WpPG). Die Vorschrift setzt Art. 4 Abs. 2 lit. b Prospektrichtlinie um.[1099] Eine vergleichbare Regelung fand sich bereits in der BörsZulV (§ 45 Nr. 2 c BörsZulV a. F.)[1100] Anders als die Vorgängerregelung verlangt das geltende Recht aber, dass die auszutauschenden Aktien zu derselben Gattung gehören, wie die neuen Aktien.[1101] Gemeint ist etwa die Ausgabe neuer Aktien in Folge einer Nennwertveränderung nach Durchführung eines Aktiensplitts zum Zwecke der

1097 *Schnorbus*, in: Berrar/Meyer/Müller/Schnorbus/Singhof/Wolf § 4 WpPG Rn. 4.

1098 Erstmals in der Neuauflage *Groß* § 4 WpPG Rn. 19.

1099 BT-Drucks. 15/4999, 30 reSp.

1100 BT-Drucks. 15/4999, 30 reSp.

1101 Weshalb das Erfordernis gleicher Gattungszugehörigkeit in Artikel 4 Abs. 2 lit. b der Prospektrichtlinie aufgenommen wurde, ist nicht ersichtlich. Die Prospektrichtlinie geht auf die Transparenzrichtlinie 2001/34/EG zurück. In deren Art. 23 Nr. 2 lit. c war das Erfordernis noch nicht enthalten. Entsprechend enthielt auch § 45 Nr. 2 c BörsZulV kein solches Erfordernis. § 45 Nr. 2 c BörsZulV sollte klarstellen, dass bei Ersatz bereits zugelassener Aktien durch neue Aktien (etwa nach einem Aktiensplitt, einer Zusammenlegung, einer Umstellung auf nennwertlose Stückaktien oder einem Rechtformwechsel einer KGaA in eine AG) die neuen Aktien einer erneuten Zulassung bedürfen, von der dann allerdings befreit werden konnte, vgl. *Gebhardt*, in: Schäfer/Hamann § 45 BörsZulV a.F. Rn. 14; *Heidelbach*, in: Schwark, 3. Auflage, § 45 BörsZulV Rn. 6.

Umstellung von Nennwertaktien auf nennwertlose Aktien oder umgekehrt.[1102] Der Tausch von Vorzugsaktien in Stammaktien erfüllt dieses Kriterium aber gerade nicht und unterfällt deshalb nicht der Prospektausnahme des § 4 Abs. 2 Nr. 2 WpPG.

### (2) § 4 Abs. 2 Nr. 7 WpPG

Die Pflicht zur Veröffentlichung eines Prospekts gilt - wie bereits angedeutet - auch nicht für die Zulassung von Aktien, die nach der Ausübung von Umtausch- oder Bezugsrechten aus anderen Wertpapieren ausgegeben werden, sofern es sich dabei um Aktien derselben Gattung handelt wie die Aktien, die bereits zum Handel an demselben organisierten Markt zugelassen sind (§ 4 Abs. 2 Nr. 7 WpPG).

#### (a) Wertpapiere

Bei den besagten, den Umtausch- oder Bezugsrechten zu Grunde liegenden Wertpapieren kann es sich auch um Aktien handeln, was nach bislang wohl überwiegender Meinung die prospektfreie Zulassung von neuen Aktien aus einer Bezugsrechtskapitalerhöhung ermöglichte.[1103]

#### (b) Bereits zugelassene Aktien derselben Gattung?

Sofern die umzuwandelnden Vorzugsaktien die einzige börsennotierte Aktiengattung der Gesellschaft darstellen, bedarf die Zulassung der nach Wirksamwerden der Zwangsumwandlung entstehenden neuen Stammaktien - gegebenenfalls zusammen mit den schon bestehenden Stammaktien - zwingend der Veröffentlichung eines Wertpapierprospekts, da Aktien derselben Gattung nicht bereits zum Handel an demselben organisierten Markt zugelassen sind.

Etwas anderes gilt jedoch, wenn die Stammaktien der Gesellschaft - wie im hier zu untersuchenden Fall - ebenfalls bereits börsennotiert sind. In diesem Fall existieren bei Wirksamwerden der Zwangsumwandlung die von § 4 Abs. 2 Nr. 7 WpPG geforderten zum Handel an demselben organisierten Markt zugelassene Aktien derselben Gattung.[1104]

---

1102 *Heidelbach*, in: Schwark/Zimmer § 4 WpPG Rn. 6 zu der inhaltsgleichen Ausnahme des § 4 Abs. 1 Nr. 1 WpPG.

1103 Siehe die Nachweise zum Meinungsstand bei *Heidelbach*, in: Schwark/Zimmer § 4 WpPG Rn. 45.

1104 Beträgt das Volumen der umzuwandelnden Vorzugsaktien nicht mehr als 10 % des bisherigen Grundkapitals, greift bereits die Prospektausnahme des § 4 Abs. 2 Nr. 1 WpPG ein. Danach gilt die Pflicht zur Veröffentlichung eines Prospekts nicht für die Zulassung von Aktien, die über einen Zeitraum von zwölf Monaten weniger als 10 Prozent der Zahl der Aktien derselben Gattung ausmachen, die bereits zum Handel an demselben organisierten Markt zugelassen sind. Von dieser Ausnahme wird in der Praxis typischerweise bei der Durchführung von sog. 10 % Kapitalerhöhungen nach § 186 Abs. 3 Satz 4 AktG Gebrauch gemacht, vgl. zu den Einzelheiten, insbesondere zu

#### (c) "Andere Wertpapiere"?

Bei den Vorzugsaktien, die in Stammaktien umgewandelt werden sollen, müsste es sich zudem um "andere Wertpapiere" im Sinne des § 4 Abs. 2 Nr. 7 WpPG handeln. Eine Erwähnung des Tatbestandsmerkmals der anderen Wertpapiere findet sich in § 2 Nr. 1a WpPG. Dort werden Wertpapiere definiert als übertragbare Wertpapiere, die an einem Markt gehandelt werden können, insbesondere Aktien und andere Wertpapiere, die Aktien oder Anteilen an Kapitalgesellschaften oder anderen juristischen Personen vergleichbar sind, sowie Zertifikate, die Aktien vertreten. In der Literatur wird - allerdings im Hinblick auf Bezugsrechte aus Aktien - aus dieser Formulierung teilweise gefolgert, dass das WpPG systematisch zwischen Aktien und anderen Wertpapieren differenziere und folglich Bezugsrechte aus Aktien schon nicht unter den Tatbestand des § 4 Abs. 2 Nr. 7 fallen könnten, da dieser nur Bezugsrechte aus anderen Wertpapieren und eben nicht aus Aktien erfasse.[1105]

Ein solches Verständnis führt aber zu einem systematischen Widerspruch, der schwerlich vom Gesetzgeber gewollt sein kann. Andere Wertpapiere werden nämlich in § 2 Nr. 1a WpPG zwar selbständig neben Aktien genannt, gleichzeitig aber näher konkretisiert als Wertpapiere, die Aktien oder Anteilen an Kapitalgesellschaften oder anderen juristischen Personen vergleichbar sind, sowie Zertifikate, die Aktien vertreten. So übertragen auf den Tatbestand des § 4 Abs. 2 Nr. 7 WpPG könnten dort nur Wandlungs- und Bezugsrechte aus anteilsähnlichen Wertpapieren oder Zertifikaten, die Aktien vertreten, erfasst sein. Der von der ganz herrschenden Meinung und den Vertretern dieser Auslegung angeführte Hauptanwendungsfall der Prospektausnahme des § 4 Abs. 2 Nr. 7 WpPG, die Zulassung von Aktien, die in Folge der Ausübung von Wandlungs- und Bezugsrechten aus Wandel- und Umtauschanleihen ausgegeben werden, wäre nicht erfasst.

Dieser Widerspruch lässt sich gleichsam auflösen, wenn man den Wortlaut des § 4 Abs. 2 Nr. 7 WpPG untechnisch in dem Sinne versteht, dass es sich zwar um Wandlungs- und Bezugsrechte aus Wertpapieren im Sinne des § 2 Nr. 1 WpPG handeln muss, der Zusatz "andere" aber lediglich klarstellt, dass auch andere Wertpapiere als Aktien erfasst sind.[1106] Dieses Verständnis wird gestützt durch die gesonderte Erwähnung der Schuldverschreibungen in der Legaldefinition des Wertpapierbegriffs (§ 2 Nr. 1b WpPG), die so als Hauptanwendungsfall in § 4 Abs. 2 Nr. 7 WpPG einbezogen wären. Eine am Wort-

---

der mangelnden Abstimmung zwischen § 186 Abs. 3 Satz 4 AktG und § 4 Abs. 2 Nr. 1 WpPG, *Schlitt/Schäfer*, in: Assmann/Schlitt/v.Kopp-Colomb § 4 Rn. 39 ff. mit weiteren Nachweisen.

1105 *Herfs*, in: Habersack/Mülbert/Schlitt § 4 Rn. 105 Fn. 206; wohl auch, allerdings ohne nähere Begründung, *Schäcker/Brehm*, in: Habersack/Mülbert/Schlitt § 2 Rn. 53.

1106 Ähnlich auch *Angersbach/v.d.Chevallerie/Ulbricht*, ZIP 2009, 1302, 1304.

laut orientierte systematische Auslegung des WpPG führt folglich zur Einbeziehung von Aktien in den Tatbestand des § 4 Abs. 2 Nr. 7 WpPG.

Auch der Wertpapierbegriff der Prospektrichtlinie, der auf den Wertpapierbegriff der MiFiD (Art. 4 Abs. 1 Nr. 18) bzw. ISD zurückgeht und Eingang in § 2 Nr. 1 WpPG gefunden hat,[1107] enthält keine eigene Kategorie anderer Wertpapiere. Dass die Prospektrichtlinie dennoch selbst in Artikel 4 Abs. 2 lit. g, den § 4 Abs. 2 Nr. 7 WpPG umsetzt, von anderen Wertpapieren spricht, zeigt also, dass diese Formulierung untechnisch im oben beschriebenen Sinne zu verstehen ist.

Teilweise wird zur Begründung - wiederum im Hinblick auf Bezugsrechte aus Aktien - auch auf die Vorgängernorm des § 45 Nr. 2 lit. b BörsZulV aF verwiesen.[1108] Diese beschränkte die prospektfreie Zulassung ausdrücklich auf Aktien, die aus Bezugsrechten anderer Wertpapiere als Aktien ausgegeben wurden. Daraus folgern *Angersbach/v. d. Chevallerie/Ulbricht*, dass der Gesetzgeber diesen Wortlaut in § 4 Abs. 2 Nr. 7 WpPG übernommen hätte, wenn er Bezugsrechte aus Aktien aus dem Tatbestand hätte ausnehmen wollen.[1109] Die Autoren sehen in der abweichenden Fassung der Norm einen Beweis dafür, dass der Gesetzgeber einen weiteren Ausnahmetatbestand schaffen wollte, der auch die Zulassung neuer Aktien nach der Ausübung des Bezugsrechts aus allen Wertpapieren im Sinne des § 2 Nr. 1 WpPG - also auch Aktien - von der Prospektpflicht befreit.[1110]

Übertragen auf die Umwandlung von Vorzugsaktien in Stammaktien folgt aus diesem Verständnis, dass Vorzugsaktien unter den Tatbestand der anderen Wertpapiere subsumiert werden könnten.

### (d) Ausübung von Umtausch- oder Bezugsrechten?

Dann müsste die Zwangsumwandlung schließlich als eine Ausübung von Umtausch- oder Bezugsrechten - wie es der Wortlaut des § 4 Abs. 2 Nr. 7 WpPG verlangt - verstanden werden können. Dies erscheint zunächst mit dem Wortlaut nicht vereinbar. Bei der Zwangsumwandlung, die durch eine Satzungsänderung auf Grundlage eines Mehrheitsbeschlusses der Hauptver-

---

1107 Zwar nimmt Artikel 2 Abs. 1 lit. a der Prospektrichtlinie nicht die MiFID, sondern die ISD in Bezug. Bei Aufhebung der ISD durch Artikel 69 der MiFID wurde jedoch eine dynamische Verweisung auf die entsprechenden Vorschriften der MiFID angeordnet, vgl. *Heidelbach*, in: Schwark/Zimmer § 2 Rn. 4 und BT-Drucks. 15/4999, 28 liSp.

1108 Die Regelung in § 4 Abs. 2 Nr. 7 WpPG hat zwar ihre Grundlage in Artikel 4 Abs. 2 lit. g der Prospektrichtlinie, ist aber gleichwohl mit § 45 Nr. 2 lit b BörZulV vergleichbar. Denn § 45 Nr. 2 lit b BörZulV setzt Artikel 23 Nr. 2 lit. b der Transparenzrichtlinie 2001/34/EG um, an den wiederum Artikel 4 Abs. 2 lit. g der Prospektrichtlinie anknüpft, vgl. BT-Drucks. 15/4999, 31 liSp.

1109 So *Angersbach/v.d.Chevallerie/Ulbricht*, ZIP 2009, 1302, 1304.

1110 *Angersbach/v.d.Chevallerie/Ulbricht*, ZIP 2009, 1302, 1304.

sammlung erfolgt, handelt es sich sprachlich nicht um die Ausübung eines Rechts.

Etwas anderes könnte sich indessen aus Artikel 4 Abs. 2 lit. g der Prospektrichtlinie ergeben.[1111] Artikel 4 Abs. 2 lit. g der Prospektrichtlinie ist in seinem Wortlaut weiter als § 4 Abs. 2 Nr. 7 WpPG. Dort ist eine Prospektausnahme vorgesehen für die Zulassung von Aktien, die bei der Umwandlung oder beim Tausch von anderen Wertpapieren oder infolge der Ausübung von mit anderen Wertpapieren verbundenen Rechten ausgegeben werden. Offenbar versteht die Richtlinie unter Umwandlung bzw. Tausch etwas anderes als unter der Ausübung eines Rechts und sieht insoweit einen eigenen Anwendungsbereich für Fälle, in denen neue Aktien nicht in Folge der Ausübung eines Rechts ausgegeben werden. Dass die Zwangsumwandlung rechtstechnisch durch eine Satzungsänderung und eben nicht durch einen Austausch herbeigeführt wird, steht mit der Terminologie der Richtlinie folglich nicht in Widerspruch. Auch die Maßnahmen, die § 4 Abs. 2 Nr. 2 WpPG bzw. Artikel 4 Abs. 2 lit. b der Prospektrichtlinie adressieren, werden als Austausch bezeichnet, betreffen eigentlich aber Satzungsänderungen. Ausgehend von diesem Befund ist *Groß* zuzustimmen, wenn er sagt „Gleiches gilt für die Umwandlung von Aktiengattungen, bei der zwar kein Umtauschrecht eingreift, sondern mit Eintragung der entsprechenden Satzungsänderung ein automatischer Umtausch erfolgt, bei dem aber § 4 Abs. 2 Nr. 7 entsprechend angewendet wird".[1112]

#### f) Zusammenfassung

Die Zwangsumwandlung ist der gesetzlich vorgesehene Regelfall einer Aktienumwandlung (§ 141 Abs. 1, 4 AktG). Sie lässt sich auf Grundlage eines satzungsändernden Hauptversammlungsbeschlusses der Stammaktionäre (§§ 141 Abs. 1, 179 Abs. 1 Satz 1 AktG) und eines zustimmenden Sonderbeschlusses der Vorzugsaktionäre, jeweils mit qualifizierter Drei-Viertel-Mehrheit (§§ 179 Abs. 2 Satz 1, 141 Abs. 3 Satz 2 AktG), umsetzen und wird mit Eintragung in das Handelsregister wirksam (§ 181 Abs. 3 AktG). Wegen der damit verbundenen automatischen Umwandlung der Vorzugsaktien löst die Ankündigung einer Zwangsumwandlung kein öffentliches Angebot im Sinne des § 2 Nr. 4 WpPG aus. Die neuen Stammaktien sind im Zeitpunkt ihrer Entstehung zwar nicht börsennotiert, können aber auf Grundlage einer analogen Anwendung des § 4 Abs. 2 Nr. 7 WpPG prospektfrei zugelassen werden.

### 2. Freiwillige Umwandlung

Die im vorangegangenen Abschnitt näher beleuchtete Zwangsumwandlung stößt an ihre Grenzen, wenn eine Umwandlung im Wege der Satzungsände-

---

1111 BT-Drucks. 15/4999, 31 liSp.
1112 *Groß* § 4 WpPG Rn. 19.

rung für die Aktionäre einer betroffenen Gattung wirtschaftlich unattraktiv ist, insbesondere weil die beiden Gattungen unterschiedliche Börsenkurse aufweisen.[1113] Ist dies der Fall, kann es notwendig sein, Umwandlungsanreize zu schaffen, um die erforderlichen Aktionärsmehrheiten zu gewinnen.[1114] Zu diesem Zweck kann die Verwaltung der Hauptversammlung vorschlagen, eine Aktienumwandlung mit Gegenleistung zu beschließen.[1115]

Aus Sicht der Stammaktionäre führt zudem das mit der Aktienumwandlung einhergehende Aufleben der Stimmrechte aus den Vorzugsaktien zu einer Verwässerung ihrer Stimmrechtsquote, was sich vor allem aus Sicht solcher Aktionäre als nachteilig darstellt, die bisher über eine Stimmenmehrheit oder zumindest eine Sperrminorität verfügten.[1116]

Als Ausgleich für die Stimmrechtsverwässerung und/oder etwaige Kursdifferenzen zwischen Vorzugs- und Stammaktien kommt vor allem die Zahlung einer Umwandlungsprämie in Betracht. Sofern - bei höher notierenden Stammaktien - die Prämie von den Vorzugsaktionären aufgebracht werden soll, ist zu beachten, dass Aktionären nachträglich gegen ihren Willen grundsätzlich keine Nebenverpflichtungen auferlegt werden dürfen (§ 180 Abs. 1 AktG).[1117] Da eine insoweit notwendige Zustimmung aller Aktionäre (§ 180 Abs. 1 AktG) bei einer börsennotierten Gesellschaft praktisch nicht zu erreichen ist,[1118] kann eine Zwangsumwandlung nicht mit einer Verpflichtung der Vorzugsaktionäre zur Zahlung einer Prämie verbunden werden.[1119] Es bleibt aber die Möglichkeit, den Aktionären eine Freiwillige Aktienumwandlung auf individualvertraglicher Basis anzubieten.[1120] Notieren die Vorzugsaktien über den Stammaktien, scheitert eine Prämienzahlung durch die Stammaktionäre

1113 *Schlitt/Winzen*, CFL 2012, 261, 267.

1114 *Gätsch*, in: Marsch-Barner/Schäfer § 5 Rn. 56; *Butzke*, in: Marsch-Barner/Schäfer § 6 Rn. 39; *Schlitt/Winzen*, CFL 2012, 261, 267; *Marsch-Barner*, in: Liber amicorum Martin Winter, 467, 469, der den Fall höher notierender Vorzugsaktien zwar als Ausnahme bezeichnet. Diese Annahme findet allerdings in der Rechtswirklichkeit - wie gesehen - keine unbedingte Bestätigung, siehe dazu oben D. II. 1. e).

1115 *Schlitt/Winzen*, CFL 2012, 261, 267. So die Verfahren der Metro AG im Jahre 2000, vgl. die Einladung zur Hauptversammlung im Bundesanzeiger vom 24.05.2000, und der RWE AG im Jahre 1998, siehe die Einladung zur Hauptversammlung der RWE AG im Bundesanzeiger vom 08.01.1998; dazu *Wirth/Arnold*, ZGR 2002, 859, 868.

1116 *Marsch-Barner*, in: Liber amicorum Martin Winter, 467, 468; *Schlitt/Winzen*, CFL 2012, 261, 267.

1117 *Wiedemann*, in: Großkommentar AktG § 180 Rn. 4.

1118 *Stein*, in: MüKo AktG § 179 Rn. 98; *Hüffer* § 179 Rn. 20; *Holzborn*, in: Spindler/Stilz § 179 Rn. 124.

1119 *Wirth/Arnold*, ZGR 2002, 859, 975; *Senger/Vogelmann*, AG 2002, 193, 198; *Altmeppen*, NZG 2005, 771, 773; *Marsch-Barner*, in: Liber amicorum Martin Winter, 467, 469; *Schröer*, in: MüKoAktG § 141 Rn. 14; *Schlitt/Winzen*, CFL 2012, 261, 267.

1120 *Gätsch*, in: Marsch-Barner/Schäfer § 5 Rn. 56; *Schlitt/Winzen*, CFL 2012, 261, 267.

typischerweise faktisch an deren Bereitschaft, neben einer Verwässerung ihrer Stimmrechte auch noch eine Zuzahlung in Kauf zu nehmen.[1121]

Zuzahlungen an die Vorzugsaktionäre von Seiten der Gesellschaft sind wegen des Verbots der Einlagenrückgewähr (§ 57 Abs. 1 Satz 1 AktG) unzulässig.[1122] Zwar wird vereinzelt vorgeschlagen, eine solche Zuzahlung der Gesellschaft an die umtauschwilligen Vorzugsaktionäre im Wege einer - § 57 Abs. 1 Satz 1 AktG nicht unterfallenden - Sonderdividende umzusetzen.[1123] Eine vorrübergehende Änderung des Gewinnverteilungsschlüssels bedarf - wegen des damit einhergehenden Eingriffs in ein bereits bestehendes Mitgliedschaftsrecht - jedoch der Zustimmung aller Aktionäre, die von der zusätzlichen Gewinnausschüttung nicht profitieren und kommt deshalb in einer Publikumsgesellschaft nicht in Betracht.[1124]

Im Folgenden Abschnitt sollen Möglichkeiten der Freiwilligen Aktienumwandlung untersucht werden. Dabei sind grundsätzlich zwei Varianten denkbar. Notieren die Stammaktien der Gesellschaft über den Vorzugsaktien, kommt eine Freiwillige Aktienumwandlung auf Grundlage eines satzungsändernden Hauptversammlungsbeschlusses in Betracht, der - in Anlehnung an das Verfahren bei einer Bis-zu-Kapitalerhöhung -[1125] die Umwandlung sämtlicher Vorzugsaktien (als Höchstanzahl) im Grundsatz ermöglicht, den Umfang der letztlich im Wege der Satzungsänderung tatsächlich zum Handelsregister anzumeldenden Aktienumwandlung aber von der Zahl der innerhalb einer Umwandlungsfrist eingereichten Vorzugsaktien abhängig macht (**Bis-zu-Umwandlung**).[1126] Notieren die Vorzugsaktien über den Stammaktien kann die Freiwillige Aktienumwandlung durch einen Rückkauf der Vorzugsaktien im Wege eines öffentlichen Rückkaufangebots zum Zwecke der Einziehung eingeleitet werden. Eine Aktienumwandlung würde voraussetzen, dass der Aktienrückkauf mit einer Kapitalerhöhung verknüpft werden kann, bei der

---

1121 *Marsch-Barner*, in: Liber amicorum Martin Winter, 467, 469 f. und im Anschluss *Schlitt/Winzen*, CFL 2012, 261, 267.

1122 *Senger/Vogelmann*, AG 2002, 193, 198; *Wirth/Arnold*, ZGR 2002, 859,884; *Gätsch*, in: Marsch-Barner/Schäfer § 5 Rn. 56; *Schlitt/Winzen*, CFL 2012, 261, 267.

1123 *Wirth/Arnold*, ZGR 2002, 859, 884 ff.; *Senger/Vogelmann*, AG 2002, 193, 198 f.

1124 *Hüffer* § 60 Rn. 8; *Henze*, in: Großkommentar AktG § 60 Rn. 21; *Bayer*, in: MüKo AktG § 60 Rn. 19; *Horbach*, AG 2001, 78, 80.

1125 Siehe dazu ausführlich *Seibt/Voigt*, AG 2009, 133, 134 ff.; *Busch*, in: Marsch-Barner/Schäfer § 42 Rn. 11; *v.Dryander/Niggemann*, in: Hölters § 182 Rn. 34 ff.; OLG München, NZG 2009, 1274, 1274 f.

1126 Unter F. I. 2. a). Siehe dazu etwa die Angaben im Prospekt für die Freiwillige Aktienumwandlung der Fresenius Medical Care AG vom 04.01.2006, 35 ff. Aus Sicht der Stammaktionäre ist freilich - worauf *Wirth/Arnold* hinweisen - zu bedenken, dass die von den Vorzugsaktionären in die Kapitalrücklage der Gesellschaft geleisteten Zahlungen künftig auch den Vorzugsaktionären zu Gute kommen, da diese ja weiterhin - als Stammaktionäre - am Gesellschaftsvermögen beteiligt sind, *Wirth/Arnold*, ZGR 2002, 859, 880.

die veräußerungswilligen Vorzugsaktionäre zur Zeichnung neuer Stammaktien gegen Einbringung ihrer Kaufpreisforderungen im Wege der Sacheinlage zugelassen werden (**Rückkaufumwandlung**).[1127] Die rechtliche Umsetzbarkeit beider Varianten soll im Folgenden näher beleuchtet werden.

### a) Bis-zu-Umwandlung

#### aa) Beschlusserfordernisse

##### (i) Hauptversammlungsbeschluss der Stammaktionäre

Die Bis-zu-Umwandlung erfordert zunächst einen satzungsändernden Hauptversammlungsbeschluss mit Drei-Viertel-Mehrheit, der den Vorzug der Vorzugsaktionäre aufhebt (§§ 141 Abs. 1, 179 Abs. 1 Satz 1, Abs. 2 Satz 1 AktG). Im Unterschied zum Beschlussinhalt bei der Zwangsumwandlung, soll hier der Vorzug jedoch gerade nicht für die ganze Gattung zwingend aufgehoben werden. Es soll vielmehr jedem einzelnen Aktionär anheimgestellt werden, seine Vorzugsaktien in Stammaktien umzuwandeln. Zu diesem Zweck muss der Hauptversammlungsbeschluss auf die Aufhebung des satzungsgemäßen Vorzugs für eine unbestimmte Anzahl der existierenden Vorzugsaktien, begrenzt durch ihre Gesamtzahl gerichtet werden (**Bis-zu-Beschluss**).[1128]

Aus Gründen der Satzungsautonomie der Hauptversammlung muss der Bis-zu-Beschluss festlegen, wie die endgültige für die Satzungsänderung maßgebende Zahl der umzuwandelnden Vorzugsaktien ermittelt wird.[1129] Zu diesem Zweck empfiehlt sich eine Regelung, wonach Vorzugsaktionäre ihre Aktien zusammen mit einer Umwandlungserklärung und der Umwandlungsprämie in einer bestimmten Frist über ihre depotführenden Banken bei der Gesellschaft einreichen können.[1130] Wie bei einer Bis-zu-Kapitalerhöhung ergibt sich der endgültige und für die Satzungsänderung maßgebliche Umfang der Transaktion dann zulässigerweise erst aus der Anzahl der nach Ablauf der Umwandlungsfrist eingereichten Umwandlungserklärungen.[1131]

Ein solcher Beschlussinhalt widerspricht nicht dem Grundsatz der Bedingungsfeindlichkeit von Satzungsbestimmungen. Zwar können Satzungsbestimmungen aus Gründen der Rechtssicherheit nicht in der Weise unter eine Bedingung (§ 158 BGB) gestellt werden, dass die Bedingung als Satzungsinhalt

---

1127 Unter F. I. 2. b).

1128 *Wirth/Arnold*, ZGR 2002, 859, 868, 878 f.

1129 *Stein*, in: MüKo AktG § 179 Rn. 50; *Grunewald*, AG 1990, 133, 139; *Lutter/Leinekugel*, ZIP 1998, 805, 810; *Seibt*, in: K.Schmidt/Lutter § 179 Rn. 38.

1130 *Wirth/Arnold*, ZGR 2002, 859, 868, 878 f.; siehe zur Ausgestaltung des Verfahrens beispielhaft die Ausführungen im Prospekt für die Freiwillige Aktienumwandlung der Fresenius Medical Care AG vom 04.01.2006, 37 f.

1131 Zu dieser Parallele auch *Wirth/Arnold*, ZGR 2002, 859, 868, 888 f.

mit in das Handelsregister eingetragen wird.[1132] Sofern aber - wie im vorliegenden Fall - lediglich der Hauptversammlungsbeschluss unter eine Bedingung gestellt wird, diese aber vor der Anmeldung des Beschlusses eintritt - hier durch die Ermittlung der endgültigen Zahl umzuwandelnder Aktien -, bestehen insoweit keine Bedenken.[1133]

Neben Umwandlungsfrist und Umwandlungsverfahren muss der Hauptversammlungsbeschluss der Stammaktionäre die Umwandlungsprämie festlegen. Dabei kann die Höhe der Umwandlungsprämie beispielsweise in Anlehnung an § 5 Abs. 1 WpÜG-AV an der Differenz zwischen den gewichteten durchschnittlichen inländischen Börsenkursen der Stamm- und Vorzugsaktien in einer Referenzperiode von drei Monaten vor der Bekanntgabe der beabsichtigten Umwandlung, abzüglich eines Abschlags orientieren.[1134]

### (ii) Sonderbeschlüsse

Auch bei der Bis-zu-Umwandlung stellt sich grundsätzlich die Frage, ob die Vorzugsaktionäre in Form eines Sonderbeschlusses zustimmen müssen. Dies könnte - anders als bei der Zwangsumwandlung - zweifelhaft sein, weil Sinn und Zweck des mit qualifizierter Mehrheit (§ 141 Abs. 3 Satz 2 AktG) zu fassenden Sonderbeschlusses die Entbindung von der ansonsten nach § 35 BGB erforderlichen Einzelzustimmung jedes Vorzugsaktionärs ist.[1135] Bei der Bis-zu-Umwandlung ist die Aktienumwandung aber ohnehin in das Belieben jedes einzelnen Aktionärs gestellt. Durch Einreichung der Umwandlungserklärung wird deshalb auch die Zustimmung nach § 35 BGB erklärt.[1136] Da es des Schutzes durch § 141 Abs. 1 AktG folglich in Fällen der Freiwilligen Aktienumwandlung nicht bedarf, ist der Regelungsgehalt für diese vom Wortlaut der Norm gleichwohl erfassten Fälle teleologisch dahingehend zu reduzieren, dass ein Sonderbeschlusses der Vorzugsaktionäre nicht eingeholt werden

---

1132 *Hüffer* § 179 Rn. 26; *Zöllner*, in: Kölner Kommentar AktG § 179 Rn. 199; *Wiedemann*, in: Großkommentar AktG § 179 Rn. 161; *Seibt*, in: K.Schmidt/Lutter § 179 Rn. 36; *Wirth/Arnold* ZGR 2002, 859, 888.

1133 Allgemein dazu *Hüffer* § 179 Rn. 26 und *Stein*, in: MüKo AktG § 179 Rn. 50; bezogen auf die Bis-zu-Umwandlung *Wirth/Arnold*, ZGR 2002, 859, 868, 888; OLG Köln, ZIP 2001, 2049, 2050 ff.; LG Köln, AG 2002, 103, 104.

1134 Siehe zur Preisermittlung etwa den Bericht des Vorstandes der Fresenius Medical Care AG zum einzigen Tagesordnungspunkt der außerordentlichen Hauptversammlung vom 30.08.2005, abrufbar unter http://www.fmc-ag.de/files/Tagesordnung_HV_2005_AO.pdf.

1135 Siehe die Gesetzesbegründung bei *Kropff*, 205; ferner *Bormann*, in: Spindler/Stilz § 141 Rn. 1; *Spindler*, in: K.Schmidt/Lutter § 141 Rn. 1; *Schröer*, in: MüKo AktG § 141 Rn. 34; zur historischen Entwicklung des Tatbestandes *Altmeppen*, NZG 2005, 771, 772 ff.; zur den dogmatischen Grundlagen von Sonderbeschlüssen *Bezzenberger*, in: Großkommentar AktG § 138 Rn. 1 ff.

1136 *Altmeppen*, NZG 2005, 771; *Schröer*, in: MüKo AktG § 141 Rn. 14.

muss.[1137] Dem stehen auch keine schutzwürdigen Interessen der nicht umwandlungswilligen Vorzugsaktionäre entgegen.[1138] Diese bedürfen, wie dargestellt, nicht des Schutzes des § 141 Abs. 1 AktG, da sie unabhängig von einer kollektiven Entscheidung den Umtausch ablehnen können. Ein Interesse, den Umtausch anderer Vorzugsaktionäre durch die Blockade eines Sonderbeschlusses zu verhindern, ist von § 141 Abs. 1 AktG nicht geschützt.[1139].

Im Hinblick auf einen etwaigen zusätzlichen Sonderbeschluss der Stammaktionäre gemäß § 179 Abs. 3 AktG gilt das für die Zwangsumwandlung Gesagte entsprechend.

#### bb) Prospekterfordernis

Eine Bis-zu-Umwandlung, die den Vorzugsaktionären auf individualvertraglicher Basis die Umwandlung ihrer Aktien in Stammaktien der Gesellschaft gegen Zahlung einer Prämie anbietet, löst anders als die Zwangsumwandlung ein öffentliches Angebot im Sinne des § 2 Nr. 4 WpPG aus. Denn hier vollzieht sich die Aktienumwandlung nur auf Grundlage einer Investitionsentscheidung des einzelnen Vorzugsaktionärs und nicht automatisch kraft Gesetzes. Vor Beginn der Umwandlungsfrist ist deshalb ein von der BaFin gebilligter Prospekt zu veröffentlichen (§§ 3 Abs. 1 Satz 1, 14 Abs. 1 Satz 1 WpPG).[1140]

### b) Rückkaufumwandlung

Während die im vorangegangenen Abschnitt beschriebene Bis-zu-Umwandlung eine Freiwillige Umwandlung bei höher notierenden Stammaktien ermöglicht, ist für den entgegengesetzten Fall, in dem die Vorzugsaktien zu einem höheren Börsenkurs notieren, die Rückkaufumwandlung vorgeschlagen worden.[1141] Das Verfahren soll einen Rückkauf der Vorzugsaktien

---

1137 *Altmeppen*, NZG 2005, 771, 773. Gleichwohl wurde etwa im Zuge der Bis-zu-Umwandlung der Fresenius Medical Care AG – offenbar vorsorglich – ein Sonderbeschluss der Vorzugsaktionäre eingeholt, siehe die entsprechenden Ausführungen im Prospekt für die Freiwillige Aktienumwandlung der Fresenius Medical Care AG vom 04.01.2006, 37.

1138 *Senger/Vogelmann* AG 2002, 193, 197 weisen insoweit allerdings darauf hin, dass die negativen Auswirkungen einer Aktienumwandlung auf den Börsenkurs der verbleibenden Vorzugsaktien ein schützenswertes Interesse an einem Sonderbeschluss der Vorzugsaktionäre begründen könnte. Dies ist jedoch mit *Bormann*, in: Spindler/Stilz § 141 Rn. 19 abzulehnen, da es sich insoweit lediglich um eine mittelbare, nicht von § 141 Abs. 1 AktG erfasste, Beeinträchtigung des Vorzugs handelt, siehe im Anschluss auch *Schröer*, in: MüKo AktG § 141 Rn. 14 Fn. 54.

1139 *Altmeppen*, NZG 2005, 771, 774.

1140 Siehe zu Billigung, Hinterlegung und Veröffentlichung *Groß* § 14 WpPG Rn. 2 f.; zum Zeitplan beispielhaft etwa die Übersicht im Prospekt für die Freiwillige Aktienumwandlung der Fresenius Medical Care AG vom 04.01.2006, 35.

1141 Erstmals wohl *Senger/Vogelmann*, AG 2002, 193, 199 ff. Pauschal verweisen auch *Sethe*, in: Großkommentar AktG Vor § 222 Rn. 7 und *Tebrack*, RnotZ 2003, 89, 108 auf die Eigmit der anschließenden Einlage des Kaufpreisanspruchs im Rahmen einer Sachkapitalerhöhung gegen Ausgabe neuer Stammaktien verknüpfen.[1142]

### aa) Aktienrückkauf

Zunächst ist der Rückkauf der Vorzugsaktien näher zu untersuchen. Dabei gilt besonderes Augenmerk der Erwerbsgrundlage für einen Aktienrückkauf, dem dabei zu beachtenden Verfahren sowie der Einhaltung des aktienrechtlichen Gleichbehandlungsgrundsatzes.

#### (i) Erwerbsgrundlage

Der Rückkauf eigener Aktien ist nur nach Maßgabe des § 71 AktG zulässig.[1143] Aktienrückkäufe von börsennotierten Gesellschaften werden meist aufgrund einer Ermächtigung der Hauptversammlung über die Börse erworben und bei Bedarf eingezogen. (§ 71 Abs. 1 Nr. 8 Satz 1, 6 AktG).[1144] Da dieser Weg aber auf den Erwerb von eigenen Aktien in Höhe von maximal 10 % des Grundkapitals beschränkt ist (§ 71 Abs. 1 Nr. 8 Satz 1 AktG), reicht eine solche Ermächtigung für die hier zu untersuchende Umwandlung einer ganzen Aktiengattung, die die Hälfte des Grundkapitals der Gesellschaft ausmacht, nicht aus.[1145] Denn diese volumenmäßige Begrenzung bezieht sich anders als die Begrenzung des § 71 Abs. 2 Satz 1 AktG nicht lediglich auf den Bestand an eigenen Aktien, sondern auf das Erwerbsvolumen.[1146] Anders als nach § 71 Abs. 2 Satz 1 besteht also nicht die Möglichkeit, die Ermächtigung während der Laufzeit erneut auszunutzen, sobald der Bestand an eigenen Aktien - etwa durch Einziehung - wieder unter 10% des Grundkapitals gefallen ist.[1147]

Die Gesellschaft kann eigene Aktien auch auf der Grundlage eines Kapitalherabsetzungs- und Einziehungsbeschlusses der Hauptversammlung nach den Vorschriften über die Herabsetzung des Grundkapitals erwerben (§§ 71 Abs. 1

---

nung eines solchen Verfahrens zur Abschaffung von Vorzugsaktien. *Krüger*, IStR 2002, 552, 554 bezeichnet das Institut des Aktienrückkaufs als den gesellschaftsrechtlich in aller Regel "am wenigsten steinigen Weg zur Realisierung dieses Zieles (der Abschaffung von Vorzugsaktien)".

1142 *Senger/Vogelmann*, AG 2002, 193, 199 ff. und im Anschluss *Marsch-Barner*, in: Liber amicorum Martin Winter, 467, 470. Zur Klarstellung sei darauf hingewiesen, dass die Vorzugsaktien selbst nicht Gegenstand einer Sacheinlage sein können, *Senger/Vogelmann*, AG 2002, 193, 202 und *Krieger/Kraft*, in: Münchener Hdb AG § 56 Rn. 38; *Gätsch*, in: Marsch-Barner/Schäfer § 5 Rn. 58.

1143 *Gätsch*, in: Marsch-Barner/Schäfer § 5 Rn. 57.

1144 *Hüffer* § 71 Rn. 19c; *Schäfer/Gätsch*, in: Marsch-Barner/Schäfer § 50 Rn. 4ff.

1145 *Gätsch*, in: Marsch-Barner/Schäfer § 5 Rn. 57; siehe auch *Wirth/Arnold*, ZGR 2002, 859, 863 ff.

1146 *Cahn*, in: Spindler/Stilz § 71 Rn. 100.

1147 *Cahn*, in: Spindler/Stilz § 71 Rn. 100.

Nr. 6, 237 ff. AktG).[1148] Dabei muss der Beschluss den Herabsetzungsbetrag sowie die Zahl der einzuziehenden Aktien vorab bestimmen oder zumindest Eckdaten festlegen.[1149] Die mengenmäßige Begrenzung des Rückerwerbs auf 10 % des Grundkapitals gilt für § 71 Abs. 1 Nr. 6 AktG nicht.[1150]

### (ii) Verfahren

Grundsätzlich kommen für den Rückkauf eigener Aktien verschiedene Verfahren in Betracht.[1151] Soll - wie bei der Rückkaufumwandlung - innerhalb einer kurzen Zeitspanne eine hohe Anzahl Aktien erworben werden, kommt aber allein ein öffentliches Rückkaufangebot in Betracht.[1152] Dabei wendet sich der Vorstand der Gesellschaft an alle Vorzugsaktionäre und gibt entsprechend der Hauptversammlungsvorgaben den Erwerbspreis, die Dauer des Angebots und üblicherweise die Anzahl der Aktien an, die insgesamt zurückerworben werden sollen.[1153] Die Vorgaben für die Festsetzung des Erwerbspreises durch den Vorstand sind bereits im Beschluss der Hauptversammlung festzulegen.[1154] In Ermangelung besonderer gesetzlicher Vorgaben für die Preisfestsetzung beim Aktienrückkauf zum Zwecke der Einziehung nach §§ 71 Abs. 1 Nr. 6, 237 ff. AktG besteht in den allgemeinen Grenzen der §§ 53a, 57 AktG und der gesellschaftsrechtlichen Treuepflicht weitgehend Gestaltungsfreiheit.[1155]

---

1148 In Bezug auf die Rückkaufumwandlung *Gätsch*, in: Marsch-Barner/Schäfer § 5 Rn. 57; siehe auch *Lutter/Drygala*, in: Kölner Kommentar AktG § 71 Rn. 232; *Oechsler*, in: MüKo AktG § 71 Rn. 178. Anders als die Einziehungsermächtigung nach § 71 Abs. 1 Nr. 8 Satz 6 AktG setzt § 71 Abs. 1 Nr. 6 AktG also einen Einziehungsbeschluss voraus, siehe die Regierungsbegründung, BT-Drucks. 13/9712, 13. Ein Sonderbeschluss der Vorzugsaktionäre ist nicht erforderlich, da § 222 Abs. 2 AktG dies nur im Fall mehrerer stimmberechtigter Aktiengattungen vorsieht. Dem Schutz der Vorzugsaktionäre ist im Übrigen auch hier durch das Erfordernis einer individuellen Verkaufsentscheidung hinreichend Genüge getan, vgl. *Busch*, in: Marsch-Barner/Schäfer § 49 Rn. 14 mit weiteren Nachweisen.

1149 *T.Bezzenberger*, in: K.Schmidt/Lutter § 71 Rn. 47; *Oechsler*, in: MüKo AktG § 71 Rn. 179.

1150 *Cahn*, in: Spindler/Stilz § 71 Rn. 81; *Senger/Vogelmann*, AG 2002, 193, 200; *Marsch-Barner*, in: Liber amicorum Martin Winter, 467, 470; *Gätsch*, in: Marsch-Barner/Schäfer § 5 Rn. 57.

1151 Überblicksartig *Schäfer/Gätsch*, in: Marsch-Barner/Schäfer § 50 Rn. 41 ff.; siehe auch *Merkt*, in: Großkommentar AktG § 71 Rn. 31; *Oechsler*, in: MüKo AktG § 71 Rn. 15; *Fleischer/Körber*, BB 2001, 2591, 2592.

1152 *Merkt*, in: Großkommentar AktG § 71 Rn. 31; *Oechsler*, in: MüKo AktG § 71 Rn. 15; zudem kann ein Rückkauf über die Börse für Zwecke der Einziehung nach § 71 Abs. 1 Nr. 6 AktG schon deshalb nicht erfolgen, weil die Gläubigerschutzregelung des § 225 Abs. 1 Satz 2 AktG die beim Rückkauf über die Börse erforderliche direkte Zahlung an den Aktionär verhindert, siehe *Busch*, in: Marsch-Barner/Schäfer § 49 Rn. 16.

1153 *Oechsler*, in: MüKo AktG § 71 Rn. 15.

1154 *Oechsler*, in: MüKo AktG § 71 Rn. 15.

1155 Zwar gilt nach § 57 Abs. 1 Satz 2 AktG die Zahlung des Erwerbspreises beim zulässigen Erwerb eigener Aktien nicht als Einlagenrückgewähr. Dies kann sich aber in Ermangelung einer Regelung zur Preisfestsetzung in § 71 AktG nur auf den

Insbesondere kann den Vorzugsaktionären auch eine marktübliche - den Börsenkurs nur geringfügig übersteigende -[1156] Prämie angeboten werden, um sie zum Verkauf an die Gesellschaft - und nicht in den Markt - zu motivieren.[1157]

### (iii) Gleichbehandlung der Aktionäre

Bedenken könnten sich indessen, im Hinblick auf den aktienrechtlichen Gleichbehandlungsgrundsatz (§ 53a AktG), aus dem Umstand ergeben, dass sich das Erwerbsangebot nur an die Vorzugsaktionäre richtet. Obwohl dies in § 71 Abs. 1 Nr. 6 AktG - anders als in § 71 Abs. 1 Nr. 8 Satz 3 AktG - nicht ausdrücklich erwähnt ist, entspricht es der einhelligen Meinung, dass der Vorstand auch beim Erwerb eigener Aktien zur Einziehung - wie auch in den anderen Fällen des § 71 Abs. 1 AktG - grundsätzlich an den Gleichbehandlungsgrundsatz gebunden ist.[1158]

Anerkannt ist aber auch, dass eine Ungleichbehandlung die bereits in der Satzung angelegt ist - unabhängig von ihrer sachlichen Rechtfertigung - keinen Verstoß gegen § 53a AktG darstellt[1159] Insoweit wird insbesondere die Schaffung von mit unterschiedlichen Rechten ausgestatteten Aktiengattungen als zulässige satzungsmäßige Modifikation des Gleichbehandlungsgrundsatzes angesehen.[1160]

---

Erwerbszweck, nicht aber auf die Angemessenheit des Erwerbspreises beziehen. Andernfalls könnte das Verbot der Einlagenrückgewähr durch Festsetzung eines unangemessenen Erwerbpreises im Rahmen des § 71 Abs. 1 AktG umgangen werden, vgl. *Merkt*, in: Großkommentar AktG § 71 Rn. 56; *Martens*, AG 1988, 118, 121. Das WpÜG findet auf öffentliche Erwerbsangebote für eigene Aktien der Gesellschaft keine Anwendung, da insoweit der spezifische übernahmerechtliche Schutzbedarf im Verhältnis der Aktionäre zum Bieter nicht besteht, siehe Auslegungsentscheidung der BaFin vom 09.08.2006, abrufbar unter http://www.bafin.de/SharedDocs/Veroeffentlichungen/DE/Auslegungsentscheidung/WA/ae_060809_rueckerwerb.html; zum Streitstand vor dieser Auslegungsentscheidung der BaFin, siehe die Nachweise bei *Schäfer/Gätsch*, in: Marsch-Barner/Schäfer § 50 Rn. 42 Fn. 5.

1156 Für den Aktienrückkauf im Wege eines öffentlichen Rückkaufangebots ohne Verknüpfung mit einer anschließenden Sachkapitalerhöhung *Merkt*, in: Großkommentar AktG § 71 Rn. 61.

1157 *Merkt*, in: Großkommentar AktG § 71 Rn. 59.

1158 *Merkt*, in: Großkommentar AktG § 71 Rn. 7, 66 ff.; *Cahn*, in: Spindler/Stilz § 71 Rn. 83; *Solveen*, in: Hölters § 71 Rn. 16; *Oechsler*, in: MüKo AktG § 71 Rn. 179; *Lutter/Drygala*, in: Kölner Kommentar AktG § 71 Rn. 28, 30, 235; *Fleischer*, in: K.Schmidt/Lutter § 53a Rn. 22. Zum (nur) klarstellenden Charakter des § 71 Abs. 1 Nr. 8 Satz 3 AktG, vgl. die Gesetzesbegründung, BT-Drucks. 13/9712, 13 und *Baum*, ZHR 167 (2003), 580, 600 ff.

1159 *Merkt*, in: Großkommentar AktG § 71 Rn. 66; *Drygala*, in: Kölner Kommentar AktG § 53a Rn. 27; *Fleischer*, in: K.Schmidt/Lutter § 53a Rn. 31.

1160 *Drygala*, in: Kölner Kommentar AktG § 53a Rn. 28 f.; *Henze/Notz*, in: Großkommentar AktG § 53a Rn. 86.

Für das Verhältnis zwischen Vorzugs- und Stammaktionären ließe sich daraus mit einzelnen Stimmen in der Literatur folgern, dass der aktienrechtliche Gleichbehandlungsgrundsatz im Hinblick auf Aktionäre unterschiedlicher Gattungen keine Anwendung finden, sondern nur hinsichtlich Aktionären derselben Gattung Geltung beanspruchen kann.[1161] Ein Rückkaufangebot, dass sich nur an die Vorzugsaktionäre der Gesellschaft, insoweit aber an sämtliche Aktionäre richtet, wäre danach mit dem Gleichbehandlungsgrundsatz vereinbar.[1162] Andere Stimmen in der Literatur könnten aber auch so verstanden werden, dass eine Ungleichbehandlung unterschiedlicher Gattungen nur im Hinblick auf die spezifischen satzungsmäßigen Rechte der jeweiligen Gattung vom Anwendungsbereich des § 53a AktG ausgenommen sind.[1163] In diesem Fall wäre ein nur an die Vorzugsaktionäre gerichtetes öffentliches Erwerbsangebot mit § 53a AktG in Ermangelung einer sachlichen Rechtfertigung grundsätzlich unvereinbar.[1164]

Eine sachliche Rechtfertigung wird generell bejaht, wenn ein anerkennenswertes Gesellschaftsinteresse vorliegt, vor dessen Hintergrund die Ungleichbehandlung bei Abwägung aller Umstände des Einzelfalles zur Befriedigung dieses Interesses geeignet, erforderlich und verhältnismäßig ist.[1165] Eine sachliche Rechtfertigung in diesem Sinne ist nach Ansicht des OLG Köln im Fall einer Bis-zu-Umwandlung zu bejahen, wenn die Umwandlung wegen veränderter kapitalmarktrechtlicher Rahmenbedingungen im wohlverstandenen Interesse der Gesellschaft liegt.[1166] Den Anknüpfungspunkt für eine Ungleichbehandlung hat das Gericht allerdings zutreffend in der - umtauschbedingten - Möglichkeit der Vorzugsaktionäre gesehen, neue Stammaktien zu einem niedrigeren Preis zu erhalten, als dies bei einem allen Aktionären eröffneten Erwerb über die Börse möglich gewesen wäre.[1167] Bei der Rückkaufumwandlung wird den Vorzugsaktionären aber allenfalls ein Vorteil in Höhe einer marktüblichen Erwerbsprämie eingeräumt, da sie ihre Aktien im Übrigen zum Marktwert - wie bei einer Veräußerung über die Börse - abgeben. Eine im Hinblick auf die Erwerbsprämie verbleibende Ungleichbehandlung muss deshalb erst Recht durch das Interesse der Gesellschaft an

---

1161 OLG Düsseldorf, BB 1973, 910, 912; *Drygala*, in: Kölner Kommentar AktG § 53a Rn. 29; *Hillebrandt/Schremper*, BB 2001, 534, 536 ff.; *Krüger*, IStR 2002, 552, 554.

1162 *Hillebrandt/Schremper*, BB 2001, 534, 536 ff.; *Krüger*, IStR 2002, 552, 554.

1163 So könnten *Henze/Notz*, in: Großkommentar AktG § 53a Rn. 87 und *Bungeroth*, in: MüKo AktG § 53a Rn. 22 verstanden werden.

1164 *Martens*, AG 1996, 337, 344; *Fleischer*, in: K.Schmidt/Lutter § 53a Rn. 34 mit weiteren Nachweisen zur ständigen Rechtsprechung.

1165 *Fleischer*, in: K.Schmidt/Lutter § 53a Rn. 35 mit weiteren Nachweisen.

1166 OLG Köln, ZIP 2001, 2049, 2051 f. und die Vorinstanz LG Köln, ZIP 2001, 572, 574; *Fleischer*, in: K.Schmidt/Lutter § 53a Rn. 36 und *Merkt*, in: Großkommentar AktG § 53a Rn. 77.

1167 Zu den Einzelheiten OLG Köln, ZIP 2001, 2049 Tz. 69.

der Aktienumwandlung gerechtfertigt sein.[1168] Ein nur an die Vorzugsaktionäre gerichtetes öffentliches Rückkaufangebot ist deshalb im Ergebnis nach beiden Ansichten mit § 53a AktG vereinbar.

### bb) Vorgaben der §§ 237 ff., 222 ff. AktG

Der auf § 71 Abs. 1 Nr. 6 AktG gestützte Rückerwerb der Vorzugsaktien darf nur zum Zwecke der Einziehung nach den Vorschriften über die Kapitalherabsetzung erfolgen. Die Rückkauflösung muss deshalb die Vorgaben der §§ 237 ff., 222 ff. AktG beachten.[1169] Für die Einziehung nach Erwerb eigener Aktien durch die Gesellschaft (§ 237 Abs. Satz 1 Alt. 2 AktG) stehen das ordentliche (§ 237 Abs. 1 und Abs. 2 AktG) und das vereinfachte (§ 237 Abs. 3 bis 5 AktG) Einziehungsverfahren zur Verfügung.

#### (i) Einziehung im ordentlichen Verfahren - § 225 AktG

Im Rahmen des ordentlichen Einziehungsverfahrens sind strenge Gläubigerschutzregelungen zu beachten.[1170] Zahlungen an die Aktionäre aufgrund der mit der Einziehung verbundenen Kapitalherabsetzung dürfen grundsätzlich erst geleistet werden, wenn seit der Bekanntmachung der Handelsregistereintragung sechs Monate verstrichen sind und den Gläubigern, die sich rechtzeitig gemeldet haben, Befriedigung oder Sicherheit gewährt worden ist (§ 225 Abs. 2 Satz 1 AktG).[1171] Übertragen auf den aus dem Aktienrückkauf resultierenden Zahlungsanspruch des einzelnen Vorzugsaktionärs bedeutet dies, dass eine Erfüllung bzw. Auszahlung insoweit nur nach Maßgabe des § 225 Abs. 2 AktG, also insbesondere erst nach Ablauf von sechs Monaten zulässig ist.[1172] Ob dieser Befund einer Einlage des Zahlungsanspruchs im Rahmen einer Sachkapitalerhöhung entgegensteht wird noch näher zu beleuchten sein.[1173]

---

1168 Für die Abschaffung einer Aktiengattung - allerdings im Rahmen des § 71 Abs. 1 Nr. 8 AktG - ebenfalls *Cahn,* in: Spindler/Stilz § 71 Rn. 128 und tendenziell auch *Wirth/Arnold,* ZGR 2002, 859, 865.

1169 *Hüffer* § 71 Rn. 19.

1170 *Cahn,* in: Spindler/Stilz § 71 Rn. 82; die Auszahlungssperre des § 225 Abs. 2 Satz 1 AktG ersetzt im Rahmen der Kapitalherabsetzung den insoweit nicht anwendbaren § 57 Abs. 1 Satz 1 AktG, *Oechsler,* in: MüKo AktG § 225 Rn. 31.

1171 *Tielmann,* in: Happ 14.04 Rz. 5; *Haberstock/Greitemann,* in: Hölters § 237 Rn. 62; *Hüffer* § 237 Rn. 28; *Marsch-Barner,* in: Spindler/Stilz § 237 Rn. 26; *Sethe,* in: Großkommentar AktG § 237 Rn. 80, 97.

1172 *Oechsler,* in: MüKo AktG § 224 Rn. 14; *Sethe,* in: Großkommentar AktG § 225 Rn. 70; *Krieger,* in: Münchener Hdb AG § 62 Rn. 15b; *Marsch-Barner,* in: Spindler/Stilz § 224 AktG Rn. 9; *Busch,* in: Marsch-Barner/Schäfer § 49 Rn. 16; *T.Bezzenberger,* in: K.Schmidt/Lutter § 71 Rn. 48.

1173 Siehe unter F. I. 2. b) bb) (i) (2).

### (1) Anwendbarkeit des § 225 AktG bei gleichzeitiger Kapitalerhöhung?

Teilweise wird angenommen, die Gläubigerschutzvorschrift des § 225 Abs. 2 AktG komme nicht zur Anwendung, wenn eine dem Volumen der Einziehung entsprechende Kapitalerhöhung durchgeführt werde und diese gleichzeitig mit der zur Umsetzung der Einziehung erfolgenden Kapitalherabsetzung Wirksamkeit erlange.[1174] Dem wird entgegengehalten, dass der Regelungsgehalt des § 225 Abs. 2 AktG nach der Systematik des Gesetzes nur im Rahmen der vereinfachten Kapitalherabsetzung und der damit verfolgten Zwecke (vgl. § 229 Abs. 1, 3 AktG) entbehrlich sei.[1175] Dem ist zuzustimmen. Der Fall einer ordentlichen Kapitalherabsetzung bei gleichzeitiger Kapitalerhöhung ist im Gesetz ausdrücklich vorgesehen (§ 228 Abs. 1 AktG). Danach kann das Grundkapital bis unter den aktienrechtlichen Mindestnennbetrag von fünfzigtausend Euro (§ 7 AktG) herabgesetzt werden, wenn dieser durch eine Kapitalerhöhung wieder erreicht wird, die zugleich mit der Kapitalherabsetzung beschlossen ist. Zwar muss der Kapitalerhöhungsbetrag zwingend nur den Mindestnennbetrag des Grundkapitals und nicht etwa die alte Grundkapitalziffer erreichen.[1176] Unabhängig davon hat der Gesetzgeber aber nicht von der Geltung der Gläubigerschutzbestimmungen des § 225 AktG abgesehen.[1177]

Dass der Gesetzgeber § 225 AktG auch im Fall der unveränderten Haftungsmasse angewendet wissen will, zeigt auch die zum Zwecke der Finanzmarktstabilisierung geschaffene Sondervorschrift des § 7 Abs. 6 Satz 5 FMStBG. Danach steht bei einer Kapitalherabsetzung im Zusammenhang mit einer Rekapitalisierung nach § 7 FMStFG den Gläubigern das Recht, gemäß § 225 AktG Sicherheitsleistung zu verlangen, nicht zu, wenn der Betrag des Grundkapitals der Gesellschaft vor der Kapitalherabsetzung durch eine Kapitalerhöhung mindestens wieder erreicht wurde, die zugleich mit der Kapitalherabsetzung beschlossen wurde. Der Gesetzgeber sah die unter Geltung des AktG in einem solchen Fall erforderliche Sicherheitsleistung gemessen an dem Schutzzweck dieser Verpflichtung und unter den besonderen Umständen der Finanzmarktstabilisierung als entbehrlich an, wenn aus der Kapitalherabsetzung letztlich keine Verminderung der Haftungsmasse resultiere.[1178] Angesichts dieses klaren Bekenntnisses des Gesetzgebers zur grundsätzlichen Geltung des § 225 Abs. 2 AktG können im hier interessierenden Fall keine Zweifel an der Anwendbarkeit der Norm bestehen.

### (2) Sacheinlagefähigkeit der Zahlungsansprüche?

Voraussetzung für die erfolgreiche Umsetzung der Rückkaufumwandlung, die einem höheren Börsenkurs der Vorzugsaktien Rechnung tragen soll, ist die

---

1174 *Senger/Vogelmann*, AG 2002, 193, 200.
1175 *Oechsler*, in: MüKo AktG § 228 Rn. 2.
1176 *Hüffer* § 228 Rn. 2.
1177 *Sethe*, in: Großkommentar AktG § 228 Rn. 4; *Oechsler*, in: MüKo AktG § 228 Rn. 2.
1178 BT-Drucks. 17/3024, 79 liSp.

Einbringung der Zahlungsansprüche gegen die Gesellschaft als Sacheinlage im Rahmen einer Kapitalerhöhung (§ 183 Abs. 1 AktG) zum Nennwert.[1179] Durch die Einbringung zum Nennwert kann sichergestellt werden, dass die abgebenden Vorzugsaktionäre eine dem Wert ihrer vormaligen Beteiligung entsprechende Zahl neuer Stammaktien erhalten.[1180] Ob dies möglich ist, hängt allerdings davon ab, welche Konsequenzen die Vorgaben des § 225 Abs. 2 AktG für die Bewertung der Forderungen haben.

Wegen des Grundsatzes der realen Kapitalaufbringung kann eine Forderung - nach einer stehenden Formel - nur dann zu ihrem Nennwert eingebracht werden, wenn sie fällig, liquide und vollwertig ist.[1181] Maßgeblich ist ihr objektiver Zeitwert.[1182] Es kommt also darauf an, zu welchem Wert ein Dritter die Forderung erwerben würde. Gesichert ist insoweit, dass ein Bewertungsabschlag erfolgen muss, wenn das Vermögen der Gesellschaft nicht zur Deckung aller Verbindlichkeiten ausreicht.[1183] Aufschiebend bedingten oder in ihrer Entstehung von weiteren Voraussetzungen abhängigen Forderungen gegen die Gesellschaft wird die Einlagefähigkeit teilweise gänzlich abgesprochen, sofern nicht bis zur Einbringung die Voraussetzungen bzw. Bedingungen erfüllt sind.[1184] In jedem Fall wird in der Literatur aber ein Bewertungsabschlag gefordert, der die etwaigen Risiken oder Verzögerungen einer Durchsetzung be-

---

1179 Die Sacheinlagefähigkeit von Forderungen gegen die Gesellschaft selbst steht außer Frage, vgl. BGHZ 110, 47, 60 (IBH/Lemmerz) = NJW 1990, 982; *Pentz*, in: MüKo AktG § 27 Rn. 29; *Röhricht*, in: Großkommentar AktG § 27 Rn. 80; *Hüffer* § 27 Rn. 25; *Schlitt/Ries*, in: Theiselmann Kapitel 9 Rn. 24; *Schmidt/Schlitt*, Der Konzern 2009, 279, 282. Wie beim Debt Equity Swap scheidet eine Auszahlung des Kaufpreises verbunden mit einer Wiedereinlage im Rahmen einer Barkapitalerhöhung schon wegen der Gefahr der Einstufung als verdeckte Sacheinlage aus, *Gätsch*, in: Marsch-Barner/Schäfer § 5 Rn. 58; zum Debt Equity Swap *Schlitt/Ries*, in: Theiselmann Kapitel 9 Rn. 16; *Priester*, DB 2010, 1445, 1445 und jüngst *Friedl*, BB 2012, 1102, 1103.

1180 Zum Gegenstand der Sacheinlage kann entweder die Forderung selbst (durch Abtretung und Konfusion) oder aber ihr Erlass durch die Gesellschaft (durch Abschluss des Erlassvertrages) gemacht werden, vgl. *Priester*, DB 2010, 1445, 1445.

1181 *Priester*, DB 2010, 1445, 1445; *Schlitt/Ries*, in: Theiselmann Kapitel 9 Rn. 24.

1182 BGHZ 113, 335, 341 f. = NJW 1991, 1754; BGHZ 110, 47, 61 (IBH/Lemmerz) = NJW 1990, 982; *Hüffer* § 27 Rn. 25; *Röhricht*, in: Großkommentar AktG § 27 Rn. 81; *Ulmer*, in: Ulmer/Habersack/Winter § 5 Rn. 57; *Winter*, in: Scholz § 5 Rn. 48; *Schlitt/Ries*, in: Theiselmann Kapitel 9 Rn. 26 mit weiteren Nachweisen; vgl. aber für den Debt Equity Swap bei einer sanierungsbedürftigen Gesellschaft die jüngst wieder entfachte Diskussion zwischen *Cahn/Simon/Theiselmann*, CFL 2010, 238 und DB 2010,1629 die, wie früher schon *Karollus*, ZIP 1994, 589, 595, für diesen Fall stets eine Einbringung der Forderung zum Nennwert fordern, und *Priester*, DB 2010, 1445, der für die hier skizzierte herrschende Meinung eintritt; im Anschluss an *Priester* etwa *Vogel*, in: Preuße, SchVG § 5 Rn. 35 und *Friedl*, BB 2012, 1102, 1105.

1183 BGHZ 110, 47, 60 (IBH/Lemmerz) = NJW 1990, 982; *Pentz*, in: MüKo AktG § 27 Rn. 29; *Röhricht*, in: Großkommentar AktG § 27 Rn. 81.

1184 *Winter/Westermann*, in: Scholz § 5 Rn. 47.

rücksichtigt.[1185] Insbesondere dem auf mangelnder Fälligkeit beruhenden Liquiditätsnachteil soll durch eine Abzinsung bei der Bewertung Rechnung getragen werden.[1186]

Übertragen auf die Bewertung der Zahlungsansprüche der Vorzugsaktionäre ergibt daraus Folgendes: Wie dargelegt ist die Erfüllung der Forderung des abgebenden Aktionärs auf Zahlung des Erwerbspreises erst nach Ablauf von sechs Monaten und nach Sicherung der dies verlangenden Gläubiger zulässig (§ 225 Abs. 2 Satz 1 AktG). Daraus wird allgemein geschlossen, dass der Anspruch erst nach Ablauf der Sperrfrist fällig wird und außerdem von der vorherigen Befriedigung der Gläubiger bzw. der Sicherheitsleistung zu Gunsten der Gläubiger abhängig ist.[1187] Einer Einbringung des Kaufpreisanspruchs zum Nennwert steht deshalb ein Bewertungsabschlag wegen fehlender Fälligkeit (§ 225 Abs. 2 Satz 1 AktG) entgegen.

Im Ergebnis ist davon auszugehen, dass die Forderung eines Vorzugsaktionärs aus einem auf §§ 71 Abs. 1 Nr. 6, 237 Abs. 1 Satz 1 AktG gestützten Aktienrückkauf im ordentlichen Einziehungsverfahren im Rahmen einer Sachkapitalerhöhung nicht zu ihrem Nennwert eingebracht werden kann. Einer höheren Bewertung von Vorzugsaktien kann insoweit also nicht durch eine dem Wert entsprechende Zuteilung neuer Stammaktien im Wege der Rückkaufumwandlung Rechnung getragen werden.

### (ii) Einziehung im vereinfachten Verfahren

Sofern die Gesellschaft in der Lage ist, den Aktienrückkauf vollständig aus dem Bilanzgewinn (§ 158 Abs. 1 Nr. 5 AktG) oder einer anderen – für diesen Zweck verwendbaren –[1188] Gewinnrücklage (§ 266 Abs. 3 A. III. Nr. 4 HGB) zu

---

1185 *Winter/Westermann*, in: Scholz § 5 Rn. 47 f.

1186 *Ulmer*, in: Hachenburg § 5 GmbHG Rn. 44; unklar *Winter/Westermann*, in: Scholz § 5 Rn. 48, die einen Abschlag aber jedenfalls bei in weiter Ferne liegender Fälligkeit annehmen.

1187 *Sethe*, in: Großkommentar AktG § 225 Rn. 70; *Lutter*, in: Kölner Kommentar AktG § 224 Rn. 15; *Veil*, in: K.Schmidt/Lutter § 224 Rn. 4; *Marsch-Barner*, in: Spindler/Stilz § 224 Rn. 9; *Krieger*, in: Münchener Hdb AG § 60 Rn. 33a; *Becker*, in: Bürgers/Körber § 225 Rn. 17.

1188 Generell müssen die jeweiligen Mittel für den Zweck des Aktienerwerbs zur Einziehung verwendbar sein. Dies ist jedenfalls bei bereits erfolgter anderweitiger Disposition über den Bilanzgewinn, bei Bindung des Bilanzgewinns durch einen Gewinnabführungsvertrag oder bei Ausweis eines Bilanzverlustes nicht der Fall. Entsprechendes gilt, wenn die Satzung (§ 58 Abs. 1 AktG) eine anderweitige Gewinnverwendung vorschreibt oder die anderen Gewinnrücklagen ganz oder teilweise für einen anderen Zweck vorsieht, siehe dazu *Sethe*, in: Großkommentar AktG § 237 Rn. 106; *Marsch-Barner*, in: Spindler/Stilz § 237 Rn. 31; *Krieger*, in: Münchener Hdb AG § 62 Rn. 23; die Aufhebung einer etwaigen Zweckbindung durch die Hauptversammlung kann allerdings zugleich mit dem Kapitalherabsetzungs- und Einziehungsbeschluss erfolgen, vgl. *Sethe*, in: Großkommentar AktG § 237 Rn. 106.

finanzieren, kann sie im Rahmen der Rückkaufumwandlung von dem vereinfachten Einziehungsverfahren Gebrauch machen (§ 237 Abs. 3 Nr. 2 AktG).[1189] Da die sonst mit der Einziehung von Aktien verbundene Gefährdung der Gläubiger in diesem Fall nicht oder nur in geringerem Maße eintritt,[1190] stellt das vereinfachte Verfahren (§ 237 Abs. 3 bis 5 AktG) geringere Anforderungen an den Gläubigerschutz.[1191] Namentlich die Sperrfrist des § 225 Abs. 2 Satz 1 AktG findet keine Anwendung (§ 237 Abs. 3 AktG).[1192] Die daraus resultierenden Bewertungsprobleme (s.o.) stehen im vereinfachten Verfahren einer Rückkaufumwandlung also nicht entgegen.

### cc) Kombination mit Kapitalerhöhung

Um sicherzustellen, dass es wirtschaftlich zu einem Umtausch von Vorzugsaktien in Stammaktien kommt, bedarf es der Ausgabe einer der Anzahl einzuziehender Vorzugsaktien mindestens entsprechenden Zahl neuer

---

1189 *Lutter*, in: Kölner Kommentar AktG § 237 Rn. 105; *Krieger*, in: Münchener Hdb AG § 62 Rn. 23; die Anwendbarkeit des vereinfachten Verfahrens für die Einziehung erst noch zu erwerbender Aktien zu Unrecht verneinend *v.Godin/Wilhelmi* § 237 Rn. 23. Nach *Marsch-Barner*, in: Spindler/Stilz § 237 Rn. 31 soll wegen der Neuregelung des § 272 Abs 1a Satz 2 HGB auch eine Einziehung zu Lasten der Kapitalrücklage nach § 272 Abs. 2 Nr. 4 HGB zulässig sein. Nach § 272 Abs. 1a Satz 2 HGB in der Fassung des Gesetzes zur Modernisierung des Bilanzrechts (Bilanzrechtsmodernisierungsgesetz – BilMoG) vom 25.05.2009, BGBl. I 2009, 1102, sei der Unterschiedsbetrag zwischen dem Nennbetrag oder rechnerischen Wert erworbener eigener Aktien und den Anschaffungskosten mit den frei verfügbaren Rücklagen zu verrechnen. Zu den frei verfügbaren Rücklagen gehöre dabei aber auch die Kapitalrücklage nach § 272 Abs. 2 Nr. 4 HGB. Diese Gesetzesänderung sei in § 237 Abs. 3 AktG nicht nachvollzogen worden. Der Zweck der neuen Regelung im HGB spreche aber dafür, den Begriff der anderen Gewinnrücklagen auch in § 237 Abs. 3 Nr. 2 AktG erweiternd dahin auszulegen, dass auch eine Einziehung zu Lasten der Kapitalrücklage nach § 272 Abs. 2 Nr. 4 HGB zulässig sei.

1190 *Sethe*, in: Großkommentar AktG § 237 Rn. 99; *Marsch-Barner*, in: Spindler/Stilz § 237 Rn. 31 spricht von einer aus Gläubigersicht "neutralen" Finanzierung des Aktienrückkaufs.

1191 *Tebrak*, RnotZ 2003, 89, 112. In Folge der Einziehung ist ein Betrag in die Kapitalrücklage einzustellen, der dem auf die eingezogenen Aktien entfallenden Betrag des Grundkapitals gleichkommt (§ 237 Abs. 5 AktG). Durch diesen Passivtausch soll eine zu Lasten der Gläubiger gehende erhöhte Gewinnverteilung an die Aktionäre verhindert werden, *Sethe*, in: Großkommentar AktG § 237 Rn. 119. Die Einstellung in die Kapitalrücklage ist grundsätzlich in dem auf die Kapitalherabsetzung folgenden Jahresabschluss vorzunhemen, *Sethe*, aaO Rn. 121. Bei der Rückkaufumwandlung bedarf es einer solchen Buchung indessen nicht, da es unmittelbar nach Wirksamwerden der Kapitalherabsetzung durch Einziehung der Vorzugsaktien (§ 238 Satz 1 Alt. 2 AktG) zu einer Erhöhung des Grundkapitals durch Ausgabe neuer Stammaktien kommt. Dieser Fall ist so zu behandeln wie ein sog. Reverse Stock Splitt (§ 237 Abs. 3 Nr. 3 AktG), siehe dazu *Sethe*, aaO Rn. 107 ff.

1192 *Krieger*, in: Münchener Hdb AG § 62 Rn. 15b; *Busch*, in: Marsch-Barner/Schäfer § 49 Rn. 11.

Stammaktien. Zu diesem Zweck müssen die Stammaktionäre der Gesellschaft parallel zu dem Kapitalherabsetzungs- und Einziehungsbeschluss (§§ 71 Abs. 1 Nr. 6, 237 Abs. 1 Satz 1 AktG)[1193] in derselben Hauptversammlung mit drei Viertel Mehrheit (§ 182 Abs. 1 Satz 1 AktG) eine Bis-zu-Kapitalerhöhung gegen Sacheinlagen nach Maßgabe des § 183 AktG beschließen.[1194] Der Kapitalerhöhungsbeschluss muss dabei insbesondere den Gegenstand der Sacheinlage sowie die Person, von der die Gesellschaft den Gegenstand erwirbt, festsetzen (§ 183 Abs. 1 Satz 1 AktG). Angesichts der großen Zahl potentieller Sacheinleger, die zudem der Gesellschaft nicht bekannt sein werden, kann diesen Anforderungen nur mit Hilfe einer Prozessbank Genüge getan werden. Da die Aktien börsennotierter Gesellschaften heute regelmäßig bei einer Wertpapiersammelbank (der CB AG) verwahrt sind,[1195] kann die technische Umsetzung von Aktienrückkauf und Sachkapitalerhöhung im Girosammelweg durch Ein- und Ausbuchung erfolgen.[1196] Die Prozessbank tritt dabei als Geschäftsbesorger für die einzelnen Aktionäre auf, die das Rückkaufangebot der Gesellschaft annehmen und muss als Zeichner im Hauptversammlungsbeschluss benannt werden und die Sacheinlage für Rechnung der Aktionäre auf Grundlage einer Sacheinlagevereinbarung erbringen.[1197] Dies setzt aber voraus, dass die Aktionäre ihrer Kaufpreisforderung gegen die Gesellschaft im Vorfeld an die Prozessbank abtreten.[1198]

Erforderlich ist darüber hinaus ein Bezugsrechtsausschluss (§ 186 Abs. 3 Satz 1 AktG), da nur die abgebenden Vorzugsaktionäre zur Zeichnung der neuen Stammaktien berechtigt sein sollen. Um die gänzliche Verknüpfung von Aktienrückkauf und Kapitalerhöhung sicherzustellen, müsste der Rückkauf der Vorzugsaktien von der Bedingung der Teilnahme an der Sachkapitalerhöhung abhängig gemacht werden.[1199]

---

1193 Die Anwendung des vereinfachten Verfahrens muss bereits im Hauptversammlungsbeschluss vorgesehen sein, *Krieger*, in: Münchener HdB AG § 62 Rn. 15b.

1194 *Wirth/Arnold*, ZGR 2002, 859, 864; generell für die Möglichkeit, Kapitalherabsetzung und Kapitalerhöhung in einer Hauptversammlung als Paket zu beschließen *Busch*, in: Marsch-Barner/Schäfer § 48 Rn. 17.

1195 *Vatter*, in: Spindler/Stilz § 10 Rn. 37.

1196 Zur Girosammelverwahrung als Grundlage für den Effektengiroverkehr *Einsele*, in: MüKo HGB Anhang I Recht des Zahlungsverkehrs Rn. 51.

1197 Allgemein *Hüffer* § 183 Rn. 9 und für die Abwicklung des Debt Equity Swap *Friedl*, BB 2012, 1101, 1103.

1198 Siehe zur Abwicklung im Wege einer Abtretungskonstruktion, die Beschreibung der insoweit vergleichbaren Struktur der Sachdividende der Deutschen Telekom AG im prospektbefreienden Dokument zur Information nach § 4 Abs. 1 Nr. 4 WpPG und § 4 Abs. 2 Nr. 5 WpPG vom 5.04.2013 unter III. 2. d) und 4. f) ee).

1199 *Wirth/Arnold*, ZGR 2002, 859, 864; *Gätsch*, in: Marsch-Barner/Schäfer § 5 Rn. 58.

### (i) Verbindung von Einziehung und Sachkapitalerhöhung

Der Beschluss über die unmittelbar im Anschluss an die Einziehung der Vorzugsaktien durchzuführende Kapitalerhöhung muss - wie bereits angesprochen - zunächst einige Parameter der Kapitalmaßnahme offen lassen. Insbesondere das endgültige Volumen hängt von der Gesamtzahl der verkauften Vorzugsaktien ab. Der Kapitalerhöhungsbeschluss muss dem Kapitalherabsetzungsbeschluss nachfolgen und zu erkennen geben, dass die Grundkapitalziffer, auf die bei der Kapitalerhöhung aufgesetzt wird, abhängig ist von dem endgültigen Herabsetzungsbetrag.[1200]

Für die weitere Abwicklung der Transaktion ist der Kapitalherabsetzungs- und Einziehungsbeschluss zunächst zur Eintragung in das Handelsregister anzumelden (§ 237 Abs. 4 Satz 5 AktG). Da die Kaufpreisforderungen aus dem Aktienrückkauf als Sacheinlage eingebracht werden sollen, bedarf es insoweit einer Sacheinlageprüfung (§ 183 Abs. 3 AktG). Zum Prüfer kann durch das Registergericht (§ 183 Abs. 3 Satz 2, 33 Abs. 3 Satz 2 AktG) auf Antrag der Gesellschaft der Abschlussprüfer der Gesellschaft bestellt werden.[1201] Der Bericht über die Sacheinlageprüfung ist der Anmeldung des Kapitalerhöhungsbeschlusses zur Eintragung in das Handelsregister beizufügen (§ 184 Abs. 2 AktG).

Im Hinblick auf die mit den Sacheinlegern grundsätzlich abzuschließenden Einbringungs- und Zeichnungsverträge handelt die Prozessbank für Rechnung der abgebenden Aktionäre.[1202] Die Verträge dienen der Konkretisierung des Einlagegegenstandes und beinhalten die schuldrechtliche Verpflichtung zur Erbringung der Sacheinlage sowie die dingliche Übereignungserklärung.[1203] Sie sind der Anmeldung zur Eintragung der Durchführung der Sachkapitalerhöhung beizufügen (§ 188 Abs. 3 Nr. 2 AktG).[1204]

Die Kapitalherabsetzung wird erst wirksam, wenn auch die Einziehung durch den Vorstand erfolgt ist (§ 238 Satz 1 AktG).[1205] Mit der Einziehung der erworbenen Vorzugsaktien durch den Vorstand der Gesellschaft ist das Grundkapital herabgesetzt. Sodann kann die zwischenzeitlich erfolgte Durchführung der Sachkapitalerhöhung zur Eintragung in das Handelsregister angemeldet werden. Mit Eintragung ist das Grundkapital wieder erhöht (§ 189 AktG). Schließlich ist gemäß § 239 Abs. 1 AktG die Durchführung der Kapitalherabsetzung

---

1200 *Busch*, in: Marsch-Barner/Schäfer § 48 Rn. 17 und das Muster bei *Tielmann*, in: Happ 14.03.

1201 *Busch*, in: Marsch-Barner/Schäfer § 42 Rn. 31 mit weiteren Nachweisen.

1202 *Busch*, in: Marsch-Barner/Schäfer § 42 Rn. 93 und die Transaktionbeschreibung im prospektbefreienden Dokument zur Information nach § 4 Abs. 1 Nr. 4 WpPG und § 4 Abs. 2 Nr. 5 WpPG zur Sachdividende der Deutschen Telekom AG vom 5.04.2013 unter III. 2. d).

1203 *Busch*, in: Marsch-Barner/Schäfer § 42 Rn. 33 mit weiteren Nachweisen.

1204 *Hüffer* § 188 Rn. 14.

1205 *Oechsler*, in: MüKo AktG § 238 Rn. 1; *Busch*, in: Marsch-Barner/Schäfer § 49 Rn. 34.

zur Eintragung in das Handelsregister anzumelden. Die Eintragung ist aber lediglich deklaratorischer Natur.[1206]

### (ii) Bezugsrechtsausschluss

Da die neuen Stammaktien ausschließlich denjenigen Aktionären zugeteilt werden sollen, die sich im Rahmen der Veräußerung ihrer Vorzugsaktien zur Zeichnung neuer Stammaktien in entsprechender Höhe verpflichtet haben, ist zur Umsetzung der Transaktion ein Bezugsrechtsausschluss erforderlich. Andernfalls hätte jeder Aktionär der Gesellschaft einen Anspruch auf Zuteilung eines seinem Anteil an dem bisherigen Grundkapital entsprechendes Teils der neuen Stammaktien (§ 186 Abs. 1 Satz 1 AktG).

Ein Bezugsrechtsausschluss setzt neben den formellen Anforderungen des § 186 AktG[1207] auf der materiell-rechtlichen Seite eine sachliche Rechtfertigung voraus.[1208] Diese wird generell bejaht, wenn der Bezugsrechtsausschluss einem Zweck dient, der im Interesse der Gesellschaft liegt, zur Erreichung dieses Zwecks geeignet und erforderlich sowie überdies verhältnismäßig ist.[1209] Im Interesse der Gesellschaft liegt der Bezugsrechtsausschluss, wenn er dazu dient, im Rahmen des Unternehmensgegenstands den Gesellschaftszweck zu fördern.[1210] Insoweit ist jedes Interesse der Gesellschaft ausreichend.[1211] Im Rahmen der Verhältnismäßigkeitsprüfung kommt es insbesondere darauf an, inwieweit das Gesellschaftsinteresse höher zu bewerten ist als das Interesse der Aktionäre am Erhalt ihrer Rechtsposition.[1212] Je schwerer der Eingriff in die mitgliedschafts- und vermögensrechtliche Stellung der Aktionäre wiegt, desto gewichtiger muss das Interesse der Gesellschaft am Ausschluss des Bezugsrechts sein.[1213] In die Abwägung fließen auf Aktionärsseite vor allem die Kursverwässerung und die Beeinträchtigung der Stimmkraft ein.[1214] Ferner ist sorgfältig zu prüfen, ob vor dem Hintergrund der Erforderlichkeit nicht eine weniger einschneidende Lösung in Betracht kommt.[1215]

Übertragen auf die hier zu untersuchende Rückkaufumwandlung erscheint ein Bezugsrechtsausschuss zum Zwecke der Aktienumwandlung in verschiedener Hinsicht problematisch. In der Literatur finden sich nur einzelne Stel-

---

1206 *Busch*, in: Marsch-Barner/Schäfer § 49 Rn. 34.

1207 Siehe dazu *Hüffer* § 186 Rn. 20 ff.

1208 Grundlegend BGHZ 71, 40, 43 ff. (Kali & Salz) = NJW 1978, 1316.

1209 BGHZ 71, 40, 46 (Kali & Salz) = NJW 1978, 1316; BGHZ 83, 319, 321 = NJW 1982, 2444; BGHZ 120, 141, 145 f = NJW 1993, 400; BGHZ 125, 239, 241 = NJW 1994, 1410; *Lutter*, in: Kölner Kommentar AktG § 186 Rn. 61 ff.; *Peifer*, in: MüKo AktG § 186 Rn. 72; *Hüffer* § 186 Rn. 25.

1210 *Hüffer* § 186 Rn. 26; *Peifer*, in: MüKo AktG § 186 Rn. 75.

1211 BGHZ 71, 40, 50 (Kali & Salz) = NJW 1978, 1316.

1212 BGHZ 71, 40, 46 (Kali & Salz) = NJW 1978, 1316; BGHZ 83, 319, 321 = NJW 1982, 2444.

1213 *Hüffer* § 186 Rn. 28.

1214 *Wiedemann*, in: Großkommentar AktG § 186 Rn. 147; *Hüffer* § 186 Rn. 28.

1215 *Lutter*, in: Kölner Kommentar AktG § 186 Rn. 63.

lungnahmen, die allerdings unter Verweis auf die ökonomischen Gründe für eine Aktienumwandlung von einer sachlichen Rechtfertigung und damit der Zulässigkeit eines Bezugsrechtsausschlusses ausgehen.[1216]

Die Rückkaufumwandlung führt jedoch nicht nur zu einer erheblichen Stimmrechtsverwässerung der Stammaktionäre. Mit der Zwangsumwandlung[1217] und der Bis-zu-Umwandlung[1218] stehen zudem alternative Verfahren zur Verfügung, die ohne das Instrument des Bezugsrechtsausschlusses auskommen. Beiden Verfahren eröffnen freilich nicht den erforderlichen Gestaltungsspielraum, wenn den Vorzugsaktionären ein Anreiz zur Umwandlung geboten werden soll, weil ihre Aktien vom Kapitalmarkt höher bewertet werden.

Stammaktionäre sind allerdings bei der Existenz von Vorzugsaktien generell nicht absolut gegen eine Verwässerung ihrer Stimmrechte geschützt.[1219] Dies folgt aus dem Umstand, dass die Stimmrechte aus Vorzugsaktien bei wiederholter Nichtbedienung des Vorzugs wieder von Gesetzes wegen wieder aufleben (§ 140 Abs. 2 Satz 1 AktG). Die Stimmrechtsquote des Stammaktionärs ist in einer Gesellschaft, die Vorzugsaktien ausgegeben hat, also tendenziell weniger gesichert als in einer Gesellschaft, die nur über stimmberechtigte Aktien verfügt. Insofern dürfte die in die Abwägung einzustellende Intensität des Eingriffs auf mitgliedschaftlicher Ebene an Gewicht verlieren. Entsprechendes gilt auch für die vermögensrechtliche Komponente. Denn anders als bei einer gewöhnlichen Kapitalerhöhung mit Bezugsrechtsausschluss, führt die Ausgabe der neuen Aktien hier nur zu einer Wiederauffüllung des zuvor herabgesetzten Grundkapitals. Der Anteil der Stammaktionäre am Grundkapital der Gesellschaft verändert sich folglich nur geringfügig in Höhe des Mehrwerts der verkaufen Vorzugsaktien, der sich in der Höhe der einzulegenden Forderung materialisiert.

Die Gesamtabwägung der Interessen muss außerdem berücksichtigen, ob die unmittelbar benachteiligten Aktionäre nach Umsetzung der Maßnahme nicht insgesamt besser stehen würden als ohne den Bezugsrechtsausschluss.[1220] Ökonomische Parameter sprechen für eine Besserstellung der Aktionärsgesamtheit nach der Aktienumwandlung.[1221] Insoweit ist der Gesellschaft und ihren Organen im Hinblick auf die Sinnhaftigkeit des Bezugsrechtsausschluss

---

1216 *Wirth/Arnold*, ZGR 2002, 859, 865; *Senger/Vogelmann*, AG 2002, 193, 199.

1217 Siehe oben unter F. I. 1.

1218 Siehe oben unter F. I. 2. a)

1219 Diesen Umstand betont das OLG Köln im Zusammenhang mit der Frage, ob § 53a AktG einer Prämienzahlung der Vorzugsaktionäre im Rahmen einer freiwilligen Aktienumwandlung entgegen steht, vgl. OLG Köln, ZIP 2001, 2049 Tz. 77.

1220 *Servatius*, in: Spindler/Stilz § 186 Rn. 49; im Hinblick auf die Treuepflicht bereits BGHZ 129, 136, 152 ff. = ZIP 1995, 819.

1221 Siehe dazu oben unter E. I.

stets ein Kernbereich nicht nachprüfbaren Beurteilungsermessens (vgl. § 93 Abs. 1 Satz 2 AktG) zuzubilligen.[1222]

Da - wie bereits dargestellt - mit Zwangsumwandlung und Bis-zu-Umwandlung aber Verfahren zur Verfügung stehen, die ohne einen Bezugsrechtsausschluss durchgeführt werden können, kann die Gesamtabwägung der beteiligten Interessen einen solchen nur rechtfertigen, wenn die Abschaffung der Vorzugsaktien aus Gründen der Bewertung durch den Markt (die Vorzugsaktien notieren über den Stammaktien) allein im Wege der Rückkaufumwandlung durchgeführt werden kann.[1223]

### dd) Prospekterfordernis

Genau wie bei der Bis-zu-Umwandlung, wird auch im Rahmen der Rückkaufumwandlung den Vorzugsaktionären auf individualvertraglicher Basis ein Angebot zum Erwerb von Stammaktien der Gesellschaft, in diesem Fall gegen Einlage ihres Zahlungsanspruchs aus dem Aktienrückkauf, unterbreitet. Dadurch wird ein öffentliches Angebot im Sinne des § 2 Nr. 4 WpPG ausgelöst. Denn auch insoweit basiert die Aktienumwandlung auf einer Investitionsentscheidung des einzelnen Vorzugsaktionärs und vollzieht sich nicht - wie bei der Zwangsumwandlung - automatisch kraft Gesetzes. Vor Beginn des Rückkaufangebots ist deshalb ein von der BaFin gebilligter Prospekt zu veröffentlichen (§§ 3 Abs. 1 Satz 1, 14 Abs. 1 Satz 1 WpPG).[1224]

### ee) Bewertung

D Rückkauflösung kann zum einen - wie die freiwillige Aktienumwandlung im Wege der Satzungsänderung - keine Umwandlung sämtlicher börsennotierter Vorzugsaktien garantieren. Zum anderen ist das Verfahren, obwohl theoretisch umsetzbar, in der Praxis bislang nicht erprobt.[1225]

Der Kapitalherabsetzung- und Einziehungsbeschluss und der Beschluss einer Sachkapitalerhöhung als Ausgangspunkt des komplexen Verfahrens bergen zudem verschiedene Angriffspunkte für Anfechtungsklagen. Zwar steht für die eintragungsbedürftigen Kapitalmaßnahmen das Freigabeverfahren des § 246a AktG zur Verfügung. Da der unzulässige Erwerb eigener Aktien den Tatbestand des § 93 Abs. 3 Nr. 3 AktG (ggf. in Verbindung mit § 116 AktG)

---

1222 LG Kassel, AG 1975, 163, 164; *Lutter*, ZGR 1979, 401, 407; *Hüffer* AktG § 186 Rn. 36; *Peifer*, in: MüKo AktG § 186 Rn. 73; *Servatius*, in: Spindler/Stilz § 186 Rn. 53.

1223 So im Ergebnis auch *Wirth/Arnold*, ZGR 2002, 859, 865; *Senger/Vogelmann*, AG 2002, 193, 199.

1224 Siehe zu Billigung, Hinterlegung und Veröffentlichung *Groß* § 14 WpPG Rn. 2 f.; zum Zeitplan beispielhaft etwa die Übersicht im Prospekt für die Freiwillige Aktienumwandlung der Fresenius Medical Care AG vom 04.01.2006, 35.

1225 Die soweit ersichtlich einzige tiefere Untersuchung dieses Verfahrens haben in der Literatur *Wirth/Arnold*, ZGR 2002, 859, 863 ff. und *Senger/Vogelmann*, AG 2002, 193 vorgenommen.

verwirklicht und folglich Schadensersatzansprüche der Gesellschaft gegen die Verwaltung begründen kann,[1226] wird sich der Vorstand (und ggf. der Aufsichtsrat) der Gesellschaft jedoch durch einen angefochtenen Beschluss über den Rückerwerb eigener Aktien zum Zwecke der Einziehung nach § 71 Abs. 1 Nr. 6 AktG an der Durchführung des Rückerwerbs gehindert sehen.

Zwar ist der Vorstand gemäß § 83 Abs. 2 AktG grundsätzlich zur Ausführung von der Hauptversammlung im Rahmen ihrer Zuständigkeit beschlossener Maßnahmen verpflichtet; was nach § 93 Abs. 4 Satz 1 AktG eine Haftung gegenüber der Gesellschaft grundsätzlich ausschließt.[1227] Ein anfechtbarer Beschluss vermag den Vorstand indessen nicht zu entlasten.[1228] Zudem trägt das Vorstandsmitglied, das sich auf die Haftungsbefreiung beruft, die Beweislast dafür, dass der Hauptversammlungsbeschluss gesetzmäßig ergangen ist.[1229]

### c) Zusammenfassung

Die Verfahren der Freiwilligen Aktienumwandlung bieten die erforderliche Flexibilität, um eine Aktienumwandlung auch dann zu ermöglichen, wenn die Aktiengattungen am Markt unterschiedlich bewertet werden und die für eine Zwangsumwandlung erforderlichen Beschlussmehrheiten deshalb nicht zu erreichen wären. Sowohl die Bis-zu-Umwandlung als auch die Rückkaufumwandlung bieten den betreffenden Aktionärsgruppen finanzieller Anreize für die Umwandlung ihrer Aktien. Wegen der damit einhergehenden Investitionsentscheidung des einzelnen Aktionärs können beide Verfahren - anders als die Zwangsumwandlung - nicht ohne Veröffentlichung eines Prospekts durchgeführt werden.

Ein weiterer Nachteil der Freiwilligen Aktienumwandlung gegenüber einer Zwangsumwandlung ist die Tatsache, dass eine Umwandlung sämtlicher börsennotierter Vorzugsaktien nicht garantiert werden kann.[1230] Die Rück-

---

1226 OLG Frankfurt, NZG 2008, 836; *Merkt*, in: Großkommentar AktG § 71 Rn. 388; *Hüffer* § 71 Rn. 24; *Kort*, NZG 2008, 823, 824; *Oechsler*, in: MüKo AktG § 71 Rn. 343.

1227 *Fleischer*, BB 2005, 2025, 2028; *ders.*, in: Spindler/Stilz § 93 Rn. 264 f.

1228 *Fleischer*, BB 2005, 2025, 2028; *Hüffer* § 93 Rn. 25; *Wiesner*, in: Münchener Hdb AG § 26 Rn. 15.

1229 *Fleischer*, BB 2005, 2025, 2028; *Spindler*, in: MüKo AktG § 93 Rn. 210.

1230 Die Fresenius Medical Care AG bot ihren Aktionären im Zuge ihres Rechtsformwechsels in die Rechtsform der KGaA im Jahre 2006 eine Umwandlung der Vorzugsaktien in Stammaktien der neuen KGaA auf freiwilliger Basis an. Im Ergebnis machten etwa 96% der Vorzugsaktionäre von dieser Möglichkeit Gebrauch (vgl. die Pressemitteilung der Fresenius Medical Care AG vom 08.02.2006, abrufbar unter http://www.fmc-ag.de/618.htm). Heute existieren deshalb weiterhin einige wenige Vorzugsaktionäre. Zur jüngsten Ankündigung der Gesellschaft, die Vereinheitlichung ihrer Aktienstruktur weiter voranzutreiben, siehe die Pressemitteilung der Fresenius Medical Care AG & Co. KGaA vom 04.04.2013, abrufbar unter http://www.fmc-ag.de/4762.htm. Die Fresenius SE (2010) führte hingegen im Rahmen ihres Rechtskaufumwandlung ist zudem rechtlich nur im Wege des vereinfachten Einziehungsverfahrens umsetzbar, was einen erheblichen Bilanzgewinn oder zu diesem Zweck nutzbare Gewinnrücklagen voraussetzt (§ 237 Abs. 3 Nr. 2 AktG).

### 3. Rechtsschutz

Die Möglichkeit einer prospektfreien Durchführung führt im Falle der Zwangsumwandlung für die Gesellschaft bereits zu erheblichen zeitlichen und finanziellen Einsparungen.[1231] Da die Zwangsumwandlungen auf Grundlage eines Hauptversammlungsbeschlusses der Stammaktionäre und eines Sonderbeschlusses der Vorzugsaktionäre erfolgt, stellt sich aber die Frage, welche Transaktionsrisiken im Hinblick auf eine mögliche Anfechtung dieser Beschlüsse bestehen. Entsprechendes gilt für den im Rahmen der Bis-zu-Umwandlung zu fassenden Hauptversammlungsbeschluss. Spezifischen Anfechtungsrisiken der Aktienumwandlung sowie den entsprechenden Verteidigungsmöglichkeiten der Gesellschaft soll im Folgenden nachgegangen werden. Dabei wird zwischen den Anfechtungsmöglichkeiten der Stammaktionäre und denen der Vorzugsaktionäre unterschieden.

#### a) Anfechtung durch Stammaktionäre

In Betracht kommt eine Anfechtung des Hauptversammlungsbeschlusses (§§ 141 Abs. 1, 179 Abs. 1 Satz 1 AktG), auf dessen Grundlage der Umtausch von Vorzugsaktien in Stammaktien erfolgen soll. Ein Beschluss der Hauptversammlung kann generell wegen Verletzung des Gesetzes oder der Satzung durch Klage angefochten werden (§ 243 Abs. 1 AktG). Mögliche spezifische Anknüpfungspunkte für eine gegen die bei der Zwangsumwandung zu fassenden Beschlüsse gerichtete Anfechtungsklage sind Verstöße gegen das aktienrechtliche Gleichbehandlungsgebot (§ 53a AktG) sowie die unzulässige Verfolgung von Sondervorteilen (§ 243 Abs. 2 Satz 1 AktG).[1232]

#### aa) § 53a AktG

Ein Verstoß gegen den aktienrechtlichen Gleichbehandlungsgrundsatz könnte sich im Falle der Bis-zu-Umwandlung ergeben. Hier wird den Vorzugsaktionären die Möglichkeit gewährt, ihre Aktien gegen Zahlung einer Prämie in Stammaktien umzutauschen. Billigt der Hauptversammlungsbeschluss den Vorzugsaktionären dabei einen Abschlag zu, der dazu führt, dass die Vorzugsaktionäre nicht die volle Kursdifferenz, bezogen auf den Zeitpunkt vor der Bekanntmachung des Umtauschangebots, zu zahlen haben, erhalten die

---

formwechsels in die KGaA eine Zwangsumwandlung der Vorzugsaktien durch. Heute existieren folglich keine Vorzugsaktien der Fresenius SE & Co. KGaA mehr.

1231 Zu den Kosten der Prospekterstellung *Harrer*, in: Beck'sches Handbuch der AG § 20 Rn. 51 und zur zeitlichen Komponente *ders.*, aaO § 25 Rn. 28.

1232 Allgemein zur Anfechtung wegen Verfahrensfehlern und Inhaltsfehlern, siehe die Fallgruppen bei *Hüffer* § 243 Rn. 14 ff., 20 ff. jeweils mit weiteren Nachweisen.

Vorzugsaktionäre - anders als die Stammaktionäre - einen Vermögensvorteil, weil sie letztlich Stammaktien unter ihrem tatsächlichen Kurswert erlangen. Insoweit kann der aktienrechtliche Gleichbehandlungsgrundsatz bei der Bis-zu-Umwandlung jedenfalls berührt sein.[1233] § 53a AktG verbietet aber allein eine willkürliche Diskriminierung von Aktionären. Eine sachlich gerechtfertigte Differenzierung ist demgegenüber zulässig.[1234].

Für eine sachliche Rechtfertigung im Hinblick auf Nachteile, die bestimmte Gattungsaktionäre im Rahmen einer Bis-zu-Umwandlung treffen, wird gefordert, dass diese durch nachvollziehbare Gesichtspunkte des Gesellschaftsinteresses aufgewogen werden.[1235] Das Gericht prüft dabei lediglich, ob Vorstand und Hauptversammlung ihr unternehmerisches Ermessen fehlerhaft ausgeübt haben, nicht dagegen, ob die Aktienumwandlung wirtschaftlich richtig oder falsch ist. Für eine Bis-zu-Umwandlung sprechen indessen zahlreiche Gesichtspunkte des Gesellschaftsinteresses. Wird sie aus den genannten ökonomischen Gründen[1236] der Hauptversammlung vorgeschlagen und durch diese beschlossen, liegt kein Verstoß gegen den Gleichheitssatz vor, sofern die konkrete von den Vorzugsaktionären zu zahlende Umwandlungsprämie im Bereich des Marktüblichen liegt. [1237]

Zur Begründung dieses Ergebnisses kann auch eine Parallele zu § 186 AktG gezogen werden.[1238] Im Falle einer regulären Kapitalerhöhung hat jeder Aktionär gemäß § 186 Abs. 1 AktG ein Bezugsrecht bei der Zeichnung junger Aktien. Damit soll verhindert werden, dass sein Anteil am Grundkapital nicht prozentual sinkt und seine Stimmkraft wie seine Gewinn- bzw. Liquidationsanteile reduziert werden.[1239] Durch Einfügung des § 186 Abs. 3 Satz 4 AktG wollte der Gesetzgeber die Unternehmensfinanzierung in Form der Barkapitalerhöhung ohne Bezugsrecht erleichtern.[1240] Bei einem nur geringen Abschlag auf den Börsenkurs unterstellt das Gesetz, dass dem Aktionär ein Nachkauf ohne weiteres möglich ist und daher eine "Verwässerung" seines Stimmrechts zulässig ist, wenn er von dieser Möglichkeit keinen Gebrauch macht.[1241] Das Schrifttum geht überwiegend davon aus, dass - in der Praxis übliche - Abschläge vom Börsenpreis in Höhe von 3-5 % hinzunehmen

---

1233 OLG Köln, ZIP 2001, 2049.

1234 BGHZ 120, 141, 151 f. = NJW 1993, 400 und *Cahn/v.Spannenberg*, in: Spindler/Stilz § 53a Rn. 18 mit weiteren Nachweisen.

1235 *Hüffer* § 179 Rn. 44.

1236 Siehe dazu oben unter E. I.

1237 *Merkt*, in: Großkommentar AktG § 71 Rn. 59.

1238 OLG Köln, NZG 2002, 966, 968.

1239 *Hüffer* § 186 Rn. 2; *Peifer*, in: MüKo AktG § 186 Rn. 1.

1240 BT-Drucks. 12/6721, 10; *Peifer*, in: MüKo AktG § 186 Rn. 82.

1241 OLG Köln, NZG 2002, 966, 968.

sind.[1242] Bei der Bis-zu-Umwandlung ist vor diesem Hintergrund sogar noch ein deutlich höherer Abschlag zulässig. Zum einen sinkt der Gewinnanteil der Stammaktien nicht - dieser steigt vielmehr in Folge des Wegfalls des Gewinnvorzuges. Zum anderen muss ein Stammaktionär in einer Gesellschaft mit Vorzugsaktionären - anders als bei einer Kapitalerhöhung - immer mit dem Hinzutreten weiterer Stimmrechte rechnen (§ 140 Abs. 2 Satz 1 AktG).[1243]

Das OLG Köln sah in einem Abschlag von rund 17 % keine gegen den Gleichheitssatz verstoßende Bevorteilung der Vorzugsaktionäre.[1244] Dabei gab das Gericht auch zu bedenken, dass - neben den genannten Argumenten - ein maßgeblicher Umwandlungserfolg nur zu erreichen sei, wenn die Hauptversammlung den Vorzugsaktionären einen Abschlag von Gewicht zuerkenne.[1245]

### bb) § 243 Abs. 2 AktG

Eine Anfechtung kann auch darauf gestützt werden, dass ein Aktionär mit der Ausübung des Stimmrechts für sich oder einen Dritten Sondervorteile zum Schaden der Gesellschaft oder der anderen Aktionäre zu erlangen suchte und der Beschluss geeignet ist, diesem Zweck zu dienen (§ 243 Abs. 2 AktG). Sondervorteil in diesem Sinne ist ein Vorteil, der bei einer Gesamtwürdigung als sachwidrige, mit den Interessen der Gesellschaft oder ihrer Aktionäre unvereinbare Bevorzugung erscheint.[1246] Erfasst werden sowohl materielle Vorteile als auch die Stärkung der Stellung in der Gesellschaft.[1247] Beispiele aus der Rechtsprechung betrafen etwa unangemessene Tantiemen und Vergütungen[1248] oder Vertragskonditionen[1249], die Entlastung des Gesellschafter-Geschäftsführers nach der Übernahme von Geschäftsfeldern[1250] oder die Übernahme wesentlicher Teile des Gesellschaftsvermögens durch den Mehrheitsgesellschafter, wenn bereits im Vorfeld des Hauptversammlungsbeschlusses mit dem Vorstand der Gesellschaft Verhandlungen geführt und Absprachen getroffen wurden.[1251]

Mit den verschiedenen Formen der Aktienumwandlung werden indessen keine sachwidrigen mit den Interessen der Gesellschaft oder ihrer Aktionäre unvereinbaren Bevorzugungen angestrebt. Vielmehr liegt die

---

1242 So auch die Beschlussempfehlung des Rechtsausschusses, BT-Drucks. 12/7848, 9, 17; zum Schrifttum, vgl. die Nachweise bei *Hüffer* § 186 Rn. 39d und *Peifer*, in: MüKo AktG § 186 Rn. 87; ferner dazu *Schlitt/Schäfer*, AG 2005, 67, 70.

1243 OLG Köln, NZG 2002, 966, 968.

1244 OLG Köln, NZG 2002, 966, 968.

1245 OLG Köln, NZG 2002, 966, 968.

1246 *Hüffer*, in: MüKo AktG § 243 Rn. 75, 78.

1247 *Drescher*, in: Henssler/Strohn § 243 AktG Rn. 29.

1248 BGH, WM 1976, 1226.

1249 OLG Frankfurt, AG 1973, 136.

1250 BGH, WM 1977, 361.

1251 BGH, NJW 1988, 1579.

Aktienumwandlung - wie bereits dargelegt - im Interesse der Gesellschaft, da sie zu einer verbesserten Finanzierungssituation führt. Die Aktionäre profitieren insoweit mittelbar. Zur Höhe der Umwandlungsprämie gilt das zu § 53a AktG Gesagte entsprechend. Im Ergebnis scheidet eine sachwidrige Begünstigung einzelner Stammaktionäre aus.[1252]

### cc) Registereintragung

Satzungsänderungen bedürfen zu ihrer Wirksamkeit der Eintragung in das Handelsregister (vgl. § 181 Abs. 3 AktG).[1253] Bei der Anmeldung der Eintragung durch den Vorstand der Gesellschaft (vgl. § 181 Abs. 1 Satz 1 AktG) prüft das Registergericht, ob die Anmeldung und der zu Grunde liegende Beschluss in formeller und materieller Hinsicht ordnungsgemäß erfolgt sind.[1254] Ist die Anmeldung ordnungsgemäß erfolgt und der satzungsändernde Hauptversammlungsbeschluss fehlerfrei, hat die Gesellschaft grundsätzlich einen Anspruch auf Eintragung der Satzungsänderung.[1255] Wurde hingegen fristgemäß eine Anfechtungsklage gegen den satzungsändernden Hauptversammlungsbeschluss erhoben,[1256] steht es im pflichtgemäßen Ermessen des Registerrichters (§ 17 Nr. 1 lit. b RPflG) das Eintragungsverfahren gemäß §§ 21 Abs. 1, 381 Satz 1 FamFG bis zur rechtskräftigen Erledigung des Anfechtungsprozesses auszusetzen[1257] oder gar - wenn er vom Erfolg der Anfechtungsklage überzeugt ist - die Anmeldung zurückzuweisen.[1258]

---

1252 OLG Köln, NZG 2002, 966, 968.

1253 Siehe nur *Wicke,* in: Volhard/Semler/Reichert § 42 Rn. 40.

1254 BGHZ 113, 335, 352 = NJW 1991, 1754; RGZ 148, 175, 187; *Hüffer* § 181 Rn. 12 und zum teilweise umstrittenen Prüfungsumfang im Hinblick auf die Rechtmäßigkeit des Beschlusses Rn. 14; *Wiedemann,* in: Großkommentar AktG § 181 Rn. 21; *Holzborn,* in: Spindler/Stilz § 181 Rn. 19; *Seibt,* in: K.Schmidt/Lutter § 181 Rn. 22; *Butzke* O. Rn. 106; *Heidel,* in: Heidel § 243 Rn. 41; *Krafka,* in: MüKo ZPO § 381 FamFG Rn. 2.

1255 *Hüffer* § 181 Rn. 16; *Haberstock/Greitemann,* in: Hölters § 181 Rn. 22.

1256 Da die Aussetzung des Verfahrens sowohl von Amts wegen - nach Ermittlungen des Registergerichts - als auch auf Antrag bzw. Anregung - etwa des Klägers - erfolgen kann, hat jeder Kläger die Möglichkeit, das Registergericht auf die Anfechtungsklage hinzuweisen. Dies geschieht regelmäßig, wenn - wie üblich - der Zweck der Anfechtungsklage darin besteht, die Eintragung zu verhindern, vgl. *Wicke,* in: Volhard/Semler/Reichert § 42 Rn. 47. Im Hinblick auf eine mögliche Verfassungsbeschwerde gegen eine erfolgte Eintragung, kann eine unterbliebene Anregung seitens des Klägers zur Unzulässigkeit der Verfassungsbeschwerde wegen fehlender Rechtswegausschöpfung führen, vgl. BVerfG, WM 2004, 2354, 2354 und *Semler,* in: Münchener Hdb AG § 41 Rn. 8.

1257 *Hüffer* § 181 Rn. 17; *Seibt,* in: K.Schmidt/Lutter § 181 Rn. 26; *Schemmann,* in: Haußleiter § 381 FamFG Rn. 3; *Bumiller/Harders* § 381 FamFG Rn. 11.

1258 *Wiedemann,* in: Großkommentar AktG § 181 Rn. 28; *Seibt,* in: K.Schmidt/Lutter § 181 Rn. 26; *Stein,* in: MüKo AktG § 181 Rn. 50. Gegen die Ablehnung der Eintragung kann die Gesellschaft im Wege der Beschwerde zum Landgericht gemäß §§ 58 ff., 64 Abs. 1 FamFG und der Rechtsbeschwerde zum Oberlandesgericht gemäß §§ 70 ff. FamFG

Sind die Erfolgsaussichten der Anfechtungsklage offen, hat der Registerrichter zu prüfen, ob sachliche Gründe, für das Abwarten einer Entscheidung des Prozessgerichts sprechen.[1259] Dabei sind die Erfolgsaussichten der Anfechtungsklage und das Interesse der Gesellschaft an der baldigen Eintragung gegeneinander abzuwägen.[1260]

Ist die Anfechtungsklage nach gesichertem rechtlichen Erkenntnisstand von vornherein ohne Aussicht auf Erfolg, das heißt unschlüssig oder unbegründet, wird das Registergericht die Eintragung trotz anhängiger Anfechtungsklage verfügen.[1261] Das ist zum Beispiel der Fall, wenn ein Gesetzesverstoß nicht substantiiert behauptet wird oder wenn der Fehler bei der Beschlussfeststellung offenbar keine hinreichende Bedeutung erlangt hat.[1262]

Regelmäßig erfolgt in der Praxis in Zweifelsfällen – also bei erhobener Anfechtungsklage mit offenen Erfolgsaussichten – die Aussetzung des Eintragungsverfahrens.[1263] Die Anfechtung des satzungsändernden Hauptversammlungsbeschlusses durch einen Stammaktionär kann also zu

---

vorgehen, vgl. *Seibt*, in: K.Schmidt/Lutter § 181 Rn. 29; *Stein*, in: MüKo AktG § 181 Rn. 55.

1259 BayObLG, Rpfleger 1983, 74; KG Berlin, NJW 1967, 401, 402; OLG Köln, BB 1995, 10; *Heinemann*, in: Keidel § 381 FamFG Rn. 8.

1260 *Wiedemann*, in: Großkommentar AktG § 181 Rn. 28; *Wicke*, in: Volhard/Semler/Reichert § 42 Rn. 25; *Hüffer* § 181 Rn. 17; AG Dresden, ZIP 1995, 285; *K.Schmidt*, in: Großkommentar AktG § 243 Rn. 72; *Zöllner*, in: Kölner Kommentar AktG § 243 Rn. 42 ff.

1261 BGHZ 112, 9, 23 f. = NJW 1990, 2747; *Stein*, in: MüKo AktG § 181 Rn. 50; *Hüffer*, in: MüKo AktG § 243 Rn. 135; *Zöllner*, in: Kölner Kommentar AktG § 181 Rn. 37; *Wiedemann*, in: Großkommentar AktG § 181 Rn 28.

1262 *Hüffer*, in: MüKo AktG § 243 Rn. 135. Zudem hat der BGH schon in einer Grundsatzentscheidung aus dem Jahre 1989 auch an sich begründeten Anfechtungsklagen den Erfolg versagt, wenn sie mit dem Ziel erhoben werden, die Gesellschaft in grob eigennütziger Weise zu einer Leistung zu veranlassen, auf die der klagende Aktionär keinen Anspruch hat und auch billigerweise nicht erheben kann, vgl. BGHZ 107, 296 = ZIP 1989, 980. Diese Vorgabe hat der BGH in einer weiteren Entscheidung dahingehend konkretisiert, dass in den genannten Fällen die Eintragung trotz schwebender Anfechtungsklage vor allem dann in Betracht komme, wenn die Rechtsmissbräuchlichkeit der Klage offensichtlich ist, vgl. BGHZ 112, 9, 23 f. = NJW 1990, 2747.

1263 *Semler*, in: Münchener Hdb AG § 41 Rn. 78; *Wicke*, in: Volhard/Semler/Reichert § 42 Rn. 25; *Würthwein*, in: Spindler/Stilz § 243 Rn. 22; *Hüffer*, in: MüKo AktG § 243 Rn. 135. Als Begründung für diesen Befund wird angeführt, dass die Erfolgsaussichten einer Anfechtungsklage vielfach nicht zuverlässig beurteilt werden könnten. Insbesondere, wenn es einer Beweisaufnahme bedürfe, sei bestenfalls ein Wahrscheinlichkeitsurteil möglich. Zudem finde auf Entscheidungen des Registerrichters im Registerverfahren das Richterprivileg des § 839 Abs. 2 BGB keine Anwendung, mit der Konsequenz, dass der Registerrichter bei einer Entscheidung über die Eintragung stets dem Risiko eines Amthaftungsprozesses ausgesetzt sei, vgl. *Hüffer*, in: MüKo AktG § 243 Rn. 135; *Wicke*, in: Volhard/Semler/Reichert § 42 Rn. 25; *Semler*, in: Münchener Hdb AG § 41 Rn. 77.

einer sog. faktischen Registersperre führen.[1264] Diese faktische Registersperre kann jedoch in bestimmten Fällen mittels eines speziellen, gesetzlich geregelten Freigabeverfahrens überwunden werden.[1265] Ein solches Verfahren steht einerseits im Rahmen umwandlungsrechtlicher Vorgänge (§ 16 Abs. 3 UmwG) und andererseits für verschiedene aktienrechtliche Beschlussgegenstände (§ 246a AktG) zur Verfügung.[1266] Das Prozessgericht kann dabei auf entsprechenden Antrag im Rahmen eines summarischen Verfahrens die Vornahme der Registereintragung anordnen. Die Eintragung kann - falls sich die Klage später als unbegründet erweist - auch durch eine Löschung von Amts wegen nicht mehr beseitigt werden.[1267]

Das aktienrechtliche Freigabeverfahren kommt gemäß § 246a Abs. 1 Satz 1 AktG jedoch nur für eintragungsbedürftige Hauptversammlungsbeschlüsse, die Maßnahmen der Kapitalbeschaffung und -herabsetzung (§§ 182 bis 240 AktG) oder unternehmensvertragliche Maßnahmen (§§ 291 bis 307 AktG) betreffen, in Betracht. Die Eintragung anderer Satzungsänderungen kann nicht im Wege des Freigabeverfahrens herbeigeführt werden. Eine analoge Anwendung des § 246a AktG scheidet insoweit aus.[1268] In Ermangelung eines gesetzlichen Freigabeverfahrens besteht demnach ein erhebliches Risiko für die zeitnahe Umsetzung einer Aktienumwandlung, wenn der zu Grunde liegende satzungsändernde Hauptversammlungsbeschluss angefochten wird.

### b) Anfechtung durch Vorzugsaktionäre

Wird im Rahmen der Zwangsumwandlung ein Sonderbeschluss der Vorzugsaktionäre in gesonderter Versammlung gefasst, stellt sich die Frage, ob und wenn ja, unter welchen Voraussetzungen Vorzugsaktionäre gegen diesen Beschluss vorgehen können und welche Konsequenzen dies für den Hauptversammlungsbeschluss der Stammaktionäre hat.

Für Sonderbeschlüsse gelten die Bestimmungen über Hauptversammlungsbeschlüsse sinngemäß (§ 138 Satz 2 AktG). Daraus folgert die ganz herrschende Meinung, dass neben den Verfahrensvorschriften über die Beschlussfassung auch die Vorschriften über die Nichtigkeit und die Anfechtbarkeit von Hauptversammlungsbeschlüssen (§§ 241 bis 249, 255 AktG) anwendbar sind.[1269] An-

---

1264 Begriff etwa bei *Timm*, ZGR 1996, 247, 262.

1265 *Krafka*, in: MüKo ZPO § 381 FamFG Rn. 4.

1266 *Krafka*, in: MüKo ZPO § 381 FamFG Rn. 4.

1267 Die Gesellschaft, die die Eintragung erwirkt hat, macht sich in diesem Fall allerdings schadensersatzpflichtig, vgl. § 16 Abs. 3 Satz 6 UmwG und § 246a Abs. 4 AktG; *Krafka*, in: MüKo ZPO § 381 FamFG Rn. 4.

1268 *Holzborn*, in: Spindler/Stilz § 181 Rn. 27; *Veil*, AG 2005, 567, 574 f.; siehe auch *Ihrig/Erwen*, BB 2005, 1973 und *Spindler*, NZG 2005, 825, 829.

1269 Siehe die Gesetzesbegründung bei *Kropff*, 202; *Bezzenberger*, in: Großkommentar AktG § 138 Rn 30; *Holzborn*, in: Bürgers/Körber § 138 Rn 7; *Hüffer* § 138 Rn 4; *Volhard*, in:

fechtungsbefugt sind grundsätzlich nur die zur Mitwirkung an der Sonderbeschussfassung berufenen Aktionäre.[1270]

Da Sonderbeschlüsse Wirksamkeitsvoraussetzung für Hauptversammlungsbeschlüsse sind,[1271] hindert eine Anfechtung insoweit die Handelsregistereintragung des Hauptversammlungsbeschluss und damit den Vollzug der Zwangsumwandlung.[1272] Auch hier hilft ein gesetzliches Freigabeverfahren nicht weiter.

### 4. Zusammenfassung und weiterer Gang der Darstellung

Die vorangegangene Betrachtung hat gezeigt, dass aktienrechtliche Möglichkeiten zur Vereinheitlichung von Aktiengattung zwar grundsätzlich vorhanden sind. Näher beleuchtet wurde zum einen die Zwangsumwandlung, die auf Grundlage eines satzungsändernden Hauptversammlungsbeschlusses, der zu seiner Wirksamkeit der Zustimmung der Vorzugsaktionäre bedarf, von Gesetzes wegen zu einer vollständigen Aktienumwandlung führt. Zum anderen wurden Verfahren der Freiwilligen Umwandlung dargestellt, die zu einer Aktienumwandlung auf individualvertraglicher Basis eingesetzt werden können, um einzelnen Aktionären Anreize zur Aktienumwandlung zu bieten. Die Bis-zu-Umwandlung kommt zum Einsatz, wenn einer höheren Notierung der Stammaktien durch Zahlung einer Umwandlungsprämie seitens der Vorzugsaktionäre Rechnung getragen werden soll. Weisen die Vorzugsaktien einen höheren Börsenpreis auf, müssen den Vorzugsaktionären möglicherweise Anreize für eine Umwandlung geboten werden. Leistungen von Seiten der Gesellschaft können aus aktienrechtlichen Gründen nicht gewährt werden. Möglich ist eine Berücksichtigung der Wertdifferenz zwischen Vorzugsaktien und Stammaktien aber bei einer Rückkaufumwandlung, namentlich durch das Bezugsverhältnis im Rahmen einer Sachkapitalerhöhung, bei der neue Stammaktien gegen die Einlage der Zahlungsansprüche der Vorzugsaktionäre ausgegeben werden.

Während eine Freiwillige Umwandlung oftmals die notwendige Flexibilität für eine Aktienumwandlung bieten dürfte, ist der entscheidende Nachteil dieses Verfahrens in dem Umstand zu sehen, dass bis zuletzt Unsicherheit über das quantitative Ergebnis der Aktienumwandlung besteht und eine vollständige Aktienumwandlung, wie die Präzedenzfälle aus der Praxis gezeigt ha-

---

MüKo AktG § 138 Rn. 36; *Spindler*, in: K.Schmidt/Lutter § 138 Rn 21; *Zöllner*, in: Kölner Kommentar AktG § 138 Rn 13.

1270 Sowie Mitglieder von Vorstand und Aufsichtsrat nach Maßgabe des § 245 Nr. 4 und Nr. 5 AktG, vgl. *Semler*, in: Münchener Hdb AG § 39 Rn. 50 mit weiteren Nachweisen.

1271 Siehe dazu oben unter D. II. 1. c).

1272 RGZ 148, 175, 184 ff.; *Hefermehl/Bungeroth*, in: Geßler/Hefermehl/Eckardt/Kropff § 179 Rn. 187; *Stein*, in: MüKo AktG § 179 Rn. 208; *Seibt*, in: K.Schmidt/Lutter § 179 Rn. 57; *Wiedemann*, in: Großkommentar AktG § 179 Rn. 153; *Zöllner*, in: Kölner Kommentar AktG § 179 Rn. 192.

ben, wohl nie zu erreichen sein wird. Die Zwangsumwandlung dagegen vermag dieses Ergebnis grundsätzlich herbeizuführen. Zudem sind die Verfahren der Freiwilligen Aktienumwandlung - anders als die Zwangsumwand-Zwangsumwandlung - prospektpflichtig.

Keine der betrachteten Transaktionsstrukturen kann indessen verhindern, dass sich in Folge der Aktienumwandlung die Machtverhältnisse in der Gesellschaft durch die Entstehung neuer Stimmrechte bei gleichbleibender Grundkapitalziffer signifikant verändern. Um den damit zwangsläufig einhergehenden Kontrollverlust der Altaktionäre zu vermeiden, bedarf es einer Struktur, die das Ziel einer einheitlichen Aktiengattung mit der Aufrechterhaltung der Kontrollsituation vereint. Die weitere Darstellung widmet sich deshalb dem Formwechsel in die Rechtsform der KGaA. Wird dieser gleichzeitig mit der Aktienumwandlung beschlossen, besteht die Möglichkeit, durch entsprechende Satzungsgestaltung, eine komplementärdominierte KGaA zu errichten, in der die Kontrollsituation trotz gleichzeitiger Aktienumwandlung aufrecht erhalten wird.

## II. KGaA-Lösung

Im folgenden Abschnitt soll untersucht werden, wie die Aktienumwandlung mit einem Formwechsel in die Rechtsform der KGaA verbunden werden kann, um einerseits die Vorteile einer einheitlichen Aktiengattung herbeizuführen und andererseits die Kontrollerhaltung der Stammaktionäre zu gewährleisten (**KGaA-Lösung**).

### 1. Formwechsel

#### a) Umtausch mit Formwechsel in KGaA

In Verbindung mit dem Formwechsel kann die Aktienumwandlung derart vorgenommen werden, dass die Satzung der KGaA, als Rechtsträger neuer Rechtsform, nur noch Stammaktien vorsieht.

Die AG kann formwechselnder Rechtsträger und die KGaA Rechtsträger neuer Rechtsform sein (§§ 191 Abs. 1 Nr. 2, 2 Nr. 3, 3 Abs. 1 Nr. 2 UmwG).[1273] Die

1273 Auch eine SE kann den Formwechsel in die Rechtsform der KGaA vollziehen. Zwar scheint Art. 66 Abs. 1 Satz 1 SE-VO die Formwechselmöglichkeit für die SE auf den Formwechsel in die AG zu begrenzen. Wie das OLG Frankfurt im Freigabeverfahren, betreffend den Formwechselbeschluss der Hauptversammlung der Fresenius SE, zu Recht entschieden hat, enthält Art. 66 SE-VO insoweit keine abschließende Regelung. Die Verweisungen in Art. 9, 10 SE-VO auf nationales Aktienrecht eröffnen vielmehr sämtliche Umwandlungsmöglichkeiten, die das jeweilige nationale Recht für die AG vorsieht, auch für die SE. Nur im Hinblick auf mitgliedstaatliche Rechtsordnungen, die das Rechtsinstitut des Formwechsels generell nicht kennen, soll Art. 66 Abs. 1 Satz 1 SE-VO eine "Renationalisierung" auf diesem Wege ermöglichen, siehe dazu ausführlich, im Anschluss an die nahezu einhellige Meinung im Schrifttum, OLG Frankfurt,

Voraussetzungen des Formwechsels ergeben sich aus den §§ 226, 227, 238 ff. UmwG, die im Wesentlichen auf die 190 ff. UmwG verweisen.[1274]

### aa) Aktienrechtliche Gründungsvorschriften

Auf den Formwechsel finden die für den Rechtsträger neuer Rechtform geltenden Gründungsvorschriften, d.h. vorliegend die für die Gründung einer KGaA geltenden Vorschriften, Anwendung, soweit sich aus dem UmwG nichts anderes ergibt (§ 197 Satz 1 UmwG).[1275] § 278 Abs. 3 AktG verweist für die Gründung der KGaA grundsätzlich auf die für die AG maßgeblichen Gründungsvorschriften der §§ 53 ff. AktG.

Die Kapitalaufbringung erfolgt im Wege der Umwandlung selbst. Einlagen in das Gesellschaftsvermögen müssen die Aktionäre nicht erbringen. Es gilt vielmehr der Grundsatz der Reinvermögensdeckung.[1276] Der Nennbetrag des Grundkapitals einer KGaA darf das nach Abzug der Schulden verbleibende Vermögen der formwechselnden Gesellschaft nicht übersteigen (§§ 220 Abs. 1, 245 Abs. 2 Satz 2 UmwG). Bei einer Unterbilanz im Zeitpunkt der Anmeldung des Formwechsels ist der Formwechsel einer AG in eine KGaA unzulässig.[1277] Die Umstände, aus denen sich ergibt, dass das Grundkapital durch das Reinvermögen der Gesellschaft gedeckt ist, sind in einem nach § 32 Abs. 1 AktG durch die Komplementäre als Gründer (§ 245 Abs. 2 Satz 1 UmwG) zu erstellenden schriftlichen Gründungsbericht, der über den Ablauf der Umwandlung im Einzelnen berichtet, darzustellen.[1278] Sodann findet jeweils eine Gründungsprüfung durch die Komplementäre und den Aufsichtsrat der Gesellschaft (§ 33 Abs. 1 AktG) und durch einen durch das für die Gesellschaft zuständige Registergericht bestellten externen Prüfer (vgl. § 33 Abs. 2 AktG) statt. Die über die Gründungsprüfung zu erstellenden Prüfberichte sowie der Gründungsbericht sind zusammen mit der Anmeldung des Formwechsels beim Handelsregister einzureichen (§ 37 Abs. 4 Nr. 4 AktG).

### bb) Umwandlungsbericht

Im Vorfeld des Formwechsels hat der Vorstand einen ausführlichen schriftlichen Bericht zu erstatten, in dem der Formwechsel und insbesondere die künftige Beteiligung der Anteilsinhaber an dem Rechtsträger rechtlich und wirtschaftlich erläutert und begründet werden (§ 192 Abs. 1 Satz 1 UmwG – Umwandlungsbericht). Dieser Bericht ist ab der Einberufung der Hauptver-

---

Beschluss vom 02.12.2010 - 5 Sch 3/10 Tz. 14 ff. (juris) mit umfangreichen Nachweisen zum Meinungsstand; ferner *Reiner*, Der Konzern 2011, 135.

1274 *Lorz*, in: Gesellschaftsrecht in der Diskussion 1998, 57, 83 mit weiteren Nachweisen.

1275 *Mayer*, MittBayNot 1997, 329, 332.

1276 *Dirksen*, in: Kallmeyer § 245 Rn. 4.

1277 *Dirksen*, in: Kallmeyer § 245 Rn. 5 mit weiteren Nachweisen und Rn. 6 zur Feststellung des Reinvermögens.

1278 *Dirksen*, in: Kallmeyer § 220 Rn. 13.

sammlung, die über den Formwechsel beschließen soll, in den Geschäftsräumen der Gesellschaft zur Einsicht auszulegen (§§ 238, 230 Abs. 2 Satz 1 UmwG). Die Aktionäre sollen so rechtzeitig vor der Beschlussfassung über die Umwandlung eine umfassende Beurteilungsgrundlage zur Vorbereitung ihrer Entscheidung über den Formwechsel erhalten.[1279]

Der Erläuterungs- und Begründungsteil (§ 192 Abs. 1 Satz 1, 2 UmwG) erstreckt sich auf die wesentlichen rechtlichen, wirtschaftlichen und grundlegenden steuerlichen Folgen für die Aktionäre und erfordert eine Darstellung und Abwägung der rechtlichen und wirtschaftlichen Vor- und Nachteile des Formwechsels für das Unternehmen und für die Anteilsinhaber.[1280] Zusätzlich muss der Umwandlungsbericht den Entwurf des Umwandlungsbeschlusses enthalten (vgl. § 192 Abs. 1 Satz 3 UmwG) und diesen erläutern, sofern der Umwandlungsbeschluss nicht bereits aus sich heraus verständlich ist.[1281]

Für die KGaA-Lösung bedeutet dies, dass im Umwandlungsbericht auf die Verbindung der für die künftige Beteiligung der Aktionäre relevanten Maßnahmen einzugehen ist. Dabei empfiehlt es sich zunächst die Umstände darzulegen, aus denen sich die Notwendigkeit der Aktienumwandlung ergibt.[1282] Sodann bedarf es einer Erläuterung, weshalb die KGaA-Lösung bei Abwägung der Interessen der beteiligten Aktionäre und der Gesellschaft gegenüber den möglichen Alternativen - Zwangsumwandlung, Bis-zu-Umwandlung, Rückkaufumwandlung -der bevorzugte Weg zur Erreichung der angestrebten Struktur ist und welche Rechte mit der künftigen Beteiligung im Vergleich zu der gegenwärtigen Beteiligung verbunden sein werden. Dies gilt insbesondere im Hinblick auf die bei der komplementärdominierten KGaA vom gesetzlichen Regelfall abweichenden Satzungsbestandteile.[1283]

Mängel des Umwandlungsberichts können zwar grundsätzlich zur Fehlerhaftigkeit des Umwandlungsbeschlusses und damit zu dessen Anfechtbarkeit führen.[1284] Eine auf Mängel des Umwandlungsberichts gestützte Klage gegen den Umwandlungsbeschluss verhindert zwar grundsätzlich die Eintragung

---

1279 *Meister/Klöcker*, in: Kallmeyer § 192 Rn. 2.

1280 *Meister/Klöcker*, in: Kallmeyer § 192 Rn. 10.

1281 *Mayer*, in: Widmann/Mayer § 192 Rn. 37; *Decher*, in: Lutter § 192 Rn. 28.

1282 Zu den Motiven siehe oben unter E. I.

1283 *Bärwaldt*, in: Semler/Stengel § 192 Rn. 10.

1284 *Bärwaldt*, in: Semler/Stengel § 192 Rn. 33; nach der neueren Rechtsprechung des BGH kommt es dabei nicht mehr auf die Kausalität des Fehlers für das Abstimmungsverhalten des Aktionärs an. Werden einem Aktionär Auskünfte vorenthalten, die aus Sicht eines objektiv urteilenden Aktionärs zur sachgerechten Beurteilung erforderlich sind, so liegt darin nach BGHZ 149, 158, 164 f. = ZIP 2002, 172 ein relevanter Verstoß gegen das Teilnahme- und Mitwirkungsrecht, ohne dass es darauf ankommt, wie ein objektiver Aktionär bei voller Kenntnis abgestimmt hätte.

des Formwechsels (§§ 198 Abs. 3, 16 Abs. 2 Satz 2 UmwG).[1285] Diese kann aber im Wege eines Freigabeverfahrens ermöglicht werden (§ 16 Abs. 3 Satz 3 UmwG).[1286]

#### cc) Kein Barabfindungsgebot

Das grundsätzlich bei einem Formwechsel erforderliche Barabfindungsangebot (§ 207 UmwG) entfällt beim Formwechsel einer AG in eine KGaA (§ 250 UmwG). Dem liegt die gesetzgeberische Annahme zu Grunde, dass die Rechtsstellung des Aktionärs bei dieser Art des Formwechsels im Wesentlichen unverändert bleibt und ihm deshalb das Verbleiben in der Gesellschaf oder die selbständige Veräußerung seiner Mitgliedschaft zumutbar ist.[1287] Weder der Umwandlungsbeschluss noch der Umwandlungsbericht müssen folglich Angaben zum Barabfindungsangebot enthalten.[1288] Aufgrund dieser abstrakt generellen Betrachtungsweise, kann auch im Einzelfall, namentlich bei atypischer Gestaltung der Satzung des Rechtsträgers neuer Rechtsform, auch bei der komplementärdominierten KGaA, nichts anderes gelten.[1289]

#### dd) Umwandlungsbeschluss

Weitere Voraussetzung des Formwechsels in eine KGaA ist ein Umwandlungsbeschluss der Hauptversammlung mit einer Mehrheit von mindestens drei Vierteln des vertretenen Grundkapitals (§§ 193 Abs. 1, 240 Abs. 1 Satz 1 Hs. 1 UmwG). Der Beschluss ist spätestens einen Monat vor der Hauptversammlung den zuständigen Betriebsräten zuzuleiten (vgl. § 194 Abs. 2 UmwG), damit die Arbeitnehmer der Gesellschaft die im Umwandlungsbeschluss beschriebenen Folgen des Formwechsels für die Arbeitnehmer und ihre Vertretung (vgl. § 194 Abs. 1 Nr. 7 UmwG) zur Kenntnis nehmen können. Die rechtzeitige Zuleitung an den Betriebsrat ist Eintragungsvoraussetzung

---

1285 Nach § 210 UmwG kann die Klage nicht darauf gestützt werden, dass die Anteile an dem Rechtsträger neuer Rechtsform zu niedrig bemessen oder dass die Barabfindung im Umwandlungsbeschluss nicht oder nicht ordnungsgemäß angeboten worden ist. Nach BGH, NJW 2001, 1425 ff. fällt die fehlende oder unzulängliche Erläuterung des Barabfindungsgebots ebenfalls unter § 210 UmwG und stellt deshalb keinen Anfechtungsgrund dar. In beiden Fällen ist der Aktionär auf ein Spruchverfahren nach den Vorschriften des SpruchG angewiesen (vgl. § 212 UmwG).

1286 Ausführlich zum umwandlungsrechtlichen Freigabeverfahren noch unten unter F. II. 1. b).

1287 Siehe die Regierungsbegründung, BT-Drucks. 12/6699, 159 liSp; *Scheel*, in: Semler/Stengel § 250 Rn. 2 spricht insoweit von einer saldierten Betrachtung, da das Innenrecht der KGaA – wie gesehen – durchaus im Einzelnen erhebliche Unterschiede zu dem der AG aufweist; die Regelung gilt deshalb entsprechend für den Formwechsel einer AG in eine SE nach Maßgabe der SE-VO, vgl. *Drinhausen/Keinath*, in: Henssler/Strohn § 250 UmwG Rn. 2.

1288 *Happ/Göthel*, in: Lutter § 250 Rn. 5; *Scheel*, in: Semler/Stengel § 250 Rn. 3.

1289 *Scheel*, in: Semler/Stengel § 250 Rn. 2.

und bei der Anmeldung des Formwechsels nachzuweisen (§ 199 UmwG a.E.).[1290]

Der Umwandlungsbeschluss bedarf zu seiner Wirksamkeit der notariellen Beurkundung (§ 193 Abs. 3 Satz 1 UmwG) und einer Mehrheit von drei Vierteln der abgegebenen Stimmen, soweit nicht die Satzung eine größere Mehrheit vorsieht (§ 240 Abs. 1 Satz 1 und Satz 2 UmwG). Der Beschlussinhalt ergibt sich aus § 194 Abs. 1, 218 Abs. 1, 243 Abs. 1 UmwG. Ein Verzicht auf die vorgeschriebenen Angaben (§ 194 Abs. 1 UmwG) ist grundsätzlich unzulässig.[1291] Es wird deshalb empfohlen, alle genannten Angaben zumindest - gegebenenfalls in Form einer Negativerklärung - anzusprechen.[1292]

#### (i) Rechtsform und Firma des neuen Rechtsträger

Der Umwandlungsbeschluss muss die Rechtsform, sowie Name und Firma des neuen Rechtsträgers angeben (§ 194 Abs. 1 Nr. 1 und Nr. 2 UmwG). Haftet in der Gesellschaft keine natürliche Person persönlich, muss die Firma der KGaA eine Bezeichnung enthalten, welche die Haftungsbeschränkung kennzeichnet (§ 279 Abs. 2 AktG). Dies geschieht etwa durch den Rechtsformzusatz "AG & Co. KGaA".

#### (ii) Satzung

Teil des Umwandlungsbeschlusses muss darüber hinaus die Satzung der KGaA sein (§§ 243 Abs. 1 Satz 1, 218 Abs. 1 UmwG), wobei Festsetzungen über Sondervorteile, Gründungsaufwand, Sacheinlagen und Sachübernahmen, die in der Satzung der formwechselnden AG enthalten sind, in die Satzung der KGaA zu übernehmen sind (§ 243 Abs. 1 Satz 2 UmwG). Auch neue Regelungen, die für die Rechtsform der KGaA sinnvoll und zweckmäßig sind, können aufgenommen werden.[1293] In der Praxis wird die Satzung regelmäßig als Anlage zum Umwandlungsbeschluss beifügt.[1294]

#### (iii) Treuepflicht

Zwar unterliegt der Formwechselbeschluss selbst angesichts vorweggenommener Interessenabwägung durch den Gesetzgeber des UmwG grundsätzlich keiner materiellen Inhaltskontrolle im Hinblick auf eine sachliche Rechtferti-

1290 *Drinhausen/Keinath*, in: Henssler/Strohn § 194 UmwG Rn. 14.

1291 *Meister/Klöcker*, in: Kallmeyer § 194 Rn. 4.

1292 *Decher*, in: Lutter § 194 Rn. 2; *Bärwaldt*, in: Semler/Stengel § 194 Rn. 1; *Drinhausen/Keinath*, in: Henssler/Strohn § 194 UmwG Rn. 1.

1293 *Marsch-Barner*, in: Liber amicorum Martin Winter, 467, 480 mit weiteren Nachweisen.

1294 So etwa die Beschlussfassung der Hauptversammlung der Fresenius SE vom 12.05.2010 Tagesordnungspunkt 7 und die Beschlussfassung der Hauptversammlung der Drägerwerke AG vom 11.05.2007 Tagesordnungspunkt 9.

gung.[1295] Insbesondere bedarf es grundsätzlich keiner Überprüfung, ob die für die Umwandlung angeführten Gründe nach unternehmerischen Kriterien als sachgerecht eingestuft werden können oder gar für die Erreichung der mit dem Formwechsel verfolgten Ziele unentbehrlich sind.[1296] Materielle Anforderungen an die Rechtmäßigkeit eines Umwandlungsbeschlusses ergeben sich indessen nach allgemeinen Grundsätzen aus der gesellschaftsrechtlichen Treuepflicht. Danach verlangt die für eine Aktionärsmehrheit bestehende Möglichkeit, durch Einflussnahme auf die Geschäftsführung die gesellschaftsbezogenen Interessen der Mitgesellschafter zu beeinträchtigen, als Gegengewicht die gesellschaftsrechtliche Pflicht, auf diese Interessen Rücksicht zu nehmen.[1297]

Zwar hat der BGH bislang offen gelassen, ob die gesellschaftsrechtliche Treuepflicht auch für Umwandlungsbeschlüsse Geltung beansprucht.[1298] Dies kann aber angesichts ihrer korporationsrechtlichen Begründung, auch in der Aktiengesellschaft dem Schutz der gesellschaftsbezogenen Interessen der Mitgesellschafter zu dienen,[1299] nicht zweifelhaft sein.[1300] Die aus der gesellschaftsrechtlichen Treuepflicht resultierende Rücksichtnahmepflicht gewinnt im Hinblick auf die Zulässigkeit eines Umwandlungsbeschlusses aber wegen der angesprochenen gesetzgeberischen Wertung nur in Form des allgemeinen Willkürverbots Bedeutung, wobei Tatsachen, die unter diesem Gesichtspunkt die Anfechtbarkeit begründen sollen, vom etwaigen Anfechtungskläger darzulegen und zu beweisen sind.[1301] Erfolgt der Formwechsel, vor dem hier zu untersuchenden Hintergrund einer Aktienumwandlung, aus sachlichen Gründen, bestehen für einen Verstoß gegen das Willkürverbot keine Anhaltspunkte.

#### (iv) Beteiligung der Aktionäre an dem Rechtsträger neuer Rechtsform

In dem Umwandlungsbeschluss muss weiter dargelegt werden, dass die Aktionäre der Gesellschaft an der KGaA nach den für diese Rechtsform geltenden

---

1295 Siehe die Regierungsbegründung, BT-Drucks. 12/6699, 139 liSp, 86 liSp; OLG Stuttgart, Beschluss vom 26.11.2007 - 20 W 8/07 Rz. 43, 48, AG 2008, 464; OLG Düsseldorf, DB 2003, 1318, 1319; OLG Frankfurt, NJoZ 2006, 870, 879; *Decher*, in: Lutter § 193 Rn. 12; *Vollrath*, in: Widmann/Mayer § 193 Rn. 52; *Zimmermann*, in: Kallmeyer § 193 Rn. 10; *Hüffer* § 243 Rn. 27.

1296 OLG Stuttgart, Beschluss vom 26.11.2007 - 20 W 8/07 Rz. 48, AG 2008, 464; zur stets verbleibenden Missbrauchskontrolle, vgl. OLG Düsseldorf, DB 2003, 1318, 1319.

1297 Zunächst für die GmbH BGHZ 65, 15, 19 (ITT) = NJW 1976, 191; für die AG BGHZ 103, 184, 195 (Linotype) = ZIP 1988, 301; 129, 136, 144 (Girmes) = ZIP 1995, 819.

1298 BGH, ZIP 2005, 1318, 1320 f.

1299 BGHZ 103, 184, 195 (Linotype) = ZIP 1988, 301; *Würthwein*, in: Spindler/Stilz § 243 Rn. 159 spricht von einem allgemeinen rechtsformübergreifenden Verbandsprinzip auf vertraglicher Basis mit Gesetzesqualität.

1300 *Marsch-Barner*, in: Liber amicorum Martin Winter, 467, 475 mit weiteren Nachweisen.

1301 *Hüffer* § 243 Rn. 27.

Vorschriften beteiligt sein werden (§ 194 Abs. 1 Nr. 3 UmwG). Die Regelung verhilft dem im Formwechselrecht herrschenden Prinzip der Identität der Anteilsinhaber zur Geltung.[1302] Ein Hinausdrängen der Minderheit kraft Formwechsels kommt grundsätzlich nicht in Betracht.[1303] Dies gilt jedoch nur, „soweit ihre Beteiligung nicht nach diesem Buch entfällt" (§ 194 Abs. 1 Nr. 3 letzter Hs. UmwG). Das Gesetz macht so deutlich, dass es aufgrund bestimmter auf den Rechtsträger anwendbarer Normen - so etwa beim Komplementär einer formwechselnden KGaA (§§ 233 Abs. 3 Satz 3, 247 Abs. 2, 255 Abs. 3 UmwG) - im Zuge des Formwechsels zum Ausscheiden von Anteilsinhabern kommen kann.[1304]

Der Umwandlungsbeschluss muss im Falle der KGaA-Lösung darlegen, dass sämtliche Anteilsinhaber, also alle bisherigen Vorzugs- und Stammaktionäre der AG auch Anteilsinhaber (Kommanditaktionäre) der KGaA werden.

#### (v) § 194 Abs. 1 Nr. 4 UmwG.

Während § 194 Abs. 1 Nr. 3 UmwG das „Ob" der Beteiligung betrifft, ist das „Wie" der Beteiligung in § 194 Abs. 1 Nr. 4 geregelt.[1305] Danach sind Zahl, Art und Umfang der Anteile oder Mitgliedschaften, welche die Anteilsinhaber in der neuen Rechtsform erlangen sollen, im Unwandlungsbeschluss festzusetzen. Entgegen dem Grundsatz der Identität der Anteilseigner ist der Beitritt einer juristischen Person als Komplementärin zulässig und entsprechend in den Umwandlungsbeschluss aufzunehmen (§ 218 Abs. 2 UmwG).[1306]

Ferner ist darzulegen, welcher Art die den Aktionären zu gewährenden Anteile an dem neuen Rechtsträger sind.[1307] Bei der KGaA-Lösung erhält jeder Aktionär eine seinem bisherigen Anteil entsprechende Beteiligung in Form von Stammaktien der KGaA. Da sich in Folge des Formwechsels in die KGaA aber die konkrete Ausgestaltung der Mitgliedschaft am Rechtsträger ändert, sind außerdem im Umwandlungsbeschluss Angaben darüber zu machen, wie die Beteiligung der Anteilsinhaber am Rechtsträger neuer Rechtsform qualitativ und quantitativ ausgestaltet ist.[1308] Dem Erfordernis kann, wenn dem Umwandlungsbeschluss eine Satzung angefügt wird und sich aus dieser Zahl, Art und Umfang der Anteile ergeben, durch einen entsprechenden Verweis im Umwandlungsbeschluss Rechnung getragen werden.[1309]

---

1302 Siehe die Regierungsbegründung, BT-Drucks. 12/6699, 139 f.; *Meister/Klöcker*, in: Kallmeyer § 194 Rn. 22.

1303 *Meister/Klöcker*, in: Kallmeyer § 194 Rn. 24.

1304 *Drinhausen/Keinath*, in: Henssler/Strohn § 194 UmwG Rn. 5.

1305 *Drinhausen/Keinath*, in: Henssler/Strohn § 194 UmwG Rn. 5.

1306 *Meister/Klöcker*, in: Kallmeyer § 194 Rn. 27.

1307 *Marsch-Barner*, in: Liber amicorum Martin Winter, 467, 479.

1308 *Drinhausen/Keinath*, in: Henssler/Strohn § 194 UmwG Rn. 6.

1309 Siehe Regierungsbegründung, BT-Drucks. 12/6699, 140 liSp; *Drinhausen/Keinath*, in: Henssler/Strohn § 194 UmwG Rn. 6.

### (vi) § 194 Abs. 1 Nr. 5 UmwG

#### (1) Aktientausch

Die frühzeitige Offenlegung der Rechte, die den Inhabern besonderer Rechte - zu denen die Vorzugsaktien zählen - gewährt, oder Maßnahmen, die für diese vorgesehen werden, ist eine weitere Vorgabe für den Umwandlungsbeschluss (§ 194 Abs. 1 Nr. 5 UmwG). Dadurch soll eine Überprüfung an Hand der maßgeblichen materiellrechtlichen Vorschriften (insbesondere der §§ 53a AktG, 204, 23 UmwG) ermöglicht werden.[1310] Für die KGaA-Lösung, bei der die vormaligen Vorzugsaktionäre im Verhältnis 1 zu 1 Stammaktien der KGaA erhalten, muss der Umwandlungsbeschluss deutlich machen, dass der Verlust des Vorzugs durch den Erhalt des Stimmrecht ausgeglichen wird und die insoweit veränderte Rechtsstellung gleichwertig (im Sinne des § 23 UmwG) ist.[1311]

#### (2) Weitere Anpassung der Satzung

Die Gruppe der Inhaber besonderer Rechte erfasst all diejenigen Personen, die nach §§ 204, 23 UmwG geschützt werden sollen.[1312] § 23 UmwG wiederum erfasst sämtliche Personen, die über eine mitgliedschaftsähnliche Rechtsposition in dem übertragenden Rechtsträger verfügen, welche über eine rein schuldrechtliche Gläubigerstellung hinausgeht, aber kein Stimmrecht (bei der Beschlussfassung über die Umwandlungsmaßnahme) vermittelt.[1313] Beispielhaft genannt sind u.a. die Inhaber von Wandelschuldverschreibungen. Wandelschuldverschreibungen gewähren den Gläubigern ein Bezugs- oder Umtauschrecht auf Anteile des übertragenden Rechtsträgers bzw. ein Recht auf Mitgliedschaft in demselben. Entsprechendes gilt auch für Optionsanleihen, so dass auch die insoweit Begünstigten durch § 23 UmwG geschützt werden.[1314]

Infolge des Formwechsels in eine KGaA müssen also sämtliche Rechtspositionen, die Umtausch- oder Bezugsrechte auf Vorzugsaktien der AG zum Gegenstand hatten, auf Stammaktien der KGaA umgestellt werden. Hierzu bedarf es einer - mit dem Formwechsel zu beschließenden - Satzungsänderung hinsichtlich etwaiger zur Bedienung der Umtausch- und Bezugsrechte aus Aktienoptionsprogrammen und Wandelschuldverschreibungen geschaffener

---

1310 *Meister/Klöcker*, in: Kallmeyer § 194 Rn. 38.

1311 *Bärwaldt*, in: Semler/Stengel § 194 Rn. 26 und *Grunewald*, in: Lutter § 23 Rn. 11 zur Frage der Gleichwertigkeit im Falle des insoweit gleich gelagerten Anteilstauschs bei der Verschmelzung; zur Beschlussfassung exemplarisch etwa der Beschluss des Hauptversammlung der Fresenius SE vom 12.05.2010 unter Tagesordnungspunkt 7 (5).

1312 *Bärwaldt*, in: Semler/Stengel § 194 Rn. 26.

1313 *Kalss*, in: Semler/Stengel § 23 Rn. 4; *Stratz*, in: Schmitt/Hörtnagl/Stratz § 23 Rn. 4.

1314 *Kalss*, in: Semler/Stengel § 23 Rn. 5.

bedingter Kapitalia.[1315] Entsprechendes gilt auch für bestehende genehmigte Kapitalia.

### (vii) Abfindungsangebot

Das grundsätzlich erforderliche Abfindungsangebot (§§ 194 Abs. 1 Nr. 6, 207 UmwG) entfällt wie gesehen bei einem Formwechsel einer AG in eine KGaA.[1316]

### (viii) Mitbestimmung (§ 194 Abs. 1 Nr. 7 UmwG)

Zuletzt sind die Folgen des Formwechsels für die Arbeitnehmer und ihre Vertretungen sowie die insoweit vorgesehenen Maßnahmen zu bestimmen (§ 194 Abs. 1 Nr. 7 UmwG). Wegen des Grundsatzes der Rechtsträgeridentität hat der Formwechsel im Regelfall geringere Auswirkungen auf die Arbeitnehmer als die Verschmelzung oder die Spaltung.[1317] Bestehende Arbeitsverträge bleiben unberührt, genauso die Stellung des Betriebsrates, etwaige Tarifverträge oder Betriebsvereinbarungen.[1318]

Lediglich im Bereich der unternehmerischen Mitbestimmung kann der Formwechsel zu Veränderungen führen, wenn dieser rechtsformbedingt zum Wegfall oder zur erstmaligen Anwendung von Mitbestimmungsvorschriften führt. Zu denken ist hier etwa an den Rechtsformwechsel einer AG in eine der Mitbestimmung nicht nach §§ 4, 5 MitbestG zugängliche Personengesellschaft.[1319] Im Falle des Formwechsels einer AG in eine KGaA ergeben sich zwar durch den Formwechsel grundsätzlich keinerlei Auswirkungen für die Arbeitnehmer und ihre Vertretungen.[1320] Die Bestellung der Vorstandsmitglieder der AG endet jedoch mit dem Wirksamwerden des Formwechsels. Damit endet auch das Amt eines Vorstandsmitgliedes, das zum Arbeitsdirektor nach dem MitbestG bestellt wurde. In der Rechtsform der KGaA ist ein entsprechendes Amt nach § 33 Abs. 1 Satz 2 MitbestG nicht einzurichten.[1321] Die Weisungsbefugnisse des Arbeitgebers werden nach dem Formwechsel von den Geschäftsleitern der Komplementärin der KGaA ausgeübt. Auf diese strukturellen Unterschiede ist im Formwechselbeschluss hinzuweisen.[1322]

---

1315 Zur Beschlussfassung exemplarisch etwa der Beschluss des Hauptversammlung der Fresenius SE vom 12.05.2010 unter Tagesordnungspunkt 7.

1316 *Keinath/Drinhausen*, in: Henssler/Strohn § 194 UmwG Rn. 11.

1317 *Meister/Klöcker*, in: Kallmeyer § 194 Rn. 58; *Stratz*, in: Schmitt/Hörtnagl/Stratz § 194 Rn. 9; *Bärwaldt*, in: Semler/Stengel § 194 Rn. 30.

1318 *Bärwaldt*, in: Semler/Stengel § 194 Rn. 30

1319 *Decher*, in: Lutter § 194 Rn. 26.

1320 *Decher*, in: Lutter § 194 Rn. 30.

1321 Siehe dazu ausführlich oben unter D. II. 3. b).

1322 Etwa Tagesordnungspunkt 9 (9) der Hauptversammlung der Drägerwerke AG vom 11.05.2007.

Wegen der geringeren Kompetenzen des Aufsichtsrates der KGaA im Vergleich zu denen des Aufsichtsrates der AG, empfiehlt sich auch ein Hinweis auf etwaige Satzungsgestaltungen, die ein fakultatives teilweise mit Arbeitnehmervertretern besetztes Organ einführen, sofern diesem etwa der Zustimmungsvorbehalt der Hauptversammlung bei außerordentlichen Geschäftsführungsmaßnahmen übertragen ist.[1323]

**ee) Sonderbeschluss der Vorzugsaktionäre?**

Da der Formwechsel mit einer Aktienumwandlung verbunden wird, stellt sich die Frage, ob der Formwechselbeschluss zu seiner Wirksamkeit eines Sonderbeschlusses der Vorzugsaktionäre bedarf. Denn ein Beschluss, durch den der Vorzug aufgehoben oder beschränkt wird, bedarf zu seiner Wirksamkeit der Zustimmung der Vorzugsaktionäre (§ 141 Abs. 1 AktG). Dies könnte umwandlungsrechtlich aber deshalb bezweifelt werden, weil § 65 Abs. 2 UmwG (der gemäß § 240 Abs. 1 Satz 1 Hs. 2 UmwG auch auf den Formwechsel einer AG in eine KGaA anwendbar ist) beim Vorhandensein mehrerer Aktiengattungen, für den Umwandlungsbeschluss der Hauptversammlung nur die Zustimmung der stimmberechtigten Aktionäre jeder Gattung verlangt.[1324]

**(i) Meinungsstand**

Für die Auslegung des Merkmals der Stimmberechtigung lassen sich in der Literatur zwei Positionen ausmachen. Die wohl herrschende Meinung geht von einer Spezialität des § 65 Abs. 2 UmwG gegenüber § 141 Abs. 1 AktG aus und verlangt einen Sonderbeschluss der Vorzugsaktionäre nur, wenn das Stimmrecht aus den Vorzugsaktien wegen Nichtbedienung (§ 140 Abs. 2 AktG) wieder aufgelebt ist und die Vorzugsaktionäre deshalb stimmberechtigt sind.[1325] Die Gegenansicht verlangt in analoger Anwendung des § 141 Abs. 1 AktG immer dann einen Sonderbeschluss der Vorzugsaktionäre, wenn bei

---

1323 Insoweit auch Tagesordnungspunkt 9 (9) der Hauptversammlung der Drägerwerke AG vom 11.05.2007.

1324 Ist formwechselnder Rechtsträger - wie im Fall der Fresenius SE - eine SE, stellt sich die Streitfrage wegen der ausdrücklichen Regelung des Art. 60 Abs. 1 SE-VO nicht. Danach erfordert jeder Beschluss der Hauptversammlung, sofern mehrere Gattungen von Aktien vorhanden sind, noch eine gesonderte Abstimmung durch jede Gruppe von Aktionären, deren spezifische Rechte durch den Beschluss berührt werden.

1325 *Arnold*, in: Semler/Stengel § 240 Rn. 14; *Diekmann*, in: Semler/Stengel § 65 Rn. 24; *Simon*, in: Kölner Kommentar UmwG § 65 Rn. 17; *Petersen*, in: Kölner Kommentar UmwG § 240 Rn. 9; *Grunewald*, in: Lutter § 65 Rn. 8; *Bezzenberger*, in: Großkommentar AktG § 141 Rn. 25; *Schröer*, in: MüKo AktG § 141 Rn. 20; *Vollhard/Goldschmidt*, in: FS Lutter, 779, 788 f.; *Bermel*, in: Goutier/Knopf/Tulloch § 65 Rn. 19; *Zimmermann*, in: Kallmeyer § 65 Rn. 22; *Krieger*, in: FS Lutter, 497, 513 ff.; *Marsch-Barner*, in: Liber amicorum Martin Winter, 467, 482 f.

dem Rechtsträger neuer Rechtsform kein dem Vorzugsrecht vergleichbares Sonderrecht geschaffen wird.[1326]

**(ii) Stellungnahme**

Für eine Spezialität des § 65 Abs. 2 UmwG spricht zunächst der Wortlaut der Norm. Der ausdrückliche Verweis auf die Zustimmung (nur) der stimmberechtigten Aktionäre jeder Gattung legt nahe, dass der Regelungsgehalt der Norm den entgegengesetzten Fall, nämlich die Existenz stimmrechtloser Aktionäre einer Gattung, erfasst und bewusst nicht dem Zustimmungserfordernis unterwirft. Dem könnte entgegengehalten werden, dass § 65 Abs. 2 UmwG zwar eine Bedingung für das Zustimmungserfordernis aufstellt - nämlich die Stimmberechtigung -, die vorgelagerte Frage, wann einer Gattung eine Stimmberechtigung zukommt, aber gar nicht betrifft.[1327] Diese Annahme ließe sich durch einen Blick auf das Verhältnis zwischen § 141 AktG und § 182 Abs. 2 Satz 1 AktG, der das Sonderbeschlusserfordernis bei Kapitalerhöhungen regelt, erhärten. Auch § 182 Abs. 2 Satz 1 AktG sieht - wie § 65 Abs. 2 UmwG - nur die Zustimmung der Aktionäre stimmberechtigter Gattungen vor. Hier besteht Einigkeit, dass § 141 AktG selbstständig neben § 182 Abs. 2 AktG anwendbar ist, wenn dessen Voraussetzungen vorliegen.[1328]

Für die Anwendbarkeit des § 141 AktG neben § 65 Abs. 2 UmwG dürfte zudem der Bericht des Rechtsausschusses sprechen, in dem es heißt: "Die Ergänzung in Absatz 2 dient der Klarstellung, dass Vorzugsaktionären ohne Stimmrecht auch bei der Beschlussfassung über eine Verschmelzung kein Stimmrecht zusteht".[1329] Handelt es sich aber bei § 65 Abs. 2 UmwG nur um eine Klarstellung, so kann nichts anderes gelten, als wenn § 65 Abs. 2 UmwG nicht in das Gesetz eingefügt worden wäre. Dann aber richtete sich die Frage, ob ein Sonderbeschluss der Vorzugsaktionäre erforderlich ist, allein nach § 141 AktG.[1330] Dies entspricht auch dem Wortlaut des Art. 7 Abs. 2 der Verschmelzungsrichtlinie[1331] als europarechtlicher Grundlage des § 65 Abs. 2 UmwG. Danach ist eine gesonderte Abstimmung jeder Gattung derjenigen Aktionäre erforderlich, deren Rechte durch die Maßnahme beeinträchtigt werden.

Andererseits wäre ein Sonderbeschluss wegen der Aufhebung oder Beschränkung des Vorzugs in einer umwandlungsrechtlichen Situation möglicherweise häufig erforderlich, da oftmals nicht komplett gleiche, sondern nur ähnliche Vorzugsrechte am neuen Rechtsträger gewährt werden können.[1332] Der Schutz

---

1326 *Dirksen*, in: Kallmeyer § 240 Rn. 4; *Happ/Göthel*, in: Lutter § 240 Rn. 6 und 8; *Kiem*, ZIP 1997, 1627, 1630; *Brause*, 115 ff.; offengelassen von OLG Schleswig, ZIP 2007, 2162, 2163.

1327 *Kiem*, ZIP 1997, 1627, 1628.

1328 *Hüffer* § 141 Rn. 23 und die Nachweise bei *Servatius*, in: Spindler/Stilz § 182 Fn. 79.

1329 Abgedruckt bei *Ganske*, 112.

1330 *Kiem*, ZIP 1997, 1627, 1628.

1331 Richtlinie 78/855/EWG, ABl. EG Nr. L 295, 36

1332 *Simon*, in: Kölner Kommentar UmwG § 65 Rn. 17; *Grunewald*, in: Lutter § 65 Rn. 8.

der Vorzugsaktionäre wird genau in dieser Hinsicht jedoch durch die §§ 23 bzw. 204, 23 UmwG gewährleistet, wonach den Aktionären gleichwertige Rechte zu gewähren sind.[1333]

Die Entscheidung der Streitfrage muss deshalb im systematischen Zusammenhang mit der Antwort auf die Frage erfolgen, ob Vorzugsaktien ohne Stimmrecht in den Anwendungsbereich dieses § 23 UmwG fallen. Ausweislich der Gesetzesbegründung soll die Einbeziehung der Inhaber von Anteilen ohne Stimmrecht in den Tatbestand des § 23 UmwG einen Ausgleich dafür schaffen, dass diese mangels Stimmrecht nicht über die Möglichkeit verfügen, die Umwandlungsmaßnahme zu verhindern.[1334] Die überwiegende Meinung im Schrifttum geht ohne weiteres von einer Anwendbarkeit auf stimmrechtslose Vorzugsaktien aus.[1335] Dies ist insofern verwunderlich, als Art. 15 der Verschmelzungsrichtlinie, auf den § 23 UmwG zurückgeht, Aktien ausdrücklich vom Anwendungsbereich der Norm ausnimmt.[1336] Das Regelungskonzept der Richtlinie geht offenbar davon aus, dass Inhaber von Aktien ohne Stimmrecht dieses Schutzes nicht bedürfen, da sie im Falle einer Beeinträchtigung ihres Vorzugsrechts nach Maßgabe des Art. 7 Abs. 2 der Verschmelzungsrichtlinie ohnehin ihre Zustimmung zu der Umwandlung erteilen müssen.[1337]

Im Ergebnis steht die Regelung des § 65 Abs. 2 UmwG im Einklang mit den zu § 141 AktG entwickelten Kriterien, wenn man ihren Regelungsgehalt so versteht, dass sich der klarstellende Charakter auf die - auch von § 141 AktG nicht erfassten - mittelbaren Beeinträchtigungen des Vorzugs bezieht.[1338] Dies entspricht dem vorgebrachten Argument, dass andernfalls nahezu jede umwandlungsrechtliche Maßnahme eines Sonderbeschlusses bedürfte.[1339]

Der Umwandlungsbeschluss ist deshalb im Hinblick auf das Sonderbeschlusserfordernis allein an § 141 Abs. 1 AktG zu messen. Ein Sonderbeschluss der Vorzugsaktionäre ist demnach erforderlich, wenn es sich bei dem Formwechsel in eine KGaA, deren Grundkapital nur aus Stammaktien besteht, um

---

1333 *Simon*, in: Kölner Kommentar UmwG § 65 Rn. 17 bezeichnet einen zusätzlichen Schutz nach § 141 AktG als obsolet. Im Gegensatz zu § 141 AktG gewährt § 23 UmwG indessen nur einen schuldrechtlichen Anspruch, der im Hinblick auf einen Schutz solcher Vorzugsaktionäre, die gegen eine Umwandlungsmaßnahme gestimmt haben, durchaus einen eigenen Anwendungsbereich hätte.

1334 Abgedruckt bei *Ganske*, 77.

1335 *Decher*, in: Lutter § 204 Rn. 22; *Meister/Klöcker*, in: Kallmeyer § 204 Rn. 10; *Marsch-Barner*, in: Liber amicorum Martin Winter, 467, 482, jeweils mit weiteren Nachweisen.

1336 Siehe nur *Kalss*, in: Semler/Stengel § 23 Rn. 10.

1337 Siehe nur *Kalss*, in: Semler/Stengel § 23 Rn. 10.

1338 Zu der Differenzierung zwichen mittelbaren und unmittelbaren Beeinträchtigungen des Vorzugs, vgl. ausführlich *Schröer*, in: MüKo AktG § 141 Rn. 4 ff. und oben unter D. II. 1. c). Zu den Beeinträchtigungen des Vorzugs durch Maßnahmen nach dem UmwG *Lutter*, in: Lutter § 5 Rn. 13; *Krieger*, in: FS Lutter, 497, 513 ff.

1339 *Simon*, in: Kölner Kommentar UmwG § 65 Rn. 17; *Grunewald*, in: Lutter § 65 Rn. 8.

eine unmittelbare Beeinträchtigung des Vorzugs handelt.[1340] Dies ist angesichts des mit dem Formwechsel verbundenen Verlusts des Vorzugs - was ja gerade auch Ziel des Formwechsels ist - der Fall. Die Aufhebung des Vorzugs zum Zwecke der Umwandlung in Stammaktien der neuen Rechtsform, bedarf folglich eines Sonderbeschlusses der Vorzugsaktionäre gemäß § 141 Abs. 1 AktG.[1341]

### ff) Zustimmung der neu eintretenden Komplementärin und ausdrückliche Genehmigung der neuen Satzung.

Die neu eintretenden Komplementäre müssen dem Formwechsel zustimmen (§ 240 Abs. 2 Satz 1 UmwG) und treten im Hinblick auf die Anwendbarkeit aktienrechtlicher Gründungsvorschriften an die Stelle der Gründer des Rechtsträgers neuer Rechtform (vgl. § 245 Abs. 2 UmwG). Darüber hinaus setzt die Wirksamkeit des Formwechsels voraus, dass die Komplementäre die neue Satzung der KGaA ausdrücklich genehmigen (vgl. § 240 Abs. 2 Satz 2, 221 Satz 2 UmwG). Die Zustimmungserklärung muss dabei notariell beurkundet werden (vgl. §§ 240 Abs. 2 Satz 2, 221 Satz 1 UmwG). Beide Zustimmungen können im Rahmen der Hauptversammlung erklärt werden, die über den Formwechsel beschließt.[1342]

### gg) Gleichwertige Rechte?

Ginge man entgegen der hier vertretenen Auffassung - mit der überwiegenden Meinung - davon aus, dass § 65 Abs. 2 UmwG lex specialis zu § 141 Abs. 1 AktG und ein Sonderbeschluss der Vorzugsaktionäre deshalb nicht erforderlich ist, wird der Schutz der Vorzugsaktionäre über §§ 204, 23 UmwG gewährleistet. Anknüpfungspunkt für die entsprechende Dokumentation des Formwechselbeschlusses ist § 194 Abs. 1 Nr. 5.[1343] Danach muss der Umwandlungsbeschluss die Rechte bestimmen, die einzelnen Anteilsinhabern sowie den Inhabern besonderer Rechte wie Anteile ohne Stimmrecht, Vorzugsaktien, Mehrstimmrechtsaktien, Schuldverschreibungen und Genussrechte in dem Rechtsträger gewährt werden sollen, oder die Maßnahmen, die für diese Personen vorgesehen sind. Geht man davon aus, dass die Rechte gleichwertig im Sinne vom § 23 UmwG sein müssen,[1344] stellt sich die Frage, ob die Stammaktien gegenüber den Vorzugsaktien gleichwertige Rechte im Sinne des § 23 UmwG darstellen.

---

1340 Insoweit auch OLG Schleswig, ZIP 2007, 2162, 2163.

1341 So auch *Kiem*, ZIP 1997, 1627, 1630.

1342 *Dirksen*, in: Kallmeyer § 241 Rn. 6.

1343 Dazu *Habersack*, in: Liber amicorum Martin Winter, 177, 182.

1344 *Decher*, in: Lutter § 204 Rn. 22; *Meister/Klöcker*, in: Kallmeyer § 204 Rn. 10; *Marsch-Barner*, in: Liber amicorum Martin Winter, 467, 482.

Ausweislich der Regierungsbegründung soll dem Kriterium der Gleichwertigkeit auch durch die Gewährung höherrangiger Rechte genügt sein.[1345] Daraus wird allgemein gefolgert, dass die Gewährung von Stammaktien gegen stimmrechtslose Vorzugsaktien zulässig ist, soweit dadurch die Rechte anderer Anteilsinhaber nicht verletzt werden.[1346] Sollte der Gewinnvorzug oder eine etwaige Mehrdividende der Vorzugsaktionäre jedoch so hoch bemessen sein, dass die Gewährung des Stimmrechts insoweit keinen ausreichenden Ausgleich schaffen kann, könnte ein Verstoß gegen die §§ 204, 23 UmwG angenommen werden.[1347] Der in diesem Fall bestehende Anspruch auf Gewährung gleichwertiger Rechte in dem Rechtsträger neuer Rechtsform gemäß §§ 204, 23 UmwG ist im Wege der Leistungsklage gegen den Rechtsträger neuer Rechtsform durchsetzbar.[1348] Eine Klage gegen die Wirksamkeit des Umwandlungsbeschlusses - und damit eine Blockade der Eintragung - ist indessen gemäß § 195 Abs. 2 UmwG ausgeschlossen. Einen Anspruch auf bare Zuzahlung - statt Gewährung gleichwertiger Rechte - können Aktionäre gemäß § 196 UmwG im Spruchverfahren geltend machen.[1349]

Ginge man davon aus, dass der Formwechselbeschluss nicht der Zustimmung der Vorzugsaktionäre (§ 141 Abs. 1 AktG) bedarf, stellen die Stammaktien in der KGaA demnach gleichwertige Rechte gegenüber den Vorzugsaktien der AG dar.

### hh) Anmeldung und Eintragung ins Handelsregister

Nach Zustimmung der Hauptversammlung der Gesellschaft und Durchführung der Gründungsprüfung meldet der Vorstand der Gesellschaft den Formwechsel zur Eintragung in das Handelsregister an. Bei der Anmeldung hat der Vorstand zu erklären, dass eine Klage gegen die Wirksamkeit des Umwandlungsbeschlusses nicht oder nicht fristgemäß erhoben oder eine solche Klage rechtskräftig abgewiesen oder zurückgenommen worden ist (sog. Negativerklärung, §§ 198 Abs. 3, 16 Abs. 2 UmwG). Liegt eine solche Erklärung nicht vor, so darf die Umwandlung nicht eingetragen werden (§§ 198 Abs. 3, 16 Abs. 2 Satz 2 UmwG). Mit Eintragung in das Handelsregister wird der Formwechsel der Gesellschaft wirksam.

---

1345 Siehe die Regierungsbegründung, abgedruckt bei *Ganske*, 77; siehe auch BT-Drucks 12/6699, 93.

1346 *Meister/Klöcker*, in: Kallmeyer § 204 Rn. 23; *Jaensch*, in: Keßler/Kühnberger § 204 Rn. 8; *Habersack*, in: Liber amicorum Martin Winter, 177, 182 mit weiteren Nachweisen.

1347 *Marsch-Barner*, in: Liber amicorum Martin Winter, 467, 482.

1348 *Stratz*, in: Schmitt/Hörtnagel/Stratz § 23 Rn. 16 mit weiteren Nachweisen; *Marsch-Barner*, in: Liber amicorum Martin Winter, 467, 483.

1349 *Decher*, in: Lutter § 204 Rn. 30; *Meister/Klöcker*, in: Kallmeyer § 204 Rn. 25; *Habersack*, in: Liber amicorum Martin Winter, 177, 182.

### b) Rechtsschutz

Entsprechend der Darstellung zur isolierten Aktienumwandlung ist nun im Folgenden auf die Anfechtungsrisiken der beschriebenen Formwechselstruktur einzugehen.

#### aa) Anfechtung des Umwandlungsbeschlusses durch einen Stammaktionär

Etwaige Klagen gegen die Wirksamkeit des Formwechselbeschlusses müssen - parallel zu § 246a Abs. 1 AktG - innerhalb eines Monats nach der Beschlussfassung erhoben werden (§ 195 Abs. 1 UmwG). Dass die in dem Beschluss bestimmten Anteile an dem Rechtsträger neuer Rechtsform zu niedrig bemessen seien oder die Mitgliedschaft keinen ausreichenden Gegenwert für die Anteile oder die Mitgliedschaft bei dem formwechselnden Rechtsträger darstelle, kann gemäß § 195 Abs. 2 UmwG nicht zum Gegenstand einer Anfechtungsklage gemacht werden. In einem solchen Fall hat der Aktionär aber einen Anspruch gegen den Rechtsträger auf einen Ausgleich durch bare Zuzahlung (§ 196 Satz 1 UmwG). Ob und in welcher Höhe ein solcher Anspruch besteht, kann jeder Anteilsinhaber im Wege eines gesonderten Spruchverfahrens gerichtlich überprüfen lassen (§ 196 Satz 2).[1350] Dass der Anteilsinhaber gegen den Umwandlungsbeschluss Widerspruch geäußert hat, ist insoweit nicht erforderlich. Inhaltliche, im Wege der Anfechtungsklage vorgebrachte Rügen des Umwandlungsbeschlusses können im Rahmen des umwandlungsrechtlichen Freigabeverfahrens (§ 16 Abs. 3 UmwG), das gemäß § 198 Abs. 3 UmwG auch für die Eintragung des Formwechselbeschlusses gilt, überwunden werden.

Als Grundlagenbeschluss ist der Formwechsel eine unternehmerische Entscheidung und nach Maßgabe der Rechtsprechung nur eingeschränkt überprüfbar, namentlich hinsichtlich der Kontinuität der Mitgliedschaft, der Verletzung des Gleichbehandlungsgrundsatzes, des Verbots von Sondervorteilen und einer Verletzung der gesellschaftsrechtlichen Treuepflicht.[1351]

Einen Verstoß gegen das Gebot der Kontinuität der Mitgliedschaft (§§ 194 Abs. 1 Nr. 3, 202 Abs. 1 Nr. 2 Satz 1 UmwG) können die Stammaktionäre im Wege der Anfechtungsklage nicht geltend machen. Aus diesem Prinzip folgt lediglich, dass Berechtigte, die zum Zeitpunkt der Eintragung des Formwechsels Anteilsinhaber sind, auch Mitglieder des Rechtsträgers neuer Rechtsform werden.[1352] Dabei ist es für den Formwechsel der AG in eine KGaA ausreichend, wenn die Hauptversammlung einen der bisherigen Stammaktionäre - oder auch einen im Zuge des Formwechsels neu hinzutretenden Gesellschafter - mit dessen Zustimmung zum Komplementär der formgewechselten zukünf-

---

1350 *Drinhausen/Keinath*, in: Henssler/Strohn § 195 UmwG Rn. 5.

1351 Siehe zum Formwechsel einer AG in eine GmbH & Co. KG BGH, Urteil vom 9.5.2005 - II ZR 29/03 = ZIP 2005, 1318.

1352 BGH, Urteil vom 9.5.2005 - II ZR 29/03 Tz. 13 (juris) = ZIP 2005, 1318.

tigen KGaA wählt und die Aktionäre im übrigen Kommanditaktionäre werden.[1353]

Unter Gleichbehandlungsgesichtspunkten scheidet eine Anfechtung ebenfalls aus. Eine sachwidrige Ungleichbehandlung der Stammaktionäre ist insbesondere nicht in dem Umstand zu sehen, dass dem Mehrheitsaktionär bzw. einer durch ihn kontrollierten Gesellschaft die Stellung des Komplementärs der KGaA eingeräumt wird. Zum einen erlangt nämlich der Mehrheitsaktionär im Verhältnis zu den übrigen Gesellschaftern durch den Formwechsel keinen Stimmenzuwachs. Die Tatsache, dass der Mehrheitsaktionär als Alleingesellschafter der Komplementärgesellschaft auf diese faktisch bestimmenden Einfluss ausüben kann, reicht zudem nicht aus, um eine sachwidrige Ungleichbehandlung anzunehmen.[1354] Ohnehin haben die Minderheitsaktionäre auch vor der Umwandlung keinen Einfluss auf die Geschäftspolitik, sodass ihr Stimmgewicht nur eine theoretische Größe ist.[1355] Dass der Großaktionär (mittelbar) Komplementär der KGaA werden soll, ist zum anderen eine sich aus dessen Mehrheitsstellung ergebende und deshalb sachgerechte Differenzierung.[1356]

Wollte man dennoch unter Gleichbehandlungsaspekten einen bedeutsamen Verstoß gegen den Identitätsgrundsatz sehen, so könnte dieser Verstoß genau wie die bereits genannten Rügen jedenfalls im Freigabeverfahren auf Grundlage des § 16 Abs. 3 Satz 3 Nr. 3 UmwG überwunden werden.[1357] Voraussetzung für einen Freigabebeschluss ist danach, dass das Interesse der Gesellschaft an dem alsbaldigen Wirksamwerden des Formwechsels gegenüber den Nachteilen des Vollzugs für den Antragsgegner vorrangig erscheint. Damit ist die Eintragung des Formwechsels selbst dann möglich, wenn die Anfechtungsklage zweifelsfrei begründet ist.[1358] In die Abwägung einzubeziehen sind - richtigerweise -[1359] der Umfang der Beteiligung des Antragsgegners sowie - auf Seiten der Gesellschaft - deren wirtschaftliche Interessen sowie die wirtschaftlichen Interessen seiner nicht klagenden Anteilsinhaber.[1360] Sofern es sich bei den klagenden Stammaktionären um Anteilsinhaber mit geringer Be-

---

1353 BGH, Urteil vom 9.5.2005 - II ZR 29/03 Tz. 13 (juris) = ZIP 2005, 1318.

1354 BGH, Urteil vom 9.5.2005 - II ZR 29/03 Tz. 14 (juris) = ZIP 2005, 1318.

1355 OLG Frankfurt, Beschluss vom 02.12.2010 – 5 Sch 3/10 Tz. 48 (juris).

1356 OLG Frankfurt, Beschluss vom 02.12.2010 – 5 Sch 3/10 Tz. 48 (juris).

1357 So im Ergebnis auch *Marsch-Barner*, in: Liber amicorum Martin Winter, 467, 484.

1358 Siehe die Regierungsbegründung zu § 246a AktG, BT-Drucks. 15/5092, 29 liSp.

1359 Siehe den Bericht des Rechtsausschusses, BT-Drucks. 16/13098, 61; so auch OLG Frankfurt, NJOZ 2006, 870, 892 f.; ferner *Marsch-Barner*, in: Kallmeyer § 16 Rn. 44; *Schwanna*, in: Semler/Stengel § 16 Rn. 37 Fn. 161; *Heidinger*, in: Henssler/Strohn § 16 UmwG Rn. 19; a.A. *Bork*, in: Lutter § 16 Rn. 27; *Fronhöfer*, in: Widmann/Mayer § 16 Rn. 184; *Bayer*, ZGR 1995, 613, 625; *Decher*, AG 1997, 388, 394; *Kösters*, WM 2000, 1921, 1929; *Sosnitza*, NZG 1999, 965, 972.

1360 *Marsch-Barner*, in: Kallmeyer § 16 Rn. 44; *Heidinger*, in: Henssler/Strohn § 16 UmwG Rn. 19.

teiligung handelt, wird die Abwägung schon deshalb - vorbehaltlich eines besonders schwerwiegenden Rechtsverstoßes - nicht zu ihren Gunsten ausfallen können.[1361] Dies gilt umso eher, wenn der Formwechselbeschluss bei den übrigen Anteilsinhabern eine hohe Zustimmungsquote erreicht.[1362] Nachteile auf Seiten der Gesellschaft sind keineswegs nur eine Insolvenzgefahr oder ähnliche extreme Szenarien. In die Abwägung sind vielmehr alle nicht vernachlässigbaren wirtschaftlichen Nachteile einzubeziehen.[1363] In der Rechtsprechung wurde ein überwiegender Nachteil etwa für folgende Konsequenzen einer unterbliebenen Eintragung angenommen: Ausbleiben von Synergie- und Rationalisierungseffekten,[1364] die Abwanderung qualifizierten Personals,[1365] die Verunsicherung von Geschäftspartnern,[1366] der Verlust von Geschäftschancen[1367] und ein voraussichtlicher Imageverlust im Markt.[1368]

Die Freigabe des Formwechselbeschlusses kann freilich nicht mit der dringenden Aktienumwandlung begründet werden. Vielmehr muss sich das Vollzugsinteresse aus der Veränderung der Rechtsform selbst ergeben, denn nur dieses ist in den Schutzbereich des § 16 Abs. 3 UmwG einbezogen.[1369] Interessen, die mit der Beifügung von Regelungsinhalten verfolgt werden, die für sich genommen einer Freigabe gar nicht zugänglich sind, können nicht berücksichtigt werden. Dies ergibt sich schon aus der Regelungstechnik der Vorschriften über Freigabeverfahren, die abschließende Kataloge freigabefähiger Beschlüsse enthalten.[1370] Kursnachteile, Platzierungsnachteile bei Kapitalerhöhungen und das Risiko, mit den Vorzugsaktien aus einem Index, namentlich dem Dax ausgeschlossen zu werden, fließen demnach nicht in die Bewertung ein. Erheblich ist indessen, dass erst der Formwechsel in die KGaA es dem Großaktionär ermöglicht, seinen bestehenden Einfluss auf die Gesellschaft bei

---

1361 Insoweit ausdrücklich zu § 246a AktG, der Bericht des Rechtsausschusses, BT-Drucks. 16/13098, 61.

1362 So auch das OLG Frankfurt, NJOZ 2006, 870, 892 f. für den Verschmelzungsbeschluss zur Verschmelzung der T-Online AG mit der Deutschen Telekom AG. Der von den Aktionären der Fresenius SE in der Hauptversammlung vom 12.05.2010 gefasste Formwechselbeschluss fand eine Zustimmung von 98,01 % der abgegebenen Stimmen, vgl. die Abstimmungsergebnisse, abrufbar unter http://www.fresenius.de; in der Hauptversammlung der Fresenius Medical Care AG vom 30.05.2005 stimmten 90,64 % der abgegebenen Stimmen für den Formwechsel in die Rechtform der KGaA, vgl. die Abstimmungsergebnisse, abrufbar unter http://www.fmc-ag.de/251.htm.

1363 Bericht des Rechtsausschusses zu § 246a AktG, BT-Drucks. 16/13098, 42 liSp.

1364 Für die Verschmelzung OLG Düsseldorf, Beschluss vom 15.03.1999 - 17 W 18/99 Tz. 55 = ZIP 1999, 793.

1365 OLG Hamm, Beschluss vom 28.02.2005 - 8 W 6/05 Tz. 99 f. = Der Konzern 2005, 374.

1366 OLG Düsseldorf, Beschluss vom 15.03.1999 - 17 W 18/99 Tz. 56 = ZIP 1999, 793.

1367 OLG Frankfurt, ZIP 2003, 1654, 1657.

1368 OLG Düsseldorf, Beschluss vom 15.03.1999 - 17 W 18/99 Tz. 56 = ZIP 1999, 793; LG Duisburg, NZG 1999, 564, 565.

1369 OLG Frankfurt, Beschluss vom 02.12.2010 – 5 Sch 3/10 Tz. 31 (juris).

1370 Regierungsbegründung zu § 246a AktG, BT-Drucks. 15/5092, 28 liSp.

einer Eigenkapitalaufnahme anders als durch die Zeichnung neuer Aktien aufrecht zu erhalten. Durch den Formwechsel kann die eingangs beschriebene Blockadesituation bei der Eigenkapitalfinanzierung[1371] aufgelöst werden. Die Gesellschaft muss aber darlegen können, dass tatsächlich eine solche Blockade künftiger Kapitalerhöhungen vorliegt. Hierzu muss bei gegebener Aktionärsstruktur eine konkrete Kapitalmaßnahme - etwa in Form eines Vorschlages des Vorstandes an die Hauptversammlung, ihm eine Ermächtigung nach § 202 Abs. 1 AktG zu erteilen - in Aussicht stehen.[1372]

### bb) Anfechtung des Sonderbeschlusses durch einen Vorzugsaktionär

Der gemäß § 141 Abs. 1 AktG zu fassende Sonderbeschluss ist einer Anfechtung durch die Vorzugsaktionäre zugänglich. Eine solche führt zur schwebenden Unwirksamkeit des Formwechselbeschlusses und verleiht den Vorzugsaktionären aus folgenden Gründen ein erhebliches Blockadepotential im Hinblick auf dessen Umsetzung.

#### (i) Problemaufriss

Zwar kann die Eintragung des Formwechselbeschlusses - wie dargestellt - grundsätzlich im Wege des umwandungsrechtlichen Freigabeverfahrens herbeigeführt werden (§ 16 Abs. 3 Satz 1 UmwG). Da das Freigabeverfahren aber lediglich die fehlende Negativerklärung des § 16 Abs. 2 Satz 1 UmwG ersetzt („eine Klage gegen die Wirksamkeit eines Verschmelzungsbeschlusses nicht oder nicht fristgemäß erhoben oder eine solche Klage rechtskräftig abgewiesen oder zurückgenommen"), kann sich der Freigabeantrag auch nur auf „Klagen gegen die Wirksamkeit des Umwandlungsbeschlusses" richten.[1373] Dabei handelt es sich um Klagen gegen den Verschmelzungsbeschluss als solchen. Nicht erfasst sind Klagen gegen andere, im Zusammenhang mit der Verschmelzung stehende Hauptversammlungsbeschlüsse.[1374] Das Schrifttum zu § 14 UmwG nennt hier insbesondere auch einfache Satzungsänderungen.[1375] Das Fehlen des zur Wirksamkeit des Formwechselbeschlusses grundsätzlich erforderlichen Sonderbeschlusses ist folglich bei wortlautgetreuer Anwendung des § 16 Abs. 2 Satz 1 UmwG nicht der Freigabe zugänglich und wird über § 21 Abs. 1 FamFG regelmäßig zu einer faktischen Registersperre führen.[1376]

---

1371 Dazu oben unter E. I. 2.

1372 So etwa die Situation, die dem Freigabebeschluss des OLG Frankfurt anlässlich des Formwechsels der Fresenius SE zu Grunde lag, vgl. OLG Frankfurt, Beschluss vom 02.12.2010 - 5 Sch 3/10.

1373 *Simon*, in: Kölner Kommentar UmwG § 16 Rn. 51.

1374 *Simon*, in: Kölner Kommentar UmwG § 16 Rn. 51.

1375 *Marsch-Barner*, in: Kallmeyer § 14 Rn. 8; *Bork*, in: Lutter § 14 Rn. 6.

1376 *Krafka/Willer/Kühn* Rn. 1384; OLG Frankfurt, Beschluss vom 02.12.2010 - 5 Sch 3/10 Tz. 22 (juris).

Im Schrifttum wird dieser Befund vereinzelt für unangemessen angesehen.[1377] Nach Maßgabe der §§ 243 Abs. 1 Satz 1, 218 Abs. 1 UmwG sei die neue Satzung der KGaA fest mit dem Umwandlungsbeschlusses verknüpft. Wegen dieser Verknüpfung und angesichts vorhandener umwandlungsrechtlicher Schutzinstrumente hinsichtlich der Rechtsstellung der Aktionäre nach dem Formwechsel (insbesondere §§ 204, 23, 196 UmwG), sei das umwandlungsrechtliche Freigabeverfahren nach § 16 Abs. 3 UmwG auch auf mit dem Formwechselbeschluss einhergehende Satzungsänderungen anzuwenden.[1378]

### (ii) Stellungnahme

Dass das Fehlen eines erforderlichen Sonderbeschlusses zur schwebenden Unwirksamkeit des Formwechselbeschlusses führt,[1379] macht die Klage gegen den Sonderbeschluss nicht zu einer Klage gegen die Wirksamkeit des Verschmelzungsbeschlusses im Sinne der §§ 14 Abs. 1, 16 Abs. 2 Satz 1 UmwG.[1380] Neben dem Gesetzeswortlaut lässt sich systematisch insoweit heranziehen, dass die Klage gegen den Umwandlungsbeschluss gemäß § 14 Abs. 1 UmwG innerhalb eines Monats nach der Beschlussfassung zu erheben ist und innerhalb dieser Frist auch die Nichtigkeitsgründe geltend zu machen sind.[1381] Den Sonderbeschluss, der den allgemeinen aktienrechtlichen Anfechtungs- bzw. Nichtigkeitseinwänden unterliegt (§§ 138 Satz 2, 246 Abs.1 AktG und § 249 Abs.1 AktG) und jederzeit nachgeholt bzw. wiederholt werden kann, diesem Fristensystem zur Kassation der Umwandlungsentscheidung zu unterwerfen, wäre systemwidrig.[1382]

Eine höchstrichterliche Aussage findet sich zu der Erstreckung der Wirkungen des umwandlungsrechtlichen Freigabeverfahrens auf eine mit einer Verschmelzung nach Maßgabe des § 69 UmwG notwendig einhergehende Kapitalerhöhung.[1383] Der einer solchen Kapitalerhöhung zu Grunde liegende Beschluss stellt nach Auffassung des BGH sowohl dem Wortlaut des § 69 UmwG, aber auch seinem Inhalt nach, lediglich einen "Annex" zum Verschmelzungsbeschluss dar, weil die Kapitalerhöhung zur Finanzierung der Verschmelzung im Hinblick auf die Aktionäre des übertragenden Rechtsträgers benötigt werde.[1384] Insoweit findet der Beschluss des BGH einhellig Zu-

---

1377 *Habersack*, in: Liber amicorum Martin Winter, 177 ff.; *Marsch-Barner*, in: Liber amicorum Martin Winter, 467, 485.

1378 *Habersack*, in: Liber amicorum Martin Winter, 177, 185 f., der von einer umwandlungsrechtlichen Einheit zwischen Umwandlungsbeschluss und Satzungsänderung spricht.

1379 *Volhard*, in: MüKo AktG § 138 Rn. 36; *Bezzenberger*, in: Großkommentar AktG § 138 Rn.29.

1380 OLG Frankfurt, Beschluss vom 02.12.2010 - 5 Sch 3/10 Tz. 21 (juris).

1381 *Junker*, in: Henssler/Strohn § 14 UmwG Rn. 1.

1382 OLG Frankfurt, Beschluss vom 02.12.2010 - 5 Sch 3/10 Tz. 21 (juris).

1383 BGH, NZG 2007, 714, 715.

1384 BGH, NZG 2007, 714, 715.

stimmung in der Literatur.[1385] Der Kapitalerhöhungsbeschluss, der dieser Entscheidung zu Grunde lag, war wohlgemerkt seinerzeit - nämlich vor Inkrafttreten des § 246a AktG -[1386] für sich genommen nicht freigabefähig.[1387]

*Habersack* zieht aus diesem Umstand einen Erst-recht Schluss. Als Begründung für die Erstreckung der Wirkungen des umwandlungsrechtlichen Freigabeverfahrens auf den Kapitalerhöhungsbeschluss führe der BGH die wirtschaftliche Verknüpfung der beiden Maßnahmen ins Feld. Wenn aber schon eine wirtschaftliche Verknüpfung ausreiche, sei die Erstreckung auf eine Maßnahme, die rechtlich mit dem Umwandlungsbeschluss verknüpft sei, erst recht angezeigt.[1388] Dieser Argumentation ist nicht zu folgen.[1389] Die Erstreckung der Freigabeentscheidung auf den Kapitalerhöhungsbeschluss ist der Besonderheit geschuldet, dass die Eintragung einer Kapitalerhöhung - anders als die zu einer Aktienumwandlung führende Satzungsänderung -, wenn die übernehmende Gesellschaft zur Durchführung einer Verschmelzung nach § 69 UmwG ihr Stammkapital erhöht, Wirksamkeitsvoraussetzung für eine Umwandlung sein kann.[1390] Die Satzung des neuen Rechtsträgers ist lediglich abstrakt Teil des Formwechselbeschlusses und als solche Voraussetzung für dessen Wirksamkeit. Änderungen der Satzung anlässlich des Formwechsels sind zwar möglich, aber gerade nicht notwendig.[1391] Es entspricht im Übrigen der allgemeinen Sichtweise, dass hinsichtlich etwaiger Satzungsänderungen die insoweit gesetzlich vorgesehenen Beschlusserfordernisse und nicht etwa die Mehrheitserfordernisse für den Formwechselbeschluss gelten.[1392] Letzteres müsste aber - insoweit konsequent - angenommen werden, wollte man eine umwandlungsrechtliche Einheit zwischen Satzungsänderung und Formwechsel bejahen. Dies muss umso eher gelten, wenn der Formwechselbeschluss - wie im Falle der KGaA-Lösung - faktisch nur als Mittel zur Umsetzung einer Satzungsänderung gewählt wird und nicht - wie regelmäßig - eine Satzungsänderung lediglich anlässlich des Formwechsels erfolgt. Erst recht ist der

---

1385 *Schwanna*, in: Semler/Stengel § 16 Rn. 22; *Marsch-Barner*, in: Kallmeyer § 16 Rn. 55; *ders.*, in Liber amicorum Martin Winter, 467, 485 mit weiteren Nachweisen.

1386 Art. 1 Nr. 23 UMAG vom 22.09.2005, BGBl. I 2005, 2802.

1387 Insoweit hat die teilweise umstrittene analoge Anwendung des § 16 Abs. 3 UmwG auf einen allein angefochtenen Kapitalerhöhungsbeschluss zur Durchführung einer Verschmelzung an Bedeutung verloren, vgl. dazu mit weiteren Nachweisen *Marsch-Barner*, in: Kallmeyer § 16 Rn. 55.

1388 *Habersack*, in: Liber amicorum Martin Winter, 177, 187.

1389 Pauschal gegen eine analoge Anwendung auf satzungsändernde Beschlüsse, die nicht von den Freigabeverfahren der §§ 246a Abs. 2, 319 Abs. 6, 327e Abs. 2 AktG erfasst sind, auch *Marsch-Barner*, in: Kallmeyer § 16 Rn. 55.

1390 *Fronhöfer*, in: Widmann/Mayer § 16 Rn. 105 mit weiteren Nachweisen.; *Diekmann*, in: Semler/Stengel § 69 Rn. 31; *Marsch-Barner*, in: Liber amicorum Martin Winter, 467, 485; *ders.*, in: Kallmeyer § 69 Rn. 24; OLG Hamm, Der Konzern 2005, 374, 376.

1391 *Drinhausen/Keinath*, in: Henssler/Strohn § 243 Rn. 2 mit weiteren Nachweisen.

1392 *Drinhausen/Keinath*, in: Henssler/Strohn § 243 Rn. 2; *Mutter*, in: Semler/Stengel § 243 Rn. 12□f.; *Rieger*, in: Widmann/Mayer Rn. 12□ff.

Formwechselbeschluss - anders als der Verschmelzungsbeschluss in den Fällen des § 69 UmwG - nicht umgekehrt Wirksamkeitsvoraussetzung für die Eintragung der Satzungsänderung.

Wollte man dies anders sehen würde der Formwechselbeschluss zudem zum Einfallstor für sämtliche - normalerweise nicht freigabefähige - Satzungsänderungen. Etwas anderes muss für mit dem Formwechsel zwingend - weil rechtsformbedingt - einhergehende Satzungsänderungen gelten.[1393]

Dass bei der Eintragung das Vorliegen des Sonderbeschlusses als Voraussetzung geprüft wird und über § 21 Abs. 1 FamFG zu einer faktischen Registersperre führen kann,[1394] stellt einen Nachteil dar, den die Gesellschaft durch die Verbindung des Formwechsels mit der Aktienumwandlung in Kauf nehmen muss.[1395]

### c) Zusammenfassung

Die KGaA-Lösung bedarf eines Formwechselbeschlusses der Hauptversammlung mit einer Mehrheit von mindestens drei Vierteln des vertretenen Grundkapitals (§§ 193 Abs. 1, 240 Abs. 1 Satz 1 Hs. 1 UmwG). Dieser Beschluss bedarf zu seiner Wirksamkeit eines zustimmenden Sonderbeschlusses der Vorzugsaktionäre (§ 141 Abs. 1 AktG). Während eine Anfechtung des Formwechselbeschluss die Durchführung der Aktienumwandlung angesichts des umwandlungsrechtlichen Freigabeverfahrens nur geringfügig verzögern dürfte, führt die Anfechtung des Sonderbeschlusses durch einen Vorzugsaktionär regelmäßig zu einer faktischen Eintragungssperre (§ 21 Abs. 1 FamFG).

## 2. Börsenzulassung

Wie dargestellt unterliegt die Aktienumwandlung in Form der Zwangsumwandlung - anders als die Verfahren der Freiwilligen Umwandlung - keiner Prospektpflicht. Ob auch bei der KGaA-Lösung auf die Veröffentlichung eines Prospekts verzichtet werden kann, soll im Folgenden näher untersucht werden. Dabei ist nach den betreffenden Aktiengattungen zu differenzieren.

---

1393 Insoweit auch *Habersack*, in: Liber amicorum Martin Winter, 177, 188.

1394 *Krafka/Willer/Kühn* Rn. 1384.

1395 So OLG Frankfurt, Beschluss vom 02.12.2010 - 5 Sch 3/10 Tz. 22 (juris). Im Fall der Fresenius SE wurde der Freigabeantrag der Gesellschaft, sofern er die gegen den Sonderbeschluss erhobenen Anfechtungsklagen betraf, als unzulässig zurückgewiesen, OLG Frankfurt, Beschluss vom 02.12.2010 - 5 Sch 3/10 Tz. 20 (juris). Die Eintragung des Formwechsels wurde erst durch einen Prozessvergleich vor dem LG Frankfurt am Main (02/2011) ermöglicht, in welchem die Anfechtungskläger ihre gegen den Sonderbeschluss gerichteten Klagen zurücknahmen und sich die Gesellschaft im Gegenzug zu umfangreichen Satzungsänderungen (insbesondere der Einrichtung eines Gemeinsamen Ausschusses mit umfangreichen Kompetenzen) verpflichtete. Der Originaltext des Vergleichs ist abrufbar unter http://www.fresenius.de/documents/Bekanntmachung_Vergleich_final.pdf.

### a) Hinsichtlich Umwandlungstranche

Hinsichtlich der bisherigen Vorzugsaktien der AG gilt das im Rahmen der Zwangsumwandlung Gesagte. Die Vorzugsaktien verlieren mit Eintragung des Formwechsels in das Handelsregister (und dem Wirksamwerden der damit einhergehenden Satzungsänderungen) ihre Börsenzulassung, können aber auf Grundlage einer entsprechenden Anwendung der Prospektausnahme des § 4 Abs. 2 Nr. 7 WpPG prospektfrei zugelassen werden.[1396]

### b) Hinsichtlich Stammaktien AG

Fraglich ist das börsenzulassungsrechtliche Schicksal der Stammaktien der AG, die mit Eintragung des Formwechsels zu Stammaktien der KGaA werden.

#### aa) Unsicherheiten in der Praxis

Beim Formwechsel einer AG in eine KGaA bestand in der Vergangenheit Unsicherheit hinsichtlich der Auswirkungen des Formwechsels auf die bestehende Börsenzulassung der Aktien der AG. So heißt es in dem Umwandlungsbericht der Fresenius SE: "Die bisherigen Aktien an der Fresenius SE verlieren mit Eintragung des Formwechsels in das Handelsregister ihre Börsenzulassung."[1397] Entsprechende Ausführungen finden sich - für die zu diesem Zeitpunkt bereits börsennotierten stimmrechtslosen Vorzugsaktien der Gesellschaft - sowohl in dem Zulassungsprospekt[1398] der Drägerwerk AG anlässlich ihres Formwechsels in die Rechtsform der KGaA, als auch in dem Umwandlungsbericht[1399] der Fresenius Medical Care AG.

Nach Auffassung der FWB gehen die Aktien der AG mit Wirksamwerden des Formwechsels durch Eintragung in das Handelsregister kraft Gesetzes unter, weshalb der Handel der entsprechenden Aktien im Laufe des Tages der Handelsregistereintragung beendet werden müsse.[1400] In welchem rechtlichen Rahmen sich dieser Vorgang vollzieht, wird indessen nicht erläutert.

Die Beantwortung der Frage muss von der rechtlichen Grundlage einer Börsenzulassung und den Auswirkungen einer Umwandlungsmaßnahme im Allgemeinen ausgehen. In einem zweiten Schritt kann dann untersucht werden, ob sich für den Fall einer Umwandlung in die Rechtsform der KGaA Besonderheiten ergeben.

---

1396 Unter F. I. 1. e) bb) (ii) (2).

1397 Umwandlungsbericht der Fresenius SE aus 03/2010, 149.

1398 Umwandlungsbericht der Fresenius SE aus 03/2010, 31.

1399 Umwandlungsbericht der Fresenius SE aus 03/2010, 105.

1400 Siehe die Bekanntmachung der FWB vom 28.01.2011 zum Rechtsformwechsel der Fresenius SE.

### bb) § 43 Abs. 2 VwVfG

Rechtstechnisch ist der Verlust der Börsenzulassung - als begünstigender Verwaltungsakt - an § 43 Abs. 2 VwVfG anzuknüpfen.[1401] Danach bleibt ein Verwaltungsakt solange und soweit wirksam, wie er nicht zurückgenommen, widerrufen, anderweitig aufgehoben oder durch Zeitablauf oder auf andere Weise erledigt ist. Rücknahme und Widerruf durch die Geschäftsführung der Börse scheiden in der vorliegenden Konstellation aus. Auch eine Erledigung durch Zeitablauf kann bei der unbefristet gewährten Börsenzulassung nicht eintreten. In Betracht kommt demnach nur eine Erledigung auf andere Weise.

Wie bereits gezeigt, entfällt die Börsenzulassung als begünstigender Verwaltungsakt durch Erledigung auf andere Weise gemäß § 43 Abs. 2 VwVfG für solche Aktien, die in Folge einer gesellschaft- bzw. umwandlungsrechtlichen Maßnahme mit einem anderen Rechtsträger untergehen bzw. - im Falle des Formwechsels in eine nicht börsenfähige Rechtsform - nicht mehr weiter bestehen können.[1402] Einer besonderen Erledigungsentscheidung der Geschäftsführung bedarf es dafür nicht. Die Erledigung tritt kraft Gesetzes ein.[1403] Der Formwechsel zeichnet sich indessen dadurch aus, dass er - anders als die übrigen Umwandlungsformen - die rechtliche Identität des formwechselnden Rechtsträgers unberührt lässt.[1404] Die im Rechtsverkehr auftretende juristische Einheit ist vor und nach dem Formwechsel dieselbe.[1405] Die Aktien des formwechselnden Rechtsträgers gehen gerade nicht kraft Gesetzes unter.[1406] In der Literatur wird konsequent auch nur der Formwechsel in eine nicht börsenfähige Rechtsform ausdrücklich als Fall des § 43 Abs. 2 VwVfG genannt.[1407]

Vor diesem Hintergrund scheint eine Erledigung auf andere Weise kraft Gesetzes nach § 43 Abs. 2 VwVfG beim Formwechsel einer börsennotierten AG in eine gleichsam börsennotierte KGaA nicht zwingend geboten.

#### (i) Behandlung öffentlich rechtlicher Erlaubnisse bei Umwandlungsmaßnahmen

Diesem Ausgangpunkt entspricht die einhellige Meinung im umwandlungsrechtlichen Schrifttum zur Auswirkung eines Formwechsels auf öffentlich rechtliche Genehmigungen und Erlaubnisse. Deren Bestand soll grundsätzlich wegen des identitätswahrenden Charakters des Formwechsels von dessen

---

1401 Siehe oben.

1402 Statt aller *Groß* § 39 BörsG Rn. 12 f.

1403 *Groß* § 39 BörsG Rn. 12 mit weiteren Nachweisen.

1404 BFH, DStRE 2004, 146, 147; *Stengel/Schwanna,* in: Semler/Stengel § 190 Rn. 4; *Eckert,* ZIP 1998, 1950, 1950.

1405 *Stengel/Schwanna,* in: Semler/Stengel § 190 Rn. 4.

1406 *Groß* § 39 BörsG Rn. 4.

1407 *Groß* § 39 BörsG Rn. 12.

Wirksamwerden unberührt bleiben.[1408] Etwas anderes wird für rechtsformgebundene Erlaubnisse[1409] und für personenbezogene Erlaubnisse – wie etwa die Eintragung in die Handwerksrolle gemäß § 7 HwO –[1410] angenommen.

Die Behandlung rechtformgebundener Erlaubnisse entspricht der bereits angesprochenen Einordnung im kapitalmarktrechtlichen Schrifttum. Die Börsenzulassung kann Gesellschaften in der Rechtform der AG, der KGaA oder SE erteilt werden.[1411] Beim Formwechsel einer AG in eine KGaA bestehen insoweit also keine Bedenken.[1412]

Bei personenbezogenen Erlaubnissen kann der Wegfall des Regelungssubjekts zur Erledigung führen, wenn eine Rechtsnachfolge in den Verwaltungsakt nicht in Betracht kommt.[1413] Schwierigkeiten ergeben sich insoweit beim Übergang personenbezogener Erlaubnisse beim Formwechsel einer Personengesellschaft in eine Kapitalgesellschaft. Wird etwa eine Kapitalgesellschaft als Inhaberin einer gewerberechtlichen Erlaubnis in eine Personengesellschaft umgewandelt, ergibt sich ein Widerspruch zwischen dem umwandlungsrechtlichen Grundsatz der Rechtsträgeridentität beim Formwechsel und der im Gewerberecht vorherrschenden Ansicht, dass Personengesellschaften nicht gewerberechtsfähig sind.[1414] Während aus umwandlungsrechtlicher Sicht grundsätzlich keine Bedenken gegen die Fortgeltung der Gewerbeerlaubnis

1408 *Laumann*, in: Goutier/Knopf/Tulloch § 202 Rn. 16; *Decher*, in: Lutter § 202 Rn. 38; *Vossius*, in: Widmann/Mayer § 202 Rn. 105 (Baugenehmigung bei Rechtsformwechsel einer GmbH in eine KG); *Kübler*, in: Semler/Stengel § 202 Rn. 11, 17; *Meister/Klöcker*, in: Kallmeyer § 202 Rn. 20; *Gaiser*, DB 2000, 361, 362.

1409 *Vossius*, in: Widmann/Mayer § 202 Rn. 107; *Kübler*, in: Semler/Stengel § 202 Rn. 11, 17.

1410 BFH, DStRE 2004, 146, 148; *Vossius*, in: Widmann/Mayer § 202 Rn. 107; *Decher*, in: Lutter § 202 Rn. 38.

1411 Wie bereits gezeigt, entfällt die Börsenzulassung als begünstigender Verwaltungsakt durch Erledigung gemäß § 43 Abs. 2 VwVfG für solche Aktien, die in Folge einer gesellschafts- bzw. umwandlungsrechtlichen Maßnahme mit einem anderen Rechtsträger untergehen, bzw. – im Falle des Formwechsels in eine nicht börsenfähige Rechtsform – nicht mehr weiter bestehen können; vgl. *Groß* § 38 BörsG Rn. 4; *Kleindiek*, in: FS Bezzenberger, 653, 654; *Pluskat*, FB 2002, 592, 593; *dies.*, BKR 2007, 54, 55; a.A. offenbar *Richard/Weinheimer*, BB 1999, 1613, 1619, die in jedem Fall einen Widerruf der Zulassung verlangen, allerdings in den genannten Fällen eine Ermessensreduzierung auf Null annehmen wollen; missverständlich insoweit *Steck*, AG 1998, 460, 462 und im Anschluss *Land/Hasselbach*, DB 2000, 557, 560, die von einer Verpflichtung der Zulassungsstelle (heute: Geschäftsführung) zur Dekotierung sprechen. Gemeint ist offenbar die Einstellung der Notierung. Diese ist aber nur die Folge des Wegfalls der Zulassung, vgl. *Groß* § 39 BörsG Rn. 12 Fn. 1.

1412 *Vossius*, in: Widmann/Mayer § 20 Rn. 250 für die rechtformbezogenen Genehmigungen nach § 5 Abs. 1 VAG, § 2 Abs. 2 KaGG, § 32 KWG im ähnlich gelagerten Fall der Verschmelzung.

1413 *Ehlers*, in: Liber amicorum Hans-Uwe Erichsen, 1, 7; *Sachs*, in: Stelkens/Bonk/Sachs § 43 Rn. 210.

1414 Siehe die Nachweise bei *Gaiser*, DB 2000, 361, 361 und *Eckert*, ZIP 1998, 1950, 192.

bestünden, kann diese aus gewerberechtlicher Sicht nicht der Personengesellschaft zukommen. Vielmehr kommen allein die persönlich haftenden (vertretungsberechtigten) Gesellschafter als Inhaber der Gewerbeerlaubnis in Betracht.[1415] Da sich durch den Formwechsel also in diesem Fall gewerberechtlich der Erlaubnisinhaber ändert, dürfte eine erneute Prüfung der Erlaubnisvoraussetzungen im öffentlichen Interesse erforderlich sein.[1416] Mit dem Formwechsel einer juristischen Person in eine andere juristische Person geht indessen kein Wechsel in der Person des Erlaubnisinhabers einher.[1417] Es wird folglich keine erneute Erlaubnispflicht ausgelöst.[1418]

Die Behandlung öffentlich rechtlicher Erlaubnisse beim Formwechsel einer Kapitalgesellschaft hatte jüngst das SG Karlsruhe zu beurteilen. [1419] Die Trägerin eines zulassungspflichtigen medizinischen Versorgungszentrums (MVZ) führte einen Formwechsel aus der Rechtsform der GmbH in die Rechtsform der GmbH & Co. KGaA durch. Die Eintragung in das Handelsregister erfolgte und der Zulassungsausschuss stellte durch Bescheid fest, dass er keine zulassungsrechtlichen Einwendungen bzw. Maßnahmen gegen den vollzogenen Rechtsformwechsel und damit verbunden gegen die weitere Zulassung des MVZ erhebe. Die Klägerin erhob zunächst Widerspruch gegen den Bescheid des Zulassungsausschusses und im weiteren Verlauf Klage mit der Begründung, der Rechtsformwechsel ermögliche die Ausgabe von Inhaberaktien. Dies ermögliche zukünftig eine zulassungsrechtlich nicht vorgesehene Beteiligung von Nicht-Leistungserbringern an der Gründungsgesellschaft. Die KGaA sei deshalb keine zulässige Organisationsform für ein MVZ und die Zulassung des MVZ mit Wirksamwerden des Formwechsels folglich erloschen. Neben der Prüfung - und Verneinung - sozialrechtlicher Bedenken gegen die Rechtsform der KGaA als Rechtsträger zum Betrieb eines MVZ,[1420] stellt das Gericht fest, dass umwandlungsrechtlich keine Bedenken gegen die Fortgeltung der Zulassung bestünden.[1421] Eine formwechselnde Umwandlung einer GmbH in eine KGaA führe gemäß § 202 Abs. 1 Nr. 1 UmwG nicht zum Erlöschen des ursprünglich bestehenden und zum Entstehen eines neuen Rechtsträgers. Vielmehr bestehe vor und nach dem Formwechsel ein und dasselbe Rechtssubjekt. Kennzeichnend für eine formwechselnde Umwandlung sei, dass an ihr nur ein Rechtsträger beteiligt ist, es weder zu einer Gesamtrechtsnachfolge eines Rechtsträgers in das Vermögen eines anderen Rechtsträgers

---

1415 Dazu *Gaiser*, DB 2000, 361; 361; *Odenthal*, GewArch 2005, 132, 133; *Eckert*, ZIP 1998, 1950, 1952.

1416 *Odenthal*, GewArch 2005, 132, 134.

1417 *Odenthal*, GewArch 2005, 132, 134.

1418 *Odenthal*, GewArch 2005, 132, 134; *Gaiser*, DB 2000, 361, 364.

1419 Zu den Sachverhaltsangaben, siehe den Tatbestand des Urteils des SG Karlsruhe vom 17.12.2010 - S 1 KA 575/10, Tz. 1 ff.

1420 SG Karlsruhe, Urteil vom 17.12.2010 - S 1 KA 575/10, Tz. 20 ff., 29 ff.

1421 SG Karlsruhe, Urteil vom 17.12.2010 - S 1 KA 575/10, Tz. 27.

komme noch es der Übertragung der einzelnen Vermögensgegenstände bedürfe. Die formwechselnde Umwandlung werde durch das Prinzip der Identität des Rechtsträgers (rechtliche Identität), der Kontinuität seines Vermögens (wirtschaftliche Identität) und der Diskontinuität seiner Verfassung bestimmt. Daraus folge, dass die GmbH in der Rechtsform der GmbH & Co KGaA weiterbestehe, das Gesellschaftsvermögen unverändert fortbestehe und an die Stelle der Organisationsrechte der GmbH diejenigen der Organe der KGaA getreten seien. Mit anderen Worten handele es sich vor und nach der Umwandlung um denselben Rechtsträger, nur in einer anderen „Hülle". Deshalb gelte die der GmbH durch den Zulassungsausschuss erteilte Zulassung eines MVZ nach dem Formwechsel in eine KGaA zulassungsrechtlich unverändert fort.[1422]

#### (ii) Praxis beim Formwechsel in SE

Bestätigt wird der bisherige Befund durch einen Blick auf die Praxis des Formwechsels einer AG in eine SE (Art. 37 SE-VO). So heißt es etwa im Umwandlungsbericht der PUMA AG: "Die Umwandlung hat keine Auswirkungen auf die Börsennotierung der PUMA AG und den börsenmäßigen Handel der PUMA AG-Aktien. (...). Es bedarf keiner separaten Börsenzulassung der Aktie der PUMA SE, da durch die Umwandlung die Gesellschaft weder aufgelöst noch neu gegründet wird."[1423]

#### (iii) Sinn und Zweck des UmwG

Die Fortgeltung der bestehenden Börsenzulassung entspricht im Übrigen auch dem Anliegen des Gesetzgebers des UmwG, die Möglichkeiten für Unternehmen zur Änderung ihrer Struktur zu erweitern und zu erleichtern.[1424]

Nach der abweichenden Auffassung der FWB ist Anknüpfungspunkt für den Untergang der Aktien der AG bzw. den Verlust der Börsenzulassung, dass sich die Mitgliedschaftsrechte der Kommanditaktionäre zu sehr von den Rechten der Aktionäre einer AG unterscheiden. Beim Formwechsel in die Rechtsform der SE sei dies anders, weil es sich insoweit um einen der Umfirmierung ähnlichen Fall handele.[1425] Die Ansicht der FWB führt indessen zu einem Wertungswiderspruch und ist deshalb abzulehnen. Im Fall des Formwechsels einer KGaA in eine AG oder umgekehrt, bestimmt § 250 UmwG, dass den widersprechenden (Kommandit-) Aktionären kein Abfindungsangebot nach Maßgabe der §§ 207 ff. UmwG zu gewähren ist. Der Gesetzgeber des UmwG

---

1422 SG Karlsruhe, Urteil vom 17.12.2010 - S 1 KA 575/10, Tz. 27.

1423 Umwandlungsbericht der Puma AG, 69; eine entsprechende Formulierung findet sich etwa in den Umwandlungsberichten der folgenden Gesellschaften: MAN AG, 62; BASF AG, 82; Allgeier Holding AG, 76; Fresenius AG, 103.

1424 BT-Drucks. 12/6699, 71; *Gaiser*, DB 2000, 361, 361.

1425 Diese Auskunft erhielt der Verfasser in einem persönlichen Gespräch mit der zuständigen Stelle der FWB im Jahre 2011.

war der Ansicht, zwischen den Aktionären einer AG und den Kommanditaktionären einer KGaA bestünden im Hinblick auf die ihnen zukommende Rechtsstellung innerhalb der Gesellschaft eben gerade keine wesentlichen Unterschiede. Im Falle eines Formwechsels bliebe daher deren Rechtsstellung „im Wesentlichen unverändert".[1426]

### (iv) Meinungsbild im Schrifttum

Im Schrifttum äußern sich nur wenige Autoren ausdrücklich zu den Auswirkungen eines Formwechsels auf die bestehende Börsenzulassung der Aktien.[1427] Nach *Seibt* soll der Formwechsel der AG in die Rechtform der SE aufgrund des identitätswahrenden Charakters des Formwechsels keine Auswirkung auf eine Börsenzulassung der Aktien haben.[1428] Da der Formwechsel nach Art. 37 SE-VO dogmatisch dem Formwechsel des deutschen Umwandlungsrechts entspricht,[1429] ließe sich diese Sichtweise prinzipiell auch auf den Formwechsel nach §§ 190 ff. UmwG übertragen. Nach *Groß* bleibt die Börsenzulassung sowohl im Fall des Formwechsels einer AG in eine KGaA als auch in dem einer AG in eine SE unberührt.[1430]

Das umwandlungsrechtliche Schrifttum enthält sich insoweit aber jeder ausdrücklichen Stellungnahme. Allein *Decher* kann so verstanden werden, als hätte der Formwechsel einer AG in eine KGaA keine Auswirkungen auf die Börsenzulassung der Aktien der AG, wenn er ausführt, der Formwechsel von einer KGaA in eine AG und umgekehrt löse bei Beibehaltung der Börsennotierung und damit der auf den Rechtsträger anwendbaren Publizitäts- und Transparenzerfordernisse keine Mitteilungspflichten nach §§ 21 ff. WpHG aus.[1431] Auch *Decher* scheint der Ansicht zu sein, dass die Börsenzulassung beim Formwechsel einer AG in einer KGaA grundsätzlich unberührt bleibt.

---

1426 Siehe die Regierungsbegründung, abgedruckt bei *Ganske*, 264 und *Scheel*, in: Semler/Stengel § 250 Rn. 2, der von einer saldierten Betrachtung spricht.

1427 *Seibt*, in: Lutter/Hommelhoff, SE-Kommentar Art. 37 SE-VO Rn. 87.

1428 *Seibt*, in: Lutter/Hommelhoff, SE-Kommentar Art. 37 SE-VO Rn. 87.

1429 *Casper*, in: Spindler/Stilz Art. 37 SE-VO Rn. 3 mit weiteren Nachweisen.

1430 *Groß* § 39 BörsG Rn. 4, der allerdings in Fn. 2 darauf hinweist, dass die Praxis beim Rechtsformwechsel einer AG in eine KGaA im Hinblick auf die Börsenzulassung unterschiedlich sei. Während z.□B. beim Rechtsformwechsel von einer KGaA in eine AG in einem Fall von einigen Börsen die Ansicht vertreten worden sei, dass es keiner neuen Zulassung für die aus der Umwandlung der Kommanditaktien resultierenden Aktien bedürfe, sei im Fall der Umwandlung einer AG in eine KGaA eine neue Zulassung durchgeführt woren.

1431 *Decher*, in: Lutter § 202 Rn. 36.

#### (v) Zwischenergebnis

Im Ergebnis bleibt es bei dem Grundsatz, dass die Börsenzulassung der Stammaktien als öffentlich rechtliche Erlaubnis beim Rechtsformwechsel in die KGaA wegen des identitätswahrenden Charakters bestehen bleibt.[1432]

### 3. Satzungsgestaltung

Das mit der KGaA-Lösung verfolgte Ziel, eine einheitliche Aktiengattung zu schaffen und gleichzeitig die vor der Aktienumwandlung bestehenden Machtverhältnisse trotz einer Verwässerung der Stimmrechte der Stammaktionäre aufrecht zu erhalten, setzt eine Satzungsgestaltung voraus, die der durch den vormaligen Großaktionär kontrollierten Komplementärin umfangreiche Geschäftsführungsbefugnisse einräumt und das Zustimmungsrecht der Hauptversammlung der Kommanditaktionäre bei außerordentlichen Geschäftsführungsmaßnahmen ausschließt. Eine solche Gestaltung in Form der komplementärdominierten KGaA ist grundsätzlich - wie bereits dargestellt[1433] - möglich. Welche Gestaltungsgrenzen bei ihrem Einsatz zu ziehen sind, ist Gegenstand des Folgenden Abschnitts der Darstellung.

#### a) Problemaufriss

Angesprochen ist die seit dem Beschluss des BGH aus dem Jahre 1997[1434] diskutierte Frage, welche Bedeutung die Anerkennung der atypischen kapitalistischen KGaA für die grundsätzliche Gestaltungsfreiheit im Innenrecht der KGaA hat. Die kapitalistische Ausgestaltung einer KGaA mit einer juristischen Person als alleiniger Komplementärin entspricht nicht den Vorstellungen des

---

1432 Wollte man dies anders sehen, könnte eine prospektfreie Zulassung der neuen Stammaktien der KGaA aber wohl auf Grundlage einer entsprechenden Anwendung der für Verschmelzung und Spaltung geltenden Prospektausnahme des § 4 Abs. 2 Nr. 4 WpPG durchgeführt werden. Danach entfällt die Pflicht zur Veröffentlichung eines Prospekts bei der Zulassung von Aktien, die anlässlich einer Verschmelzung oder Spaltung zugeteilt werden sollen, sofern ein Dokument verfügbar ist, dessen Angaben denen des Prospekts gleichwertig sind. Da die Vorgaben betreffend den Inhalt des Formwechselberichts (§ 192 UmwG) im Wesentlichen den Anforderungen an Verschmelzungsbericht (§ 8 UmwG) und Spaltungsbericht (§ 127 UmwG) entsprechen (so etwa *Startz*, in: Schmitt/Hörtnagl/Stratz § 192 Rn. 2) und europarechtliche Bedenken konzeptionell wohl nicht entgegenstehen (*Heidelbach*, in: Schwark/Zimmer § 4 WpPG Rn. 12; ESMA/2011/85, Ziffer 30 und *Schlitt/Schäfer*, in: Assmann/Schlitt/v.Kopp-Colomb § 4 Rn. 15 Fn. 1) dürfte eine prospektfreie Zulassung der neuen Stammaktien im Rahmen der KGaA-Lösung jedenfalls auf dieser Grundlage möglich sein. In Abstimmung mit der FWB wäre der Formwechselbericht eventuell um einen Abschnitt, der, ähnlich wie ein Wertpapierprospekt, mit dem Formwechsel bzw. der Mitgliedschaft in dem neuen Rechtsträger verbundene Risiken ausweist, zu ergänzen, vgl. ähnlich *Groß* § 4 WpPG Rn. 14.

1433 Siehe oben unter D. II. 2. d) cc) (iii).

1434 Mangels Entscheidungserheblichkeit zuvor offengelassen in BGHZ 83, 122, 133 (Holzmüller) = ZIP 1982, 568 und BFHE 162, 445, 449 = DB 1991, 632.

historischen Gesetzgebers.[1435] Dass sie gleichwohl durch die Rechtsprechung[1436] und in der Folgezeit auch durch den Gesetzgeber[1437] anerkannt wurde, macht es nicht entbehrlich, im Einzelfall zu prüfen, inwieweit die nicht dem gesetzlichen Regelfall entsprechende kapitalistische Ausgestaltung eine einschränkende Auslegung der gesetzlichen Vorschriften gebietet.[1438] Eine solche Prüfung ist umso eher angezeigt, je weiter sich das Kompetenzverhältnis zwischen Kommanditaktionären und Komplementären unter Ausnutzung der gesetzlichen Spielräume zu Gunsten der Komplementärin verschiebt.

### b) Inhaltskontrolle und Regulierung durch den Markt

In seinem Beschluss vom 24.02.1997 deutete der BGH im Hinblick auf mögliche Einschränkungen in der Ausgestaltung einer kapitalistischen KGaA darauf hin, dass Satzungsgestaltungen zu Lasten der Kommanditaktionäre nur in engeren Grenzen als bei der gesetzestypischen KGaA mit einer natürlichen Person als Komplementärin zuzulassen seien. Dabei verwies das Gericht beispielhaft auf die Einschränkung der den Kommanditaktionären nach dem Gesetz (§§ 278 Abs. 2 AktG, §§ 163 f. HGB) zustehenden Mitwirkungsbefugnisse bei außergewöhnlichen Geschäften.

Die Bedenken des BGH fußen in erster Linie auf dem mangelnden Einfluss der Kommanditaktionäre hinsichtlich der Bestellung der Geschäftsleiter der Komplementärgesellschaft. Eine unzulässige Minderheitenherrschaft[1439] könne aber durch zutreffende Rechtsanwendung vermieden werden. Dabei spiele die gesellschaftsrechtliche Treuepflicht der Komplementärgesellschaft, die bei der Auswahl der Geschäftsführer auf die Belange der Kommanditaktionäre Rücksicht zu nehmen habe, eine besondere Rolle.[1440]

Im Übrigen verweist das Gericht auf die von *Priester*[1441] in diesem Zusammenhang angesprochenen Rechtsprechungsgrundsätze des Senats zu den Publi-

---

1435 BGHZ 134, 392, 393 = ZIP 1997, 1027; *Sethe*, 51 ff.; *Priester*, ZHR 160 (1996), 250, 257; *Ihrig/Schlitt*, in: Ulmer, 33, 42 f., die auf die Regelung in § 286 Abs. 2 Satz 4 AktG, wo von den Ehegatten oder minderjährigen Kindern des persönlich haftenden Gesellschafters die Rede ist, verweisen; *Heermann*, ZGR 2000, 61, 74.

1436 BGH, Beschluss vom 24.02.1997 – II ZB 11/96, BGHZ 134, 392 = ZIP 1997, 1027.

1437 Siehe die bestätigende Neuregelung im Hinblick auf die Firma der kapitalistischen KGaA durch das Handelsrechtsreformgesetz vom 22.06.1998, BGBl. I 1998, 1474, in § 279 Abs. 2 AktG und dazu *Hüffer* § 279 Rn. 3.

1438 *Schlitt*, 16.

1439 Erstmals wurde der Aspekt einer missbilligten "Majorisierung durch Minoritäten" wohl von *Steindorff*, in: FS Ballerstedt, 127, 130, 137 im Zusammenhang mit der KGaA besorgt; daraufhin sprachen auch *Binz/Sorg*, BB 1988, 2041, 2044 vor dem Beschluss des BGH von einer klassischen – seit der Abschaffung von Mehrstimmrechtsaktien – in der AG im Grundsatz unzulässigen Minderheitenherrschaft, die durch die kapitalistische KGaA ermöglicht werde.

1440 Mit Bezugnahme auf *Priester*, ZHR 160 (1996), 250, 261.

1441 *Priester*, ZHR 160 (1996), 250, 262.

kums-Kommanditgesellschaften, lässt aber offen, ob und in welchem Umfang diese tatsächlich herangezogen werden müssen.[1442] Kern der angesprochenen Rechtsprechung zur Publikums-Kommanditgesellschaft ist die anlegerschützende Inhaltskontrolle der Satzung der KG durch die Gerichte.[1443] Die Umstände, die eine solche Inhaltskontrolle für die Publikums-Kommanditgesellschaft erforderlich machen, können auch im Hinblick auf die KGaA vorliegen.[1444] Werden die Kommanditaktien an der Börse gehandelt, öffnet sich die KGaA einem breiten anonymen Anlegerpublikum und steht somit dem Zutritt beliebiger Aktionäre offen.[1445] Auf die Gestaltung der Satzung[1446] und die Zusammensetzung des Aktionärskreises haben die Aktionäre ebenso wie bei der Publikums-Kommanditgesellschaft keinen Einfluss.[1447] Dieser Befund in Verbindung mit der fehlenden Steuerungsfunktion der persönlichen Haftung (der geschäftsführenden natürlichen Person)[1448] stützen die

---

1442 BGHZ 134, 392, 400 = ZIP 1997, 1027.

1443 Erstmals BGH, NJW 1975, 1318, 1319 unter Verweis auf *Wiedemann*, in: FS Westermann, 585, 591; *Fischer*, DRiZ 1974, 209, 213 und *ders.*, in: FS Barz, 33, 38 f.; vgl. auch *Wagner*, in: Assmann/Schütze § 16 Rn. 46 ff.; die von *Hommelhoff* vorgetragene Idee einer Satzungskontrolle durch die Börsenzulassungsstelle, gestützt auf § 30 Abs. 3 Nr. 3 BörsG a.F., hat durch die Neuregelungen im WpPG (§ 21 Abs. 8 WpPG) ihre gesetzliche Grundlage verloren, vgl. *Bachmann*, in: Spindler/Stilz § 278 Rn. 99.

1444 Siehe nur *Ihrig/Schlitt*, in Ulmer, 33, 60; die Überlegung, den Gesellschaftsvertrag der Publikums-KG der gerichtlichen, am Grundsatz des § 242 BGB orientierten Inhaltskontrolle zu unterwerfen, resultiert aus dem AGB-Charakter eines solchen Vertrags und dem sich daraus ergebenden Risiko des Missbrauchs der Vertragsautonomie, vgl. BGH, NJW 1982, 2303, 2304; BGH, NJW 1988, 969 f.; BGH, NJW 1991, 2906, 2907.

1445 *Schlitt*, 18.

1446 Dazu *Nasall*, BB 1988, 286.

1447 *Schaumburg/Schulte* Rn. 54; *Ihrig/Schlitt*, in: Ulmer, 57 ff.

1448 Der BGH selbst misst der unbeschränkten persönlichen Haftung einer natürlichen Person, jedenfalls im Hinblick auf die Zulässigkeit einer juristischen Person als Komplementär der KGaA, keine besondere Bedeutung zu, wenn er als eigentliche Haftungsgrundlage das durch die Kommanditaktionäre aufgebrachte Grundkapital nennt und im Übrigen die unbeschränkte Haftung einer juristischen Person als persönlich haftender Gesellschafterin als gleichwertig ansieht, vgl. BGHZ 134, 392, 399 = ZIP 1997, 1027 und *Priester*, ZHR 160 (1996), 250, 258; *Herfs*, in: Gesellschaftsrecht in der Diskussion 1998, 23, 33 und auch OLG Hamburg, AG 1969, 259, 262; weite Teile des Schrifttums räumen diesem Aspekt aber gewichtige Bedeutung im Hinblick auf die Verhaltenssteuerung des Komplementärs im Innenverhältnis ein, vgl. ausführlich *Wiesner*, ZHR 148 (1984), 56, 59 ff.; ferner *Ihrig/Schlitt*, in: Ulmer, 33, 41; *Bayreuther*, JUS 1999, 651, 654; *Perlitt*, in: MüKo AktG § 278 Rn. 70; *Schanz* § 3 Rn. 229; *Flämig*, in: FS Peltzer, 99, 101 und aus der Literatur vor dem Beschluss des BGH schon *Pflug*, NJW 1971, 345, 349; ferner *Dreisow*, WPg 1976, 658, 659; *Binz/Sorg*, BB 1988, 2041, 2047, 2049; *Mertens*, in: Kölner Kommentar AktG, 1. Auflage, § 278 Rn. 13; *ders.*, in: FS Barz, 253, 265 f.; *K.Schmidt*, 735; *ders.*, ZHR 160 (1996), 265, 279; *Knur*, in: FS Flume Band I, 173, 176. Demgegenüber betont *Sethe*, ZIP 1996, 2053, 2056, dass eine natürliche Person als persönlich haftender Gesellschafter gegenüber einer Kapitalgesellschaft ein erhöhtes

Annahme, dass die Satzung einer kapitalistischen börsennotierten KGaA insoweit einer Inhaltskontrolle zu unterwerfen ist, als aufgrund der Anwendung personengesellschaftsrechtlicher Regelungen (vgl. § 278 Abs. 2 AktG) Spielraum bei der Satzungsgestaltung und damit die Gefahr eines Missbrauchs zu Lasten der Aktionäre besteht.[1449]

Gegen eine Inhaltskontrolle wird eingewandt, die Kontrolle unüblicher Satzungsgestaltungen sei den regulierenden Marktkräften zu überlassen.[1450] Bei börsennotierten Gesellschaften werde der Schutz der Aktionäre nicht durch Inhaltskontrolle, sondern über Aufklärung durch Transparenz und Information, vor allem in Form des Emissionsprospekts (Primärmarktpublizität) sowie laufender kapitalmarktrechtlicher Pflichtveröffentlichungen (Sekundärmarktpublizität), bewirkt.[1451] Der informierte Anleger entscheide selbst, ob er sich an einer Gesellschaft beteiligt, die ihm nur eingeschränkte Mitwirkungsrechte einräumt. Da es immer Alternativanlagen gebe und der Kommanditaktionär jederzeit zum Börsenpreis wieder aus der Gesellschaft austreten könne, sei kein weiterer Schutz erforderlich. Angesichts des drohenden Bewertungsabschlags werde sich der Emittent zudem überlegen, in welchem Umfang er Bewertungsnachteile durch Einschränkung der Rechte der Kommanditaktionäre in Kauf nehme.[1452] Insbesondere die Möglichkeit des Kommanditaktionärs, seine Beteiligung jederzeit über die Börse veräußern zu können, wird als bedeutender Unterschied zur Rechtsstellung des Kommanditisten in der Publikums-Kommanditgesellschaft angesehen.[1453]

---

Haftungsrisiko nur in Form einer Erfüllungshaftung träfe, eine solche aber keineswegs allein eine positive Verhaltenssteuerung bewirke. Vielmehr werde so ein risikoaverses Verhalten des persönlich haftenden Gesellschafters begünstigt, das im Hinblick auf sich bietende Chancen für das Unternehmen nicht unbedingt vorteilhaft sei.

1449 *Schlitt*, 19; *Ihrig/Schlitt*, in: Ulmer, 33, 61; *Perlitt*, in: MüKo AktG § 278 Rn. 339; *Raiser/Veil* § 23 Rn. 49; *Kessler*, 88 f.; *Bachmann*, in: Spindler/Stilz § 278 Rn. 31; *Schaumburg/Schulte* Rn. 55 ff.

1450 *Mertens*, in: FS Ritter, 731; 742 f.; *Hennerkes/Lorz*, DB 1997, 1388, 1392 ff.; *Ladwig/Motte*, DStR 1997, 1539, 1541; *Sethe*, AG 1996, 289, 294 f.; wohl auch *Overlack*, in: RWS Forum Gesellschaftsrecht 1997, 237, 260; *Flämig*, in: FS Peltzer, 99, 105; *Halasz/Kloster/Kloster*, GmbHR 2002, 77, 84; *Assmann/Sethe*, in: Großkommentar AktG § 278 Rn. 7, 118; *Wichert*, AG 2000, 268, 276; *ders.*, in: Heidel § 278 Rn. 11; *Herfs*, in: Münchener Hdb AG § 77 Rn. 60 ff.; *ders.*, in: Gesellschaftsrecht in der Diskussion 1998, 23, 38 ff.; *Lorz*, in: Gesellschaftsrecht in der Diskussion 1998, 57, 73; *Schütz/Reger*, in: Schütz/Bürgers/Riotte § 5 Rn. 101.

1451 *Schnorbus*, in: Liber amicorum Martin Winter, 627, 637.

1452 *Mertens*, in: FS Ritter, 742 f.; *Mayer*, MittBayNot 1997, 329, 331; *Hennerkes/Lorz*, DB 1997, 1388, 1329; *Herfs*, WiB 1997, 688, 690; *ders.*, in: Münchener Hdb AG § 77 Rn. 62.

1453 *Herfs*, in: Gesellschaftsrecht in der Diskussion 1998, 23, 37 und *Lorz*, in: Gesellschaftsrecht in der Diskussion 1998, 57, 73; *Schlitt/Ihrig*, in: Ulmer, 33, 62 f. halten dem jedoch entgegen, dass der institutionelle Schutz des Kapitalmarkts das Instrument der Inhaltskontrolle gleichwohl dort verlange, wo Satzungen flexibel (d.h. jenseits der Grenzen des § 23 Abs. 5 AktG) auch zu Lasten der Anleger ausgestaltet werden könnten.

Eine Selbstregulierung durch die Marktkräfte allein scheint indessen angesichts der Ausführungen des BGH zur Relevanz der Treupflicht und den Rechtsprechungsgrundsätzen zu den Publikums-Kommanditgesellschaften nicht ausreichend.[1454] Vielmehr ist es vor dem Hintergrund der Anforderungen des BGH geboten, dem Kapitalmarkt die gesellschaftsrechtlichen Grenzen der kapitalistischen KGaA vorzugeben und im Übrigen auf die Regulierung durch den Markt zu vertrauen.[1455] Schließlich deutet auch die Forderung des BGH nach einer analogen Anwendung des § 19 Abs. 5 HGB (heute § 19 Abs. 2 HGB)[1456] darauf hin, dass der Gedanke des Anlegerschutzes durch Transparenz für die Zulassung der kapitalistischen KGaA zumindest mitursächlich war.

### c) Gesellschaftsrechtliche Grenzen

Die vom BGH verlangte zutreffende Rechtsanwendung kann an den von dem Gericht geäußerten Bedenken anknüpfen. Diese betreffen wie gesehen das Kompetenzgefüge zwischen Komplementär und Kommanditaktionären im Hinblick auf außergewöhnliche Geschäfte auf der einen Seite und die personelle Rückkoppelung der Geschäftsleitung an den Willen der Kommanditaktionäre auf der anderen Seite.[1457]

### aa) Mitwirkung bei der Geschäftsführung

Der gesetzliche Regelfall sieht vor, dass außerordentliche Geschäfte von der Hauptversammlung der Kommanditaktionäre legitimiert werden müssen und Hauptversammlungsbeschlüsse der Zustimmung der Komplementäre bedürfen (§§ 278 Abs. 2 AktG, 164, 161 Abs. 2, 116 Abs. 2 HGB). Wird diese Regelung in der Weise abbedungen, dass die Komplementäre allein über außergewöhnliche Geschäfte entscheiden und zudem alle Beschlüsse der

---

Andernfalls werde das Vertrauen der Anleger auf das Vorliegen angemessener Klauselwerke kontinuierlich erschüttert und damit die Funktionsfähigkeit des Kapitalmarktes dauerhaft gefährdet.

1454 *K.Schmidt*, ZHR (160) 1996, 265, 279; *Hommelhoff*, in: Ulmer, 9, 13; *Ihrig/Schlitt*, in: Ulmer, 33, 39; *Assmann/Sethe*, in: Großkommentar AktG § 278 Rn. 7, 118 und § 287 Rn. 106; *Schütz/Reger*, in: Schütz/Bürgers/Riotte § 5 Rn. 101. Auch die Regierungsbegründung zu § 18 Nr. 3 BörsZulVO zeigt, dass die Zulässigkeit der kapitalistischen KGaA nicht allein dem Kapitalmarkt überlassen werden sollte. Dort heißt es: "Eine Entscheidung über die aktienrechtliche Zulässigkeit einzelner Gestaltungen ist mit der hier vorgegebenen Änderung jedoch nicht beabsichtigt; hierbei handelt es sich vielmehr um eine Frage, die sich ausschließlich nach Aktienrecht beurteilt.", vgl. BT-Drucks. 13/8933, 154.

1455 *Ihrig/Schlitt*, in: Ulmer, 33, 39; *Bachmann*, in: Spindler/Stilz § 278 Rn. 30.

1456 Diese Forderung wurde durch die Neuregelung im Hinblick auf die Firma der kapitalistischen KGaA durch das Handelsrechtsreformgesetz vom 22.06.1998, BGBl. I 1998, 1474, in § 279 Abs. 2 AktG gesetzlich legitimiert, vgl. *Fleischer*, in: MüKo GmbHG § 1 Rn. 92.

1457 So auch *Hommelhoff*, in: Ulmer, 26 und *W.U.Schilling*, BB 1998, 1905, 1906.

Kommanditaktionäre ihrer Zustimmung bedürfen, ist dies nach der gesetzlichen Konzeption zwar möglich,[1458] wird allerdings nicht - wie im gesetzlichen Regelfall - von einer unbeschränkten persönlichen Haftung des Komplementärs begleitet. Die Berechtigung für die starke Position des Komplementärs - in Form der unbeschränkten Haftung - entfällt bei der kapitalistischen KGaA. Damit entfällt ceteris paribus die Legitimation für eine schwächere, der aktienrechtlichen Satzungsstrenge entzogene Stellung der Kommanditisten.[1459] Dass für eine Zurückdrängung der Zustimmungskompetenz der Kommanditaktionäre für außergewöhnliche Geschäfte auch in der kapitalistischen KGaA ein erhebliches Bedürfnis besteht, zeigt die Überlegung, dass die regelmäßige Einholung der Zustimmung der Kommanditaktionäre in börsennotierten Gesellschaften mit einer großen Anzahl von Kommanditaktionären aufgrund des streng regulierten Verfahrens der Hauptversammlung kaum praktikabel sein wird.[1460]

Nicht beantwortet ist damit allerdings die Frage, ob auch ein völliger Ausschluss der Zustimmungskompetenz der Kommanditaktionäre für außergewöhnliche Geschäfte zulässig ist. Die Formulierung des BGH, die Einschränkung der Rechte der Kommanditaktionäre sei "in engeren Grenzen" möglich, spricht gegen die (im Fall der gesetzestypischen KGaA bestehende) Möglichkeit eines völligen Ausschlusses der Mitwirkung der Kommanditaktionäre.[1461] Das Argument mangelnder Praktikabilität lässt sich zudem entkräften, wenn das Zustimmungsrecht dem Aufsichtsrat oder einem anderen zu diesem Zweck geschaffenen und von den Kommanditaktionären zu besetzenden Organ zugewiesen wird.[1462] Insofern spricht vieles gegen die Zulässigkeit eines völligen Ausschlusses der Zustimmungskompetenz der Kommanditaktionäre zu außergewöhnlichen Geschäften.[1463]

Soweit ersichtlich haben sich bislang zwei obergerichtliche Entscheidungen im Anschluss an den BGH zu der Frage geäußert. Das OLG Stuttgart hielt den Ausschluss des Widerspruchsrechts der Kommanditaktionäre bei einer kapitalistischen Publikums-KGaA jedenfalls dann für möglich, wenn dieses Recht

---

1458 *Overlack*, in: RWS Forum Gesellschaftsrecht 1997, 237, 257.

1459 *Schaumburg/Schulte* Rn. 54.

1460 Ausführlich zu den praktischen Erschwernissen *Albach/Corte/Friedewald/Lutter/Richter*, 77 ff.; ferner *Martens*, AG 1982, 113; *Priester*, ZHR (160) 1996, 250, 262; *Hommelhoff*, in: Ulmer, 9, 14, 23; *Ladwig/Motte*, DStR 1997, 1539, 1540; *Schlitt*, 157; *Schaumburg/Schulte* Rn. 57; *Perlitt*, in: MüKo AktG § 278 Rn. 358.

1461 So auch *Dirksen/Möhrle*, ZIP 1998, 1377, 1385.

1462 *Martens*, AG 1982, 113 ("Rumpfparlament"), 116; *Dirksen/Möhrle*, ZIP 1998, 1377, 1386; *Priester*, ZHR 160 (1996), 250, 262; *Schlitt*, 157; *Perlitt*, in: MüKo AktG § 278 Rn. 359; *Hommelhoff*, in: Ulmer, 9, 16 ff.; *Hennerkes/Lorz*, DB 1997, 1388, 1391; *Schaumburg/Schulte* Rn. 59.

1463 Zur überwiegenden Ansicht in der Literatur, siehe die Nachweise bei *Heermann*, ZGR 2000, 61, 77 Fn. 67, 68.

auf den Aufsichtsrat übertragen ist.[1464] Das Gericht führt dazu aus, eine Satzungsregelung, die für außergewöhnliche Geschäftsführungsmaßnahmen das Zustimmungsrecht der Kommanditaktionäre ausschließe, es aber auf den Aufsichtsrat übertrage, sei wirksam. Der gänzliche Ausschluss des Zustimmungsrechts bei einer kapitalistischen KGaA, begegne zwar wegen der Gefahr einer rechtlich unzulässigen Minderheitenherrschaft Bedenken. Diese Bedenken würden aber ausgeräumt, wenn die Funktion der Hauptversammlung bei der Zustimmung zu außergewöhnlichen Geschäften dem durch die Hauptversammlung ohne die Mitwirkung des Komplementärs (§ 285 Abs. 1 Nr. 1 AktG) zu wählenden Aufsichtsrat zugewiesen werde.[1465]

Eine entsprechend Aussage zur Publikums-KGaA findet sich im Anschluss an das OLG Stuttgart in einer Entscheidung des OLG München.[1466] Auch das OLG München sieht den Ausschluss des Zustimmungsrechts der Kommanditaktionäre als wirksam an, wenn dieses Recht auf den Aufsichtsrat übertragen ist.[1467]

*Ihrig/Schlitt* wiesen in diesem Zusammenhang schon früh darauf hin, dass man die Belange der Kommanditaktionäre als ausreichend gewahrt anzusehen habe, wenn das Zustimmungsrecht einem fakultativen Organ, etwa einem Beirat oder Gesellschafterausschuss, zugewiesen werde, sofern durch die Ausgestaltung der Satzung sichergestellt sei, dass die Hauptversammlung der Kommanditaktionäre in diesen Organen vertretene Mitglieder wählen könne.[1468]

Der Ausschluss des Zustimmungsrechts der Kommanditaktionäre bei gleichzeitiger Übertragung auf einen Aufsichtsrat oder ein anderes von der Hauptversammlung zu wählendes fakultatives Organ begegnet im Ergebnis keinen ernstlichen rechtlichen Bedenken und entspricht heute auch dem rechtstatsächlichen Standard.[1469]

### bb) Kein gänzlicher Ausschluss ohne personelle Rückkopplung

Nicht zu übersehen ist indessen, dass die Unzulässigkeit eines völligen Ausschlusses der Zustimmungskompetenz der Kommanditaktionäre zu außergewöhnlichen Geschäften sich je eher aufdrängt, desto weniger Einfluss die Kommanditaktionäre auf die Auswahl der Geschäftsleiter der Komplementär-

---

1464 OLG Stuttgart, ZIP 2003, 1981 Rz. 84 (juris).

1465 OLG Stuttgart, ZIP 2003, 1981 Tz. 85 (juris).

1466 OLG München, NZG 2008, 755, 756 Tz. 14 (juris).

1467 OLG München, NZG 2008, 755, 756 Tz. 14 (juris) unter Hinweis auf OLG Stuttgart AG 2003, 527, 531 und *K.Schmidt*, in: K.Schmidt/Lutter AktG § 278 Rn. 38.

1468 *Ihrig/Schlitt*, in: Ulmer, 33, 68.

1469 Siehe nur *Schnorbus*, in: Liber amicorum Martin Winter, 627, 634 f., 637 f. mit weiteren Nachweisen.

gesellschaft haben.[1470] Der vollständige Wegfall der Zustimmungskompetenz kann den Kommanditaktionären spiegelbildlich eher zugemutet werden, wenn sie Einfluss auf die Besetzung der Geschäftsleitung in der Komplementärgesellschaft ausüben können.[1471]

Zu diesem Zwecke wurden in der Literatur verschiedene Modelle vorgeschlagen. Ein Entzug der Geschäftsführungs- und Vertretungsmacht und/oder gleichzeitigem Ausschluss des Komplementärs durch gerichtliche Entscheidung[1472] ist zwar theoretisch möglich (§§ 278 Abs. 2 AktG, 161 Abs. 2, 117, 127, 140, HGB), setzt aber das Vorliegen eines wichtigen Grundes[1473] und einer Hauptversammlungsmehrheit voraus und kommt auch prinzipiell nur dann in Betracht, wenn die Komplementärin nicht schon ihrer dann aus der gesellschaftsrechtlichen Treuepflicht resultierenden Pflicht zur Abberufung ihrer Geschäftsleiter nachgekommen ist.[1474] Beide Möglichkeiten sind jedoch mit einigen zeit- und kostenaufwändigen Bemühungen verbunden und führen wohl kaum zu der gesuchten personellen Rückkoppelung in Form einer Einflussnahmemöglichkeit auf die Geschäftsleitung der KGaA.[1475]

Eine Entziehung der Geschäftsführungs- und Vertretungsmacht in Form einer Abberufung der Organe der Komplementärin durch die Kommanditaktionäre selbst (analog §§ 117, 127 HGB)[1476] würde einen mit der Kompetenzordnung der KGaA nicht vereinbaren Abberufungsdurchgriff ohne gesetzliche Grundlage darstellen und ist deshalb abzulehnen.[1477]

---

1470 Im Rahmen der die Führungsstruktur der KGaA betreffenden Vertragsfreiheit ist es grundsätzlich zulässig, durch die Satzung allein dem Komplementär die Kompetenz für die Aufnahme und den Ausschluss weiterer Komplementäre einzuräumen, vgl. dazu *Semler*, in: Geßler/Hefermehl/Eckardt/Kropff § 278 Rn. 60 f.; *Schaumburg*, DStZ 1998, 525, 531.

1471 *Perlitt*, in: MüKo AktG § 278 Rn. 359.

1472 Erstmals wohl *Sethe*, 152 und im Anschluss *Hennerkes/Lorz*, DB 1997, 1388, 1391; vgl. auch *Overlack*, in: RWS Forum Gesellschaftsrecht 1997, 237, 250.

1473 Ein wichtiger Grund in der Person des Geschäftsleiters der Komplementärgesellschaft wird analog § 31 BGB der Komplementär-Gesellschaft zugerechnet, vgl. *Overlack*, in: RWS Forum Gesellschaftsrecht 1997, 237, 250 f.; *Sethe*, AG 1996, 289, 296 weist darauf hin, dass ein auf sachlichen Gründen beruhender Vertrauensentzug durch die Hauptversammlung der KGaA in Parallele zu § 84 Abs. 3 Satz 2 AktG einen wichtigen Grund zur Abberufung des Komplementärs darstellt.

1474 *Hommelhoff*, in: Ulmer, 9, 21, 27; *Semler*, in: Geßler/Hefermehl/Eckardt/Kropff § 278 Rn. 144; *Assmann/Sethe*, in: Großkommentar AktG § 278 Rn. 170 mit weiteren Nachweisen.

1475 *Assmann/Sethe*, in: Großkommentar AktG § 278 Rn. 171.

1476 *Overlack*, in: RWS Forum Gesellschaftsrecht 1997, 237, 253 ff. mit weiteren Nachweisen zur GmbH & Co. KG.

1477 *Ihrig/Schlitt*, in: Ulmer, 33, 52 ff.; *Schlitt*, 211; *Herfs*, in: Münchener Hdb AG § 78 Rn. 9; *Habel/Strieder*, MittBayNot 1998, 65, 69; *Gonella/Mikic*, AG 1998, 508, 509 f.; *Wichert*, AG 2000, 268, 275; *Arnold*, 83 ff.; *Assmann/Sethe*, in: Großkommentar AktG § 278 Rn. 172; *Mertens/Cahn*, in: Kölner Kommentar AktG § 278 Rn. 81; *Schütz*, in:

Bis hierher bleibt also festzuhalten, dass ein gänzlicher Ausschluss des Widerspruchsrechts ohne jegliche personelle Rückkoppelung der Geschäftsführung an den Willen der Kommanditaktionäre in der kapitalistischen KGaA nicht zulässig ist.

### cc) Sonderfall: Einheits-KGaA

Ein - wenn auch nur theoretisch - gangbarer Weg zur Lösung dieses Problems wird in Form der sog. Einheits-KGaA vorgeschlagen. Soweit ersichtlich wurde diese Konstruktion, in der sämtliche Anteile an der Komplementärkapitalgesellschaft von der KGaA selbst gehalten werden, erstmals von *Gonnella/Mikic* erörtert.[1478] Die personelle Rückkoppelung der Geschäftsleitung der Komplementärgesellschaft an den Willen der Kommanditaktionäre ließe sich über deren Hauptversammlung problemlos gewährleisten, wenn entweder der Aufsichtsrat oder ein anderes von den Kommanditaktionären gewähltes Organ der KGaA dort sämtliche Stimmrechte für die KGaA ausüben kann.[1479] Für die hier zu untersuchende Konstellation, in der die Komplementärgesellschaft als Medium zur Einflusserhaltung bei der Aktienumwandlung dienen soll, kommt die Gestaltung über eine Einheits-KGaA nicht in Betracht, da ja die Geschäftsleitung der KGaA gerade dem Einfluss der Kommanditaktionäre weitgehend entzogen werden soll.

### dd) Zusammenfassung

Die Aktienumwandlung im Wege der KGaA-Lösung unterliegt gesellschaftsrechtlichen Grenzen. Anders als in der gesetzestypischen KGaA, mit mindestens einer natürlichen Person als Komplementär, kann die Gestaltungsfreiheit im Binnenrecht der KGaA bei der komplementärdominierten kapitalistischen KGaA nicht zu einem vollständigen Ausschluss jeglicher Mitwirkungsbefugnisse der Kommanditisten bei der Geschäftsführung ausgenutzt werden. Vielmehr muss stets ein Minimum an Einflussnahme verbleiben. Voraussetzung hierfür ist, dass das Zustimmungsrecht bei außergewöhnlichen Geschäftsführungsmaßnahmen auf ein Gremium übertragen wird, das zumindest anteilig durch die Hauptversammlung (der Kommanditaktionäre) zu besetzen ist. Etwa anderes gilt lediglich im Modell der Einheits-KGaA, da in diesem Fall sämtliche Rechte in der Komplementärgesellschaft - und damit vor allem auch die Personalkompetenz im Hinblick auf die Organe der Komplementärgesellschaft - durch die Hauptversammlung der KGaA selbst wahrgenommen werden.

---

Schütz/Bürgers//Riotte § 5 Rn. 209 ff.; *Perlitt*, in: MüKo AktG § 278 Rn. 372 mit weiteren Nachweisen auch zur früher verbreiteten Gegenauffassung.

1478 *Gonella/Mikic*, AG 1998, 508, 509.

1479 Hierzu ausführlich *Schnorbus*, in: Liber amicorum Marin Winter, 627, 663 f.

## 4. Kapitalmarktrecht

In einem letzten Schritt sollen für die Eigenkapitalfinanzierung bedeutsame Aspekte der kapitalmarktrechtlichen Behandlung einer kapitalistischen komplementärdominierten KGaA untersucht werden, die nach einem Rechtsformwechsel zu beachten sind. Dabei werden im Folgenden Aspekte der Primär- und Sekundärmarktpublizität sowie des Übernahmerechts näher beleuchtet.

### a) Primärmarktpublizität

Für die Eigenkapitalfinanzierung über den Kapitalmarkt ist zunächst von besonderer Bedeutung, welche Informationen dem Anlegerpublikum über die Struktur der KGaA mitzuteilen sind.

#### aa) Allgemeine Anforderungen an den Inhalt von Wertpapierprospekten

Der Prospekt muss sämtliche Angaben enthalten, die im Hinblick auf den Emittenten und die öffentlich angebotenen oder zum Handel an einem organisierten Markt zugelassenen Wertpapiere notwendig sind, um dem Publikum ein zutreffendes Urteil über die Vermögenswerte und Verbindlichkeiten, die Finanzlage, die Gewinne und Verluste, die Zukunftsaussichten des Emittenten und jedes Garantiegebers sowie über die mit diesen Wertpapieren verbundenen Rechte zu ermöglichen (§ 5 Abs. 1 Satz 1 WpPG). Diese Vorgaben werden durch § 7 WpPG in Verbindung mit der Prospekt-VO konkretisiert. Die Prospektverordnung unterscheidet ihrerseits im Hinblick auf die Angaben in Registrierungsformular und Wertpapierbeschreibung nach den unterschiedlichen Arten von Wertpapieren und Emittenten.[1480] Die jeweils vorzunehmenden Mindestangaben werden in Anhängen zur Prospekt-VO im Rahmen von Schemata und Modulen im Einzelnen aufgeführt. Die bei Aktienprospekten erforderlichen Angaben ergeben sich aus Anhang I bis III der Prospekt-VO. Dabei verlangt Anhang I die im Verhältnis zu den Emittentenangaben bei anderen Wertpapieren ausführlichsten Emittentenangaben.[1481] Anhang II enthält Sonderregelungen für Pro-Forma-Finanzinformationen und Anhang III legt den Maßstab der Wertpapierbeschreibung für Aktien fest.[1482]

---

1480 *Meyer*, in: Habersack/Mülbert/Schlitt § 30 Rn. 15.

1481 *Meyer*, in: Habersack/Mülbert/Schlitt § 30 Rn. 15; *Fingerhut/Voß*, in: Just/Voß/Ritz/Zeising EU ProspektVO Anhang I Rn. 2.

1482 *Heidelbach/Doleczik*, in: Schwark/Zimmer § 7 Rn. 18.

### bb) Besonderheiten bei der KGaA

#### (i) Risikofaktoren (Anhang I Prospekt-VO, 4.)

Anhang I Ziff. 4 der Prospekt-VO verlangt für Aktienprospekte in einer separaten Rubrik mit der Überschrift "Risikofaktoren" eine klare Offenlegung von Risikofaktoren, die für den Emittenten oder seine Branche spezifisch sind.[1483]

#### (1) Allgemein zur Funktionsweise von Risikofaktoren

Sinn und Zweck der Risikofaktoren ist eine angemessene Aufklärung der Anleger über potentielle nachteilige Auswirkungen ihres Investments.[1484] Für die Prospektverantwortlichen vermittelt eine hinreichende Aufklärung über relevante Risiken eine gewisse Schutzwirkung vor möglichen Prospekthaftungsklagen.[1485]

Generell sollte bei der Auswahl der Risikofaktoren die durch die Marktpraxis und Prospekte anderer Emittenten geprägte Investorenerwartung berücksichtigt werden. In der Praxis ist es daher üblich, Prospekte von Wettbewerbern (*peer group*) heranzuziehen.[1486] Für die KGaA wird seit Zulassung der kapitalistischen KGaA diskutiert, ob es der Aufnahme KGaA spezifischer Risikofaktoren in den Prospekt bedarf.[1487]

#### (2) Interessenkollision zwischen Komplementär und Kommanditaktionär

Im Zusammenhang mit der Aktionärsstruktur ergibt sich bei einem Investment in Aktien einer komplementärdominierten KGaA ein Risiko aus den weitreichenden Befugnissen des Komplementärs. Die als Komplementärin eingesetzte Gesellschaft bestimmt aufgrund ihrer gesetzlichen bzw. satzungsmäßigen Stellung maßgeblich die Geschäftspolitik der KGaA, und zwar im Zweifelsfall auch im Widerspruch zu den Interessen der Kommanditaktionäre.[1488]. Zu nennen und zu erläutern sind insbesondere die Satzungsregelungen betreffend das aus dem Zustimmungsrecht der Komplementärin bei Hauptversammlungsbeschlüssen ergebende Blockadepotenzial im Hinblick auf

---

1483 *Schlitt/Schäfer*, in: Assmann/Schlitt/v.Kopp-Colomb EU-ProspektVO Anhang I Rn. 33.

1484 *Fingerhut/Voß*, in: Just/Voß/Ritz/Zeising EU ProspektVO Anhang I Rn. 69 ff.; *Schlitt/Winzen*, CFL 2012, 261, 270.

1485 *Schlitt/Schäfer*, in: Assmann/Schlitt/v.Kopp-Colomb EU-ProspektVO Anhang I Rn. 34; *Schlitt/Winzen*, CFL 2012, 270.

1486 *Schlitt/Schäfer*, in: Assmann/Schlitt/v.Kopp-Colomb EU-ProspektVO Anhang I Rn. 49.

1487 Bejahend *Schlitt*, 32; *Herfs*, in: Gesellschaftsrecht in der Diskussion 1998, 23, 54; verneinend *Bachmann*, in: Spindler/Stilz § 278 Rn. 98; *Wieneke/Fett*, in: Schütz/Bürgers/Riotte § 10 Rn. 78.

1488 Beispielhaft die Ausführungen im Wertpapierprospekt der Drägerwerk AG & Co. KGaA für das öffentliche Angebot vom 16.06.2010, 48; generell für einen Hinweis auf das Risiko einer Kollision zwischen den Interessen bereits vorhandener Aktionäre und derer von Neuinvestoren *Fingerhut/Voß*, in: Just/Voß/Ritz/Zeising EU ProspektVO Anhang I Rn. 278.

Maßnahmen, die im Interesse der Kommanditaktionäre liegen.[1489] Zum anderen bedarf es Ausführungen zu der fehlenden Personalkompetenz des durch die Kommanditaktionäre zu wählenden Aufsichtsrats der KGaA sowie Erläuterungen betreffend die Personalkompetenz des Aufsichtsrats bzw. des Gesellschafters der Komplementärin im Hinblick auf deren die Geschäftsführung der KGaA faktisch bestimmenden Organe.[1490]

#### (3) Kursabschlag

Anerkannt ist, dass wegen der nach Anhang III Ziff. 2 ProspektVO notwendigen Bewertung des Marktrisikos, mit dem Aktien behaftet sind, insoweit auch allgemein gehaltene Risikohinweise nicht ganz zu vermeiden sind.[1491] Für die Rechtsform der KGaA ist ein solcher allgemeiner Hinweis insoweit angebracht, als die Kapitalmärkte mit der Rechtsform der KGaA möglicherweise weiterhin nicht[1492] oder kaum vertraut sind und dies den Aktienkurs der Gesellschaft nachteilig beeinträchtigen könnte. Auch insoweit bedarf es einer entsprechenden Aufklärung des Anlegerpublikums.[1493]

#### (4) Fehlende Übernahmephantasie

Unter dem Abschnitt Risiken im Zusammenhang mit der Aktionärsstruktur wird in der Praxis börsennotierter Gesellschaften, die Vorzugsaktien ausgegeben haben, regelmäßig auf die daraus resultierende Übernahmeresistenz der Gesellschaft hingewiesen und ausgeführt, dass sich die fehlende Übernahmephantasie negativ auf den Aktienkurs der Gesellschaft auswirken könnte.[1494] Ein entsprechender Risikofaktor ist auch für die komplementärdominierte kapitalistische KGaA geboten.[1495]

### (ii) Verwaltungs-, Management- und Aufsichtsorgane sowie oberes Management (Anhang I Ziff. 14.1 b) Prospekt-VO)

Gemäß Anhang I Ziff. 14.1 b) sind Name und Anschrift der Komplementäre einer KGaA sowie ihre Stellung bei der KGaA unter Angabe der wichtigsten

---

1489 Beispielhaft die Ausführungen im Wertpapierprospekt der Drägerwerk AG & Co. KGaA für das öffentliche Angebot vom 16.06.2010, 48 und *Schlitt/Winzen*, CFL 2012, 261, 270.

1490 *Schlitt/Winzen*, CFL 2012, 261, 270.

1491 *Singhof*, in: Berrar/Meyer/Müller/Schnorbus/Singhof/Wolf ProspektVO Artikel 25 Rn. 7; *Schlitt/Winzen*, CFL 2012, 261, 271.

1492 Siehe etwa zur Rechtslage in Österreich, wo die Rechtsform der KGaA 1965 abgeschafft wurde, *Perlitt*, in: MüKo AktG Vor § 278 Rn. 146 mit weiteren Nachweisen.

1493 Beispielhaft die Ausführungen im Wertpapierprospekt der Drägerwerk AG & Co. KGaA für das öffentliche Angebot vom 16.06.2010, 48 f. und *Schlitt/Winzen*, CFL 2012, 261, 271.

1494 Beispielhaft die Ausführungen im Wertpapierprospekt der Porsche Automobil Holding SE für das öffentliche Angebot vom 28.03.2011, 20.

1495 *Schlitt/Winzen*, CFL 2012, 261, 271.

Tätigkeiten, die sie außerhalb des Emittenten ausüben, sofern diese für den Emittenten von Bedeutung sind, zu machen.

Vor Umsetzung der Prospektrichtlinie in Deutschland durch das Prospektrichtlinien-Umsetzungsgesetz[1496] enthielt § 18 Nr. 3 BörsZulVO Vorgaben für den Inhalt von Wertpapierprospekten im Hinblick auf allgemeine Angaben über einen Emittenten in der Rechtsform der KGaA.[1497]. Sofern der Emittent eine KGaA war, waren neben der maßgebliche Rechtsordnung und der Rechtsform zusätzliche Angaben über die Struktur des Komplementärs und die von der gesetzlichen Regelung abweichenden Bestimmungen der Satzung oder des Gesellschaftsvertrags aufzunehmen. Die Norm wurde durch das 3. Finanzmarktförderungsgesetz eingefügt und sollte dem Umstand Rechnung tragen, dass in den Jahren zuvor Familienunternehmen vermehrt die Rechtsform der KGaA für einen Börsengang gewählt hatten.[1498] Ausweislich der Gesetzesbegründung sollte durch die Neuregelung die Transparenz am Kapitalmarkt gefördert und so eine sachgerechte Anlageentscheidung des Anlegers ermöglicht werden.[1499]

An die Stelle des § 18 Nr. 3 BörsZulVO ist zwar keine neue einfachgesetzliche Regelung oder Verordnung getreten. Gesetzlicher Anknüpfungspunkt sind deshalb die Mindestanforderungen in Anhang I Ziff. 14.1 b) der Prospekt-VO.[1500] Ausweislich der Gesetzesbegründung war alleiniger Grund für die Aufhebung der §§ 13 - 47 BörsZulVO, die den Inhalt von Wertpapierprospekten betrafen, dass diese Materie fortan allein auf Ebene der für alle Mitgliedstaaten verbindlichen Prospektverordnung erfolgte.[1501] Die dort genannte „Stellung des persönlich haftenden Gesellschafters bei der KGaA" lässt sich aber sinnvoll nur als Stellung im Rahmen der gesetzlichen Gestaltungsmöglichkeiten der KGaA verstehen.[1502] Es ist deshalb jedenfalls empfehlenswert, sich an den Leitlinien zu § 18 Nr. 3 BörsZulVO zu orientieren.[1503] Ausweislich der Gesetzesbegründung sollten insoweit Angaben über die Struktur des Komplementärs gemacht werden, insbesondere hinsichtlich etwaiger Abweichungen von dem in §§ 278 ff. AktG normierten Leitbild einer KGaA. Beispielhaft nennt die Gesetzesbegründung Abweichungen im Hinblick auf die

---

1496 Gesetz zur Umsetzung der Richtlinie 2003/71/EG des Europäischen Parlaments und des Rates vom 04.11.2003 betreffend den Prospekt, der beim öffentlichen Angebot von Wertpapieren oder bei deren Zulassung zum Handel zu veröffentlichen ist, und zur Änderung der Richtlinie 2001/34/EG vom 22.06.2005, BGBl. I 2005,1698.

1497 Siehe dazu *Perlitt*, in: MüKo AktG § 278 Rn. 384; *Bachmann*, in: Spindler/Stilz § 278 Rn. 97 f.

1498 BT-Drucks. 13/8933, 154 liSp. und *Heidelbach*, in: Schwark, 3. Auflage, § 18 BörsZulV Rn. 2.

1499 BT-Drucks. 13/8933, 154.

1500 *Bachmann*, in: Spindler/Stilz § 278 Rn. 97.

1501 BT-Drucks. 13/8933, 42 reSp.

1502 *Schlitt/Winzen*, CFL 2012, 261, 271.

1503 So auch *Bachmann*, in: Spindler/Stilz § 278 Rn. 97

Rechtsstellung des Aktionärs, die Kompetenzen der Hauptversammlung und des Aufsichtsrats. Die von der gesetzlichen Regelung abweichenden Bestimmungen der Satzung oder des Gesellschaftsvertrages sollten ebenfalls in den Prospekt aufgenommen werden.[1504]

Zum anderen verlangt die prospektrechtliche Generalklausel des § 5 Abs. 1 WpPG die vollständige und verständliche Widergabe aller tatsächlichen und rechtlichen Verhältnisse, die für die Beurteilung des Emittenten und der Wertpapiere wesentlich sind. Hieraus ergibt sich, dass auch die innere Struktur des Komplementärs - also vor allem auch im Hinblick auf die hinter diesem stehenden Gesellschafter - zu erläutern ist.[1505] Vor diesem Hintergrund sind dem Anlegerpublikum jedenfalls Angaben zu folgenden Aspekten zu machen:

Zunächst sollte dargelegt werden, ob die Komplementärin eine Einlage in das Gesellschaftsvermögen geleistet hat und wie sie gegebenenfalls am Ergebnis und am Vermögen der KGaA beteiligt ist. Sodann sind Angaben zur Gesellschafterstruktur, zur Organstruktur und zum Unternehmensgegenstand der Komplementärin zu machen. Besteht der Unternehmensgegenstand - wie regelmäßig bei komplementärdominierten KGaA - allein in der Übernahme der Stellung als Komplementär der KGaA, sollte zudem darauf hingewiesen werden, dass die Komplementärin außerhalb ihrer Aufgaben in der Gesellschaft weder für eigene noch für fremde Rechnung tätig ist.[1506]

Sind die Geschäftsführungsbefugnisse der Komplementärin im Hinblick auf außergewöhnliche Geschäftsführungsmaßnahmen - abweichend vom gesetzlichen Leitbild der KGaA - nicht dem Widerspruchs- bzw. Zustimmungsrecht der Kommanditaktionäre in der Hauptversammlung unterworfen, ist dies unter Nennung der gesetzlichen Vorschriften (§§ 278 Abs. 2 AktG, 164 HGB) darzulegen und kurz zu erläutern.[1507] Sind Zustimmungsvorbehalte stattdessen einem gewillkürten Organ der KGaA (Beirat, Gemeinsamer Ausschuss) eingeräumt worden, sollte dies anhand der zu Grunde liegenden Praktikabilitätserwägungen erläutert werden. Zu den Angaben über "die Stellung des phG" bei der KGaA gehören auch Angaben über eine etwaige Vergütungsregelung[1508] und das grundsätzliche gesetzliche Wettbewerbsverbot des § 284 AktG.

---

1504 BT-Drucks. 13/8933, 154 liSp; im Hinblick auf den Prospektinhalt ähnlich wie hier *Bachmann*, in: Spindler/Stilz § 278 Rn. 98; *Perlitt*, in: MüKo AktG § 278 Rn. 385.

1505 Beispielhaft die Ausführungen im Wertpapierprospekt der Drägerwerk AG & Co. KGaA für das öffentliche Angebot vom 16.06.2010, 241 ff.

1506 Siehe dazu beispielhaft die Ausführungen im Wertpapierprospekt der Drägerwerk AG & Co. KGaA für das öffentliche Angebot vom 16.06.2010, 241 ff.

1507 Siehe dazu beispielhaft die Ausführungen im Wertpapierprospekt der Drägerwerk AG & Co. KGaA für das öffentliche Angebot vom 16.06.2010, 241 ff.

1508 Siehe etwa bei der Drägerwerk AG & Co. KGaA: Vergütung in Höhe von 6 % ihres im Jahresabschluss bilanzierten Eigenkapitals zuzüglich etwa anfallender Umsatzsteuer.

### b) Sekundärmarktpublizität

Im Bereich der Sekundärmarktpublizität ist auf Besonderheiten bei der Ad-hoc-Publizität und den Regelungen über Directors' Dealings hinzuweisen.

#### aa) Ad-hoc Publizität (§ 15 WpHG)

Die börsennotierte KGaA muss als Inlandsemittent von Finanzinstrumenten gemäß § 15 Abs. 1 Satz 1 WpHG Insiderinformationen, die sie unmittelbar betreffen, unverzüglich veröffentlichen. Zwar ist unmittelbarer Adressat der Regelung die Gesellschaft selbst. Für deren Befolgung haben jedoch im Rahmen ihrer Organisationspflicht die Organe des Emittenten Sorge zu tragen.[1509] Für die Aktiengesellschaft ist dies der Vorstand. Ist Normadressatin dagegen eine KGaA, trifft die Pflicht zur Befolgung des § 15 Abs. 1 Satz 1 WpHG die Komplementärin - bzw. deren Geschäftsleiter - als organschaftlichen Vertreter der Emittentin.[1510]

Ad-hoc-pflichtig können insbesondere auch Umstände auf Ebene der Komplementärin sein. Zu denken ist hier vor allem an den Austausch von Geschäftsleitern.[1511]

Im Grundsatz anders als bei der AG stellte sich für die Geschäftsführung der Komplementärin einer KGaA die Frage nach dem auslösenden Moment der Ad-hoc-Pflicht im Rahmen mehrstufiger Entscheidungsprozesse dar. Wie gesehen unterliegt die Geschäftsführung in der KGaA nicht den im AktG sonst gemäß § 111 Abs. 4 Satz 2 AktG vorgesehenen Zustimmungsvorbehalten des Aufsichtsrats. Soweit in der Literatur die Auffassung vertreten wird, die Ad-hoc Pflicht werde bei Geschäftsführungsmaßnahmen, die zu ihrer Wirksamkeit der Zustimmung des Aufsichtsrats bedürfen, erst mit eben dieser Zustimmung ausgelöst, konnte dies für die KGaA allenfalls dann gelten, wenn Zustimmungskompetenzen per Satzung einem Beirat eingeräumt wurden. War dies nicht der Fall, entstand die Ad-hoc Pflicht bei der KGaA regelmäßig bereits mit der Entscheidung des Geschäftsführungsorgans, also im Regelfall mit der Beschlussfassung durch die Organe der Komplementärin.[1512]

Diese KGaA-spezifische Sichtweise kann seit der Entscheidung des EuGH in der Rechtssache *Geltl/Daimler*[1513] keine Geltung mehr beanspruchen. Auf eine Vorlagefrage des BGH entschied der EuGH in seinem Urteil vom 28.06.2012, dass Art. 1 Nr. 1 der Richtlinie 2003/6 und Art. 1 Abs. 1 der Richtlinie 2003/124 dahin auszulegen sind, dass bei einem zeitlich gestreckten Vorgang, bei dem ein bestimmter Umstand verwirklicht oder ein bestimmtes Ereignis

---

1509 *Zimmer/Kruse*, in: Schwark/Zimmer § 15 WpHG Rn. 19; *Schlitt/Winzen*, CFL 2012, 261, 271.

1510 *Schlitt/Winzen*, CFL 2012, 261, 271.

1511 *Wieneke/Fett*, in: Schütz/Bürgers/Riotte § 10 Rn. 90; *Schlitt/Winzen*, CFL 2012, 261, 271.

1512 *Wieneke/Fett*, in: Schütz/Bürgers/Riotte § 10 Rn. 94.

1513 EuGH, Urteil vom 28.06.2012 - Rs C-19/11 = ZIP 2012, 1282.

herbeigeführt werden soll, nicht nur dieser Umstand oder dieses Ereignis präzise Informationen im Sinne der genannten Bestimmungen sein können, sondern auch die mit der Verwirklichung des Umstands oder Ereignisses verknüpften Zwischenschritte dieses Vorgangs.[1514] Für mehrstufige Entscheidungsprozesse bedeutet diese Aussage eine Angleichung der rechtlichen Behandlung bei der KGaA und der AG, da für beide Gesellschaftsformen unabhängig von etwaigen Zustimmungserfordernissen fortan schon die erste Organentscheidung eine selbständige veröffentlichungspflichtige Insiderinformation sein kann.[1515]

### bb) Directors' Dealings (§ 15a WpHG)

Personen, die bei einem Emittenten von Aktien Führungsaufgaben wahrnehmen, haben eigene Geschäfte mit Aktien des Emittenten oder sich darauf beziehenden Finanzinstrumenten innerhalb von fünf Werktagen dem Emittenten und der BaFin mitzuteilen (§ 15a Abs. 1 Satz 1 WpHG). Als Personen mit Führungsaufgaben in diesem Sinne werden auch Komplementäre des Emittenten sowie sonstige Personen, die regelmäßig Zugang zu Insiderinformationen haben und zu wesentlichen unternehmerischen Entscheidungen ermächtigt sind, angesehen (§ 15a Abs. 2 WpHG).[1516]

Da § 15a Abs. 2 WpHG ausdrücklich nur den Komplementär selbst, nicht aber dessen Organe erwähnt, scheint die Rechtslage insoweit, also im Hinblick auf Geschäfte mit Kommanditaktien unter Beteiligung der Organe einer Komplementärgesellschaft zunächst unklar.[1517] Ihre Erfassung ist aber nach Sinn und Zweck des § 15a WpHG geboten. Die Vorschrift dient ausweislich der Regierungsbegründung der Verbesserung der Informationseffizienz, der Anlegergleichbehandlung durch Abmilderung von Wissensvorsprüngen, Förderung der Markttransparenz, und Marktintegrität durch Prävention von Insidergeschäften.[1518] Die Organe der Komplementärgesellschaft verfügen faktisch über denselben Einfluss auf die Geschäftsführung der KGaA und haben damit einen ähnlichen Wissensvorsprung wie eine natürliche Person, die Komplementär der KGaA ist.[1519] Dass einer Anwendung dieser ersten Variante des nach § 39 Abs. 2 Nr. 2 lit. d WpHG bußgeldbewehrten § 15a Abs. 2 WpHG auf Organe der Komplementärgesellschaft das Analogieverbot des Art. 103 Abs. 2 GG entgegensteht,[1520] ist mit Blick auf die fünfte Variante § 15a Abs. 2 WpHG freilich unschädlich. Danach sind nämlich auch sonstige Personen, die regelmäßig

---

1514 EuGH, Urteil vom 28.06.2012 - Rs C-19/11 Tz. 40 (juris) = ZIP 2012, 1282.

1515 Siehe etwa *Bachmann*, EWiR 2012, 467, 468.

1516 Dazu *Zimmer/Osterloh*, in: Schwark/Zimmer § 15a WpHG Rn. 52 ff.

1517 *Schlitt/Winzen*, CFL 2012, 261, 271.

1518 BT-Drucks. 14/8017, 87; *Fleischer*, ZIP 2002, 1217, 1218; *ders.*, NJW 2002, 2977, 2978; *Hutter/Leppert*, NZG 2002, 649, 655, 656.

1519 *Zimmer/Osterloh*, in: Schwark/Zimmer § 15a Rn. 54.

1520 *Zimmer/Osterloh*, in: Schwark/Zimmer § 15a Rn. 54.

Zugang zu Insiderinformationen haben und zu wesentlichen unternehmerischen Entscheidungen ermächtigt sind, vom Anwendungsbereich der Vorschrift erfasst.[1521] Aufgrund ihrer Geschäftsführungstätigkeit beim Emittenten haben die Organe der Komplementärgesellschaft einen kontinuierlichen Zugang zu Insiderinformationen. Zudem treffen sie beim Emittenten auch die wesentlichen unternehmerischen Entscheidungen.[1522] Folglich sind sie über diese Variante vom Anwendungsbereich des § 15a WpHG erfasst.[1523]

### c) WpÜG

Im Laufe dieser Darstellung ist wiederholt auf die Übernahmeresistenz der KGaA hingewiesen worden.[1524] Im folgenden Abschnitt sollen die mit diesem Aspekt zusammenhängenden übernahmerechtlichen Fragestellungen näher beleuchtet werden. Dabei geht es vor allem um die Frage, wie sich der Umstand, dass der Aufsichtsrat der KGaA nicht über eine Personalkompetenz im Hinblick auf die Organe der komplementärdominierten KGaA verfügt, übernahmerechtlich auswirkt.

#### aa) Generelle Anwendbarkeit

Während die Angebotspflichten des WpÜG in einer AG, deren Vorzugsaktien sich im Streubesitz befinden, im Hinblick auf den Besitz solcher Vorzugsaktien mangels Stimmberechtigung grundsätzlich nicht zur Anwendung kommen,[1525] sind Kommanditaktien tauglicher Gegenstand der Folgepflichten des WpÜG (§ 2 Abs. 3 WpÜG).

Zwar ist das WpÜG inhaltlich gänzlich am Leitbild der AG ausgerichtet. So enthält etwa § 3 Abs. 3 WpÜG die gesetzliche Verpflichtung des Vorstands und des Aufsichtsrats der Zielgesellschaft, ihre Entscheidungen am Interesse der Zielgesellschaft auszurichten. § 27 Abs. 1 Satz 1 WpÜG verlangt eine begründete Stellungnahme zu einem Angebot sowie zu jeder seiner Änderungen von Vorstand und Aufsichtsrat der Zielgesellschaft und auch das übernahmerechtliche Verhinderungsverbot des § 33 Abs. 1 Satz 1 WpÜG richtet sich an Vorstand und Aufsichtsrat der Zielgesellschaft. Gleichwohl besteht Einigkeit darüber, dass dort, wo das WpÜG den Vorstand anspricht, bei der KGaA der Komplementär gemeint ist.[1526]

---

1521 *Zimmer/Osterloh*, in: Schwark/Zimmer § 15a Rn. 59.

1522 *Zimmer/Osterloh*, in: Schwark/Zimmer § 15a Rn. 54; *Schlitt/Winzen*, CFL 2012, 261, 272.

1523 *Zimmer/Osterloh*, in: Schwark/Zimmer § 15a Rn. 54; *Bachmann*, in: Spindler/Stilz § 278 Rn. 102; *Schlitt/Winzen*, CFL 2012, 261, 272.

1524 Siehe etwa oben unter D. II. 4.

1525 *Süßmann*, in: Geibel/Süßmann § 29 Rn. 25; *Schlitt/Ries*, in: MüKo AktG § 35 WpÜG Rn. 93 ff.

1526 *Bachmann*, in: Spindler/Stilz § 278 Rn. 105; *Versteegen*, in: Kölner Kommentar WpÜG § 2 Rn. 107

### bb) Der übernahmerechtliche Kontrollbegriff

#### (i) Kontrollbegriff

Ein Bieter hat innerhalb von vier Wochen nach der Veröffentlichung der Erlangung der Kontrolle über eine Zielgesellschaft der BaFin eine Angebotsunterlage zu übermitteln und nach § 14 Abs. 2 Satz 1 WpÜG ein Angebot zu veröffentlichen (§ 35 Abs. 2 Satz 1 WpÜG). Kontrolle ist das Halten von mindestens 30 Prozent der Stimmrechte an einer Zielgesellschaft (§ 29 Abs. 2 WpÜG).

Angesichts der in der Praxis üblicherweise anzutreffenden Satzungsgestaltungen börsennotierter KGaA, die eine weitgehende Entrechtung der Kommanditaktionäre bewirken, ließe sich an der Sinnhaftigkeit dieser Definition für die börsennotierte KGaA zweifeln. Ausweislich der Gesetzesbegründung orientiert sich die Grenze von 30 Prozent einerseits an Regelungen in anderen europäischen Staaten.[1527] Andererseits war ausschlaggebend, dass ein Bieter angesichts der Präsenzen in den Hauptversammlungen börsennotierter deutscher Unternehmen, mit einer Beteiligung von 30 Prozent an dem Unternehmen nach Ansicht des Gesetzgebers in den meisten Fällen eine Hauptversammlungsmehrheit innehat.[1528]

Unter der Annahme, dass das Halten von mindestens 30 Prozent der Stimmrechte dem Bieter regelmäßig die faktische Mehrheit in der Hauptversammlung der Zielgesellschaft vermittelt, scheint das Abstellen auf einen formalen Kontrollbegriff für die AG im Grundsatz gerechtfertigt.[1529] Da selbst eine sichere Mehrheit in der Hauptversammlung der KGaA aufgrund der strukturellen Unterschiede zur AG jedoch nicht die Möglichkeit zur Durchsetzung der Interessen des Bieters gegen den Willen des Komplementärs eröffnet,[1530] sind im Schrifttum vereinzelt Bedenken gegen die Anwendbarkeit des § 29 Abs. 2 WpÜG auf die KGaA gehegt worden.[1531] Ein solches Verständnis würde be-

---

1527 BT-Drucks 14/7034, 53 liSp.

1528 BT-Drucks 14/7034, 53 liSp; die Übernahmerichtlinie enthält indessen keine Vorgaben zur Bestimmung der Kontrollschwelle, sondern verweist in Art. 5 Abs. 3 RL 2004/25 EG auf die Rechtsordnungen der Mitgliedsstaaten.

1529 Siehe etwa *Möller*, in: Assmann/Pötzsch/Schneider § 29 Rn. 9; *Süßmann*, in: Geibel/Süßmann § 29 Rn. 15; *Steinmeyer*, in: Steinmeyer/Häger § 29 Rn. 14; *Kleindiek*, ZGR 2002, 546, 563.

1530 Bei weitgehender Zurückdrängung der Rechte der Kommanditaktionäre ist sogar die Extremsituation denkbar, dass 100 % der Stimmrechte in der Hand eines Kommanditaktionärs liegen, ohne dass dieser die KGaA gesellschaftsrechtlich vermittelt "kontrollieren" kann, vgl. *Wieneke/Fett*, in: Schütz/Bürgers/Riotte § 10 Rn. 146.

1531 *Steinmeyer/Häger*, 1. Auflage, § 1 Rn. 25, § 29 Rn. 30 ff., § 35 Rn. 10 f.; *Cahn/Senger*, FB 2002, 277, 286; *Ekkenga/Schulz*, in: Ehricke/Ekkenga/Oechsler § 35 Rn. 20; vgl. auch *Oechsler*, in: Ehricke/Ekkenga/Oechsler § 29 Rn. 9, der für den ähnlich gelagerten Fall, in dem der Bieter zwar 30% überschreitet, aber selbst in der Minderheit bleibt eine teleologische Reduktion des § 29 Abs. 2 WpÜG annehmen will.

deuten, dass die Erlangung der Kontrolle über eine KGaA stets einzelfallabhängig auf Grundlage des § 29 Abs. 1 WpÜG nach materiellen Kriterien bestimmt werden müsste. Die dadurch entstehende Rechtsunsicherheit wäre nicht nur mit dem erklärten Regelungsziel, Übernahmeverfahren rasch durchzuführen (vgl. § 3 Abs. 4 WpÜG), unvereinbar, sondern widerspräche auch dem im Gesetz angelegten Regel- /Ausnahmeverhältnis von formeller und materieller Kontrolle.[1532]

Dem formellen Kontrollbegriff des § 29 WpÜG steht als notwendiges Korrektiv die in § 37 WpÜG geregelte Möglichkeit der Befreiung von der Verpflichtung zur Veröffentlichung und zur Abgabe eines Angebots nach § 35 Abs. 2 Satz 1 WpÜG gegenüber.[1533] Mit der herrschenden Meinung im Schrifttum ist deshalb davon auszugehen, dass § 29 Abs. 2 WpÜG auf die KGaA anwendbar ist.[1534] Wer mehr als 30 Prozent der Stimmrechte an einer börsennotierten KGaA hält, muss folglich im Grundsatz der BaFin eine Angebotsunterlage übermitteln und nach § 14 Abs. 2 Satz 1 WpÜG ein Angebot veröffentlichen.

#### (ii) Befreiung nach 37 Abs. 1 WpÜG

Auf einer zweiten Stufe ist allerdings zu prüfen, ob diese Verpflichtung des Bieters auch materiell gerechtfertigt ist. Die BaFin kann auf schriftlichen Antrag den Bieter von den Verpflichtungen nach § 35 Abs.1 Satz 1 und Abs. 2 Satz 1 WpÜG befreien, sofern dies im Hinblick auf die Art der Erlangung, die mit der Erlangung der Kontrolle beabsichtigte Zielsetzung, ein nach der Erlangung der Kontrolle erfolgendes Unterschreiten der Kontrollschwelle, die Beteiligungsverhältnisse an der Zielgesellschaft oder die tatsächliche Möglichkeit zur Ausübung der Kontrolle unter Berücksichtigung der Interessen des Antragstellers und der Inhaber der Aktien der Zielgesellschaft gerechtfertigt erscheint (§ 37 Abs. 1 WpÜG). Konkretisiert wird das Verfahren durch die aufgrund von § 37 Abs. 2 WpÜG ergangene WpÜG-AngebotsVO, die insbe-

---

1532 *Scholz*, NZG 2006, 445, 447; *v.Bülow*, in: Kölner Kommentar WpÜG § 29 Rn. 71 nennt außerdem den Schutzzweck des 4. Abschnitts des WpÜG, den außenstehenden Aktionären eine Desinvestitionsmöglichkeit zu geben, als gewichtiges Argument für die Anwendbarkeit auf die KGaA; dies erscheint jedoch zweifelhaft, wenn man bedenkt, dass eine Desinvestitionsmöglichkeit für den Fall eines Kontrollwechsels und einer damit einhergehenden Neuausrichtung der Geschäftspolitik, gewährt werden soll, bei der KGaA die Geschäftspolitik aber maßgeblich nicht durch das Aktionariat, sondern durch den Komplementär bestimmt wird, vgl. dazu *Wieneke/Fett*, in: Schütz/Bürgers/Riotte § 10 Rn. 154.

1533 *Schlitt/Ries*, in: MüKo AktG § 37 WpÜG Rn. 5; *Noack/Zetsche*, in: Schwark/Zimmer § 37 WpÜG Rn. 1, 19; *Meyer*, in: Geibel/Süßmann § 37 Rn. 4.

1534 *v.Bülow*, in: Kölner Kommentar WpÜG § 29 Rn. 71; *Haarmann*, in: Haarmann/Schüppen § 29 Rn. 39; *Süßmann*, in: Geibel/Süßmann § 29 Rn. 24; *Krause/Pötzsch*, in: Assmann/Pötzsch/Schneider § 37 Rn. 67; nunmehr auch *Steinmeyer*, in: Steinmeyer/Häger § 29 Rn. 17.

sondere in § 9 WpÜG-AngebotsVO Regelbeispiele für typische Befreiungssachverhalte enthält.

### (1) Ermessensentscheidung der BaFin

§ 37 Abs. 1 WpÜG sieht eine Ermessensentscheidung der BaFin vor.[1535] In die Entscheidung einzustellen ist zum einen der Zweck des Gesetzes, das Vertrauen der Anleger in den Kapitalmarkt zu stärken und sie vor einer Entwertung ihrer Aktien in Folge des Kontrollerwerbs - der Veränderung der Geschäftsgrundlage ihres Investments - zu schützen.[1536] Andererseits gilt es, eine übermäßige Belastung des Bieters zu verhindern.[1537] Der Bieter hat nach allgemeinen Grundsätzen einen Anspruch auf ermessensfehlerfreie Entscheidung.[1538] Ist eine Beeinträchtigung der Aktionäre der Zielgesellschaft in Folge des Kontrollerwerbs nicht ersichtlich, so ist das Ermessen der BaFin auf null reduziert und eine Befreiung zu erteilen.[1539] Als Test für die Notwendigkeit einer Befreiung kann die Frage dienen, ob aufgrund der mit der Kontrollerlangung durch den Antragsteller verfolgten Ziele eine Neubewertung der Anlage des Minderheitsaktionärs geboten ist.[1540]

### (2) Tatbestand des § 37 Abs. 1 WpÜG

§ 9 WpÜG-AngebotsVO enthält keinen Befreiungstatbestand für die Erlangung der Kontrolle über eine KGaA. Die Befreiungstatbestände sind jedoch - wie die Formulierung „insbesondere" verdeutlicht - keineswegs abschließend.[1541] Neben einer Befreiung nach § 9 WpÜG-AngebotsVO kommt also weiterhin eine Befreiung nach § 37 Abs. 1 WpÜG in Betracht.[1542]

In der Literatur werden im Hinblick auf das Halten von mindestens 30 Prozent der Stimmrechte an einer KGaA zwei Befreiungstatbestände des § 37 Abs. 1 WpÜG ins Feld geführt. In Betracht kommen soll entweder eine Befreiung

---

1535 *Versteegen*, in: Kölner Kommentar WpÜG § 37 Rn. 78; *Meyer*, in: Geibel/Süßmann § 37 Rn. 27; *Schlitt/Ries*, in: MüKo AktG § 37 WpÜG Rn. 2

1536 *Versteegen*, in: Kölner Kommentar WpÜG § 37 Rn. 78; *Meyer*, in: Geibel/Süßmann § 37 Rn. 61; *Noack/Zetsche*, in: Schwark/Zimmer § 37 WpÜG Rn. 19; *Krause/Pötzsch*, in: Assmann/Pötzsch/Schneider § 37 Rn. 81.

1537 *Versteegen*, in: Kölner Kommentar WpÜG § 37 Rn. 78; *Meyer*, in: Geibel/Süßmann § 37 Rn. 61; *Noack/Zetsche*, in: Schwark/Zimmer § 37 WpÜG Rn. 19; *Krause/Pötzsch*, in: Assmann/Pötzsch/Schneider § 37 Rn. 81.

1538 *Seibt*, ZIP 2003, 1865, 1866.

1539 *Versteegen*, in: Kölner Kommentar WpÜG § 37 Rn. 81.

1540 *Meyer*, in: Geibel/Süßmann § 37 Rn. 61; *Ekkenga*, in: Ehricke/Ekkenga/Oechsler § 37 Rn. 42.

1541 Ausweislich der Gesetzesbegründung wurde auf einen enumerativen und abschließenden Katalog allein deshalb verzichtet, weil die Ausnahmefälle, in denen eine Befreiung in Betracht kommen könnte, sich nicht abschließend bestimmen ließen, vgl. BT-Drucks. 15/7034, 81 liSp.

1542 *Hommelhoff/Witt*, in: Haarmann/Schüppen § 37 Rn. 4; *Scholz*, NZG 2006, 445, 447; *Wieneke/Fett*, in: Schütz/Bürgers/Riotte § 10 Rn. 179.

des Bieters von der Angebotspflicht, wenn die Beteiligungsverhältnisse an der Zielgesellschaft dies rechtfertigen (§ 37 Abs. 1 Var. 4 WpÜG)[1543] oder sofern dies im Hinblick auf die tatsächliche Möglichkeit zur Ausübung der Kontrolle gerechtfertigt erscheint (§ 37 Abs. 1 Var. 5 WpÜG)[1544]. Ersteres betrifft ausweislich der Gesetzesbegründung Fälle, in denen der Erwerber zwar mehr als 30 Prozent der Stimmrechte erlangt, jedoch andere Personen über einen höheren Stimmrechtsanteil als der Erwerber an der Zielgesellschaft verfügen.[1545] § 37 Abs. 1 Var. 5 WpÜG soll etwa dann einschlägig sein, wenn der Bieter auf Grund hoher Hauptversammlungspräsenzen trotz eines Stimmrechtsanteils von mindestens 30 Prozent nicht über die Hauptversammlungsmehrheit verfügt.[1546]

Überzeugender ist es, die Befreiung des Bieters, der 30 Prozent der Stimmrechte an einer KGaA hält, auf § 37 Abs. 1 Var. 5 WpÜG zu stützen. Wie bereits gesehen, ist das WpÜG durchweg an dem Organisationsmodell der Aktiengesellschaft ausgerichtet. Es kann deshalb im Rahmen des § 37 Abs. 1 Var. 4 WpÜG davon ausgegangen werden, dass Beteiligung eine Beteiligung in Form von Aktien meint und nicht auch die Beteiligung eines Komplementärs erfasst. Selbst wenn aber die Beteiligung des Komplementärs erfasst wäre, deutet die Verwendung des Terminus "Verhältnis" darauf hin, dass nur dessen konkret bezifferbare Sondereinlage, nicht aber dessen Beteiligung in Form der abstrakten Gesellschafterstellung, gemeint sein kann.

Dieses Verständnis suggeriert auch die Gesetzesbegründung, wenn sie beispielhaft den Fall nennt, dass ein weiterer Aktionäre eine zahlenmäßig höhere Beteiligung innehat. Die Sondereinlage des Komplementärs vermittelt indessen unabhängig von ihrer Höhe grundsätzlich keine die Kommanditaktionäre beeinträchtigenden Mitgliedschaftsrechte.[1547] Stellt man für diesen Tatbestand danach allein auf die Aktienbeteiligung ab, ist es im Hinblick auf die strukturell vermittelten Kontrollmöglichkeiten in der KGaA unerheblich, ob es nur einen oder mehrere Großaktionäre gibt. Die Entscheidung über eine Befreiung kann von den Beteiligungsverhältnissen im Kreise der Kommanditaktionäre dann nicht abhängen. Die entscheidende Frage dürfte vielmehr sein, ob es Umstände gibt, die dazu führen, dass abweichend von § 29 Abs. 2 WpÜG der Bieter seine Stimmrechte tatsächlich nicht zur Ausübung der Kontrolle nutzen

---

1543 *Schlitt/Ries*, in: MüKo AktG § 37 WpÜG Rn. 47; *Meyer*, in: Geibel/Süßmann § 37 Rn. 52; *Klepsch*, in: Steinmeyer/Häger § 37 Rn. 55; *Hommelhoff/Witt*, in: Haarmann/Schüppen § 37 Rn. 45; *Versteegen*, in: Kölner Kommentar WpÜG § 37 Rn. 63; *Krause/Pötzsch*, in: Assmann/Pötzsch/Schneider § 37 Rn. 67.

1544 *Noack/Zetsche*, in: Schwark/Zimmer § 37 WpÜG Rn. 15; *Hecker*, in: Baums/Thoma § 37 Rn. 67; *Wieneke/Fett*, in: Schütz/ Bürgers/Riotte § 10 Rn. 152.

1545 BT-Drucks. 15/7034, 61 liSp.

1546 BT-Drucks. 15/7034, 61 liSp.

1547 Ähnlich auch *Scholz*, NZG 2006, 445, 447.

kann. Die Beantwortung dieser Frage ist im Anwendungsbereich des § 37 Abs. 1 Var. 5 WpÜG anzusiedeln.[1548]

### (3) Befreiung bei komplementärdominierter KGaA

Sofern es sich bei der Zielgesellschaft um eine komplementärdominierte KGaA handelt und der Bieter zudem nicht in der Lage ist, Einfluss auf den Komplementär auszuüben, wird regelmäßig eine Befreiung von der Veröffentlichungs- und Angebotspflicht erfolgen müssen.[1549] Dies wird nach richtiger Ansicht aber auch dann der Fall sein, wenn die KGaA entsprechend dem gesetzlichen Regelfall ausgestaltet ist. Die fehlende Personalhoheit und Zustimmungskompetenz des Aufsichtsrats, sowie der Umstand, dass auch nach dem gesetzlichen Regelfall Grundlagengeschäfte nicht ohne Zustimmung des Komplementärs vorgenommen werden können (§ 285 AktG), stellen gewichtige Unterschiede zur Organisationsverfassung der AG dar, die eine von § 29 Abs. 2 WpÜG abweichende Behandlung der KGaA erfordern.[1550]

### (4) Zum Verfahren

Wird eine Befreiung nach § 37 WpÜG nicht erteilt, muss ein Pflichtangebot gemäß § 35 Abs. 2 WpÜG erfolgen. Dieses erstreckt sich nur auf die außenstehenden Kommanditaktien, nicht hingegen auf die Anteile an der Komplementärgesellschaft als solcher.[1551] Bei Ablehnung des Befreiungsantrags hat der Antragsteller nach erfolglosem Widerspruch (§§ 41 Abs. 1 Satz 1, 6 Abs. 1 WpÜG) den Rechtsbehelf der Beschwerde zum OLG Frankfurt am Main (§ 48 Abs. 1, 4 WpÜG).[1552]

---

1548 Freilich könnte man sich auf den Standpunkt stellen, dass der Grund, weshalb der Bieter in der KGaA nicht die Kontrolle ausüben kann, nicht den tatsächlichen Verhältnissen, sondern allein der gesetzlichen Struktur der KGaA und damit den rechtlichen Verhältnissen geschuldet ist, vgl. *Scholz*, NZG 2006, 445, 448. Die Frage, ob der Komplementär sein rechtliches Können dazu nutzt, die Kontrolle des Bieters zu unterbinden, ist gleichwohl eine Frage der tatsächlichen Verhältnisse; ähnlich auch *Born*, 226 f.

1549 *Schlitt/Ries*, in: MüKo AktG § 37 WpÜG Rn. 47; *Meyer*, in: Geibel/Süßmann § 37 Rn. 52; *Hecker*, in: Baums/Thoma § 37 Rn. 67; *Hommelhoff/Witt*, in: Haarmann/Schüppen § 37 Rn. 45; *Krause/Pötzsch*, in: Assmann/Pötzsch/Schneider § 37 Rn. 67; vorsichtiger formuliert *Klepsch*, in: Steinmeyer/Häger § 37 Rn. 55, der stets eine Prüfung im Einzelfall fordert, als Mindestvoraussetzung aber wohl verlangt, dass der Bieter lediglich Kommanditaktien hält und nicht auch am Komplementär beteiligt ist.

1550 *Schlitt/Ries*, in: MüKo AktG § 37 WpÜG Rn. 47; *Versteegen*, in: Kölner Kommentar WpÜG § 37 Rn. 63; *Hommelhoff/Witt*, in: Haarmann/Schüppen § 37 Rn. 45; a.A. offenbar *Hecker*, in: Baums/Thoma § 37 Rn. 67, der eine Befreiung im Falle gesetzestypischer Ausgestaltung der KGaA regelmäßig verneinen und eine Befreiung dann allenfalls nach § 9 Satz 2 Nr. 2 WpÜG-AngebotsVO in Betracht ziehen will.

1551 *Bachmann*, in: Spindler/Stilz § 278 Rn. 108.

1552 *Schlitt/Ries*, in: MüKo AktG § 37 WpÜG Rn. 75.

### d) Zusammenfassung

Die kapitalmarktrechtliche Behandlung der komplementärdominierten KGaA unterliegt einigen geringfügigen aus der gesellschaftsrechtlichen Struktur der KGaA resultierenden Abweichungen im Vergleich zur AG. Diese betreffen die aufklärungspflichtigen Umstände im Rahmen der Primärmarktpublizität. Hier bedarf es insbesondere zusätzlicher Prospektangaben betreffend die rechtlichen und personellen Hintergründe der Komplementärgesellschaft. Im Bereich der Sekundärmarktpublizität erstreckt sich die Pflicht zur Veröffentlichung von Insiderinformationen auch auf Tatsachen auf Ebene der Komplementärgesellschaft und auch die Organe der Komplementärgesellschaft haben Geschäfte in eigenen Aktien nach Maßgabe der Vorschriften über Directors' Dealings offenzulegen. Schließlich fällt die KGaA in den Anwendungsbereich des WpÜG, so dass ein Bieter bei Erreichen der Schwellenwerte des WpÜG den korrespondierenden Angebotspflichten unterliegt. Dem Umstand, dass Stimmrechte aus Kommanditaktien in der KGaA nicht denselben Einfluss vermitteln wie in der AG, ist mittels einer Befreiung von der Angebotspflicht durch die BaFin Rechnung zu tragen.

## G. Zusammenfassung in Thesenform

### I. Bedeutungszuwachs bei der Eigenkapitalfinanzierung

Regulatorische Veränderungen in Folge der Umsetzung von Basel II und der bevorstehenden Umsetzung von Basel III im aufsichtsrechtlichen Bereich, könnten zukünftig, insbesondere für bonitätsschwache Unternehmen, zu einer Verschlechterung der Fremdfinanzierungsmöglichkeiten führen. Zusammen mit dem gegenwärtigen Refinanzierungsbedarf für in den Jahren 2004 bis 2007 aufgenommenes Programm-Mezzanine und einem dem globalen Innovationsdruck aufgrund technisch-wirtschaftlichen Fortschritts geschuldeten Innovationsdruck, erscheint die Eigenkapitalfinanzierung deutscher Unternehmen zukünftig von gesteigerter Bedeutung.

### II. Eigenkapitalfinanzierung bedingt Kontrollverlust

Tritt eine Situation ein, in der die Finanzierung durch Fremd- und/oder Mezzaninkapital allein dem angestrebten Finanzierungszweck nicht mehr genügt, können die Ausgabe neuer Aktien und damit die Aufnahme neuer Investoren unumgänglich sein. Dies ist je nach zugrunde liegender Rechtsform gleichbedeutend mit der Abgabe von Mitbestimmungs-, Entscheidungs- und Handlungsrechten und typischerweise konträr zu den Vorstellungen Inhaber geführter Unternehmen. Da sich der Einfluss in einer AG konzeptionell nach den Anteilen am Grundkapital richtet, führt jede effektive Erhöhung des Grundkapitals bei gleichzeitiger Aufnahme neuer Investoren zu einem Kontrollverlust.

### III. Unterscheidung zwischen individuellen und institutionellen Instrumenten zur Kontrollerhaltung

Das aktienrechtliche Instrumentarium zur Kontrollerhaltung lässt sich unterteilen in Gestaltungsinstrumente, die punktuell an die Mitgliedschaft des einzelnen Aktionärs anknüpfen (Individuelle Maßnahmen) und solche, die die Rechte der Aktionärsgesamtheit betreffen (Institutionelle Maßnahmen). Die individuellen Maßnahmen räumen entweder einzelnen Aktionären Einflussnahmemöglichkeiten im Hinblick auf die Besetzung und Kontrolle der Geschäftsleitung des Unternehmen ein. Zu nennen sind insoweit vor allem Entsendungsrechte betreffend die Besetzung des Aufsichtsrats. Darüber hinaus können die Vinkulierung von Aktien und der Abschluss schuldrechtlicher Nebenabreden zwischen einzelnen Aktionären, insbesondere in Form von Stimmbindungsverträgen, eingesetzt werden, um eine Überfremdung bzw. Machtverlagerung im Aktionärskreis zu verhindern. Da individuelle Maßnahmen stets nur dazu in der Lage sind, den Status Quo der Machtverteilung innerhalb der Gesellschaft zu konservieren, stoßen sie, wenn die Aufnahme neuer Investoren in den Gesellschafterkreis notwendig wird, an Grenzen. Der Einsatz institutioneller Instrumente ermöglicht demgegenüber den Erhalt der Leitungsmacht bei der Eigenkapitalfinanzierung durch Ausgabe neuer Aktien.

Insoweit sieht das AktG stimmrechtslose Vorzugsaktien vor. Auch die Rechtsform der KGaA ermöglicht aber im Grundsatz eine Trennung von Leitungsmacht und Kontrolle und damit die Aufnahme neuer Investoren ohne gleichzeitigen Einflussverlust. Deshalb wird die KGaA zu Recht als funktionales Äquivalent zur Vorzugsaktie bezeichnet.

## IV. Systematische Grenzen des Finanzierungsinstruments Vorzugsaktie - Blockade der Eigenkapitalfinanzierung

Vorzugsaktien stellen das traditionell eingesetzte Instrument für die Erhaltung der Leitungsmacht bei der Eigenkapitalfinanzierung dar. Da ihre Ausgabe nur bis zur Hälfte des Grundkapitals zulässig ist (§ 139 Abs. 2 AktG), stößt das Instrument an Grenzen, wenn dieser Rahmen bereits ausgeschöpft ist und Eigenkapitalmaßnahmen weiterhin problemlos durchführbar sein sollen. Eine erneute Ausgabe von Vorzugsaktien ist dann nämlich nur möglich, wenn gleichzeitig eine entsprechende Anzahl Stammaktien ausgegeben wird. Sind die Stammaktionäre, die mit ihren Stimmrechten allein über die Kapitalmaßnahme entscheiden, wirtschaftlich nicht in der Lage, die neuen Aktien zu zeichnen und auch nicht bereit, eine Verwässerung in Kauf zu nehmen, tritt eine Finanzierungsblockade ein, die für die weitere Geschäftsentwicklung nachteilig sein kann.

## V. Die Vereinheitlichung der Aktiengattungen

Zur Auflösung der Finanzierungsblockade bedarf es einer Vereinheitlichung der Aktiengattungen (Aktienumwandlung). Dafür streiten aus Investor Relation Sicht zudem auch verschiedene Vermarktungsgründe. Neben einer erhöhten Liquidität und dadurch verbesserten Preisbildung kann die Vereinheitlichung der Aktiengattungen die Indexzugehörigkeit einer Gesellschaft festigen oder erst begründen. Das Reglement der Deutschen Börse AG berücksichtigt bei der Bildung von Indizes seit Juni 2002, bei Vorhandensein zweier börsennotierter Aktiengattungen, nur noch eine - nämlich die größere bzw. liquidere - Aktiengattung. Die Existenz zweier Aktiengattungen wirkt sich deshalb nachteilig auf die Wahrscheinlichkeit der Aufnahme in einen Auswahlindex sowie die Gewichtung innerhalb des Index aus.

## VI. Die aktienrechtlichen Verfahren zur Aktienumwandlung

Eine Aktienumwandlung kann mit den Mitteln des Aktienrechts grundsätzlich auf Basis einer für alle Vorzugsaktionäre verbindlichen Satzungsänderung erfolgen (Zwangsumwandlung) oder aber in das Belieben jedes einzelnen Aktionärs gestellt werden (Freiwillige Umwandlung). Die Zwangsumwandlung stößt an ihre Grenzen, wenn eine Umwandlung für die Aktionäre einer betroffenen Gattung wirtschaftlich unattraktiv ist, insbesondere weil die beiden Gattungen unterschiedliche Börsenkurse aufweisen. Lassen sich die erforderlichen Beschlussmehrheiten für eine Zwangsumwandlung in diesem Fall nicht erreichen, müssen Umwandlungsanreize geschaffen werden. Dabei sind grundsätzlich zwei Varianten denkbar. Notieren die Stammaktien der Gesellschaft über den Vorzugsaktien, kommt eine Freiwillige Aktienumwandlung auf Grundlage eines satzungsändernden Hauptversammlungsbeschlusses in Betracht, der - in Anlehnung an das Verfahren bei einer Bis-zu-Kapitalerhöhung - die Umwandlung sämtlicher Vorzugsaktien (als Höchstanzahl) im Grundsatz ermöglicht, den Umfang der letztlich im Wege der Satzungsänderung tatsächlich zum Handelsregister anzumeldenden Aktienumwandlung aber von der Zahl der innerhalb einer Umwandlungsfrist eingereichten Vorzugsaktien abhängig macht (Bis-zu-Umwandlung). Notieren die Vorzugsaktien über den Stammaktien kann die Freiwillige Aktienumwandlung durch einen Rückkauf der Vorzugsaktien im Wege eines öffentlichen Rückkaufangebots zum Zwecke der Einziehung eingeleitet werden. Die Aktienumwandlung setzt in diesem Fall voraus, dass der Aktienrückkauf mit einer Kapitalerhöhung verknüpft wird, bei der die veräußerungswilligen Vorzugsaktionäre zur Zeichnung neuer Stammaktien gegen Einbringung ihrer Kaufpreisforderungen im Wege der Sacheinlage zugelassen werden (Rückkaufumwandlung).

## VII. Kein Erfordernis sachlicher Rechtfertigung für die Zwangsumwandlung

Der einer Zwangsumwandlung zugrunde liegende satzungsändernde Beschluss der Hauptversammlung unterliegt nicht dem Erfordernis sachlicher Rechtfertigung, da der Gesetzgeber selbst die Abwägung der Interessen der beteiligten Aktionärsgruppen in Form der gesetzlichen Regelung der §§ 139 ff. AktG bereits vorgenommen hat. Es verbleibt also vielmehr bei einer Missbrauchskontrolle nach allgemeinen Grundsätzen. Ein Missbrauch liegt jedenfalls dann nicht vor, wenn die Aktienumwandlung der Verbesserung der Finanzierungssituation der Gesellschaft dient.

## VIII. Keine Verpflichtung zur Berücksichtigung von Kursunterschieden bei der Zwangsumwandlung

Eine Rechtspflicht der Gesellschaft zur Berücksichtigung unterschiedlicher Börsenkurse bei der Aktienumwandlung ergibt sich weder aus aktienrechtlichen Grundsätzen noch unter verfassungsrechtlichen Gesichtspunkten und ist demnach zu verneinen.

## IX. Prospektfreie Zulassung der neuen Stammaktien aus der Zwangsumwandlung

In Folge der Zwangsumwandlung verlieren die Vorzugsaktien ihre Börsenzulassung kraft Gesetzes. Die neu bei Clearstream zu hinterlegende Aktienurkunde über die Stammaktien, die an die Stelle der umgewandelten Vorzugsaktien treten, ist im Zeitpunkt ihrer Hinterlegung nicht Gegenstand einer Börsenzulassung. Da die Zwangsumwandlung aber zu einer automatischen Umwandlung der Vorzugsaktien führt, löst ihre Ankündigung kein öffentliches Angebot im Sinne des § 2 Nr. 4 WpPG aus, so dass insoweit kein Prospekterfordernis besteht. In zulassungsrechtlicher Hinsicht kann die Prospektausnahme des § 4 Abs. 2 Nr. 7 WpPG für Zwecke der prospektfreien Zulassung herangezogen werden.

## X. Verfahren der Freiwilligen Umwandlung prospektpflichtig

Die Verfahren der Freiwilligen Aktienumwandlung bieten die erforderliche Flexibilität, um eine Aktienumwandlung auch dann zu ermöglichen, wenn die Aktiengattungen am Markt unterschiedlich bewertet werden und die für eine Zwangsumwandlung erforderlichen Beschlussmehrheiten deshalb nicht zu erreichen wären. Sowohl die Bis-zu-Umwandlung als auch die Rückkaufumwandlung bieten den betreffenden Aktionärsgruppen finanzieller Anreize für die Umwandlung ihrer Aktien. Wegen der damit einhergehenden Investitionsentscheidung des einzelnen Aktionärs können beide Verfahren - anders als die Zwangsumwandlung - nicht ohne Veröffentlichung eines Prospekts durchgeführt werden.

## XI. Rückkaufumwandlung nur im vereinfachten Einziehungsverfahren möglich

Die Rückkaufumwandlung ist rechtlich nur im Wege des vereinfachten Einziehungsverfahrens umsetzbar, da die Gläubigerschutzregelung des § 225 AktG im ordentlichen Einziehungsverfahren die Einlage der Zahlungsansprüche der abgebenden Vorzugsaktionäre zum Nennwert im Rahmen einer Sachkapitalerhöhung verhindert. Die Durchführung im vereinfachten Verfahren setzt einen für den Rückkauf ausreichenden Bilanzgewinn oder zu diesem Zweck nutzbare Gewinnrücklagen voraus (§ 237 Abs. 3 Nr. 2 AktG).

## XII. Freiwillige Umwandlung garantiert keine vollständige Aktienumwandlung

Ein weiterer Nachteil der Freiwilligen Aktienumwandlung gegenüber einer Zwangsumwandlung ist die Tatsache, dass eine Umwandlung sämtlicher börsennotierter Vorzugsaktien nicht garantiert werden kann.

## XIII. Aktienumwandlung nicht ohne Verwässerung

Keines der aktienrechtlichen Verfahren der Aktienumwandlung kann indessen verhindern, dass sich in Folge der Aktienumwandlung die Machtverhältnisse in der Gesellschaft durch die Entstehung neuer Stimmrechte bei gleichbleibender Grundkapitalziffer signifikant verändern. Um den damit zwangsläufig einhergehenden Kontrollverlust der Altaktionäre zu vermeiden, bedarf es einer Struktur, die das Ziel einer einheitlichen Aktiengattung mit der Aufrechterhaltung der Kontrollsituation vereint.

## XIV. Aktienumwandlung und Formwechsel

Die Aktienumwandlung kann mit einem Formwechsel in die Rechtsform der KGaA verbunden werden (KGaA-Lösung). Das Ziel, eine einheitliche Aktiengattung zu schaffen und gleichzeitig die vor der Aktienumwandlung bestehenden Machtverhältnisse trotz einer Verwässerung der Stimmrechte der Stammaktionäre aufrecht zu erhalten, kann dabei - unter Ausnutzung der Gestaltungsfreiheit im Binnenrecht der KGaA - durch eine Satzungsgestaltung erreicht werden, die der durch den vormaligen Großaktionär kontrollierten Komplementärin umfangreiche Geschäftsführungsbefugnisse einräumt und das Zustimmungsrecht der Hauptversammlung der Kommanditaktionäre bei außerordentlichen Geschäftsführungsmaßnahmen ausschließt.

## XV. Sonderbeschluss der Vorzugsaktionäre erforderlich

Der Umwandlungsbeschluss ist im Hinblick auf das Sonderbeschlusserfordernis allein an § 141 Abs. 1 AktG zu messen. Ein Sonderbeschluss der Vorzugsaktionäre ist demnach erforderlich, wenn es sich bei dem Formwechsel in eine KGaA, deren Grundkapital nur aus Stammaktien besteht, um eine unmittelbare Beeinträchtigung des Vorzugs handelt. Dies ist angesichts des mit dem Formwechsel verbundenen Verlusts des Vorzugs - was ja gerade auch Ziel des Formwechsels ist - der Fall. Die Aufhebung des Vorzugs zum Zwecke der Umwandlung in Stammaktien der neuen Rechtsform, bedarf folglich eines Sonderbeschlusses der Vorzugsaktionäre gemäß § 141 Abs. 1 AktG.

## XVI. Umwandlungsrechtliches Freigabeverfahren nur eingeschränkt verfügbar

Während eine Anfechtung des Formwechselbeschlusses die Durchführung der Aktienumwandlung angesichts des umwandlungsrechtlichen Freigabeverfahrens typischerweise nur geringfügig verzögert, führt die Anfechtung des Sonderbeschlusses durch einen Vorzugsaktionär regelmäßig zu einer faktischen Eintragungssperre (§ 21 Abs. 1 FamFG). Bei der Anfechtung des Sonderbeschlusses handelt es sich nicht um eine Klage gegen den Umwandlungsbeschluss (§ 14 Abs. 1 UmwG), mit der Konsequenz, dass auch das umwandlungsrechtliche Freigabesystem (§ 16 Abs. 2 Satz 1 UmwG) nicht anwendbar ist.

## XVII. Prospektfreie Zulassung der neuen Stammaktien aus der KGaA-Lösung

In Anlehnung an das Verfahren der Zwangsumwandlung und die Praxis beim Formwechsel einer AG in die SE, kann auch im Rahmen der KGaA-Lösung eine prospektfreie Zulassung der neuen Stammaktien der KGaA erfoglen.

## XVIII. Grenzen der Satzungsgestaltung bei der komplementärdominierten KGaA

Die Aktienumwandlung im Wege der KGaA-Lösung unterliegt gesellschaftsrechtlichen Grenzen. Anders als in der gesetzestypischen KGaA, mit mindestens einer natürlichen Person als Komplementär, kann die Gestaltungsfreiheit im Binnenrecht der KGaA bei der komplementärdominierten kapitalistischen KGaA nicht zu einem vollständigen Ausschluss jeglicher Mitwirkungsbefugnisse der Kommanditisten bei der Geschäftsführung ausgenutzt werden. Vielmehr muss stets ein Minimum an Einflussnahme verbleiben. Voraussetzung hierfür ist, dass das Zustimmungsrecht bei außergewöhnlichen Geschäftsführungsmaßnahmen auf ein Gremium übertragen wird, das zumindest anteilig durch die Hauptversammlung (der Kommanditaktionäre) zu besetzen ist.

## XIX. Besonderheiten bei der prospektrechtlichen Behandlung der KGaA

Die kapitalmarktrechtliche Behandlung der komplementärdominierten KGaA unterliegt einigen geringfügigen aus der gesellschaftsrechtlichen Struktur der KGaA resultierenden Abweichungen im Vergleich zur AG. Diese betreffen die aufklärungspflichtigen Umstände im Rahmen der Primärmarktpublizität. Hier bedarf es insbesondere zusätzlicher Prospektangaben betreffend die rechtlichen und personellen Hintergründe der Komplementärgesellschaft.

## XX. Besonderheiten bei der kapitalmarktrechtlichen Behandlung im Übrigen

Im Bereich der Sekundärmarktpublizität erstreckt sich die Pflicht zur Veröffentlichung von Insiderinformationen auch auf Tatsachen auf Ebene der Komplementärgesellschaft und auch die Organe der Komplementärgesellschaft haben Geschäfte in eigenen Aktien nach Maßgabe der Vorschriften über Directors' Dealings offenzulegen. Schließlich fällt die KGaA in den Anwendungsbereich des WpÜG, so dass ein Bieter bei Erreichen der Schwellenwerte des WpÜG den korrespondierenden Angebotspflichten unterliegt. Dem Umstand, dass Stimmrechte aus Kommanditaktien in der KGaA nicht denselben Einfluss vermitteln wie in der AG, ist mittels einer Befreiung von der Angebotspflicht durch die BaFin Rechnung zu tragen.

**Schriften zum Gesellschafts-, Bilanz- und Unternehmensteuerrecht**

Herausgegeben von Joachim Hennrichs

Band 1 Moritz Pöschke: Eigenkapital mittelständischer Gesellschaften nach IAS/IFRS. 2009.

Band 2 Ulrike Lehmann: Gesellschaftsrechtliche Gestaltungen im Erbschaft- und Schenkungsteuerrecht. Eine Untersuchung der Erbschaft- und Schenkungsteuersubjektivität der Personengesellschaft sowie der mittelbaren Anteilsschenkung. 2009.

Band 3 Christian Graw: Das Konzept der Anteilseignerbesteuerung nach § 22 UmwStG 2006 – insbesondere im Vergleich zu § 21 UmwStG 1995. 2009.

Band 4 Christopher M. Picot: Die Rechte der Aktionäre beim Delisting börsennotierter Gesellschaften. 2009.

Band 5 Pascal Alexander Salomon: Regelungsaufträge in der Societas Privata Europea. Einführung in eine neue Rechtsform unter besonderer Berücksichtigung des Gesetzgebungsinstruments des Regelungsauftrages. 2010.

Band 6 Anna Sabrina Cryns: Gesellschafterfremdfinanzierung in Frankreich und Zinsschranke – ein Rechtsvergleich. 2011.

Band 7 Björn Karst: Das Marktmanipulationsverbot gem. § 20a WpHG. Unter besonderer Berücksichtigung der „Safe-Harbor“-Regelung. 2011.

Band 8 Ulrike Petig: Verdeckte Sacheinlagen im GmbH- und Aktienrecht. Die Veränderungen durch MoMiG und ARUG. 2012.

Band 9 Jochen Möller: Vorteilsanrechnung bei nützlichen Pflichtverletzungen im Kapitalgesellschafts- und Kartellrecht. 2012.

Band 10 Alexander Kersten: Zinsschranke und IFRS. Rechtssystematische Einordnung einer punktuellen Maßgeblichkeit der IFSR im Steuerrecht am Beispiel der Zinsschranke. 2012.

Band 11 Tobias Strohmeier: Special Purpose Acquisition Companies. SPACs im Spannungsfeld von deutschem Aktien- und Kapitalmarktrecht. 2012.

Band 12 Ruth Winter: Die steuerliche Behandlung von Scheinauslandsgesellschaften. Eine Untersuchung zur doppelansässigen Kapitalgesellschaft. 2013.

Band 13 Daniel Krey: IFRS und Ausschüttungsbemessung. 2013.

Band 14 Gabriel Jakob Litzenberger: Sanierungspflichten in der Krise von AG und GmbH. 2014.

Band 15 Franziska Neumann: Rechtliche Probleme von PIPE-Transaktionen. 2014.

Band 16 Jan Winzen: Vorzugsaktie und KGaA. Instrumente zur Kontrollerhaltung bei der Eigenkapitalfinanzierung. Unter besonderer Berücksichtigung der Vereinheitlichung von Aktiengattungen. 2014.

www.peterlang.com